扫码体验“互联网+图书”

普通高等教育"十三五"规划教材

经管华信 创新系列

Accounting in Different Industries

行业会计比较

魏永宏 编著

電子工業出版社
Publishing House of Electronics Industry
北京·BEIJING

内 容 简 介

本书针对多个行业的特点与现状，以我国企业会计准则和会计制度为依据，紧贴会计实践工作所需进行编撰。将各行业会计核算中共性的部分作为已知的知识而省略，重点阐述了各行业特殊业务的会计核算方法。这些特殊业务与各行业在国民经济中的地位与作用紧密联系在一起，是各行业之间会计核算的主要区别，亦是各行业会计的特性所在。

全书共13章，从行业会计的系统性考虑，主要阐述了银行会计、保险公司会计、证券公司会计、商品流通企业会计、农业企业会计、施工企业会计、房地产开发企业会计、运输企业会计、邮政电信企业会计、旅游餐饮服务企业会计、事业单位会计和行政单位会计所涉及的特殊业务，旨在使读者对行业会计有一个较为全面的理解与把握。

本书既可以作为高等院校会计学专业高年级学生的教材，也可以作为会计人员的继续教育教材和参考书。

图书在版编目（CIP）数据

行业会计比较 / 魏永宏编著. —北京：电子工业出版社，2017.8

ISBN 978-7-121-32147-4

I. ①行… II. ①魏… III. ①部门经济—会计—对比研究—高等学校—教材 IV. ①F235-03

中国版本图书馆CIP数据核字（2017）第161166号

策划编辑：王二华
责任编辑：裴　杰
印　　刷：北京盛通商印快线网络科技有限公司
装　　订：北京盛通商印快线网络科技有限公司
出版发行：电子工业出版社
　　　　　北京市海淀区万寿路173信箱　　邮编：100036
开　　本：787×1 092　1/16　印张：20　　字数：512千字
版　　次：2017年8月第1版
印　　次：2021年7月第3次印刷
定　　价：49.00元

凡所购买电子工业出版社图书有缺损问题，请向购买书店调换。若书店售缺，请与本社发行部联系，联系及邮购电话：(010)88254888，88258888。

质量投诉请发邮件至zlts@phei.com.cn，盗版侵权举报请发邮件至dbqq@phei.com.cn。

本书咨询联系方式：(010)88254532。

前　言

按照新的《企业会计准则》对企业财务会计进行较为统一的规范，是我国近一阶段会计改革的方向。在这样的背景下，行业会计是否还能够存在，这是需要我们认真思考的重要问题。笔者认为，会计统一的规范是我国市场经济发展的必然要求，各行各业的会计既有共性又有特性。

新的《企业会计准则》是以工业企业为主，兼顾其他行业制定的一套通用的、统一的会计规范，对各行业会计的确认、计量、记录、报告全过程中的共性部分作出了规定。但各行业因经营特点不同及由此带来的管理上对会计信息的不同要求——各行业特殊业务的会计核算问题,《企业会计准则》不可能、也没必要作出具体而详细的规定。为了适应这种新的环境，笔者编撰了《行业会计比较》一书。

本书将各行业会计核算中共性的部分作为已知的知识而省略，重点阐述了各行业特殊业务的会计核算方法。这些特殊业务与各行业在国民经济中的地位与作用紧密联系在一起，是各行业之间会计核算的主要区别，亦是各行业会计的特性所在。

全书共 13 章，从行业会计的系统性考虑，本书主要阐述了银行会计、保险公司会计、证券公司会计、商品流通企业会计、农业企业会计、施工企业会计、房地产开发企业会计、运输企业会计、邮政电信企业会计、旅游餐饮服务企业会计、事业单位会计和行政单位会计所涉及的特殊业务，旨在使读者对行业会计有一个较为全面的理解与把握。

本书的特点主要体现在：

(1) 内容新颖、实用。本书以《企业会计准则》和企业会计制度以及相关的税收法律为依据，书中所有会计实务内容均能概括和反映最新行业会计业务实际情况。本书以各个行业为主体，阐述了各行业不同于其他行业的经济业务的会计核算。

(2) 讲解全面、简要。本书注重把握“以基本理论够用、满足学以致用为目标”，做到全面讲述各行业与其他行业不同部分业务的会计核算，特别注重实例操作，讲解简明扼要，以便于读者对各行业会计进行比较。

本书既可以作为高等院校会计学专业高年级学生的教材，也可以作为会计人员的继续教育教材和参考书。

由于笔者水平的限制，加之时间仓促，书中不足之处在所难免，恳请读者批评指正。

魏永宏

2017 年 8 月

目　录

第一章
绪　论

第一节　行业会计比较概述

一、我国行业的划分

随着社会经济的不断发展，出现了不同门类的产业和行业。世界各国把各种产业划分为三大类：第一产业、第二产业和第三产业。第一产业是指提供生产资料的产业，包括种植业、林业、畜牧业、水产养殖业等直接以自然物为对象的生产部门。第二产业是指加工产业，利用基本的生产资料进行加工并出售。第三产业又称服务业，它是指第一、第二产业以外的其他行业。第三产业行业广泛，包括交通运输业、通信业、商业、餐饮业、金融保险业、行政、家庭服务等非物质生产部门。各国划分不完全一致。

我国对各产业的划分如下：

第一产业为农业(包括林业、牧业、渔业等)。第二产业为工业(包括采掘、制造、自来水、电力、蒸汽、热水、煤气)和建筑等行业。第三产业为第一、第二产业以外的其他各业。由于第三产业包括的行业多、范围广，根据我国的实际情况，将第三产业分为两大部分：一是流通部门；二是服务部门。具体又分为四个层次：第一层次是流通部门，包括交通运输业、邮电通信业、商业、饮食业、物资供销和仓储等。第二层次是为生产和生活服务的部门，包括金融保险业，地质普查业，房地产开发业，公用事业，居民服务业，咨询服务业和综合技术服务业，农、林、牧、渔、水利服务业和水利业，公路、内河(湖)航道养护业等。第三层次是为提高科学文化水平和居民素质服务的部门，包括教育、文化、广播电视事业，科学研究事业，卫生、体育和社会福利事业等。第四层次是为社会公共需要服务的部门，包括国家机关、政党机关、社会团体及军队和警察等。

行业是指国民经济的各个部门，它包括经济部门和非经济部门。我国经济部门各行业一般分为八类：

(1)工业，指从事工业性产品(或劳务)的生产经营企业，主要包括采掘、制造、自来水、电力、煤气等企业。工业企业在国民经济中起主导作用，它承担着国民经济各部门需要的各种技术装备的制造职能，供应着社会生产及人民生活需要的各种物质，是国民经济生产的物质技术基础。

(2)农业，指从事农业、林业、牧业、渔业等生产经营活动的企业。农业是我国国民经济的基础。它不仅为人类提供赖以生存的农副产品，而且也为经济建设提供工业原料、市场、资金、劳动力和外贸物资等。

(3)商品流通业，指专门负责组织各类商品流通的企业，主要包括商业、粮油、供销、医药及图书发行等。商品流通企业在国民经济中起着十分重要的作用，它是联系生产与分配和消费之间的桥梁和纽带，只有正确地组织商品流通，才能不断地满足社会生产和人民生活的需要。

(4)旅游饮食服务业，指以旅游资源及服务设施为条件，向消费者提供劳务的服务性企业，主要包括旅游、餐饮、宾馆、娱乐、美发、洗染及照相等。旅游饮食服务业是一个集交通运输、工业、商业等为一体的行业，它的大力发展必然会带动其他行业的发展。通过旅游饮食服务业不仅可以加强我国与世界各国的友好往来，为国家创汇，也可以促进相关行业的发展。

(5)交通运输业，指利用运输工具专门从事运输生产或直接为运输生产服务的企业，主要包括铁路、公路、水路、航空及邮电通信等。交通运输企业是生产在流通领域的继续，是社会再生产的前提和条件。只有通过交通运输企业，生产企业的产品才能进入分配和消费领域，同时生产企业所需原料只有通过交通运输才能保证得到不断的供应。

(6)建筑安装业，指从事土木建筑和设备安装工程的企业，主要包括建筑公司、工程公司、安装公司和装饰公司等。建筑安装业是国民经济中的一个重要支柱产业，它所提供的产品是各工厂、矿井、港口、铁路、桥梁、管线、道路、住宅及其他建筑物、设施等，这些生产与非生产性的固定资产都是国民经济各部门和人民生活的重要物质基础。

(7)房地产开发业，指从事房地产开发、经营、管理和服务的企业。房地产开发业是将生产和流通两个领域紧密联系在一起的一个产业，其生产经营的范畴包括规划设计、土地开发、工程施工、经营销售直到物业管理等各个方面，是国民经济活动中具有综合性的行业。它为人们社会生活中的政治、经济、文化、生活等提供了重要的物质条件。

(8)金融保险业，指专门经营货币和信用业务的企业，主要包括银行业、证券业和保险业。金融保险企业主要是通过信用中介，将社会各方面的闲散资金汇集起来，并提供给企业有偿使用。通过金融保险业的货币信贷业务，可以提高全社会的资金利用率，促进和扩大市场经济的发展，满足我国经济快速发展对资金的需求。

我国的非经济部门包括两大部分：一是为提高科学文化水平和居民素质服务的部分，主要包括教育、文化、广播电视事业，科学研究事业，卫生、体育和社会福利事业等。二是为社会公共需要服务的部分，包括国家机关、政党机关、社会团体以及军队和公安等。

二、行业会计的特点

各行业在国民经济发展中发挥着不同的职能和作用。为反映和监督不同行业的经济活动，便形成了各具特色的各种行业会计。各种行业会计之间既有共性，也有个性。会计作为一项管理活动，要以基本会计准则为共同的基本规范，但由于不同行业有着不同的生产技术特点和经营特点，各行业会计反映和监督的内容也随之不同。因此，行业会计又要结合各行业的特点，对各行业的经济活动中的特殊业务，采用特殊的方法进行核算，只有这样才能充分发挥会计在各行业特殊的经营管理中的重要作用。

根据行业划分的规则，行业会计也相应地划分为两大系统：

(1)企业会计，指从事各种生产经营业务活动的企业所运用的会计，包括工业企业会计、农业企业会计、商品流通企业会计、旅游餐饮服务企业会计、交通运输企业会计、施工企业会计、房地产开发企业会计、金融企业会计、保险企业会计、邮电通信企业会计等。这些企业会计在核算和管理上有许多共性，如企业的货币资金、长短期投资、应收款项、应付款项、固定资产、无形资产、在建工程、流动负债、非流动负债、投入资本、资本公积和盈余公积等，在会计制度、会计核算方法、会计科目和会计报表的格式和编制等方面都有相同之处。但是由于经济活动的不同，客观存在着各自行业的特殊业务，对这些业务的核算与管理则是行业会计的特点所在。例如，商品流通企业的批发、零售及其商品流转业务与其他行业有着明显的区别；金融保险企业的经营资金业务也不同于其他行业；房地产开发企业与施工企业虽相关联，但在成本和收入的核算上各不相同；与铁路、公路、航空等运输企业成本及收入的核算更是相去甚远。因此，对各行业的特殊业务如何进行处理，就是研究行业会计的目的所在。只有了解了各行业会计核算与管理的共同点和差异，才能将会计理论与方法真正融会贯通，才能适应企业经济多元化趋势对会计工作者不断提出的新要求。

(2)非企业会计，指从事总预算和事业单位预算会计事务核算与管理的会计。总预算会计的主要工作职责是参与总预算执行、税收征解、国家基建拨款等。事业单位预算会计的主要职责是对教育、科研、文化、卫生等各单位部门的预算资金进行核算与管理。由于非企业单位所从事的业务活动与企业不同，在会计核算与管理上的区别较大。理解和掌握非企业会计的核算方法与管理要求也是十分必要的。

三、行业会计与《企业会计准则》的关系

《企业会计准则》出台以后，许多人认为行业会计也将随之消失。其实这是一种误解，是混淆了“行业会计”与“行业会计制度”的区别。行业会计，是以货币为主要计量单位，采用专门的方法对本行业的经济活动进行核算和监督的一项管理活动。而行业会计制度，则是对行业会计的规范。《企业会计准则》能够取代行业会计制度中各行业会计共性的部分，它针对所有企业(不对外筹集资金、经营规模较小的企业，以及金融保险企业除外)会计核算的共性部分制定了一套通用的、统一的会计准则，对企业会计确认、计量、记录、报告全过程作出了规范，使会计核算与管理工作又增加了新的内容和思想，对加强企业会计核算的管理、整顿会计核算工作秩序、保障企业会计工作依法顺利进行和推进会计国际化有着重要的意义。

但是，《企业会计准则》无法兼顾到所有行业特殊业务的会计核算。尽管《企业会计准则》在强调企业会计核算共性要求的同时，适度地兼顾了一些行业特色，但它无法满足各行各业的特殊经济业务对会计核算的具体要求。且不说被明确排除在《企业会计准则》应用范围之外的金融保险企业，就是商业与运输业的成本核算也相去甚远；运输业与施工企业的存货核算方法也无法相互替代等。因此，只要国民经济中存在着各行各业的经济实体，行业会计的区别就将随之永远存在。事实上，就行业会计中的特殊业务来说，与《企业会计准则》在内容上并无不必要的重复。《企业会计准则》是对各行业共有的会计业务在确认、计量和信息揭示等方面所作的规范。而行业会计则是在遵循统一的《企业会计准则》前提下，根据本行业的经营特点及强化内部控制的要求，来研究如何对特有的业务进行核算。

第二节　行业会计比较的内容

我国的行业会计比较是在20世纪60年代国外会计比较研究与发展的基础上形成的。比

较会计是以世界各国的会计理论与实务为宏观研究对象，运用比较的方法研究两个或两个以上国家会计理论和实务之间的异同和相互影响，以促进各国会计的协调和会计国际化。而行业会计比较只是比较会计的一个分支，它是通过不同行业会计特殊核算内容和特殊核算方法的比较，阐明其相同、相似和相异之处，以提高不同行业特殊业务的会计信息的相关性。行业会计比较就是基于这一点，立足于领会统一会计思想的基础上，拓展更宽的会计领域，以适应企业经营多元化对从事会计理论研究和会计实务工作的更高要求。

一、行业会计核算对象的比较

各行业会计反映与监督的内容即为会计的核算对象。由于各行业的经济活动、业务范围、职责权限不同，会计核算和监督的内容也必然不同。准确地认识和理解不同行业的特殊性，是发挥会计核算、监督作用的基本点。比如，金融业包括银行、信托、租赁、保险、证券等，其核算对象也因银行业务、信托投资业务、租赁业务、保险业务和证券业务的不同而不同；保险业按险种分为财产保险业务、人寿保险业务、再保险业务，核算对象也各有侧重；商品流通企业的批发和零售业务有着较大的区别，因此，商品流通企业的会计核算对象分为批发和零售两种类型；旅游餐饮服务企业的经营业务开展往往带有系统性和配套性，旅游业除了组团旅游外，有条件的旅行社同时还经营客房、餐饮、售货、 娱乐及其他业务；饮食业除了经营餐饮业务外，还开展娱乐、售货及其他业务；服务业也可同时经营文化娱乐、体育健身、美容美发、桑拿洗浴、照相、修理等多种业务。因此，为了分别提供各项经营业务的会计信息，就形成了会计核算对象的多样性；邮电通信企业是主要从事信息传递等经营活动的经济组织。为了便于管理，邮政和电信各自为政，核算对象因业务的分离而各成一体。而农村集体经济组织既以发展经济为主，同时又负有一部分街道管理职能，因此，在会计核算上不但要完成组织的收入、费用和收益的核算，同时也必须承担起作为基层政府对货币资金的提留、调拨、投放和收回的资金控制与运用职能。

二、行业会计特殊业务的比较

各行业特殊业务的客观存在，是研究比较会计的基础。2007 年 1 月 1 日开始实施的《企业会计准则》在各行业的共性方面作了统一的规范，如在资产、负债、收入、费用等会计要素的定义上进行了明确的规定，使企业在会计要素的确认方面有了界定的范围，保证提供的会计信息具有了可靠性。这也是我国会计准则在制定思想和定位上的一次突破。但在具体的核算与管理方法上，各行业的差异还是不可回避的。例如，保险企业是以保险业务的各种保险收入、理赔及保险资金的再运用等经营活动为核算对象的，由于经营活动的特殊性，决定了在损益的计算、保险责任准备金的计提及再保险业务的开展等诸多方面都有其独到之处。商品流通零售企业的售价核算是其内部控制的“实物负责制”所决定的。 此外，餐饮业的总成本核算、运输业的轮胎核算、施工企业的周转材料和临时设施核算、房地产业的开发成本核算等，都是其本行业所特有的。此外，由于我国目前在农村地区推行的是以家庭联产承包责任制为主、其他责任制为辅的经济运作方式，所以农村集体经济组织推行了与之相适应的统一核算与分散核算相结合的两级会计核算体制。因此，比较各行业的特殊业务，对在短时间内掌握各行业会计核算技能将起到事半功倍之功效。

三、行业会计相关业务的比较

国民经济各部门是一个有机联系的整体，各行业之间都存在着相互依存的关系，在会计核算方面也必然存在着对相关的经济业务如何处理的问题。例如，对于施工企业与房地产开发企业，施工企业的工程价款就是房地产开发企业的开发成本的重要组成部分，但房地产开发企业的开发成本并不等于施工企业的工程价款，因为房地产开发企业的开发成本中还包括土地开发成本及配套设施成本等。

第三节　行业会计比较的方法

行业会计比较的方法，大都采用横向比较法与纵向比较法。横向比较法是同时对不同行业会计中相同的会计要素进行比较，研究它们在会计核算上的共性与个性，并对个性加以阐述。纵向比较法是将各行业特殊业务的会计核算进行相互比较，找出每个行业会计核算的个性，并对个性部分加以阐述。

本书采用的是纵向比较方法，将各行业会计核算中共性的部分作为已知的知识而省略，省出篇幅重点阐述各行业特殊业务的会计核算方法。这些业务是各行业之间会计核算的主要区别，由此能比较出各行业会计的特性所在。这些特殊业务往往又与企业在国民经济中的地位和作用紧密联系在一起。掌握和理解各行业特殊业务的核算，对研究和学习行业会计具有重要的意义。

从行业会计的系统性考虑，本书主要阐述了商品流通企业、旅游餐饮服务企业、运输企业、施工企业、房地产开发企业、银行业、证券业、保险业和邮电通信企业的会计所涉及的特殊业务，旨在使读者对各行业的会计有一个较为全面的理解和把握。

本章小结

我国经济部门的行业一般分为工业、农业、商品流通业、旅游饮食服务业、交通运输业、建筑安装业、房地产开发业和金融保险业八类。非经济部门包括为提高科学文化水平和居民素质服务及为社会公共需要服务两大部分。

由于各行业在国民经济发展中发挥着不同的职能和作用，各种行业会计既有共性，也有个性。其共性是，行业会计作为一种管理活动，都要以基本会计准则为共同的基本规范；其特性是，不同行业的会计反映和监督的内容与方法不同。

“行业会计”与“行业会计制度”是有区别的。《企业会计准则》的实施，只能取代行业会计制度，却不能取代行业会计。只要国民经济中存在着各行各业，行业会计就将随之永远存在。各行业特殊业务的客观存在，是研究比较会计的基础。

行业会计的比较方法有横向比较法与纵向比较法两种。

第二章

银 行 会 计

第一节　银行会计概述

一、银行的分类

银行是国家经营管理金融工作的机构。我国现行的银行体系包括执行中央银行职能的中国人民银行、国有控股商业银行、综合性银行、地方商业银行、城市合作银行和信用社、外资银行和中外合资银行等。尽管这些银行在业务上存在许多差异，但从银行的性质和经营范围划分，大体可分为两类：一类是中央银行；另一类是商业银行。

(一) 中国人民银行

中国人民银行是中央银行，简称央行。央行是国家的银行，是监督和管理金融业的国家行政机构。央行主要有三项基本职能：

1. 制定和执行货币金融政策职能

央行通过对金融政策的制定和执行，运用金融手段，对全国货币、信用活动等进行有目的的调控，影响和干预国家宏观经济，实现预期货币金融政策的目标。

2. 金融监管职能

央行是全国的金融行政管理机关，对全国的商业银行和其他金融机构以及全国的金融市场的设置、业务活动和经济情况进行检查监督、指导管理和控制。其监管的目的是维护金融业的稳定，调整各金融机构之间的内部关系，保证公共利益和银行存款用户的安全，贯彻执行国家的金融法规和政策，促进国民经济的健康发展，防止金融危机和不当金融活动对国民经济的危害。

3. 提供支付清算服务职能

支付清算是央行对经济市场参与者债务活动进行清算的一系列规范和安排。央行要为各商业银行提供支付处理服务，结算大额和零售支付交易，同时还运行全国数千家同城清算所，对所有的同城跨行支付和部分行内支付业务进行清算和结算处理。现在的全国电子联行系统处理异地跨行支付和行内大额异地支付交易已替代了过去纸制凭证的同城结算和跨行结算。

(二) 商业银行

商业银行是以经营工商业以及其他经济组织存、放款为主要业务，并以获取利润为目的的货币经营单位，是一个信用授受的中介机构。与中央银行相比，其有明显的经营特征和工作职能。

1. 商业银行的经营特征

(1) 商业银行与工商企业及其他经济组织一样，都是以盈利为目的的企业。在经营过程中也是运用自有资本，依法经营、按章纳税、自负盈亏。

(2) 商业银行与其他行业的企业相比有其自身的特殊性。具体表现为经营对象的差别。

工商企业经营的是具有一定实物形态和使用价值的商品，从事商品生产和商品流转业务。而商业银行是以金融资产和金融负债为经营对象，经营的是特殊商品，即货币和货币资本。经营的内容包括货币收付、借贷以及各种与货币流通有关的或者与之有关的金融服务，这使其成为一种特殊的金融企业。

商业银行在经营过程中，遵守央行的规定，履行商业银行的工作职能。

2. 商业银行的工作职能

(1) 信用中介职能。信用中介是商业银行最基本的工作职能。这一职能的实现是通过吸收社会闲散资金，形成负债业务。再把这些资金和自有资本一齐投向需要资金支持的各个经济部门，形成资产业务。商业银行是作为货币资本的贷出、借入者的中间人来实现资本的融通的，并以吸收资金的成本与发放贷款的利息收入、投资收益的差额来获取利益，形成利润。商业银行虽然通过信用中介这一职能实现了资本盈余和短缺之间的融通，但并不改变货币资本的所有权，改变的只是货币资本的使用权。

(2) 支付中介职能。这一职能是指商业银行的经营货币业务。它是通过对单位和个人的存款在账户上的转移，代理客户支付款项并收取手续费，形成业务收入。同时还能在存款的基础上为客户兑付现金等，成为各经济组织和个人的货币保管者、出纳者和支付代理人。因此就形成了以商业银行为中心的社会经济过程中的无穷无尽的支付链条和债权债务关系。

(3) 金融服务职能。这一职能是指金融机构的特殊性。银行的触角能够触及全社会的各个角落。由于我国银行的信用好、信息灵通，具备了为各种经济组织和各类人群的客户提供多样化的信息服务、咨询服务等的条件。随着社会的进步和经济的快速发展，大部分单位和居民把原本应该自己处理的货币业务转交给银行代为办理，如代发工资、代办缴费等。这不仅增加了商业银行的服务业务量，也满足了社会需求。

(4) 调节经济职能。这一职能是指商业银行通过信用中介职能，调整和调剂社会各部门、各行业的资金流向和余缺，同时在贯彻执行央行货币政策以及国家有关宏观调控政策的落实，实现经济结构、消费比例、产业结构等诸多方面发挥了政府其他部门无法替代的作用。

二、银行会计的特点

银行经营的是货币资金的商业性买卖，该行业的业务特点、职能和作用与其他行业相比，具有如下突出特点。

(一) 会计核算活动与业务处理活动的统一性

银行是经营货币资金商业性买卖的特殊行业，绝大部分业务活动的发生会直接引起货币资金的增减变动。银行在处理各项业务的同时，必须通过会计部门直接完成，银行会计核算的过程就是银行办理业务的过程。所以，银行会计核算和业务处理是同步进行的，具有统一性。

（二）反映国民经济活动情况的综合性

银行是国民经济的一个综合部门，它的业务是由国家各经济组织和城乡居民的经济活动引起的。因此，银行会计在微观上反映自身的业务活动和国民经济各部门、各单位以及广大居民的经济活动情况，而通过各分支行会计报表的逐级上报，就可以综合地反映出全国的经济活动情况。

（三）会计核算方法的独特性

银行经营的是特殊商品，各项业务活动从发生到完成，只具有货币资金这一种运动形态，而其他行业的资金在运动过程中形态经常发生变化，除货币资金形态外，还有储备资金、生产资金、成品资金等形态。所以，银行会计具有独特的会计核算方法。

（四）提供会计核算资料的及时性

由于银行与国民经济各部门以及广大居民联系密切，它对外提供的有关资料是国家了解国民经济情况，制定宏观政策，进行宏观决策的重要依据。另外，银行经营的是货币这种特殊商品，这就要求银行会计必须及时对外提供会计资料。同时还要求银行当日的业务活动核算完毕后，在当日账务核对无误的基础上编制当日的内部会计报表——日计表。这种及时性是其他行业无法比拟的。

（五）会计核算和内部监督的严密性

银行经营商品的特殊性决定了银行会计在核算手续和内部监督措施上比其他行业会计更严密，主要体现在：现金收付换人复核、双人临柜、当天业务当天必须入账、每天必须清点库存等制度。只有这样才能做到万无一失。

第二节　商业银行会计

商业银行会计是一种特殊行业的专业会计。它根据会计学的基本原理和基本方法，以货币为基本计量单位，对商业银行会计要素进行确认、计量、记录和报告，向商业银行利益相关者提供有用的会计信息。商业银行会计与其他行业会计相比有很大不同。

一、会计科目和账户

商业银行的会计科目按资金性质可分为资产类、负债类、共同类、所有者权益类、成本类和损益类科目。按与资产负债的关系可分为表内科目和表外科目。

由于业务处理的方法不同，商业银行可以在会计准则所规定的统一会计科目基础上，根据实际需要设置表内会计科目。新准则颁布的银行会计科目，如表 2-1 所示。

表 2-1　商业银行会计科目表

序号	编号	会计科目名称	序号	编号	会计科目名称
		一、资产类	82	2111	卖出回购金融资产款
1	1001	现金	86	2211	应付职工薪酬
2	1002	银行存款	87	2221	应交税费
3	1003	存放中央银行款项	88	2231	应付股利
4	1011	存放同业	89	2232	应付利息
7	1031	存出保证金	90	2241	其他应付款
9	1101	交易性金融资产	93	2311	代理买卖证券款
10	1111	买入返售金融资产	94	2312	代理承销证券款
14	1131	应收股利	95	2313	代理兑付证券款
15	1132	应收利息	96	2314	代理业务负债
21	1231	其他应收款	98	2411	预计负债
22	1241	坏账准备	99	2501	递延收益
14	1251	贴现资产	101	2602	长期债券
24	1301	贷款	106	2801	长期应付款
25	1302	贷款损失准备	107	2802	未确认融资费用
26	1304	代理兑付证券	108	2811	专项应付款
27	1321	代理业务资产	109	2901	递延所得税负债
39	1441	贵金属			三、共同类
40	1442	抵债资产	110	3001	清算资金往来
45	1521	持有至到期投资	111	3002	外汇买卖
46	1522	持有至到期投资减值准备	112	3101	衍生工具
47	1523	可供出售金融资产	113	3201	套期工具
48	1524	长期股权投资	114	3202	被套期项目
49	1525	长期股权投资减值准备			四、所有者权益类
54	1601	固定资产	115	4001	实收资本
55	1602	累计折旧	116	4002	资本公积
56	1603	固定资产减值准备	117	4101	盈余公积
59	1606	固定资产清理	118	4102	一般风险准备
60	1611	融资租赁资产	119	4103	本年利润
67	1701	无形资产	120	4104	利润分配
68	1702	累计摊销	121	4201	库存股
69	1703	无形资产减值准备			五、成本类
70	1711	商誉			六、损益类
71	1801	长期待摊费用	129	6011	利息收入
72	1811	递延所得税资产	131	6021	手续费收入
73	1901	待处理资产损溢	135	6051	其他业务收入
		二、负债类	136	6061	汇兑损益
75	2002	存入保证金	137	6101	公允价值变动损益
76	2003	拆入资金	138	6111	投资收益
77	2004	向中央银行借款	142	6301	营业外收入
78	2011	同业存放	144	6402	其他业务支出
79	2012	吸收存款	145	6403	税金及附加
80	2021	贴现负债	146	6411	利息支出
81	2101	交易性金融负债	147	6421	手续费支出

续表

序号	编号	会计科目名称	序号	编号	会计科目名称
156	6602	管理费用	161	6801	所得税
157	6603	财务费用	162	6901	以前年度损益调整
159	6701	资产减值损失			
160	6711	营业外支出			

注：1. 本表是根据我国商业银行会计科目表摘录的主要、常用的一级会计科目。

2. 本表资产类中的“贷款”科目在银行实务中应设置以下二级明细账：

(1)短期贷款。

(2)中长期贷款。

(3)逾期贷款。

3. 本表负债类中的“吸收存款”科目在银行实务中应设置以下二级明细账：

(1)单位活期存款。

(2)单位定期存款。

(3)活期储蓄存款。

(4)定期储蓄存款，即整存整取储蓄存款。

4. 商业银行可根据实际需要设置其他二级明细账，如零存整取、整存零取等。

5. 在实际工作中，许多银行的会计人员为保证会计核算的准确性和会计核算工作的明晰性以及核算习惯，通常将以上二级科目提升为一级科目进行核算。

二、商业银行账务处理程序

商业银行的账务处理程序是将明细核算程序、综合核算程序和账务核对三方面结合起来的一个完整的会计业务处理程序。商业银行账务处理程序的具体步骤如下：

(1)根据发生的银行业务编制或受理审核会计凭证。

(2)根据审核无误的会计凭证登记明细分类账或现金收入、付出日记账。

(3)根据分户账期末余额编制余额表。

以上三项是商业银行明细核算的基本程序。

(4)根据会计凭证编制日结单，试算当天各科目所发生的借方和贷方发生额是否平衡。

(5)根据科目日结单登记总账并结出总账的期末余额。

(6)根据总账余额编制日计表。

以上三项是综合核算的基本程序。

(7)将各总账余额与其所属分户账的余额合计核对相符。

(8)总账现金科目与现金收入日记簿、现金付出登记簿和现金库存账簿核对相符。

(9)现金库存登记簿和现金核对相符。

以上三项是账务核对。

商业银行每日账务处理程序与核对关系，如图 2-1 所示。

商业银行业务核算内容较多，因篇幅关系，这里只介绍商业银行的存贷款业务与结算业务的核算方法。

三、存款业务的核算

存款是银行以信用方式向社会吸收的闲置资金。存款业务核算的基本内容主要有：单位活期存款的核算、单位定期存款的核算、个人活期储蓄存款的核算、个人定期储蓄存款的核算四个部分。现分述如下：

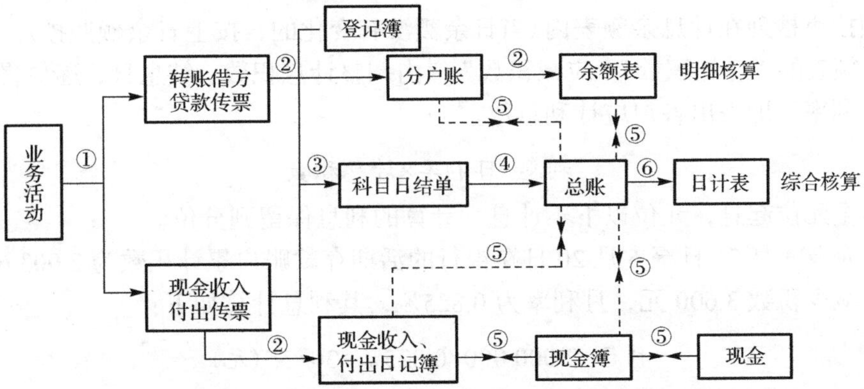

注：实线表示核算步骤；虚线表示核对关系。

图 2-1　商业银行每日账务处理程序与核对关系图

(一) 单位存款业务的核算

1. 单位活期存款业务的核算

单位活期存款是指企业、事业、行政机关、社会团体、学校、部队等单位在银行开立的存款账户，用来存放周转资金，办理收付结算和领取现金，它是单位存款的主要形式。

“单位活期存款”账户属于负债类账户，核算银行吸收的单位活期存款。其贷方登记收到的单位存入的活期存款和结计的利息；借方登记单位支取或按规定扣款、销户的金额；余额在贷方，表示单位活期存款的结存数额。该账户按存款单位设置明细账，进行明细核算。

【例 2-1】 北京市第一建设公司为支票户，向开户行中国工商银行方正支行存入现金 800 000 元。方正支行应作如下会计分录：

借：现金　　800 000

　　贷：吸收存款——单位活期存款（第一建设公司）　　800 000

【例 2-2】 承【例 2-1】同年，第一建设公司以现金支票从中国工商银行方正支行支取现金 4 000 元。方正支行应作如下会计分录：

借：吸收存款——单位活期存款（第一建设公司）　　4 000

　　贷：现金　　4 000

活期存款是银行流动性最强的流动负债。存款利息的计算应采用如下方法：

计息时间按季度计算。每季末月 20 日为结息日，计算时间从上季末月 21 日开始，至本季末月 20 日为止。计息天数“算头不算尾”。计息利率一般分为年利率、月利率、日利率三种。

利率表示：年利率(%)、月利率(‰)、日利率(‱)。

$$年利率\div12=月利率$$
$$月利率\div30=日利率$$

利息的计算公式：

$$利息=本金\times存期\times利率$$

由于单位存取次数频繁，其存款余额经常发生变动，计算利息可采用积数法。

积数法又称余额表计息法。采用这种方法计息是会计部门在每日终了，将各计息分户账的最后余额按户抄列在计息余额表内（当日余额没有变化的，按上日余额照抄）。如遇错账冲正，应在余额表的“应加积数”“应减积数”栏内调整计息积数。结息日，逐户将全季的累计积数乘以日利率，即得出各户应计利息数。

利息=日利率×计息积数

注：本金元位起息，元位以下不计息。计算的利息保留到分位。

假定某企业3月21日至6月20日在银行的活期存款账户累计积数为2 003 600元，由于错账冲正应减少积数3 600元，月利率为0.825‰，其利息计算如下：

利息=2 000 000×0.825‰÷30=55（元）

计息后，一般于次日入账。应作如下会计分录：

借：利息支出　　55

　　贷：吸收存款——单位活期存款（××单位）　　55

2. 单位定期存款业务的核算

企事业单位如有闲置的自有资金，可以在开户行办理定期存款。单位定期存款是单位存入款项时一次存入，约定存期，到期支取本息的一种存款业务。

“单位定期存款”账户属于负债类账户，核算单位在银行存入的定期存款。其贷方登记收到单位存入的定期存款；借方登记单位支取或到期的转存数额；余额在贷方，反映单位在银行定期存款的实有数额。该账户应按照存款单位设置明细账，进行明细核算。

【例2-3】 承【例2-1】同年，第一建设公司向中国工商银行方正支行申请转存定期存款160 000元一年，利率8%，方正支行同意后，应作如下会计分录：

借：吸收存款——单位活期存款（第一建设公司）　　160 000

　　贷：吸收存款——单位定期存款（第一建设公司）　　160 000

【例2-4】 承【例2-3】一年后，第一建设公司定期存款到期，转存为活期存款，方正支行应作如下会计分录：

借：吸收存款——单位定期存款（第一建设公司）　　160 000

　　利息支出（应付利息）　　12 800

　　贷：吸收存款——单位活期存款（第一建设公司）　　172 800

（二）个人储蓄存款业务的核算

1. 活期储蓄存款的核算

活期储蓄存款是指商业银行通过信用方式吸收城乡居民个人手中的资金形成的存款。它是商业银行存款的重要组成部分，并实行“存款自愿，取款自由，存款有息和为储户保密”的原则。

“活期储蓄存款”账户属于负债类账户，核算居民个人存入银行的活期储蓄存款。其贷方登记收到居民个人存入的活期储蓄存款和结计的利息；借方登记居民个人支取款项或销户时的款项；余额在贷方，反映居民个人在银行活期储蓄存款的实有数额。该账户按照存款人设置明细账，进行明细核算。

【例2-5】 开户行中国工商银行方正支行接受居民王林存入的活期储蓄存款1 000元，应作如下会计分录：

借：现金　　1 000

　　贷：吸收存款——活期储蓄存款（王林）　　1 000

【例 2-6】 承【例 2-5】几个月后王林取出所有存款，中国工商银行方正支行结出利息合计为 230 元，则作如下会计分录：

借：吸收存款——活期储蓄存款（王林）　　1 000

　　利息支出　　230

　　贷：现金　　1 230

按照规定，活期储蓄存款应每年结息一次，每年 7 月 1 日到次年 6 月 30 日止为结息期，每年的 6 月 30 日为结息日。其主要目的是减轻银行年度决算日的工作量。利息的计算方法是：在每年的结息日，银行用累计积数乘以当日挂牌活期储蓄存款日利率。对于结计的利息，银行应作如下会计分录：

借：利息支出

　　贷：吸收存款——活期储蓄存款——××存款人

2. 定期储蓄存款的核算

定期储蓄存款是指存入时约定存期，存款到期时才能支取的储蓄存款。其特点是：存款时间较长，存期固定。按本息的存取方式不同可分为整存整取、零存整取、存本取息和整存零取四种。

“定期储蓄存款”账户属于负债类账户，核算居民个人在银行存入的各类定期储蓄存款，包括定活两便储蓄存款、零存整取储蓄存款、整存整取储蓄存款、存本取息储蓄存款、整存零取储蓄存款等。其贷方登记居民个人存入的定期储蓄存款数；借方登记居民个人提取的数额；余额在贷方，反映居民个人定期储蓄存款的结余数。该账户按照居民个人分设明细账，进行明细核算。

【例 2-7】 储户方明在开户行中国工商银行方正支行开立零存整取储蓄存款账户，第一个月存入 3 000 元，方正支行应作如下会计分录：

借：现金　　3 000

　　贷：吸收存款——定期储蓄存款（方明）　　3 000

【例 2-8】 承【例 2-7】储户方明的零存整取储蓄存款 1 年后到期支取，银行计算的利息为 1 800 元，方正支行应作如下会计分录：

借：吸收存款——定期储蓄存款（方明）　　36 000

　　利息支出　　1 800

　　贷：现金　　37 800

【例 2-9】 马芳在开户行中国工商银行方正支行存入整存整取定期储蓄存款 4 900 元，存期 3 年，方正支行应作如下会计分录：

借：现金　　4 900

　　贷：吸收存款——定期储蓄存款（马芳）　　4 900

【例 2-10】 3 年后，马芳持到期存单来银行提款，计算利息为 450 元，方正支行应作如下会计分录：

借：吸收存款——定期储蓄存款（马芳）　　4 900

　　利息支出　　450

贷：现金　　5 350

3. 利息税的核算

按国家税务总局规定，储户 1999 年 11 月 1 日以后在银行的储蓄存款产生的利息，要缴纳 20%的个人利息税(我国从 2008 年 10 月 9 日起，暂免征收利息税)。

(1)各营业网点代扣时，其会计分录为：

借：应付利息——储蓄存款利息户

　　贷：其他应收款——代收利息所得税户

(2)上交管辖行时，其会计分录为：

借：其他应付款——代收利息所得税户

　　贷：内部往来——××往来单位户

四、贷款业务的核算

贷款也称放款，是银行或其他金融机构以一定的利率和必须归还等为条件，把货币资金提供给需要者的一种信用活动。划分贷款种类的方法有很多：

按对象划分：可以分为工商贷款、农业贷款、集体和个体工商业贷款。

按期限划分：可以分为短期贷款、中长期贷款。

按有无贷款保障划分：可以分为信用贷款、担保贷款、抵押贷款等。

按贷款的用途划分：可以分为流动资金贷款、固定资金贷款、农副产品收购资金贷款。

按贷款的性质划分：可以分为政策性贷款和商业性贷款。

按照贷款的利率划分：可以分为固定利率贷款、浮动利率贷款和优惠贷款。

按照贷款的风险程度划分：可以分为正常贷款、逾期贷款和催收贷款等。

现主要介绍信用贷款、担保贷款和抵押贷款。

(一)信用贷款的核算

信用贷款是银行的高风险资产，是在借款人在无任何抵押的情况下，凭借借款人的信用而发放的贷款。信用贷款分为逐笔核贷、商业票据贴现贷款、下贷上转三种，这里只介绍前两种。

1. 逐笔核贷的核算方式

这种方式主要指银行根据借贷单位提出的申请，审查批准后，约定期限逐笔发行，一次或分次收回贷款本息。这种贷款方式适合各种流动资金贷款、各种设备贷款、临时性贷款等。这类贷款一般根据贷款期限是否超过一年划分为短期贷款和中长期贷款两种。

“短期贷款”和“中长期贷款”账户属于资产类账户，分别核算银行向单位发放的短期和中长期贷款。其借方登记发放贷款的本金；贷方登记贷款的收回和不能收回转入“逾期贷款”账户的数额；余额在借方，反映尚未收回的贷款。按照借款单位设置明细账进行明细核算。

【例 2-11】 北京康泰公司向中国工商银行北京市东城区支行申请长期贷款，金额为 200 000 元。东城区支行应作如下会计分录：

借：贷款——中长期贷款(北京康泰公司)　　200 000

　　贷：吸收存款——单位活期存款(北京康泰公司)　　200 000

【例 2-12】 承【例 2-11】如中国工商银行北京市东城区支行向某个体户王力发放 4 000

元、期限为9个月的短期贷款。东城区支行应作如下会计分录：

借：贷款——短期贷款(王力)　　4 000
　贷：现金　　4 000

【例2-13】承【例2-11】中国工商银行北京市东城区支行收回贷款，利息收入计算为8 000元。东城区支行应作如下会计分录：

借：吸收存款——单位活期存款(北京康泰公司)　　208 000
　贷：贷款——中长期贷款(康泰公司)　　200 000
　　利息收入　　8 000

【例2-14】承【例2-12】个体户王力逾期未能还贷，则东城区支行应作如下会计分录：

借：贷款——逾期贷款(王力)　　4 000
　贷：贷款——短期贷款(王力)　　4 000

2. 商业票据贴现贷款业务的核算

贴现是指申请人持未到期的票据，要求银行融资，把票据金额扣除未到期利息后如数付给申请人的一种贷款方式。这种贷款方式的特点在于其贷款对象是票据。按照《中华人民共和国票据法》的规定，可以贴现的票据有商业汇票(包括银行承兑汇票和商业承兑汇票)、未到期的债券和存单等。贴现利息和贴现金额的计算公式为：

贴现利息=汇票金额×贴现天数×贴现利率

贴现金额=汇票金额−贴现利息

为核算商业票据贴现、再贴现和转贴现业务，银行应设置“贴现资产”账户。其借方登记单位和其他商业银行来办理贴现、转贴现的商业票据的票面金额、再贴现票据到期中央银行扣收的票款、偿还其他商业银行票款等；贷方登记以未到期的商业票据向中央银行或其他银行转贴现、到期向贴现申请人或转贴现申请人收回的票款以及不能收回的票款的核销数额。

【例2-15】7月9日，在中国工商银行北京市东城区支行开户的北京市进出口贸易公司持一张面额为1 800 000元的商业承兑汇票来申请贴现。如票据到期日为9月13日，月贴现率为0.72%，东城区支行应作如下会计分录：

贴现利息=1 800 000×64×0.72%÷30=27 648（元）

贴现金额=1 800 000−27 648=1 772 352（元）

借：贴现资产　　1 800 000
　贷：吸收存款——单位活期存款(北京市进出口贸易公司)　　1 772 352
　　利息收入　　27 648

【例2-16】承【例2-15】若付款人到期拒付，东城区支行应作如下会计分录：

借：吸收存款——单位活期存款(北京市进出口贸易公司)　　1 800 000
　贷：贴现资产　　1 800 000

【例2-17】假如北京市进出口贸易公司存款户只有1 600 000元，东城区支行应作如下会计分录：

借：吸收存款——单位活期存款(北京市进出口贸易公司)　　1 600 000
　贷款——逾期贷款　　200 000
　贷：贴现资产　　1 800 000

（二）担保贷款的核算

担保贷款是指借款人申请借款的同时，向银行提供有法人资格的且借款人一旦无力还款而能代之履行偿还责任的经济组织作保证的贷款。担保贷款虽有保证人，但只是以保证人的信用作担保，借款人未以任何财产作抵押，从严格意义上讲仍为信用贷款，因此，其会计处理与信用贷款相同。但当债务期满债务人未能偿债应追究保证人连带责任时，应调整账务。

当担保人替债务人偿债时，银行应作如下会计分录：

借：贷款——短期贷款（或中长期贷款）（担保人） ×××

　　贷：贷款——短期贷款（或中长期贷款）（借款人） ×××

同时，从担保人处收回贷款本息时：

借：吸收存款——单位活期存款（担保人） ×××

　　贷：贷款——短期贷款（或中长期贷款）（担保人） ×××

　　　　应收利息 ×××

　　　　利息收入 ×××

（三）抵押贷款的核算

抵押贷款与信用贷款、担保贷款是不同的，其主要区别在于有无物资作抵押。前者是银行要求借贷人提供一定的抵押品作为物资保证而发放的贷款。如借贷人逾期不能还贷，银行有权以其抵押品作为抵扣，以所得的收入作为补偿。

【例 2-18】 北京某公司目前急需短期资金 140 000 元，以一台设备向中国工商银行北京市东城区支行申请抵押贷款，东城区支行应作如下会计分录：

借：贷款——抵押贷款 140 000

　　贷：吸收存款——单位活期存款（北京某公司） 140 000

【例 2-19】 承【例 2-18】贷款到期，银行收到借款人归还的本息 143 200 元，其应作如下会计分录：

借：吸收存款——单位活期存款（北京某公司） 143 200

　　贷：贷款——抵押贷款 140 000

　　　　利息收入 3 200

假如公司未能及时还账，则银行要处理其抵押品以补偿本息。将固定资产出售后收到现金 143 200 元，银行应作如下会计分录：

借：现金 143 200

　　贷：贷款——抵押贷款 140 000

　　　　利息收入 3 200

如果拍卖所得净收入（拍卖所得收入减拍卖所付费用）大于抵押贷款本息，按照《担保法》第五十三条的规定：抵押物折价或者拍卖、变卖后，其价款超过债权数额的部分归抵押人所有，不足部分由债务人清偿。因此，拍卖所得的净收入超过贷款本息的余额应退还借款人，银行应作如下会计分录：

借：现金 ×××

　　贷：贷款——抵押贷款 ×××

利息收入(或应收利息等)　　×××

吸收存款——单位活期存款(××借款人)　　×××

如果拍卖所得净收入小于抵押贷款本息，不足的部分应由债务人清偿，则银行应作如下会计分录:

借：现金　　×××

吸收存款——单位活期存款(××借款人)　　×××

贷：贷款——抵押贷款　　×××

利息收入　　×××

如果将抵押品按其实物属性转入银行自己的资产账内，则银行应作如下会计分录:

借：固定资产　　×××

贷：贷款——抵押贷款　　×××

利息收入　　×××

累计折旧　　×××

五、结算业务的核算

结算业务包括银行汇票结算、商业汇票结算、委托收款结算、汇兑等几种，分述如下:

(一)银行汇票结算的核算

“汇出汇款”账户属于负债类账户，核算银行办理银行汇票业务所发生的收付款项以及汇出的外汇汇款。贷方登记汇出的款项，借方登记解付的汇款和发生退汇的汇款，余额在贷方，反映汇出汇款的结余数。该账户应设置“全国银行汇票户”“区域性银行汇票户”“汇出境内汇款户”和“汇出境外汇款户”四个明细账户，进行明细核算。

【例 2-20】 中国工商银行北京市东城区支行为某客户申请办理银行汇票一张，金额 40 000 元，东城区支行应作如下会计分录:

借：吸收存款——单位活期存款　　40 000

贷：汇出汇款　　40 000

【例 2-21】 承【例 2-20】中国工商银行北京市东城区支行接到联行借方报单及解讫通知，交易金额为 38 000 元，东城区支行应作如下会计分录:

借：汇出汇款　　40 000

贷：联行来账　　38 000

吸收存款——单位活期存款　　2 000

“联行往账”科目。本科目由发报行使用，是全国联行往来的专用科目。发报行在发生联行账务、填制联行报单时使用本科目，如填制借方报单，即代他行付款，记入该科目借方；如填制贷方报单，即代他行收款，记入该科目贷方。

“联行来账”科目。本科目由收报行使用，也是全国联行往来的专用科目。收报行在接到发报行寄来的联行报单时，用本科目核算。收到借方报单，记入该科目贷方；收到贷方报单，记入该科目借方。

（二）商业汇票结算的核算

1．商业承兑汇票结算的核算

【例 2-22】 甲公司卖给乙公司一批原料，价值 100 000 元，乙公司签发并承兑商业汇票一张，面额 100 000 元，承兑期限 3 个月。甲公司在汇票到期前委托开户银行收款。乙公司开户行于到期日划款，应作如下会计分录：

借：吸收存款——单位活期存款（乙公司）　　100 000

　　贷：联行往账　　100 000

甲公司开户行在收到汇票款项时，应作如下会计分录：

借：联行来账　　100 000

　　贷：吸收存款——单位活期存款（甲公司）　　100 000

2．银行承兑汇票结算的核算

【例 2-23】 假设【例 2-22】中乙公司签发的汇票是其开户行承兑的，其开户行应收取手续费 100 元（100 000×1‰），应作如下会计分录：

借：吸收存款——单位活期存款（乙公司）　　100

　　贷：手续费收入　　100

乙公司开户行在汇票到期时向乙公司收取票款，应作如下会计分录：

借：吸收存款——单位活期存款（乙公司）　　100 000

　　贷：应解汇款——乙公司　　100 000

乙公司开户行办理票款转账时，应作如下会计分录：

借：应解汇款——乙公司　　100 000

　　贷：联行往账　　100 000

“应解汇款”账户属于负债类账户，用于核算本行收到的待解付的结算款项。凡本行收到的未在本行开户的单位和个人待解付的款项以及本行签发的银行承兑汇票到期待付的款项等，均通过本账户核算。异地汇入待解付汇款或结汇款项，以及本行承兑的商业汇票到期待付、银行汇票待解付时，贷记本账户；解付汇人款项、结汇和支付汇票款项时，借记本账户；收款人要求将款项退汇或转汇时，也借记本账户。余额反映在贷方。本账户按收款人逐笔设户进行明细核算。

若乙公司在汇票到期时无力付款，其开户行应作如下会计分录：

借：贷款——短期贷款（乙公司逾期贷款）　　100 000

　　贷：应解汇款——乙公司　　100 000

甲公司开户行在汇票到期收取票款时，应作如下会计分录：

借：联行来账　　100 000

　　贷：吸收存款——单位活期存款（甲公司）　　100 000

（三）委托收款结算的核算

委托收款是收款人委托银行向付款人收取款项的一种结算方式。

【例 2-24】 北京市××机电公司向其开户行中国工商银行北京市东城区支行提出委托收款的申请，向北京市某厂收回所欠的货款 50 000 元。当付款方付款时，其开户行（中国建设银行北京市东城区支行）的会计分录为：

借：吸收存款——单位活期存款(××机电公司)　　50 000
　　贷：联行往账　　50 000

机电公司开户行收到对方开户行的有关凭证，在办理进账时，应作如下会计分录：

借：联行来账　　50 000
　　贷：吸收存款——单位活期存款(××机电公司)　　50 000

(四)汇兑的核算

汇兑是汇款人委托银行将款项汇到外地的结算方式。

【例 2-25】 北京顺达公司到开户行中国工商银行北京市东城区支行办理业务，汇给天津兴东公司购原材料款 200 000 元。银行在汇出款项时，应作如下会计分录：

借：吸收存款——单位活期存款(北京顺达公司)　　200 000
　　贷：联行往账　　200 000

天津兴东公司开户行在接到中国工商银行北京市东城区支行寄来的邮划贷方报单时，应作如下会计分录：

借：联行来账　　200 000
　　贷：吸收存款——单位活期存款(天津兴东公司)　　200 000

第三节　中央银行会计

一、中央银行会计的特点

中央银行是管理全国金融业的国家机关，是全国金融活动的中心。中央银行掌管货币发行，集中管理信贷资金，管理外汇、金银，经理国库，代理发行国家债券等，与各专业银行和其他金融机构以及财政部门等有密切的资金联系。

(一)中央银行的业务范围

1. 集中资金

中央银行的资金来源主要由四部分组成：

(1)自有资金，是指中央信贷基金、固定资产基金、专项基金等；

(2)各项存款，包括财政性存款、专业银行及其他金融机构缴存款、专业银行及其他金融机构存款、邮政储蓄转存款等；

(3)其他资金来源，包括结算资金、暂收款项及各项收入；

(4)货币发行，是指流通中的货币。

2. 分配资金

中央银行的资金运用有四个方面：

(1)各项贷款(包括对专业银行及其他金融机构贷款、各种专项贷款和再贴现等)；

(2)各项占款(包括拨付中央信贷基金、金银占款、固定资产占款、有价证券、投资、兑付国家债券本息款项等)；

(3)其他资金占用(如暂付款项、各项支出及费用等)；

(4)库存现金。

3．宏观调控

中央银行对专业银行及其他金融机构等的业务活动实行金融宏观控制与调节。

（二）中央银行会计的特点

中央银行是管理全国金融事业的国家机关，与专业银行，其他部门、单位相比具有以下几个特点：

（1）中央银行会计具有金融宏观管理特征，是实现中央银行职能的工具。中央银行根据国家经济和金融政策，采取宏观调控手段，进行货币发行、回笼，存款和贷款等资金活动，这些活动都是通过会计体现出国家宏观金融管理的性质。

（2）中央银行的会计核算既反映了专业银行和其他金融机构本身的经营活动情况，又综合反映了一个地区和全国的金融活动状况。专业银行及其他金融机构必须在中国人民银行开立账户，其营运资金的收付要在中国人民银行开设的账户中进行。根据《全国银行统一会计基本制度》的规定，中央银行总行管理全国银行会计工作，中央银行各地分支机构管理本地区银行和其他金融机构的会计工作。各专业银行要根据《全国银行统一会计基本制度》的规定，使用全国银行统一会计科目，并向中央银行编报统一会计报表。

从会计核算的角度来看，中央银行的会计核算内容主要包括货币发行业务的核算、经理国库业务的核算、商业银行缴存存款和贷款的核算等。

二、货币发行业务的核算

中国人民银行是我国唯一的货币发行机构。货币发行，是指对货币的印制、保管、调拨，货币的发行与回笼，以及损伤货币的销毁等。

（一）货币发行业务概述

1．发行基金和发行库

发行基金是指中国人民银行替国家保管的尚未发行的票币，是为调剂市场货币流通准备的基金。由印制厂印制完成但尚未投入流通的票币以及从流通领域回笼的票币，均为发行基金。

发行库是发行基金的保管库。中国人民银行设立人民币发行库，并在其分支机构设立分支库。为灵活调拨发行基金，总库在若干分库设立总行的重点库和后备库，代总库接收新票币入库，并保管和运送发行基金。发行库的主要职责是：根据国务院核定的货币发行额度，统一调度发行基金；具体办理货币发行工作和损伤票币的收回和销毁；保管和调运发行基金，调剂市场各种票币的流通比例；办理全国发行业务的会计核算，正确、及时地反映市场货币投放和回笼情况。

2．应设置的会计科目

（1）发行库专用科目。

①“发行基金”科目，用于记载各发行库本身及其所辖发行基金的变动情况。

收　方	发行基金　付　方
印钞厂交来票币 其他发行库调入发行基金 商业银行交存回笼货币	销毁损伤票币 向其他发行库调出发行基金 商业银行支取发行票币
余额：本身和所辖的库存发行基金	

②“总行重点库发行基金”科目，用于记载重点库发行基金的变动情况。

收　　方	总行重点库发行基金	付　　方
调入发行基金		调出发行基金
余额：重点库发行基金的库存数		

③“印制及销毁票币”科目，用于记载有关票币的印制和销毁情况。

收方	印刷及销毁票币	付方
印钞厂交来票币		销毁损伤票币
余额：发行库的发行基金和流通货币之和		

上述科目均为发行库专用科目，因与其他中国人民银行业务的核算没有关联，核算时应采用单式记账法记账。

(2)银行统一会计科目。

①“发行基金往来”科目，用于记载货币的发行和回笼情况，中国人民银行各级行通用，但记账方向相反。

借　　方	发行基金往来(基层来)	贷　　方
商业银行送存现金数		商业银行提取现金数
余额：货币回笼数		货币投放数
商业银行提取现金数		商业银行送存现金数
余额：货币投放数		货币回笼数

②“流通中货币” 科目，用于记载流通中货币的变动情况。

借　　方	流通中货币	贷　　方
回笼货币		发行货币
		余额：流通中的货币量

(二)发行基金印制入库的核算

印制货币必须遵守印制计划，印制完成的所有合格货币，必须全数解缴总库指定的发行库保管。

合格货币解缴入库时，总行重点库应做如下会计处理：

收入：“总行重点库发行基金”

总库收到经重点库验收盖章入库的凭证时，应做如下会计处理：

收入：“发行基金——××重点库户”

收入：“印制及销毁票币——××券(币)别户”

对直接交给总库的新印票币，总库应做如下会计处理：

收入：“发行基金——总库户”

收入：“印制及销毁票币——××券(币)别户”

(三)发行基金调拨的核算

发行基金的调拨是发行库与发行库之间发行基金的转移，是组织货币投放的准备工作，有上下级库之间以及同级库之间的调拨两种。

1. 上下级库之间发行基金的调拨

(1)上级库调出发行基金给下级库时，上级调出库应做如下会计处理：

付出："发行基金——本库户"

收入："发行基金——××调入库"

下级调入库验收发行基金无误后，应做如下会计处理：

收入："发行基金——本库户"

(2)下级库调拨发行基金给上级库时，下级调出库应做如下会计处理：

付出："发行基金——本库户"

上级调入库的会计处理为：

收入："发行基金——本库户"

付出："发行基金——××调出库户"

2. 同级库之间发行基金的调拨

先由上级库签发命令，并分别通知调入库和调出库。

(1)上级库做如下会计处理：

收入："发行基金——××调入库户"

付出："发行基金——××调出库户"

(2)调出库的会计处理为：

付出："发行基金——本库户"

(3)调入库的会计处理为：

收入："发行基金——本库户"

(四)货币投放的核算

货币投放是指发行库将发行基金支付给商业银行的过程。货币投放后，发行基金减少。商业银行与中国人民银行的现金收付活动，是实现中国人民银行货币发行与回笼的主要手段。

【例 2-26】 某商业银行北京市××区支行向同级人民银行提取现金 2 000 000 元。发行车在办理投放业务时，应做如下会计处理：

付出：发行基金——本库户　　2 000 000

同级人民银行应作如下会计分录：

借：现金　　2 000 000

　　贷：发行基金往来　　2 000 000

借：商业银行存款　　2 000 000

　　贷：现金　　2 000 000

北京市发行分库在接到通知后，应做如下会计处理：

付出：发行基金——××分库户　　2 000 000

总库应在接到通知后，做如下会计处理：

付出：发行基金——北京分库户　　2 000 000

总行应作如下会计分录：

借：发行基金往来　　2 000 000

　　贷：流通中货币　　2 000 000

（五）货币回笼的核算

各商业银行将超过库存限额的货币交存中国人民银行发行库，称为货币的回笼。货币回笼表现为各商业银行送存现金给中国人民银行，其实质是流通中的货币退出流通领域，返回到发行基金的状态。

(1) 发行库收到商业银行送存的现金时的会计处理为：

收入："发行基金——本库户"

(2) 中国人民银行的会计分录为：

借：发行基金往来

　　贷：××银行存款

(3) 总行的会计分录为：

借：流通中货币

　　贷：发行基金往来

(4) 总库在接到通知时，应做如下会计处理：

收入："发行基金——××分库户"

(5) 商业银行向中国人民银行送存现金时，应作如下会计分录：

借：存放中央银行款项

　　贷：现金

三、经理国库业务的核算

国库的全称为国家金库。按照国家规定，一切财政收入必须按期缴入国库，任何单位不得截留、坐支或保管。一切财政支出，必须凭各级财政机关的拨款凭证通过国库拨付。我国国库设在中央银行，经理国库业务是中国人民银行的重要工作。

目前，我国的国库分为中央国库和地方国库两部分。中央国库设总库、分库、中心支库、支库四级机构。中国人民银行总行经理总库，各省、自治区、直辖市分行经理分库，市、地(州)分行、支行经理中心支库，县(市)支行及城区办事处经理支库，支库以下设经收处，由有关商业银行的分支机构办理经收处业务。

国库会计核算应分中央金库和地方金库来设置会计科目。中央金库应设置的会计科目包括：中央预算收入、待报解中央预算收入、中央预算支出（总库专用）、财政预拨经费限额款（总库专用）等。

地方金库应设置的会计科目包括：地方财政库款、待报解地方预算收入、财政预算外存款等。

国库业务核算主要有：预算收入收纳的核算、库款报解和支拨的核算、发行国家债券和还本付息的核算等。这里只介绍前两种。

（一）预算收入收纳的核算

预算收入是国库收入的主要内容。预算收入由于来源不同，分别由税务、海关和财政等部门负责征收。各类预算收入根据规定的预算收入级次和收入分成留解比例，办理划分、留解，分别进入中央金库和各级地方金库。

1. 经收处代收预算收入的核算

经收处在收到缴款单位或缴款人交来的缴款书并审核无误后，应作如下会计分录：借记“××存款”，贷记“待结算财政款项——待报解预算收入户”。如果缴款单位缴纳的是现金，则会计分录为：借记“现金”，贷记“待结算财政款项——待报解预算收入户”。每日终了，应将当日的预算收入全数划转商业银行，其会计分录为：借记“待结算财政款项——待报解预算收入户”贷记“联行存放款项”等。

“待结算财政款项”核算中国人民银行国库部门因预算收入级次不清等原因而待处理的款项。贷方登记收入数，划分处理后，借记本账户，余额轧差反映。

2. 支库收纳预算收入的核算

支库收纳的预算收入，主要由支库本身直接收纳和经收处代收后上划两部分组成。其会计分录为：借记“存放联行款项”等，贷记“待报解地方预算收入”或“待报解中央预算收入”等。

“待报解地方预算收入”科目属于负债类科目，核算国库各分支库当日收纳的、未报解及未结转的地方预算收入款项。本科目是过渡性科目，当日收纳款项时登记在贷方，划分报解、退付、结转时登记在借方，余额为零。

“待报解中央预算收入”科目属于负债类科目，核算国库各分支库当日收纳的、未报解的中央预算收入。本科目也是过渡性科目，当日收纳款项时登记在贷方，划分报解、退付时登记在借方，余额为零。

3. 分库收纳预算收入的核算

分库收纳的预算收入包括直接收纳和下级库上划两种。直接收纳的会计处理与支库相同。下级库上划的会计处理为：分库收到县支库上报的预算收入凭证办理转账时，借记“存放联行款项”，贷记“待报解中央预算收入”或“待报解地方预算收入”。

（二）库款报解和支拨的核算

国库对已入库的预算收入，应按照国家财政管理体制和分成留解比例划分各级预算收入和计算分成留解数，并及时向上级国库和各级财政机关报告预算收入和划解情况。预算收入可划分为：中央预算固定收入、地方预算固定收入以及中央与地方共享收入三部分。

1. 支库报解的核算

支库在报解库款时，应对中央与地方共享收入作如下会计分录：

借：待报解中央预算收入　　　　　　　　　　　　　　×××
　　贷：中央预算收入　　　　　　　　　　　　　　　　　×××
　　　　待报解地方预算收入——省级收入户　　　　　　　×××
　　　　　　　　　　　　　——县级收入户　　　　　　　×××

应对中央预算固定收入，作如下会计分录：

借：中央预算收入　　　　　　　　　　　　　　　　　×××
　　待报解地方预算收入——省级收入户　　　　　　　　　×××
　　　　　　　　　　　——地(市)级收入户　　　　　　　×××
　　贷：联行存放款项　　　　　　　　　　　　　　　　　×××

应对县级预算固定收入，作如下会计分录：

借：待报解地方预算收入——县级收入户　　　　　　　　×××

　　贷：地方财政库款　　　　　　　　　　　　　　　　　×××

“地方财政库款”科目属于负债类科目，核算地方各级财政预算的固定收入、共享收入、补助收入、专项收入、基金预算收入和地方预算收入的退付以及地方预算支出拨款、拨款的缴回、补助支出、专项支出和基金预算支出等款项。收入增加时登记在贷方，拨款时登记在借方。本科目应按照与预算级次相对应的财政部门和收入、支出等分设明细账，进行明细核算。

2. 中心支库报解的核算

中心支库在收到支库上报的各种报解凭证时，对地(市)级固定预算收入，应作如下会计分录：

借：联行来账　　　　　　　　　　　　　　　　　　　　×××

　　贷：待报解地方预算收入——省级收入户　　　　　　　×××

　　　　　　　　　　　　　——地(市)级收入户等　　　　×××

中心支库对上报来的中央与地方共享收入，应作如下会计分录：

借：待报解中央预算收入　　　　　　　　　　　　　　　×××

　　贷：中央预算收入　　　　　　　　　　　　　　　　　×××

　　　　待报解地方预算收入——省级收入户　　　　　　　×××

　　　　　　　　　　　　　——地(市)级收入户等　　　　×××

3. 分库报解的核算

分库收纳预算收入和库款报解的核算方法与中心支库基本相同。

4. 总库报解的核算

总库是库款报解的终结单位。总库收到分库划来的各种报解凭证时，应编制汇总的中央预算收入日报表。

借：联行来账　　　　　　　　　　　　　　　　　　　　×××

　　贷：中央预算收入　　　　　　　　　　　　　　　　　×××

库款支拨也称作预算拨款，它是指财政部门根据规定的预算计划将国库收纳的预算款项拨付给各预算单位。库款支拨的方式有实拨资金和限额拨款两种，我们只介绍前一种。

因为用款单位多在各类商业银行开户，而国库设在中央银行。因此，国库在支拨库款时，一方面减少国库存款，另一方面增加商业银行在中央银行的存款余额。国库支拨库款的会计分录为：

借：中央预算支出　　　　　　　　　　　　　　　　　　×××

　　地方财政库款　　　　　　　　　　　　　　　　　　×××

　　贷：××商业银行存款户　　　　　　　　　　　　　　×××

四、商业银行缴存存款和贷款的核算

为充分发挥中央银行控制货币供应量的职能，我国实行存款准备金制度采取缴存存款的办法，即各金融机构应按规定比例缴存存款准备金。

根据国家规定，各商业银行吸收的存款以及财政性存款全部划归中国人民银行所有，其吸收的一般性存款，如企业存款、城乡储蓄存款、其他存款，必须按规定的比例缴存中国人民银行，由中国人民银行统一使用。中国人民银行为控制货币供应量，放松或紧缩贷款规模支持商业银行的业务发展，可向商业银行提供贷款。

（一）商业银行缴存存款（存款准备金）的核算

为了核算各商业银行缴存的财政性存款，应设置“××银行缴来财政性存款”科目。该科目为负债类科目，余额反映在贷方。

为了核算各商业银行缴来的一般性存款，应设置“××银行缴来一般性存款”科目，该科目为负债类科目，余额反映在贷方。

【例2-27】 中国工商银行大连分行9月末各项存款余额调整后，已缴财政性存款40 000 000元，已缴一般性存款5 000 000元。10月10日该分行各存款科目余额为：

财政性存款45 000 000元

企业存款100 000 000元

储蓄存款70 000 000元

各种存款缴存比例为：财政性存款100%，一般性存款13%。

应补缴财政性存款=45 000 000–40 000 000=5 000 000（元）

应补缴一般性存款=170 000 000×13%–5 000 000=17 100 000（元）

中国人民银行在办理转账时的会计分录为：

借：工商银行存款户——大连分行	22 100 000	
贷：工商银行缴来财政性存款		5 000 000
工商银行缴来一般性存款		17 100 000

中国工商银行大连分行在办理转账时的会计分录为：

借：存放中央银行款项——财政性存款	5 000 000	
——一般性存款	17 100 000	
贷：存放中央银行款项——备付金存款		22 100 000

（二）对商业银行再贷款的核算

中央银行向商业银行贷款分为以下几种：

① 年度性贷款。中国人民银行为解决专业银行因经济合理增长引起的年度性贷款资金不足而发放的贷款。一般期限为一年，最长不超过两年。

② 季节性贷款。中国人民银行为解决专业银行因信贷资金先支后收或存、贷款季节性下降或上升等原因造成的暂时资金不足而发放的贷款。一般期限为两个月，最长不超过四个月。

③ 日拆性贷款。中国人民银行为解决商业银行因汇划款项未达而发生的临时性资金短缺而发放的贷款。一般期限为10天，最长不超过20天。

④ 再贴现。用于解决商业银行因办理票据贴现引起的暂时资金不足而融通的资金。期限从再贴现之日起到贴现票据到期日止，一般在六个月内。

【例 2-28】 交通银行大连分行向中国人民银行大连分行申请借得期限为一年的贷款10 000 000元。

中国人民银行大连分行应作如下会计分录：

借：交通银行贷款　　10 000 000
　　贷：交通银行存款　　10 000 000

交通银行大连分行应作如下会计分录：

借：存放中央银行款项　　10 000 000
　　贷：向中央银行借款　　10 000 000

还款时作相反的会计分录，对发生的利息，中国人民银行大连分行应贷记“利息收入——金融机构利息收入”；交通银行大连分行应借记“金融企业往来支出——中央银行利息支出”。

（三）再贴现的核算

中国人民银行可以为专业银行办理再贴现业务，也就是说，专业银行可以将作为贴现收到的票据向中国人民银行办理再贴现。

【例 2-29】 中国工商银行大连分行于 2013 年 8 月 1 日将一未到期的商业承兑汇票(到期日为 10 月 1 日，票面金额 200 000 元)向中国人民银行大连分行办理再贴现，月再贴现率为 0.48%。

再贴现=200 000×0.48%×2=1 920（元）

再贴现金额=200 000−1 920=198 080（元）

中国人民银行大连分行应作如下会计分录：

借：再贴现——工商银行再贴现户　　200 000
　　贷：工商银行存款　　198 080
　　　　利息收入——金融机构利息收入　　1 920

中国工商银行大连分行应作如下会计分录：

借：存放中央银行款项　　198 080
　　利息支出——中央银行利息支出　　1 920
　　贷：向中央银行借款——再贴现借款　　200 000

该汇票 10 月 1 日到期，则：

中国人民银行大连分行应作如下会计分录：

借：工商银行存款　　200 000
　　贷：再贴现——工商银行再贴现户　　200 000

中国工商银行大连分行应作如下会计分录：

借：向中央银行借款——再贴现借款　　200 000
　　贷：存放中央银行款项　　200 000

本章小结

本章主要讲述商业银行业务的核算和中央银行业务的核算。商业银行会计核算主要讲述存款、贷款和结算业务的核算。存款包括单位存款和个人储蓄存款两部分。贷款业务主要有信用贷款、担保贷款和抵押贷款。结算业务核算包括：银行汇票、商业汇票、委托收款和汇兑等结算业务的核算。中央银行会计主要介绍了货币发行业务、经理国库业务和商业银行缴存存款和贷款的会计核算方法。

第三章

保险公司会计

第一节　保险公司会计概述

一、保险的含义与分类

（一）保险及保险合同的概念

保险是指投保人根据保险合同规定，向保险人支付保费，保险人对于合同中约定的可能发生的事故因其出险所造成的财产损失承担赔偿保险金责任或当投保人死亡、伤残和达到合同约定的年龄、期限时承担给付保险金责任的商业行为。其中，保险人（也称承保人）是指与投保人签订保险合同，并承担赔偿或给付保险金责任的保险公司。投保人是指与保险公司签订保险合同，并负有支付保险费义务的公司、单位或个人。保险合同就是保险人和投保人用于约定保险权利义务关系的协议。

从经济学的角度讲，保险是对灾害事故损失进行分摊的一种经济保障制度和手段；从法律的角度讲，保险是保险人和投保人之间的一种合同行为。保险是一种非常特殊的行业，它是以特定的风险为经营对象，以补偿风险事故所造成的损失为目的，以投保人相互共济为基础，由全体投保人共同承担保险补偿基金，并保证保险公司的正常开支及获取利润。

（二）保险的分类

保险有许多分类方法，归纳起来主要有以下几种。

1. 根据保险标的不同分类

根据标的的不同，保险可分为财产保险和人身保险。财产保险指以财产及其相关利益为标的的保险，包括财产损失险、责任保险及信用保证保险等；人身保险指以人的寿命和身体为标的的保险，包括人寿保险、长期健康保险、人身意外伤害保险和短期健康保险等。人寿保险和长期健康保险主要是针对人的寿命进行的保险，具有长期性，往往终生伴随投保人，因此又称为寿险保险；而人身意外伤害保险和短期健康保险，一般期限较短（一般为一年或短于一年），因此，往往被称为非寿险保险。

2. 根据保险人承保方式不同分类

根据保险人承保方式不同，保险可分为原保险（或原保险合同）以及再保险（或再保险合同）。原保险合同指保险人和投保人直接订立的保险合同；再保险合同指原保险人为分散风险而将其承保的风险转移给其他保险人所形成的保险关系，它是保险人进行的保险。

3. 根据经营目的不同分类

根据经营目的不同，保险可分为商业保险和社会保险。商业保险是指以营利为目的、按照商品经营的基本原则运作的保险，一般情况下，财产保险和人身保险都属于商业保险；社会保险是指国家通过立法形式强制性地为其社会成员安排的一种社会保障制度，如生育保险、失业保险等。社会保险的保费一般由国家、雇主和个人共同承担。

4. 根据保险实施方式不同分类

根据实施方式不同，保险可分为自愿保险和强制保险。自愿保险是指保险人和投保人在双方自愿的前提下建立起来的保险；强制保险是指依法在保险人和投保人之间必须建立的保险。

5. 根据保险保障对象不同分类

根据保障对象不同，保险可分为个人保险和团体保险等。个人保险指投保人为个人的保险；团体保险指投保人为团体的保险。

二、保险公司的主要业务及特点

(一)保险公司的主要业务

保险公司的业务很多，也很复杂，但能直接创造利润的业务主要有以下两项：一是保险的经营业务；二是保险资金的运用业务。

1. 保险的经营业务

保险的经营业务指保险公司开展的各种各样的保险业务。根据《中华人民共和国保险法》(以下简称《保险法》)的规定，保险公司可直接承保的业务范围有财产保险和人身保险。另外，为分散风险、稳步发展，许多保险公司都将其原保险业务，即财产保险或人身保险进行再保险，这样财产保险、人身保险和再保险便构成了我国保险公司的主要经营业务。

财产保险和人身保险是具有不同性质的保险。按照国际保险业的惯例，这两种业务不能由同一家保险公司同时经营。我国《保险法》也规定，同一保险公司不得同时兼营财产保险和人身保险，这就是所谓的“保险的分业经营”。保险分业经营是国际保险业长期实践的结果，从理论上讲其理由也是很充分的，归纳起来最重要的原因在于：财产保险的期限一般较短，风险具有不确定性，财产保险基金只适合于短期投资，以便应付随时可能发生的巨额财产损失；而人身保险的期限一般较长，其风险具有相对的稳定性，人身保险基金比较适合于长期投资，如果将两种业务兼营，保险公司很容易忽视两种基金的性质，进行交叉投资、交叉使用，从而造成保险公司财务上的混乱，严重时会影响保险公司的理赔质量，给保险公司的信誉和发展带来不良影响。

保险的经营业务一般包括保险的展业、承保和理赔几大业务环节。简单地讲，保险的展业就是指宣传保险，争取让人们参加保险的过程；保险的承保就是指保险人和投保人对保险合同进行协商，进而签订保险合同的过程；保险的理赔就是指保险人受理出险合同的过程。

2. 保险资金的运用业务

保险资金的运用业务是指保险公司在经营过程中，将不断聚集的资金部分地用于投资，使保险公司的资金不断增值的过程。保险公司的经营业务决定了保险公司在展业过程中将不断地累积保险基金。与金融业一样，保险基金的保值、增值是保险公司健康发展的重要保证。保险资金的运用业务主要包括保险资金的投资业务、贷款业务、拆借业务、证券回购业务等。

简单地讲，投资业务就是指将闲置的保险资金用于股票、债券和基金等方面的投资活动；贷款业务就是指保险公司对外进行贷款的业务；拆借业务就是指保险公司与其他金融、保险公司之间的临时资金融通业务；证券回购业务就是指保险公司在银行间同业市场进行中国人民银行批准的证券回购业务。

保险公司的主要业务如图 3-1 所示。

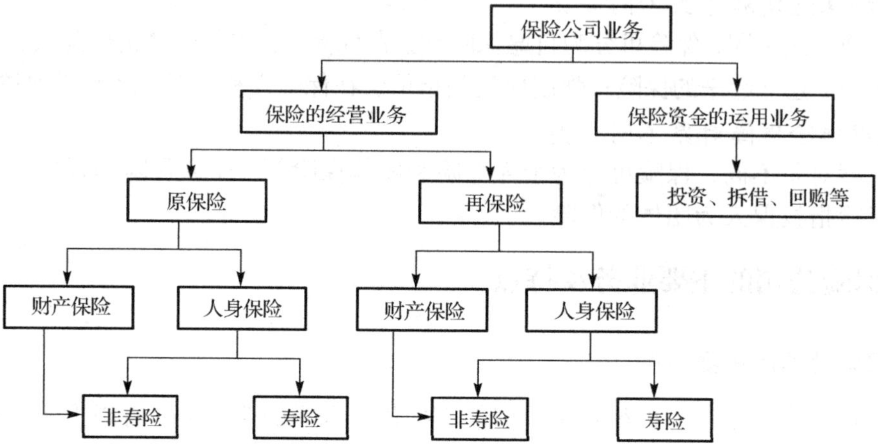

图 3-1　保险公司的主要业务

（二）保险公司业务的特点

与一般行业相比，保险公司的业务呈现出以下特点：

1. 经营产品的无形性

保险公司经营的产品是无形的，因此它不需任何生产车间和仓库，只需要拥有必要的办公设备和一批精于经营保险的队伍。

2. 经营产品的风险性

风险的客观存在是保险产生和发展的前提条件之一，没有风险就没有保险。可以说保险是经营风险的行业，它通过承保其他风险管理手段所无法处置的巨大风险来为社会提供风险管理服务，世界上有 80%以上的风险是通过保险公司来安排的。保险公司应当通过精算，合理设置保险产品，精心选择保险合同，力争既能服务于社会，又能不断发展壮大。

3. 资金营运的重要性

大中型保险公司收取的保费是非常可观的，而且一般短期内不会进行赔偿或给付，这样把这部分暂时闲置的保险资金合理地加以利用，对保险公司来说是非常重要的。在西方发达国家，保险资金已经成为金融市场上举足轻重的力量。正因为如此，保险公司的资金运用比普通工商业的资金运用重要得多。在会计处理上，保险资金运用业务带来的利润与保险经营业务带来的利润同样被看成是主营业务利润。

三、保险公司会计核算的特点

保险公司往往是由总公司、分公司和支公司等组成的庞大的组织体系，所以在会计核算上，下级保险公司需要按照上级保险公司或总公司的规定进行。通常保险总公司统管整个保险公司的会计核算（包括会计核算方法及会计政策等），下级保险公司一般通过收支两条线进行核算，日常收到的保费应全额上交上级保险公司，而各种开支包括奖金等由上级保险公司按规定拨付。保险公司的流转税及所得税一般由总公司和分公司分别缴纳。

保险公司属于金融业，因此，其开展的某些业务属于金融界的通用业务，如资金拆借、质押贷款等，但它又不同于银行，在会计核算上有自己的特点，这些特点主要来自于保险特殊的风险经营业务。在这里，我们可以从会计要素和财务报表两方面来分析。

(一) 在会计要素方面的特点

1. 关于资产要素

与一般行业相比，保险公司的流动资产具有存货少、存出准备金大等特点。保险公司经营的产品是无形的，所以其存货的比例必然很小。保险公司的经营风险较大，为此，再保险业务比较普遍，而再保险公司在经营中会形成大量的存出准备金，这部分准备金属于流动资产。另外，根据我国《保险法》的规定："保险公司成立后，应当按照其注册资本总额的20%提取保证金，存入金融监督管理部门指定的银行，除保险公司清算时用于清偿债务外，不得动用。"这样，存出资本保证金便构成了保险公司一项比较特殊的固定资产。

2. 关于负债要素

与一般行业相比，保险公司的负债中往往有大量的保险准备金。保险准备金是保险公司为履行未来赔偿或给付责任而专门计提的特殊负债，主要包括未决赔款准备金、未到期责任准备金、长期责任准备金、寿险责任准备金、长期健康险责任准备金、保险保障基金等。另外，因保险往来业务所形成的应付保户利差、保户储金等也构成了保险公司所特有的负债。

3. 关于所有者权益要素

与一般行业相比，保险公司所有者权益的特殊性表现在总准备金的核算上。为确保生存能力和健康发展，保险公司一般将按有关规定从税后利润中提取一定比例的总准备金。在这一特点上，保险公司与银行、证券公司的做法类似。

4. 关于损益要素

与一般行业相比，保险公司在损益核算方面有以下几个特点：

(1) 保费收入的记账基础有所不同。财产保险收入一般以权责发生制为基础，但寿险收入往往采用修正的收付实现制为基础，即平时采用收付实现制，年末决算时采用权责发生制。

(2) 期间费用的核算有所不同。根据2006年颁布的《企业会计准则——应用指南》的规定，保险公司可设置"业务及管理费""利息收入""利息支出"和"汇兑损益"等账户来核算保险公司在经营中发生的各项保费业务费用、管理费用和财务费用。保险公司一般不设置"管理费用"或"经营费用"账户；而财务费用也往往被分解为"利息收入""利息支出"和"汇兑损益"三个账户。

(3) 会计结算年度和业务结算年度并用。通常情况下，保险公司的长期责任险、再保险业务以外的保险业务按会计年度结算损益，即实行一年期结算损益。具体地说，就是保险业务的各项收支，不分哪个业务年度，均按收付实现制确认为当期的收入和费用，并确认当期损益。长期责任险和再保险等业务按业务年度结算，即实行多年期结算损益。具体地说，就是非结算年度的收支差额，全额作为长期责任准备金提存，不确认利润，并于次年转回滚存，到结算年度终了时结算损益。

（二）在财务报表方面的特点

保险公司的财务报表与一般工商企业一样，也由资产负债表、利润表、现金流量表以及所有者权益变动表构成。从体例结构方面看，保险公司的四张报表与一般工商企业的报表类似，但由于保险公司业务的特殊性，2006 年颁布的《企业会计准则——应用指南》单独规定了保险公司的资产负债表、利润表、现金流量表以及所有者权益变动表的格式，分别见表 3-1、表 3-2、表 3-3 和表 3-4。

表 3-1　资产负债表

会保 01 表

编制单位：　　　　年　月　日　　　　单位：元

资产	期末余额	年初余额	负债和所有者权益（或股东权益）	期末余额	年初余额
资产：			负债：		
货币资金			短期借款		
交易性金融资产			拆入资金		
衍生金融资产			交易性金融负债		
买入返售金融资产			衍生金融负债		
拆出资金			卖出回购金融资产款		
保户质押贷款			预收保费		
应收利息			应付手续费		
应收代位追偿款			应付佣金		
应收保费			应付分保账款		
应收分保账款			应付职工薪酬		
应收分保未到期责任准备金			应交税费		
应收分保未决赔款准备金			应付赔付款		
应收分保寿险责任准备金			应付报单红利		
应收分保长期健康险责任准备金			保护储金及投资款		
保护质押贷款			未到期责任准备金		
定期存款			未决赔款准备金		
可供出售金融资产			寿险责任准备金		
持有至到期投资			长期健康险责任准备金		
长期股权投资			长期借款		
存出资本保证金			应付债券		
投资性房地产			独立账户负债		
固定资产			递延所得税负债		
无形资产			其他负债		
独立账户资产			负债合计		
其他资产			所有者权益（或股东权益）：		
			实收资本（或股本）		
			资本公积		
			减：库存股		
			盈余公积		
			一般风险准备		
			未分配利润		
			所有者权益（或股东权益）合计		
资产总计			负债和所有者权益（或股东权益）总计		

表 3-2 利润表

会保 02 表

编制单位：　　　　　　　　　　　　年度　　　　　　　　　　　　单位：元

项　　目	本年金额	上年金额
一、营业收入		
已赚保费		
保险业务收入		
其中：分保费收入		
减：分出保费		
提取未到期责任保险金		
投资收益(损失以“–”号填列)		
其中：对联营企业和合营企业的投资收益		
公允价值变动收益(损失以“–”号填列)		
汇兑收益(损失“-”号填列)		
其他业务收入		
二、营业支出		
退保金		
赔付支出		
减：摊回赔付支出		
提取保险责任准备金		
减：摊回保险责任准备金		
保单红利支出		
分保费用		
税金及附加		
手续费及佣金支出		
减：摊回分保费用		
其他业务成本		
资产减值损失		
三、营业利润(亏损以“–”号填列)		
加：营业外收入		
减：营业外支出		
四、利润总额(亏损总额以“–”号填列)		
减：所得税费用		
五、净利润(净亏损以“–”号填列)		
六、每股收益		
(一)基本每股收益		
(二)稀释每股收益		
七、其他综合收益		
八、综合收益总额		

*本表中“其他综合收益”项目和“综合收益总额”是根据 2009 年 6 月 11 日财政部发布的《企业会计准则解释第 3 号》第七条规定增加的。第七条要求上市公司从 2009 年开始在利润表“每股收益”项下增列“其他综合收益”项目和“综合收益”项目。

表 3-3 现金流量表

会保 03 表

编制单位：　　　　　　　　　　　　年度　　　　　　　　　　　　单位：元

项　　目	本期金额	上期金额
一、经营活动产生的现金流量		
收到原保险合同保费取得的现金		
收到再保险业务现金净额		
保护储金及投资款净增加额		
收到其他与经营活动有关的现金		

续表

项　　目	本期金额	上期金额
经营活动现金流入小计		
支付原保险合同赔付款的现金		
支付手续费及佣金的现金		
支付报单红利的现金		
支付给职工以及职工支付的现金		
以现金支付的手续费		
支付的各种税费		
支付其他与经营活动有关的现金		
经营活动现金流出小计		
经营活动产生的现金流量净额		
二、投资活动产生的现金流量		
收回投资收到的现金		
取得投资收益收到的现金		
收到其他与投资活动有关的经营		
投资活动现金流入小计		
投资支付的现金		
质押贷款净增加额		
购建固定资产、无形资产和其他长期资产支付的现金		
支付其他与投资活动有关的现金		
投资活动现金流出小计		
投资活动产生的现金流量净额		
三、筹资活动产生的现金流量		
吸收投资收到的现金		
发行债券收到的现金		
收到其他与筹资活动有关的现金		
筹资活动现金流入小计		
偿还债务支付的现金		
分配股利、利润或偿付利息支付的现金		
支付其他与筹资活动有关的现金		
筹资活动现金流出小计		
筹资活动产生的现金流量净额		
四、汇率变动对现金及现金等价物的影响		
五、现金及现金等价物净增加额		
加：期初现金及现金等价物余额		
六、期末现金及现金等价物余额		

表 3-4　所有者权益变动表

会保 04 表

编制单位：　　　　　　　　　　年度　　　　　　　　　　单位：元

项　目	本年金额							上年金额						
	实收资本（或股本）	资本公积	减：库存股	盈余公积	一般风险准备	未分配利润	所有者权益合计	实收资本（或股本）	资本公积	减：库存股	盈余公积	一般风险准备	未分配利润	所有者权益合计
一、上年年末余额														
加：会计政策变更														
前期差错更正														
二、本年年初余额														
三、本年增减变动金额（减少以“-”号填列）														

续表

项　目	本年金额							上年金额						
	实收资本(或股本)	资本公积	减：库存股	盈余公积	一般风险准备	未分配利润	所有者权益合计	实收资本(或股本)	资本公积	减：库存股	盈余公积	一般风险准备	未分配利润	所有者权益合计
(一)净利润														
(二)其他综合收益*														
1.可供出售金额资产公允价值变动净额														
1)计入所有者权益的金额														
2)转入当期损益的金额														
2.现金流量套期工具公允价值变动净额														
1)计入所有者权益的金额														
2)转入当期损益的金额														
3)计入被套项目初始确认金额中的金额														
3.权益法下被投资单位其他所有者权益变动的影响														
4.与计入所有者权益项目相关的所得税影响														
5.其他														
综合收益总额**														
(三)所有者投入和减少资金														
1.所有者投入资本														
2.股份支付计入所有者权益的金额														
3.其他														
(四)利润分配														
提取盈余公积 提取一般风险准备														
3.对所有者(或股东)的分配														
4.其他														
(五)所有者权益内部结转														
1.资本公积转增资本(或股本)														
2.盈余公积转增资本(或股本)														
3.盈余公积弥补亏损														
4.一般风险转变弥补亏损														
5.其他														
四、本年年末余额														

*此处是根据 2009 年 6 月 11 日财政部发布的《企业会计准则解释第 3 号》第七条的规定修改的项目名称，原表中称为“直接计入所有者权益的利得和损失”。

**此处是根据 2009 年 6 月 11 日财政部发布的《企业会计准则解释第 3 号》第七条的规定修改的项目名称，原表中称为“上述(一)和(二)合计”。

第二节　财产保险业务的核算

一、财产保险及其会计核算特点

(一)财产保险的基本概念

财产保险是指根据保险合同约定，投保人向保险人交付保费，保险人对所承保的财产及其相关利益因自然灾害或意外事故造成的损失承担赔偿责任的保险。财产保险的标的是财产及其相关利益，它可以是有形的(如汽车)，也可以是无形的(如信用)，一般分为财产损失险、责任保险、保证保险以及信用险。本节财产保险业务主要指原保险中的财产保险业务。

财产保险遵循的核心原则是损失补偿原则。当被保险人因保险事故发生而造成经济损失时，保险公司应当赔偿这种损失，赔偿的尺度是此项保险的金额。某项财产保险的保险金额不得超过该保险标的的实际价值(即保险价值)，超过保险价值的那部分保险无效。投保的财产出险时，保险公司应在保险金额的范围内，根据保险事故实际造成的损失予以赔偿。

财产保险遵循的另一条原则是重复保险分摊原则，它是由损失补偿原则派生出来的，指在投保人对同一保险标的、同一保险利益、同一保险事故进行重复保险，且重复保险金额总和超过保险价值的情况下，被保险人因其出险提出索赔时，其实际损失必须在各个保险人之间进行分摊，而且被保险人所得赔偿总额不得超过保险价值。

(二)财产保险的会计核算特点

财产保险的会计核算特点是相对人寿保险业务而言的，具体表现在以下几个方面：

(1)财产保险保费收入一般于签订保单时确认,而人寿保险的保费收入一般于收到保费时确认。

(2)财产保险业务一般只发生手续费支出，不发生佣金支出。

(3)短期财产保险业务按会计年度(一年)结算损益，长期财产保险业务按业务年度(长期保险的期限)结算损益，而人寿保险业务一般按会计年度结算损益。

(4)财产保险业务的未到期责任准备金按当年自留保费的 50%提存，而人寿保险业务则按有效保单的全部净值提存。

(5)财产保险业务不具有储蓄性质，不涉及保户利差支出的核算，而人寿保险业务因其具有储蓄性质，因而有时涉及保户利差支出的核算。

二、财产保险保费收入的核算

(一)保费收入的计算

保费是投保人购买保险的价格，其计算公式为：

保费=保险金额×保险费率×保险期限

或　　=基本保费+保险金额×保险费率×保险期限

可见，在保险期限既定的情况下，保费的多少与保险金额和保险费率成正比。保费计算的关键在于确定保险费率。保险费率即单位保险价格，是保险公司向投保人收取保费的标准。保险费率，通常称毛费率，它可分为纯费率和附加费率两部分。其中，纯费率是基本费率，对应于每个单位保险金额的可能损失额，按纯费率收取的保费称为纯保费，构成保险人的赔偿准备金，用于将来赔付保险损失。附加费率是对应于保险公司每个单位的业务开支和预期利润，按附加费率收取的保费称为附加保费，用于保险公司的保险业务、手续费、税费和工资等方面开支，同时形成利润。

1. 纯费率的确定

第一，计算各年的保额损失率。保额损失率是同类业务在一定期间的保险赔偿金额与保险金额之比。应该注意的是，保额损失率是保险赔偿金额与保险金额之比，不是财产的损失额与保险金额之比，因此这些数据只是来源于保险公司内部的统计资料，而不是来自社会同类财产的损失率。

第二，计算平均保额损失率。选择一组适当的历年保险损失率，并计算其算术平均值，得到的平均保险损失率，可以近似代替损失概率。

第三，附加均方差，确定纯费率。在实际业务中，一般不能将上述的平均保额损失率定为纯费率，而是在它的基础上，附加上述历年保险损失率的一个、两个或三个标准差（均方差），从而确定纯费率，这样对保险公司来说更加安全。

2. 附加费率的计算

附加费率的计算比较简单，可以按单位保额的附加费用来确定，即：

$$附加费率=附加费\div保险金额\times100\%$$

在确认附加费时，通常需要考虑预计营业费、预计利润及安全附加费等因素。在实际业务中，为方便起见，通常按保险费的一定比例提取附加费，因此上述公式可改为：

$$附加费率=保险费附加费提取比例\div保险金额$$

另外，附加费率也可以由纯费率的一定比例来确定。

(二) 保费收入的确认原则

根据《企业会计准则第 25 号——原保险合同》的规定，保费收入应在下列条件均能满足时予以确认：

(1) 原保险合同成立并承担相应保险责任。原保险合同成立并承担相应保险责任是指保险人和投保人已经签订保险合同，从法律的角度看，该保险合同已经生效。

(2) 与原保险合同相关的经济利益很可能流入企业。与原保险合同相关的经济利益很可能流入企业是指保费收回的可能性超过 50%。

(3) 与原保险合同相关的经济利益能够可靠地计量。对于非寿险保险合同而言，保费收入一般就是保险合同中确认的保费总额；对于寿险合同而言，由于一般为分期收款，因此，需要根据每期收款金额确认。

(三) 保费收入的会计核算方法

我国保费收入的会计处理方法是：在收取保费时，暂时全额确认为保费收入；在会计期末，通过提取未到期责任准备金的方式，将本期未实现的保费收入调整为负债。

为核算保险业务收入，保险公司可设置“保费收入”“应收保费”“预收保费”“保户储金”等会计科目。其中，“保费收入”账户用于核算保险公司取得的各种形式的保费收入，财产保险中发生的退保、续保时的折扣以及无赔款奖励等支出也在该科目核算。“保户储金”是一个非流动负债性质的科目，用于核算财产保险中收到以及返还的两全保险金。两全保险是指投保人将一定数目的资金储存在保险公司，保险公司将其用来进行债券投资或存入银行，并以其取得的收益作为投保人应该缴纳的保费的一种保险。

保费收入的原始凭证是保险公司业务部门填制的“保费日报表”或“保费收据”。财产保险收入一般应该按照财产保险公司所开展的财产保险的种类设置总分类账和明细分类账，并于每日营业终了，对收到的原始凭证进行审核，审核无误后进行明细分类核算，并定期进行总分类核算。下面举例说明保费收入的会计处理。

【例 3-1】 财产保险公司会计部门收到业务部门交来的基本财产保险保费收据及支票一张，金额 30 000 元。会计分录应为：

借：银行存款	30 000	
贷：保费收入		30 000

【例 3-2】 某企业向保险公司投保财产综合险，保费为 100 000 元，保险公司与其商议分两期付款，保险合同签订后收到首期保费 50 000 元，其余保费两个月后如数收到。有关会计分录如下：

(1) 签订保险合同、收到首期保费时：

借：银行存款	50 000	
应收保费	50 000	
贷：保费收入		100 000

(2) 两个月后收到剩余保费时：

借：银行存款	50 000	
贷：应收保费		50 000

三、赔款支出的核算

财产保险理赔是指在财产保险标的出险时，保险人根据保险合同规定，对被保险人履行经济补偿义务所进行的工作。理赔的程序一般包括以下几个步骤：第一步，受理案件，包括接受报案、查找保险底单、报告案情、登记立案等工作。第二步，现场勘察，指出险后，理赔人员到事故现场了解出险的实际情况。第三步，责任审核，指确认赔案是否属于责任保险范围，并作出赔与不赔以及赔偿范围的结论。第四步，核定损失。受损财产经过施救、保护、整理后，由被保险人提供财产损失清单和费用支出单据，并根据现场勘察掌握的情况逐项核实，最终确定赔款数额。

(一) 赔款支出的计算

赔款应该遵照补偿实际损失的原则。赔款额的计算一般分为以下两种情况。

1. 财产全部损失时赔款支出的计算

当出险财产是足额保险时，对于全部损失的财产应该按资产的重置价值或账面净值赔偿；当出险财产不是足额保险时，对于全部损失的财产赔款额不能超过保险金额。

2. 财产部分损失时赔款支出的计算

当出险财产是足额保险时，对于部分损失的财产应该按实际损失予以赔偿；当出险财产不是足额保险时，对于部分损失的财产只能按保险金额占资产公允价值的比例进行赔偿。

(二)赔款支出的账务处理

为核算赔款支出，保险公司应该设置“赔付支出”“预付赔付款”“应付赔付款”“损余物资”等账户。

“赔付支出”是损益类账户，借方登记赔款支出、理赔勘察费等金额，贷方登记收回损余物资转作物料用品的金额及错赔、骗赔等追回的赔款等，期末该账户余额应结转到“本年利润”账户，结转后本账户无余额。“赔付支出”应按险种设置明细账，进行明细分类核算。

“预付赔付款”是资产类账户，借方登记保险公司预付的各种赔款(包括分保业务预付的赔款)，贷方登记结案后转为赔款支出的金额，余额反映预付给投保人的赔款。“预付赔付款”账户可按险种或分保分出人设置明细账。

“应付赔付款”是负债类账户，借方登记保险公司支付的应付赔款，贷方登记结案后应付未付的赔款，贷方余额反映应付的赔款。该账户可按险种或分保分出人设置明细账。

“损余物资”核算保险公司按照原保险合同约定承担赔偿保险金责任后取得的损余物资成本。保险公司取得的损余物资，应该按照同类或类似资产市场价格借记“赔付支出” 账户；处置损余物资时，应按实际收到的金额借记“库存现金”等账户，贷记“赔付支出”账户；该账户期末余额反映损余物资的成本。损余物资减值时，应计提损余物资跌价准备，并比照“存货跌价准备”科目核算。

下面举例说明赔款支出的核算。

【例 3-3】 某保险公司某月有如下几笔赔款支出业务:

(1)支付车辆损失赔款 300 000 元。

(2)预付某财产综合险赔款 100 000 元。

(3)支付理赔财产评估费 5 000 元。

(4)收到某商场火灾后损余物资一批，估价 20 000 元。

依照上面顺序做有关会计分录如下:

(1)借：赔付支出	300 000	
贷：银行存款		300 000
(2)借：预付赔付款	100 000	
贷：银行存款		100 000
(3)借：赔付支出	5 000	
贷：银行存款		5 000
(4)借：损余物资	20 000	
贷：赔付支出		20 000

四、财产保险准备金的核算

财产保险准备金是保险公司为履行其承担的保险责任或者备付未来的赔款，从所收取的保费中提存的资金准备，主要包括未决赔款准备金、未到期责任准备金。

（一）未决赔款准备金的核算

1. 未决赔款准备金的内容及计算方法

未决赔款准备金是指保险人在会计期末为本期已发生但尚未结案的赔案所提存的准备金，一般包括以下三种情况。

（1）已发生已报案未决赔案准备金。

所谓已发生已报案未决赔案准备金，是指索赔案件已经处理完毕，赔偿款已经明确但尚未支付的案件。我国会计准则规定，此类赔案准备金按最高不超过当期已经提出的保险赔款或给付金额的100%提存。从会计角度来看，已决赔案准备金对于企业来说是一种金额已经明确的负债。

（2）已发生未报案未决赔案准备金。

所谓已发生未报案未决赔案准备金，是指被保险人就出险事故已经提出索赔，但保险公司与索赔人之间就索赔案件的责任范围、赔款金额等尚未达成协议的案件。在这种情况下，赔款准备金额只能进行估计，估计的方法有三种：第一种，逐案估计法，指理赔人员对未决赔案逐一估计赔款额，然后进行汇总。这种方法适合于未决赔款的金额相对确定、赔款金额相差比较悬殊、难以统计个案平均赔款额的情况，如火灾。第二种，平均估计法，指根据保险公司以往同类索赔事故赔款的数据，计算出同类案件的平均赔款额并加以修正，再乘以本期未决赔案的数目，就可以得出未决赔款的准备金。这种方法适合于索赔案多、赔款金额相差不大、易于统计个案赔款平均值的业务，如汽车保险。第三种，赔付率法，即选择一个时期的赔付率来估计本期某类业务的最终赔付金额。这种方法比较简单，但不够准确，尤其是在预计赔付率与实际赔付率相差比较大的情况下。从会计角度来看，未决赔案准备金对于企业来说是一种金额尚未明确的负债。

（3）理赔费用准备金。

所谓理赔费用准备金，是指保险人为保险事故可能发生的律师费、诉讼费、损失检验费和相关理赔人员薪酬等理赔勘查费用提取的准备金。根据与具体赔案的关系，理赔费用准备金可以分为直接理赔费用准备金和间接理赔费用准备金两种。直接理赔费用准备金是指保险人为直接发生的具体赔案的律师费、诉讼费、损失检验费等理赔勘查费用提取的准备金。间接理赔费用准备金是指保险人为非直接发生的相关理赔人员薪酬提取的准备金。在计算确定间接理赔费用准备金金额时，保险精算部门通常采用比率分摊法。

2. 未决赔款准备金的账务处理方法

为核算未决赔款准备金，保险公司应当设置“保险责任准备金”和“提取保险责任准备金”两个账户。

“保险责任准备金”是负债类账户，用以核算保险公司提取和使用的未决赔款准备金、寿险责任准备金和长期健康险责任准备金。在本节，该账户用于核算未决赔款准备金，贷方登记本期提取的未决赔款准备金，借方登记支付的赔付款金额，余额为可供使用的未决赔款准备金。本账户应按险种设置明细账。

“提取保险责任准备金”是损益类账户，用于核算保险公司提取的各种责任准备金，包括未决赔款准备金、寿险责任准备金和长期健康险责任准备金。在本节，该账户用于核算未决赔款准备金，借方登记本期提存的未决赔款准备金，贷方登记本期支付的赔付款金额，期末应将本账户余额结转到“本年利润”账户中，结转后，本账户无余额。

为了核算方便，保险公司也可以单独设置“未决赔款准备金”和“提取未决赔款准备金”两个账户。在这种情况下，寿险责任准备金和长期健康险责任准备金也应该单独设账。未决赔款准备金的核算方法与坏账准备类似，每年年末根据保险公司精算部门的计算结果，补提不足的未决赔款准备金或冲销多提的未决赔款准备金。下面举例说明未决赔款准备金的核算方法。

【例 3-4】 某财产保险公司期末计提未决赔款准备金，对已决赔付案按初步认定的赔款 1 000 000 元计提；对已经发生未报告的赔案按当年实际赔款支出 1 500 000 元的 4%计提。在计提之前，未决赔款准备金贷方余额为 800 000 元。有关会计分录如下：

(1)提存未决赔款准备金：

借：提取未决赔款准备金　　　　260 000

　　贷：未决赔款准备金　　　　　　260 000

(2)结转“提取未决赔款准备金”账户：

借：本年利润　　　　260 000

　　贷：提取未决赔款准备金　　　　　　260 000

(二)未到期责任准备金的核算

1. 未到期责任准备金的核算内容及计算方法

未到期责任准备金，又称保费准备金，是指损益核算期在一年以内(含一年)的财产险，为尚未终止责任的保险提存的准备金。《保险法》第九十三条规定：“除人寿保险以外，经营其他保险业务，应当从当年自留保费中提取未到期责任准备金。提取和结转的数额，应当相当于当年自留保费的 50%。”通常情况下，对同一尚未终止的保险责任而言，保险人在资产负债表日按照保险精算重新计算确定的未到期责任准备金金额，应当小于上一资产负债表日已确认的未到期责任准备金金额。为了真实地反映保险人当期期末未赚取的保费收入，保险人应当在资产负债表日按照保险精算重新计算确定的未到期责任准备金金额与已确认的未到期责任准备金余额的差额，对未到期责任准备金余额进行调整。未到期责任准备金的计算方法有以下三种。

(1)年平均估计法。

假定所有保单都是在一年内均匀发生的，每天签订的保单数量、保额及收取的保费都大体相同。由于这类保单的保险责任是假定在一年之内均匀地履行的，这样年末便可以合理地假设有 50%的有效保单已经到期，另外 50%的有效保单尚未到期，所以应提取当年有效保单的 50%作为准备金。

(2)季平均估计法。

假定所有保单都是在 4 个季度内均匀发生的，且每天签订的保单数量、保额及收取的保费都大体相同。由于这类保单的保险责任是假定在 4 个季度内均匀地履行的，因此每过一个季度，保单便完成全年责任的 1/4，从而未完成责任便减少 1/4。但对于每天均匀签订的保单而言，签单的季度末，已完成责任应该是保单 1/4 的 50%，即 1/8，未完成责任应该是保单的 7/8，以后每过一个季度，已完成责任将增加 1/4，未完成责任将减少 1/4，这样一来，在年末，第一个季度开立的保单已到期责任应当是保单的 7/8，未到期责任应当是保单的 1/8，因此未到期准备金应该是全年保费的 1/8；第二、三、四季度开立的保单已到期责任应当分别是保单的 5/8、3/8、1/8，未到期责任应当分别是保单的 3/8、5/8、7/8，因此未到期责任准备金应该分别是全年保费的 3/8、5/8、7/8。

(3) 月平均估计法。

假定所有保单都是在 12 个月内均匀发生的，且每天签订的保单数量、保额及收取的保费大体均匀。由于这类保单的保险责任是假定在 12 个月内均匀地履行的，这样保单每过一个整月将履行年保险责任的 1/12，从而未完成责任便减少 1/12。但对于每天均匀签订的保单而言，签单当月月末已经履行的保险责任应当为 1/12 的 50%，即 1/24，未完成的保险责任应当是 23/24，以后每过一个月已完成责任将增加 1/12，未完成责任将减少 1/12，这样一来，到年末，1 月份签订的保单已到期责任应当是保单的 23/24，未到期责任应当是保单的 1/24，因此未到期准备金应该是全年保费的 1/24；2 月份签订的保单已到期责任应当是保单的 21/24，未到期责任应当是保单的 3/24，因此未到期责任准备金应该是全年保费的 3/24……12 月份签订的保单已到期责任是保单的 1/24，未到期责任应当是保单的 23/24，因此未到期责任准备金应该是全年保费的 23/24。

2. 未到期责任准备金的账务处理方法

为核算未到期责任准备金，保险公司应当设置"未到期责任准备金"和"提取未到期责任准备金"两个账户。

"未到期责任准备金"是负债类账户，用以核算保险公司按规定提存的非寿险原保险合同准备金，包括长短期财产保险未到期责任准备金、人身意外伤害保险责任准备金以及短期健康保险责任准备金。再保险公司提取的再保险合同准备金也通过"未到期责任准备金"账户核算。该账户贷方登记提存的各种准备金数额，借方登记转回的未到期责任准备金，余额在贷方，反映保险公司已提存但尚未转回的未到期责任准备金。

"提取未到期责任准备金"是损益类账户，与"未到期责任准备金"账户类似，用以核算保险公司按规定提存的非寿险原保险合同准备金以及再保险合同准备金。借方登记提存的各种准备金数额，贷方登记结转到"本年利润"中的数额，结转后该账户无余额。

从本质上看，未到期责任准备金属于保费准备金，是对保费收入的调整。每年年末，保险公司的财务部门应该根据保险公司精算部门的计算结果，通过以上两个会计科目，调整未到期责任准备金的金额。下面举例说明未到期责任准备金的核算方法。

【例 3-5】 某财产保险公司第一年自留保费收入为 10 000 000 元，采用年平均估计法按全年自留保费的 50%计提未到期责任准备金。第二年经该公司精算部门计算，应提存的未到期责任准备金为 4 000 000 元，第二年计提之前，未到期责任准备金余额 5 000 000 元。有关会计分录如下。

(1) 第一年提取未到期责任准备金时：

借：提取未到期责任准备金	5 000 000	
贷：未到期责任准备金		5 000 000

(2) 第二年提取未到期责任准备金时：

借：未到期责任准备金	1 000 000	
贷：提取未到期责任准备金		1 000 000

财产保险业务核算的关键是理解财产保险收入的确认过程。理论上讲，在保险合同到期

前，保费收入只能构成保险公司的一项负债。因此，我国的保险公司虽然在日常收到保费时，全额将其确认为保费收入，但期末必须通过提取未到期责任准备金的方式，将当期收到的保费调整为相对合理的保费收入。保费收入的确认过程如图 3-2 所示。

保费收入（当期实际收取）
加：分保费收入
减：分保费支出
自留保费
加：转回未到期责任准备金
减：提取未到期责任准备金
保费收入（当期实际确认）

图 3-2　财产保险保费收入的确认过程

第三节　人身保险业务的核算

一、人身保险业务概述

（一）人身保险的种类及特征

1. 人身保险的种类

人身保险是以人的生命和身体为保险标的的保险，一旦被保险人遭受人身伤亡、疾病或生存至保险期满，由保险公司向被保险人或其受益人给付保险金。根据我国《保险法》的规定，人身保险按其保障的范围一般分为人寿保险、健康保险和人身意外伤害保险（简称人意险），具体种类如图 3-3 所示。

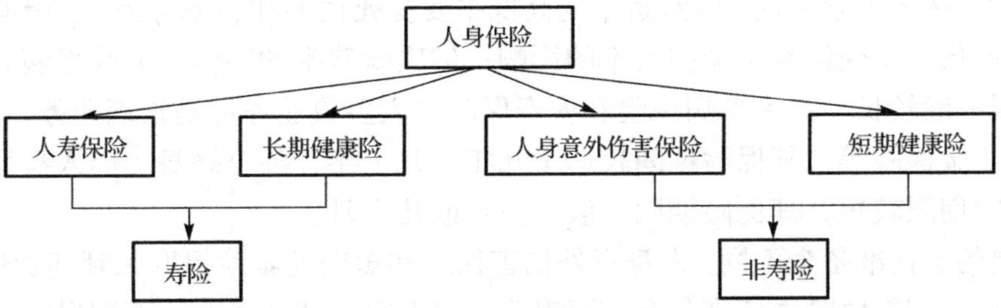

图 3-3　人身保险的种类

（1）人寿保险。

人寿保险是以人的生命为保险标的、以人的生存和死亡为保险事故的一种人身保险。在实务中，通常将人寿保险分为死亡保险、生存保险、生死两全保险或生死合险、年金保险等。死亡保险是指在约定的保险期限内，如果被保险人死亡，由保险公司给付约定保险金的保险，分为定期死亡保险和终生死亡保险。生存保险是指被保险人生存到保险单指定的日期后，由保险公司按保险合同约定给付保险金的保险。生死两全保险是指不论被保险人在保险期限内死亡或者满期生存，保险公司都要给付保险金的保险。年金保险属于生存保险，是指在被保险人生存的期间内，保险人依照合同的规定定期给付一定保险金的生存保险。人寿保险是人身保险中最重要的部分。

(2) 健康保险。

健康保险是指以人的身体为保险标的，保证被保险人在疾病或意外事故所致伤残产生的费用或损失能够获得补偿的一种人身保险。根据保险期限的不同可以分为长期健康险和短期健康险；根据险种的不同可以分为重大疾病保险、住院医疗保险、手术保险、意外伤害医疗保险、收入损失保险等。长期健康险与人寿保险具有相同的特征，而短期健康险与财产保险具有相同的特征。

(3) 人身意外伤害保险。

人身意外伤害保险(简称人意险)是指被保险人因意外事故死亡或伤残需住院治疗，由保险公司按照保险合同规定给付死亡保险金、残废保险金或医疗保险金的保险。

根据 2006 年新会计准则的规定，由于人意险和短期健康险具有财产保险业务的特征，因此，与财产保险业务一并称为非寿险业务；而由于长期健康险具有寿险业务的特征，与人寿保险业务一并称为寿险业务。人身保险中的寿险业务与非寿险业务的区别非常明显，从会计核算的方法来看，非寿险业务与财产保险的核算方法完全相同，因此，本节将主要阐述寿险业务(包括长期健康险)的会计核算特征及会计核算方法，人意险和短期健康险可比照财产保险的会计核算方法。

2. 人身保险业务的主要特征

人寿保险、人意险和健康保险具有共性，但更多地表现为差别。各种人身保险的共性在于其保单均具有定额给付性质。财产保险通常具有补偿性质，即照价赔偿损失。而人身保险是以人的生命为保险标的，但人的生命是难以用价值来衡量的，因此，人身保险通常表现为定额给付的性质。不论是人寿保险、长短期健康险还是人身意外伤害保险，在保单出险的时候，都只能以定额给付的方式予以补偿，难以像财产保险一样按照出险标的损失的公允价值予以赔偿。然而，人寿保险、人意险和健康保险又各具特征，主要表现在：

(1) 影响保费的因素不同。寿险费率的高低主要受死亡率和利率等因素的影响；人身意外伤害费率的高低主要受保险金额损失率的影响；健康险费率的高低主要受患病率的影响。

(2) 期限一般较长。重大疾病保险和人寿保险中大多数业务都是长期业务，如终生保险、两全保险、年金保险等，其保险期间长达十几年、几十年，甚至终身。但人身意外伤害保险和短期健康险期限较短，其保险期限一般为一年或几个月。

(3) 计提的责任准备金不同。人身意外伤害保险和短期健康险提取未到期责任准备金；长期健康险提取长期健康险责任准备金；而寿险提取寿险责任准备金。不同保险责任准备金的计算方法不尽相同。

(4) 保单的性质不同。长期人身保险具有储蓄性质，其保费迟早会由保险公司返还给投保人，这笔保费对投保人来说就像自己在银行的储蓄一样。正因为如此，人寿保险的投保人具有保险单质押贷款、退保、选择保险金给付方式等储蓄性质的权利。但人身意外伤害保险、短期健康险和定期死亡保险等一般没有储蓄功能。

(二) 寿险业务的会计核算特点

与非寿险业务相比，寿险业务的会计核算主要有以下几个特点：

(1) 保费收入和保险金的给付一般按照收付实现制的原则记账。寿险保单一般在实际收到保险费以后生效；趸交保费时，在交费时一次性记入“保费收入”账户。

(2)寿险和长期健康险责任准备金一般按有效保单的全部净值提取，而非寿险责任准备金一般按当年自留保费的50%提取。

(3)寿险业务按会计年度结算损益，而非寿险业务可以按会计年度或业务年度结算损益。

(4)寿险中途退保时，应通过“退保金”账户核算；非寿险退保时，一般通过“保费收入”账户核算。

(5)寿险属于定额给付性质保险，非寿险属于照价赔偿性质保险，两者在理赔或给付环节的计算以及会计核算上都有明显的差别。

(6)寿险业务非常特殊，其利润表往往不能真实体现某段会计期间该业务的真实损益，因此，寿险在年终决算时，还必须计算“三差损益”，以便分析某个会计期间真实的经营成果。

二、寿险保费收入的核算

(一)寿险保费的计算

与财产保险的保费类似，寿险的保费也是由两部分组成：纯保费和附加保费。纯保费形成人寿保险公司未来给付的各种保险金，它是根据生命表、保险基金的投资收益等许多因素制定出来的；附加保费主要用于人寿保险公司的各项开支并形成人寿保险公司的利润。

1. 寿险费率的影响因素

影响寿险费率确定的因素主要有以下几项：

(1)年龄。这是制定费率时需要考虑的最重要的因素，因为不同年龄的人，其死亡的概率相差很大。

(2)性别。根据生命表统计的结果，从平均情况上看，80 岁以下女性死亡率比男性低20%～30%，80 岁以上男女死亡率接近，但女性的寿命通常比男性高出 3～4 岁。因此，承保男女寿险的费率可能会不同。

(3)保险品种。不同品种的保险风险以及未来给付投保人的保障不完全相同，所以费率也不完全相同。例如，20 岁的人投保 10 年期的死亡保险的费率比其投保 10 年期的生存保险的费率要低，因为前者未来给付的保险金远低于后者未来给付的保险金。

(4)生命表。生命表是反映一定时期、一定国家或地区一定人群死亡规律的统计表，它是计算人寿保险费率的重要依据。

(5)利率。人寿保险通常是长期保险，投保人从投保到领取保险金可能间隔几十年的时间，因此在制定投保人未来领取的保险金时，必须考虑这段期间的利息因素。保险人对保费所支付的利息是由寿险基金的投资收入作保证的，所以寿险基金的投资收入对寿险保险费率有很大影响。

(6)经营费用。经营费用主要影响附加费率的确定。

2. 寿险保费的计算原理

(1)趸交保费的计算原理。所谓趸交保费，即一次付清的保费。根据公平合理的原则，趸交保费的计算原理应该是：保险人将来给付投保人保险金的现值总和，应该等于投保人在投保时趸交的纯保费之和。用公式表示就是：

投保人趸交保费=保险人未来给付投保人保险金的现值总和

(2)年交纯保费的计算原理。年交纯保费的保费交纳方式就是投保人每年交付相同金额的保险费。同样是根据公平合理的原则，年交纯保费的计算原理应该是：投保人每年交纳的保险金现值总和等于保险人未来给付投保人保险金的现值总和，而这一金额应该与趸交保费的金额相等。用公式表示就是：

投保人年交纳保费的现值总和=趸交保费金额

(3)纯费率与附加费率的确定。不论采取哪种交纳方式，只要得到纯保费的数额，然后除以保险金额，就可以得到纯费率。用公式表示就是：

纯费率=纯保费÷保险金额

长期健康险保费的确定原理与人寿保险保费的确定原理基本相同，可以参照进行。人寿保险保费的计算比财产保险要复杂得多，在实际业务中，必须由人寿保险公司专门聘用的精算师才能完成。

(二)寿险保费收入的会计核算

人寿保险公司保费收入核算所涉及的账户与财产保险保费收入核算所涉及的账户基本相同，不同之处在于：前者采用收付实现制核算，而后者采用权责发生制核算；前者于收款时保单生效，后者于签单时保单生效。另外，在寿险的实际业务中，“应收保费”的业务较少，几乎所有的保单都要求即时付清保费。下面举例加以说明。

【例 3-6】 2013 年 12 月 31 日，某保险公司与张嘉签订一份定期寿险合同，保险金额为 1 000 000 元，保险期限自 2014 年 1 月 1 日至 2024 年 12 月 31 日；保费总金额为 50 000 元，分 5 年交清，合同生效当天，该保险公司收到第一期保费 10 000 元，保险公司应做如下会计分录：

借：银行存款　　10 000

　　贷：保费收入　　10 000

本例题以后各年收取保费时的会计分录与上面的会计分录相同。

三、寿险给付的核算

人寿保险合同规定，被保险人在保险期内发生保险责任范围内的事故或保险满期，保险公司应按规定给付被保险人保险金。保险金给付业务主要包括满期给付业务、死伤医疗给付业务、年金给付业务等。

(一)满期给付业务的核算

为核算满期给付业务，保险公司应设置“满期给付”账户。该账户是损益类账户，借方登记满期给付时实际支付的金额，贷方登记结转到“本年利润”中的金额，结转后，本账户无余额。“满期给付”账户应按人寿保险的险种设置明细账。

【例 3-7】 某日，人寿保险公司发生如下满期给付业务：

(1)投保人甲某个人生存险满期，甲某持有关证件到保险公司领取满期给付保险金 20 000 元。

(2)投保人乙某两全保险满期，乙某持有关证件到保险公司领取满期给付保险金 150 000 元，保险公司扣除乙某尚欠的质押贷款本金 100 000 元、利息 20 000 元后，余额返还给乙某。

(3) 投保人丙某简易寿险在保险公司宽限交费期内满期，丙某持有关证件到保险公司领取满期给付保险金，扣除尚欠的保费 2 000 元后，实领 8 000 元。

有关会计分录如下。

(1) 支付甲某满期给付保险金时：

借：满期给付——甲某	20 000	
贷：库存现金		20 000

(2) 支付乙某满期给付保险金时：

借：满期给付——乙某	150 000	
贷：利息收入		20 000
保户质押贷款		100 000
库存现金		30 000

(3) 支付丙某满期给付保险金时：

借：满期给付——丙某	10 000	
贷：库存现金		8 000
保费收入		2 000

(二) 死伤医疗给付业务的核算

死伤医疗给付是指投保人在投保人寿保险和长期健康险期间，发生保险责任范围内的责任，保险公司应按保险合同的规定给付投保人或其受益人保险金，包括死亡给付和医疗给付。在给付死伤医疗保险金时，应该与满期给付一样将投保人尚未偿还保险公司的保险质押贷款、利息及欠缴保费一并扣除。

为核算死伤医疗给付业务，保险公司应该设置“死伤医疗给付”账户。该账户是损益类账户，借方登记实际支付的死伤医疗给付金额，贷方登记结转到“本年利润”中的金额，结转后，本账户无余额。该账户应该设置“死亡给付”和“医疗给付”两个二级科目，并按具体险种进行三级明细分类核算。

【例 3-8】 某月，某人寿保险公司发生如下死伤医疗给付业务：

(1) 甲某投保重大疾病险，现经医院诊断为部分心肌坏死。保险公司核实后，给付医疗保险金 60 000 元。

(2) 乙某因车祸死亡，生前投保人寿保险。现其受益人持证领取死亡给付保险金 50 000 元，乙某尚欠 2 000 元保费未交纳，保险公司予以扣除。

有关会计分录如下：

(1) 支付甲某医疗给付保险金时：

借：死伤医疗给付——医疗给付(重大疾病险)	60 000	
贷：库存现金		60 000

(2) 支付乙某死亡给付保险金时：

借：死伤医疗给付——死亡给付(寿险)	50 000	
贷：库存现金		48 000
保费收入		2 000

（三）年金给付业务的核算

年金给付是指人寿保险的投保人生存至规定的年龄，由保险公司按规定定期给付投保人保险金。为核算年金给付业务，保险公司应设置“年金给付”账户，该账户借方登记实际支付的年金数额，贷方登记结转到“本年利润”中的金额，结转后，本账户无余额。

【例 3-9】 丁某投保终身年金保险，每月交保费 180 元，现已到领取年金的年龄，丁某持有关证件到保险公司办理手续，按规定每月领取保险金 650 元，经复核，会计部门每月以现金支付，所编制的会计分录为：

借：年金给付　　650

　　贷：库存现金　　650

与财产保险理赔的会计核算方法类似，满期给付、死伤医疗给付和年金给付也可以通过“赔付支出”科目核算，在这种情况下，则不必单独设置“满期给付”“死伤医疗给付”和“年金给付”账户。

四、人身保险寿险责任准备金的核算

人身保险责任准备金是根据人身保险合同，为支付将来的保险给付而设置的准备金，主要包括寿险责任准备金、长期健康险责任准备金、未到期责任准备金和未决赔款准备金。其中，未到期责任准备金的计提方法和会计处理与财产保险一样，这里不再赘述。本节只介绍寿险责任准备金和长期健康险责任准备金的核算方法。

（一）寿险责任准备金的计算

寿险责任准备金是为履行未到期的保险责任，从寿险保费中提取的专项基金。理论上讲，寿险责任准备金应该等于投保人缴付的纯保费加上其产生的利息扣除已给付的保险金后的余额。我国《保险法》规定，长期人身保险责任准备金应该按照有效保单的全部净值提取，这个全部净值就是在某个时点上，保险公司已经取得的保费收入扣除已经给付的保险金支出后的余额。但在实际提取时，通常对上述理论数字修正以后进行提取。

长期健康险是介于短期健康险和普通寿险之间的一类业务，其责任准备金有类似于寿险责任准备金的性质。从保险精算原理来看，长期健康险责任准备金与寿险责任准备金的保险精算原理是相同的，但由于长期健康险以人的健康为保险标的，因而，未来给付的金额难以准确预测，风险相对较大，费率相对较高。本节以寿险为例简单说明两类准备金的计算原理。

前面已经阐述，人寿保险的保费由纯保费和附加保费构成。纯保费用于未来保险金的给付，附加保费用于未来保险公司的业务开支和利润。与财产保险费率制定的原则相同，寿险纯费率也是依据收支相等的原则制定的。根据这一原则，可以得出下面的结论：对于每一张保单而言，在保险期间的任何一个时点上，其保费收入和保费支出都存在下面的等式关系：

1 年以前的收入+t 年以后的收入= t 年以后的支出+t 年以前的支出

这个公式又可以改写为：

t 年以前的收入–t 年以前的支出= t 年以后的支出–t 年以后的收入

通过改写后的公式，可以得到两种寿险责任准备金的推算方法。

(1) 过去法，又称已缴保费推算法。其计算公式是：

寿险责任准备金=t年以前已收保费的终值–t年以前已付保险金的终值

(2)将来法，又称未缴保费推算法。其计算公式是：

寿险责任准备金=t年以后应付保险金的现值–t年以后应收保费的现值

过去法和将来法如果采用相同的利率，两者的计算结果在理论上应该是完全一致的。一般来说，当责任准备金按险别、年龄别和经过年数别等进行计算时，采用将来法比过去法对保险公司更为有利。

寿险责任准备金和长期健康险责任准备金是一个非常复杂的数学问题，所以人寿保险公司在一定期间内提取的这两类准备金，都要通过人寿保险总公司专门设置的精算部门进行计算，期末，总公司将各个分公司应该提取的各种准备金数额传达下来，各个分公司按照总公司的指令进行提存。

(二)寿险和长期健康险责任准备金的会计处理

为核算寿险责任准备金和长期健康险责任准备金，保险公司一般应单独设置“寿险责任准备金”“提取寿险责任准备金”“长期健康险责任准备金”和“提取长期健康险责任准备金”等账户。根据2006年新企业会计准则的规定，保险公司也可以通过“保险责任准备金”和“提取保险责任准备金”两个账户来核算寿险和长期健康险责任准备金。

“寿险责任准备金”是负债类账户，用于核算人寿保险业务应该提取的准备金。该账户贷方登记提取的准备金；借方登记转回的准备金；余额在贷方，反映已提取但尚未转回的寿险责任准备金。

“提取寿险责任准备金”是损益类账户，用于核算每期提取的准备金。该账户借方登记提取的寿险责任准备金；贷方登记结转到“本年利润”账户中的金额；结转后，该账户无余额。

“长期健康险责任准备金”是负债类账户，用于核算长期健康险应该提取的准备金。该账户贷方登记提取的准备金；借方登记转回的上期提取的准备金；余额在贷方，反映已经提取但尚未转回的长期健康险责任准备金。

“提取长期健康险责任准备金”是损益类账户，用于核算每期从利润中提取的责任准备金。该账户借方核算提取的准备金；贷方登记结转到“本年利润”中的金额；结转后该账户无余额。

以上几个账户都应该按险种设置明细账，进行明细分类核算。

【例3-10】 年末，某保险公司提取和转回有关准备金资料如下：

(1)本期应提取未决赔款准备金350 000元，计提之前的余额是300 000元。

(2)本期应提取长期健康险责任准备金550 000元，计提之前的余额是450 000元。

(3)本期应提取寿险责任准备金600 000元，计提之前的余额是520 000元。

有关会计分录如下：

(1)借：提取未决赔款准备金	50 000	
贷：未决赔款准备金		50 000
(2)借：提取长期健康险责任准备金	100 000	
贷：长期健康险责任准备金		100 000
(3)借：提取寿险责任准备金	80 000	
贷：寿险责任准备金		80 000

(4) 期末，结转“本年利润”时：

借：本年利润　　230 000

　　贷：提取未决赔款准备金　　50 000

　　　　提取长期健康险责任准备金　　100 000

　　　　提取寿险责任准备金　　80 000

五、其他寿险业务的核算业务

(一) 加保与退保业务的核算

人寿保险业务的期限较长，其特点决定了保险人可以根据个人的实际情况随时进行加保或退保。加保业务即增加保险金额的业务，它需要对原保险合同进行变更，加保的手续与新投保的手续一样，会计处理方法也一样的。退保业务指允许退保的保单在保险期限未满的情况下，投保人提出退还保费的业务。退保人在业务部门办妥手续后，可持有关凭据到会计部门领取退保金。

退保业务在会计上通过“退保金”账户核算。“退保金”是损益类账户，借方登记支付投保人的退保金，贷方登记结转到“本年利润”中的数额，结转后，本账户无余额。在退保时，投保人若有预交保费，保险公司应予以退还；投保人若有尚未偿还的质押贷款本息，保险公司应予以抵扣。

【例 3-11】 某保户因经济困难要求退保，经业务部门计算应退保费为 35 000 元，该保户有 5 000 元的应交保费尚未交纳，扣除后，该保户实得退保金 30 000 元，财务部门以现金支付。会计分录为：

借：退保金　　35 000

　　贷：库存现金　　30 000

　　　　应收保费　　5 000

(二) 保单转移与保单复效的核算

保单转移是指投保人因迁移外省市，而将保险公司允许转移的保险关系转入外地同系统保险公司的业务。保单复效是指因没有按期缴纳保险金而失效的保单，投保人在保险公司规定的申请复效期内，缴足保单失效期间的保费及相应利息，使原保单恢复有效的业务。

【例 3-12】 甲某因工作调动申请转移养老保险金关系，甲某当年已交保费 800 元，以前年度交纳的养老保险金已提寿险责任准备金 6 000 元。两地保险公司之间已经办妥转移手续，当年交纳的保费和以前年度提取的寿险责任准备金已经通过银行进行了款项划拨，其会计分录为：

(1) 转出保险公司的会计分录为：

借：保费收入　　800

　　寿险责任准备金　　6 000

　　贷：银行存款　　6 800

(2) 转入保险公司的会计分录为：

借：银行存款　　6 800

贷：保费收入　　　　　　　　　　　　　　　　　　　　　　　　800
　　寿险责任准备金　　　　　　　　　　　　　　　　　　　　6 000

（三）衍生保险产品的核算

人寿保险公司除了提供风险保障以外，有的还提供诸如附加储蓄、投资等服务功能，如投资连结保险、万能保险、变额保险等。这种附加的储蓄和投资功能不是保险业务的本质，而是保险合同的衍生产品。同时，这些产品有一个明显的特征就是附加储蓄和投资等服务功能所取得的收入能从保险收入中单独分离出来，并可单独确认和计量。作为附加储蓄和投资的资金流入不属于保费收入确认和计量的范畴，从严格意义上来看是一种代客理财服务的性质，根据2006年新企业会计准则的规定，保险公司可以通过"独立账户资产"和"独立账户负债"账户对其进行单独核算、单独报告，从而实现与保险业务的分离核算。总之，保险公司从这类衍生产品中实现的保费收入以及相关的代理服务收入应该分别核算，并在财务报告中分别予以披露。

六、寿险业务的利源分析

人寿保险的期限非常长，其利益的形成非常特殊，不能简单地用一般行业的收支观来理解人寿保险公司的利益形成过程。从理论上看，人寿保险公司的利益应该来源于附加保费中贡献的利润，附加营业费率主要用于保险业务的支出；纯费率由于在制定时严格遵循了收支相等的原则，即纯保费收入的现值和未来给付保险金的现值相等，所以也不可能为保险公司带来利润，但在实际保险经营业务中，附加营业费率和纯费率都会给保险公司带来利润，为此所作的分析就是所谓的寿险业务利源分析。

寿险业务的利源分析应当从寿险产品的定价入手。人寿保险公司在制定寿险产品价格时，必须依据一定的利率、费率（营业费用率）和死亡率指标，而这几个指标都是预定或估计出来的，因此保险产品的成本（保费）属于预定成本。正是因为保险成本源于预计，其与实际指标不可能正好相等，于是形成了保险定价成本与实际成本之间的差异，这种差异便形成了保险公司的利益来源。这种利源主要包括死差益（损）、利差益（损）和费差益（损）三个部分。

1. 死差益（损）

死差益（损）是由于实际死亡率低于预计死亡率，保险公司按照预定死亡率收取的纯保费支付实际死亡成本后尚有盈余而产生的利益。当实际死亡率高于预定死亡率时，会产生死差损。其计算公式为：

死差益（损）=（预定死亡率−实际死亡率）×危险保费（死亡险保费）
　　　　　　=实收危险保费总额−实付危险保险金总金额

2. 利差益（损）

当人寿保险公司资金运用的实际收益率（或投资回报率）高于预定利率时，保险公司实际赚取的收益率高于按照预定利率给付投保人的利率的差异形成利差益。当投资实际收益率低于预定利率时，将形成利差损。其计算公式为：

利差益（损）=（实际收益率−预定利率）×责任准备金总额（资金运用总额）
　　　　　　=实际收益总额−预计收益总额

3. 费差益(损)

当保险公司的实际经营费用率低于预计经营费用率时，从保费中按预定费率收取的经营费用便形成了一部分节余，即费差益；当实际经营费用率高于预定经营费用率时，便形成了费差损。费差益(损)的计算公式为：

费差益(损)=(预定经营费用率−实际经营费用率)×保费总额

=实收附加保费金额−实际经营费用额

人寿保险公司在进行年终结算时，应计算“三差损益”，进行利源分析，以便认清公司的经营现状及发展趋势，不断强化保险公司的经营管理，提高经济效益。

第四节　再保险业务的核算

一、再保险业务概述

(一)再保险的概念及特点

再保险，即再保险合同，又称分保，是指保险公司将其承担的保险业务，以承保的形式，部分转移给其他保险人。再保险是保险人的保险，是保险发展到一定程度的产物。再保险可以在本国范围内进行，也可以在世界范围内进行。

在再保险业务中，通常将分出保险的公司称为原保险公司、原保险人或分出人，将接受保险的公司称为再保险公司、再保险人、分保接受人或分入人。原保险人分出的那部分风险责任金额称为分保额或分出额，而自己保留责任的那部分金额称为自留额。如果再保险人又将分入的再保险业务分给其他保险公司进行保险，就是转分保，双方当事人分别成为转分保分出人和转分保接受人。

在再保险关系中，原保险人因转移风险和责任而应向再保险人支付一部分保费，称为分保保费；而原保险人因承揽原保险业务将花费一定的开支，因而再保险人应该向原保险人支付一定的分保手续费，又称分保佣金。有时再保险人还会从分保盈余中支付一定比例的佣金给分出人，作为分出人良好经营的报酬，这种佣金称为盈余佣金，又称纯益手续费。盈余佣金根据盈余的多少确定百分比，盈余越高，比例越高，这样可以促使分出人更加注意保险业务的质量。

再保险的主要目的是分散原保险公司的经营风险，提高原保险公司的经营能力和竞争能力。为保护我国保险业，维护保单持有人的权利，我国 2009 年新《保险法》第一百零二条规定：“经营财产保险业务的保险公司当年自留保险费，不得超过其实有资本金加公积金总和的四倍。”第一百零三条规定：“保险公司对每一危险单位，即对一次保险事故可能造成的最大损失范围所承担的责任，不得超过其实有资本金加公积金总和的百分之十；超过的部分应当办理再保险。”

与原保险相比，再保险的主要特点如下。

(1)再保险是保险公司之间的一种业务经营活动。再保险业务只涉及原保险公司和再保险公司两个当事人，与投保人之间没有任何关系。投保人将保费按保险合同规定交给原保险人，出险时直接向原保险人索赔，原保险人理赔以后，凡是已经进行分保的业务，日后应按分保合同规定要求分保接受人分摊部分赔款(摊赔)。

(2)再保险合同是独立合同。原保险合同是再保险合同的基础，没有原保险合同就不能有再保险合同，但再保险合同与原保险合同没有任何继承关系，因为除法定分保外，再保险业务是保险公司自愿进行的。

(3)再保险合同是双务合同。双务是指在再保险业务中，原保险公司作为分散风险、分出保险责任的一方，有向分入公司支付再保险费的义务，而再保险公司对于原保险公司发生的在合同范围内的赔款有摊赔的义务。

(4)再保险合同是补偿性合同。再保险合同与财产保险合同一样具有补偿性质，而人身保险合同具有给付性质。

(二)再保险业务的种类

再保险从不同的角度划分有不同的分类，我国比较流行的分类方式有以下两种。

1. 按保险责任分配形式分类

(1)比例分保。比例分保是指原保险人和再保险人签订合同，按原保险金额的一定比例计算原保险人的自留保额和再保险人承保额的再保险。它又可以分为成数分保、溢额分保、成数溢额混合再保险等方式。

①成数分保：是指原保险人将每一风险单位保险金和保费，都按一定比例(即成数)作为自留额，然后把其余部分分给再保险人。当原保险发生赔款时，再保险人应按同样的比例摊赔。例如，某保险公司的成数再保险合同规定，保险责任自留比例为45%，分出责任为55%，则一份保险金额为500万元的保单，自留保险责任应为225万元(500×45%)，分出保险责任应为275万元(500×55%)。

②溢额分保：是指原保险人预先确定某一风险单位保险金额的自留额，然后将超额的部分分给再保险人。再保险人的溢额责任，通常以原保险人自留额的线数(即倍数)为最高承保限额，1线相当于分出公司的自留额。当原保险发生赔款时，再保险人按其分保金额占原保险额的比例摊赔，当然分出保费也按这一比例计算。例如，某保险公司的溢额再保险合同规定，保险责任的自留额为10万元，再保险人分保的最高限额为3线，则一份保险金额为50万元的保单，分出公司自留保险责任为10万元，分出保险责任为30万元，另外10万元保险责任，原保险人或自留或进行其他再保险。

③成数溢额混合再保险：是指将成数分保和溢额分保组织在一个合同内，以成数保险的金额作为溢额保险的自留额，自留额以内的保险金可以进行成数分保，超出自留额的保险金可以以合同中规定的线数为限，进行溢额分保。例如，某保险公司成数溢额混合再保险合同规定，保险金额为200万元之内的保单进行成数分保，其中自留比例为40%(80万元)，分出责任为60%(120万元)；超过200万元以上的部分进行溢额分保，溢额分保的最高线数为4线(800万元)，这样这份成数溢额混合再保险合同的最大容量为1 000万元。

(2)非比例分保。非比例分保，又称超额损失分保，是指分保分出人和分保接受人协议，以赔款为基础计算自赔金额和分保责任限额的再保险。它又分为超额赔款分保和超额赔付率分保。

①超额赔款分保：简称超赔分保，是指分保分出人和分保接受人协议，对每一单位

保险损失或多次保险累计损失规定一个免赔额，在这一范围内的损失，分保接受人不负责任；超出这一范围的损失，分保接受人负担全部赔款或大部分赔款。在实际业务中，这类保险又可进一步划分为险位(风险单位)超赔分保和事故超赔分保。险位超赔分保指以每一个风险单位损失赔款为基础，计算自留责任额或起赔额。险位超赔分保可以对一次事故中超赔分保的风险单位规定最高限量或最高赔付额；事故超赔分保是以一次事故所造成的赔款总和为基础计算自留责任额或起赔额，它不受险位的限制，但通常也有最高赔付额的规定。

②超额赔付率分保：是指以一定时期(一般为一年)的责任累计为基础来计算赔款，当赔款总额过高，赔付率超过合同中规定的赔付率时，超过部分应由分保接受人负责。

2. 按合同安排方式分类

(1)临时分保。临时分保，是指保险人有分保需求时，临时同分保接受人达成协议的再保险，又称选择性再保险或自愿再保险。这类保险历史较长，现在一般适用于固定合同保险以外的分保业务。

(2)合同分保。合同分保，又称固定分保，指原保险公司和再保险公司预先订立分保合同，在合同期内，凡是合同中规定的业务，分出人有义务分出，接受人有义务接受，双方无权选择。合同再保险有许多优点，业务比较稳定，普遍用于比例再保险和非比例再保险，是国际再保险市场上最流行的保险方式。

(3)预约分保。预约分保，是指原保险人和再保险人事先订立保险合同，并约定对于合同范围内的业务，分出人有业务选择自由，不必一定分出，而接受人无权选择，有义务接受分入业务。预约分保对再保险人不利，所以不太受再保险人的欢迎，业务量一般较少。

除上面两种主要分类以外，再保险还可以按照分保对象或分保险种的不同，分为财产险再保险和人身险再保险。财产险再保险按照分保对象又可以进一步分为货物运输险再保险、运输工具险再保险、火灾险再保险、工程险再保险、水险再保险和各种责任险再保险等。

(三)再保险业务的会计核算特点

与原保险业务相比，再保险业务的会计核算主要有以下几个特点。

(1)再保险业务同时涉及分保分出人和分保分入人的核算。分保分出人作为分出责任、分散风险的一方，主要涉及分出保费、摊回分保赔款、摊回分保费用、扣存和转回分保准备金的计算与核算；分保分入人作为接受风险、分摊分险的一方，主要涉及分保费收入、分保赔款支出、分保费用支出、存出分保准备金等业务。

(2)分保账单是再保险业务核算中使用的唯一重要的原始凭证，由分保分出人填制。再保险业务双方当事人在会计核算、资金结算和往来款确认中都应以分保账单作为直接依据。

(3)再保险公司是按业务年度结算损益，在非结算损益的业务年度，再保险合同的收支差额全部作为长期责任准备金提取。再保险公司每年结算的损益应该是业务年度已经到期的再保险业务。

(4)由于分保接受人是按业务年度结算损益，所以对于接受的分保业务，只提取未决赔款准备金和长期责任准备金，不提取未到期责任准备金。

(5)因为再保险业务不是委托保险代理人进行的，所以不涉及向保险代理人支付手续费或佣金的问题，但分保接受人应该摊回一部分由原保险人支付的手续费或佣金。

(四) 分保账单

分保账单是由分保分出人就分保活动中的各项指标，如分出保费、摊回分保赔款、摊回分保费用、扣存和返还准备金等填制的原始凭证，是再保险双方当事人进行往来账务清算的依据，是会计部门记账的直接依据。分保账单按分保的方式一般可分为比例分保账单和非比例分保账单，两种账单的内容、格式大同小异，但要求编制和报送的时间不同，比例分保账单一般半年编制一次，并在编制账单以后的 6 周内寄送，若寄送后 2 周之内分保接受人未提出异议，则分保分出人就可以结付账单。非比例分保账单一般要求在业务成交后即刻报送，最迟不得超过业务起始后的 2 周，并立即支付保费，在分保双方未同意按固定保费计算的情况下，分保人通常要送预付分保账单和调整分保账单两期账单。

分保账单既有国家统一规定的标准格式，也有保险公司自己设计的非标准格式，这两种格式之间有些差异，但主要内容基本相同，如表 3-5 所示。

表 3-5 分保账单

保险公司名称： 分保接收人名称：
账单期限： 业务年度：
险别： 货币单位：
合同名称： 单位：

借方		贷方	
项目	金额	项目	金额
摊回分保手续费 摊回转分保手续费 摊回分保赔款 保费准备金扣存 赔款准备金扣存 摊回税款及杂费 纯益手续费 合　计			
应付我方金额		应付你方金额	
未决赔款金额：			

下面就分保账单中常见的几个项目加以说明。

1. 分出保费

分出保费，也称分保费，是指分保分出人从原保费中分给分保接受人的保费。当原保险保费是分期收取时，分保费也应该分期支付。另外比例分保和非比例分保要求交纳分保费的时间是不同的，比例分保可以定期结清保费，非比例分保一般要求分保业务开始后即刻交清分保费或预交最低分保费。

2. 摊回分保手续费

分保手续费，也称分保佣金，是指分保分出人支付的手续费或佣金中应由分保接受人承担的份额，它实质上是分保接受人分摊的、原保险人已经花费的承揽原保险业务的手续费。分保手续费一般取决于分出公司手续费用的多少和保险合同业绩的好坏。在实际业务中，分保手续费率有以下两种确认方法。(1) 单一比例法：是指分保手续费按原保险手续费的一个固定比例计算，比如 25%，因该方法计算简单，因而广泛地为我国保险公司所使用。(2) 比例递增或递减法：为鼓励分保分出人加强承保管理，分保手续费率一般在 25%～40%的范围内，赔付率每增加1%，分保手续费率减少0.5%。在这种方法下，暂定费率一般为30%。

3. 摊回转分保手续费

转分保手续费是针对转分保合同而言的，是指在转分保合同中规定的、按照原手续费的一定比例计算的、用以支付转分保业务的手续费。一般情况下，转分保手续费率为2.5%～7.5%，并根据转分保业务质量、险种以及原保费等综合因素确定。

4. 摊回分保赔款

摊回分保赔款指分保业务发生的赔款额应由分保接受人承担的份额，它分为已决赔款和未决赔款两种。已决赔款在分保账单的借方登记，表示分保分出人已经支付投保人的赔款中应由分保接受人分摊的部分。未决赔款只在分保账单的附注中登记，作为一种参考提供给分保接受人。

5. 准备金的扣存及返还

分保账单中涉及"保费准备金扣存""赔款准备金扣存"和"保费准备金返还"及"赔款准备金返还"等内容。其中"保费准备金扣存"在分保账单的借方，是分保分出人从分保费中扣存分保分入人的再保险保障基金，它有两层含义：一是保费准备金扣存；二是赔款准备金扣存。两项准备金都是由分保分出人在分保当年扣存、并于次年返还给分保接受人的，返还给分保接受人的准备金在分保账单贷方的"保费准备金返还"和"赔款准备金返还"中列示。在分保账单中，准备金的扣存和返还也可以分别设"准备金扣存" 和"准备金返还"两个项目列示。

保费准备金属于未到期责任准备金，是分保分出人为保证分保接受人的未来赔付能力，从当年分保费中按一定比例(一般是40%)扣存的，并于次年同期归还给分保接受人。在编制年度分保账单时，只要有保费付出，分保分出人就按40%的比例扣存，而分保接受人也认可这一做法。赔款准备金是分保分出人从当年剩余分保费(分保费扣除有关保费准备金等后的余额)中，按当年估计未决赔款中应由分保接受人承担份额的90%或100%扣存的，结案后若有余额应于次年返还。为弥补资金占用损失，分保分出人对于扣存的保费准备金和赔款准备金需支付给分保接受人一定的利息，利息通常由双方商定。

6. 纯益手续费

纯益手续费，又称盈余手续费，是指分保接受人在分保业务取得利润的情况下，按照双方的约定，分给原保险人一定的报酬。其计算公式为：

纯益手续费=(合同收入合计−合同支出合计)×纯益手续费率

其中，收入项目和支出项目由合同规定。收入项目一般包括分保费收入和利息收入等，支出项目一般包括分保手续费支出、分保赔款支出以及相关税费等。纯益手续费率可以根据赔付率或利润率计算，并在合同中加以确定。对于当年能结清再保险合同的纯益手续费账单，应在当年年底合同结束后编制；对于当年不能结清再保险合同的纯益手续费账单，一般在第二年年底编制，以后进行调整。

7. 摊回税款及杂费

摊回税款及杂费指分保分出人按保费实际收入计算缴纳的营业税费及其他杂项费用中应由分保接受人分摊的部分。摊回税款及杂费一般与摊回分保手续费、纯益手续费在一个科目，即"摊回分保费用"科目核算。

8. 准备金利息

准备金利息指分保分出人因扣存分保准备金而支付给分保接受人的利息。

9. 余额

余额是分保账单中借贷双方收支相抵后的差额。分保账单的借方反映分保分出人的现金流入或分入人的现金支出，贷方反映分保分出人的现金支出或分入人的现金流入。所以期末分保账单的借方大于贷方的余额，应该是分保分出人应收分入人的再保险往来款，即应付我方余额；贷方大于借方的余额是分出人应付分入人的再保险往来款，即应付你方余额。

二、分出业务的核算

分出业务是指分保分出人因再保险而形成的各项业务。对于分保分出人而言，再保险业务的程序主要包括再保险人的选择、最优再保险方案的确定、再保险合同的签订、赔款合同及分保账单的编制与发送等。再保险合同生效以后，保险公司的会计部门应根据定期编制的分保账单进行会计处理。

(一) 分出保费的计算

保费的计算是任何保险业务会计核算的基础。分出保费是再保险业务中，因再保险业务而由分保分出人向分保接受人交纳的保费，其计算方法因保险方式的不同而有所不同。其中，比例分保分出保费的计算比较简单，可直接根据比例分保合同中预定的分保比例和原保费两个指标确定，计算公式为：

$$分出保费=原保费\times合同分保比例$$

而非比例分保分出保费的计算比较复杂，这里简单介绍以下两种方法。

(1) 变动再保险费制。变动再保险费制指原保险公司根据其业务数量和质量等具体情况预先制定最低再保险费率和最高再保险费率，然后在分保时再根据分保的情况调整费率的一种计算方法。这种方法在计算非比例分保分出保费时比较常用。

(2) 固定再保险费制。固定再保险费制指再保险双方当事人就某再保险业务按事先约定的固定保费来计算的一种方法。固定再保险费制主要针对新业务和以往没有办理过超额赔款的再保险业务而言，并作为向变动再保险费制过渡的一种方法，待积累资料和经验后，再采用变动再保险费制。

(二) 分出保费的会计处理

为核算再保险业务，分保分出公司一般应设置“应付分保账款”“应收分保账款”“存入保证金”“分出保费”“摊回赔付支出”“摊回分保费用”“应收分保合同准备金”“摊回分保合同准备金”等账户。

“应付分保账款”是往来性质科目，用以核算分保业务中形成的各种应付账款。该科目贷方登记应付的各种往来款项，借方登记偿付或调整的各种应付款项，贷方余额反映尚未支付的分保应付款项。该科目一般按往来的单位设置明细账。

“应收分保账款”是往来性质科目，用以核算分保业务中形成的各种应收款项。该科目借方登记应收的各种往来款项，贷方登记收回或调整的各种应收款项，借方余额反映尚未收回的分保应收款项。该科目一般按往来的单位设置明细账。

“存入保证金”是负债类科目，用于核算分保分出人按规定扣存分保接受人分保费形成的准备金。该科目贷方登记扣存的分保费准备金，借方登记返还上期扣存的分保费准备金，贷方余额反映已扣存尚未返回的分保准备金。该科目按分保接受人设置明细账。

“分出保费”是损益类科目，用于核算分保分出人向分保接受人分出的保费。该科目借方登记分出的保费数，贷方登记结转到“本年利润”中的数额，结转后该科目无余额。该科目按险种设置明细账。

“摊回赔付支出”是损益类科目，用于核算分保赔款中应该由分保接受人分摊的部分赔款。该科目贷方登记由接受人分摊的分保赔款，借方登记结转到“本年利润”中的数额，结转后该科目无余额。该科目按险种设置明细账。

“摊回分保费用”是损益类科目，用于核算分保业务中应该由分保接受人分摊的各项费用，包括分保手续费、税款及杂费以及纯益手续费等。该科目贷方登记由分保接受人分摊的各项费用，借方登记结转到“本年利润”中的数额，结转后该科目无余额。该科目按险种设置明细账。

“应收分保合同准备金”用于核算分保分出人应收以及影响分保分入人摊回的保险责任准备金，包括未到期责任准备金、未决赔款准备金、寿险责任准备金和长期健康险责任准备金。该科目借方登记分保分出人在某个会计期间应收或应向分保分入人摊回的保险责任准备金，贷方登记在某会计期间冲减或转销的保险责任准备金。该科目可按保险责任准备金类别设置明细账。

“摊回分保合同准备金”用于核算分保分出人应向分保分入人摊回的保险责任准备金，包括未决赔款准备金、寿险责任准备金和长期健康险责任准备金。该科目贷方登记分保分出人在某个会计期间应向分保分入人摊回的保险责任准备金金额，借方登记在某会计期间因赔款等业务而应冲减或转销的分保责任准备金。该科目可按保险责任准备金类别设置明细账。在会计期末，该科目的余额应全部结转至“本年利润”科目。

分保分出人在会计期末应按规定计算有关指标，包括分出保费、保险责任准备金的扣存与返还、摊回赔款和摊回费用等，填制分保账单，并据以进行会计处理。下面举例说明分出业务的会计处理方法。

【例 3-13】 甲保险公司对火险采用固定合同成数分保方式安排分保，自留额比例为 80%，其余 20%由乙保险公司接受再保险。某个会计期末，甲保险公司编制的分保账单如表 3-6 所示。

表 3-6　分保账单

保险公司名称：甲保险公司	分保接受人名称：乙保险公司
账单期限：第 4 季度	业务年度：2013 年
险别：火险	货币单位：千元
合同名称：	单位：

借　方		贷　方	
项　目	金　额	项　目	金　额
摊回分保手续费	3 750	分出保费	15 000
摊回分保赔款	7 500	保费准备金返还	4 800
保费准备金扣存	6 000	赔款准备金返还	2 400
赔款准备金扣存	2 700	准备金利息	360
摊回税款及杂费	1 380		
应付我方金额	21 330	应付你方金额	22 560
未决赔款金额：			

有关会计分录为：

(1)根据分保账单贷方：

借：分出保费　　15 000 000

　　存入保证金　　7 200 000

　　利息支出　　360 000

　　贷：应付分保账款　　22 560 000

(2)根据分保账单借方：

借：应收分保账款　　21 330 000

　　贷：摊回赔付支出　　7 500 000

　　　　摊回分保费用　　5 130 000

　　　　存入保证金　　8 700 000

(3)结转本年利润：

借：本年利润　　15 360 000

　　贷：分出保费　　15 000 000

　　　　利息支出　　360 000

借：摊回赔付支出　　7 500 000

　　摊回分保费用　　5 130 000

　　贷：本年利润　　12 630 000

三、分入业务的核算

分入业务指分保接受人因再保险而形成的各种业务。就分保接受人而言，再保险业务的程序主要包括受理分保建议、研究最优分保方案、签订分保合同、审核赔款账单、账单及会计处理等。再保险合同生效后，分入公司的会计部门应根据分出公司编制的分保账单等进行分保业务收支的会计处理并提取责任保险金。

根据企业会计准则的规定，为核算分入业务，保险公司应设置“保费收入”“存出保证金”“赔付支出”“分保费用”“应收分保账款”和“应付分保账款”等账户。

“存出保证金”是资产类科目，用于核算保险公司因分入分保业务而存于分保分出人的准备金。该科目借方登记存出的分保准备金数额，贷方登记收回的分保准备金数额，余额在借方，反映存于分保分出人处的准备金数额。“存出保证金”科目按分保分出人设置明细账。

“分保费用”是损益类科目，用于核算由分保接受人分摊的分保费用，包括分保手续费、税款及杂费以及纯益手续费等。该科目借方登记分保接受人分摊的分保费用，贷方登记结转到“本年利润”中的数额，结转后该科目无余额。“分保费用”科目按险种设置明细账。

【例 3-14】 仍以【例 3-13】的业务为例，并假设 2013 年第 4 季度末正好是分保业务的结算年度。当乙保险公司接到甲保险公司编制的分保账单后，乙保险公司应做如下会计分录：

(1)根据分保账单贷方：

借：应收分保账款　　22 560 000

　　贷：保费收入　　15 000 000

　　　　利息收入　　360 000

　　　　存出保证金　　7 200 000

(2)根据分保账单借方：

借：存出保证金　　8 700 000
　　赔付支出　　7 500 000
　　分保费用　　5 130 000
　　贷：应付分保账款　　21 330 000

(3)结转本年利润：

借：保费收入　　15 000 000
　　利息收入　　360 000
　　贷：本年利润　　15 360 000

借：本年利润　　12 630 000
　　贷：分保费用　　5 130 000
　　　　赔付支出　　7 500 000

四、再保险合同准备金的核算

再保险合同准备金应该由分保接受人(再保险人)计提，主要包括未决赔款准备金、未到期责任准备金、长期责任准备金和寿险责任准备金等，这些准备金的计提方法与原保险合同的计提方法相同，这里不再赘述。从分保分出人的角度看，由于原保险的保费收入分出一部分给了再保险人，因此原保险人按全额计提的保险责任准备金(不包括未到期责任准备金)在分保时应该进行适当的调整，并将应由再保险人分摊的保险责任准备金确认为一种收款权利，即应由分保分入人补偿给分保分出人的准备金。

从理论上讲，未到期责任准备金属于保险公司尚未赚取或尚未实现的保费，原保险公司将某一保险项目进行再保险时，意味着将部分风险、部分保费出让给再保险人，这样未到期责任准备金(即未实现保费)亦将相应地分给再保险人，并由再保险人自行核算其分入保险项目的未到期责任准备金。

现行企业会计准则规定，原保险人应该根据原保险合同完整计提保险责任准备金，但由于分保责任准备金实际上是由再保险人计提的，所以，原保险人只能通过"应收分保合同准备金"科目核算。并且在财务报表上，应收分保合同准备金等与原保险合同形成的负债(即保险责任准备金)不能相互抵销。为正确核算应收分保合同准备金，现行准则要求保险公司同时应设置"摊回保险责任准备金"科目。

"应收分保合同准备金"科目用于核算再保险业务中原保险人应收分保接受人的保险责任准备金，包括未到期责任准备金、未决赔款责任准备金、寿险责任准备金和长期健康险责任准备金四项内容。保险公司应在确认非寿险原保险合同保费收入的当期，按相关再保险合同约定计算的应收分保接受人的分保未到期责任准备金，借记本科目，贷记"提取未到期责任准备金"科目；在提取原保险合同未决赔款责任准备金、寿险责任准备金和长期健康险责任准备金三项准备金的当期，借记本科目，贷记"摊回保险责任准备金" 科目；在保险公司因赔款而冲减未决赔款准备金、寿险责任准备金和长期健康险责任准备金时，借记"摊回保险责任准备金"科目，贷记本科目。

根据再保险人的会计核算惯例，"应收分保合同准备金"账户亦可拆分成"应收分保未到期责任准备金""应收分保未决赔款准备金""应收分保寿险责任准备金""应收分保长期健康险责任准备金"四个科目分别核算不同的应收保险责任准备金。

“摊回保险责任准备金”科目核算再保险业务中原保险人应向再保险人摊回的保险责任准备金，包括未决赔款准备金、寿险责任准备金、长期健康险责任准备金三项内容。保险公司在计提这三项原保险合同准备金的当期，应按相关再保险合同约定计算的应向分保接受人摊回的保险责任准备金，借记“应收分保合同准备金”科目，贷记本科目。在原保险出险赔付的情况下，原保险人应在冲减这三项原保险责任准备金的当期，根据再保险人相应冲减的应收分保合同责任准备金，借记本科目，贷记“应收分保合同责任准备金”科目。

根据再保险人的会计核算惯例，“摊回保险责任准备金”科目亦可拆分成“摊回未决赔款准备金”“摊回寿险责任准备金”和“摊回长期健康险责任准备金”三个科目，分别核算不同保险责任准备金的摊回。

下面举例说明再保险责任准备金的会计核算方法。

【例 3-15】 2013 年年末，甲保险公司与乙保险公司签订了一项成数分保财产再保险合同，将合同规定范围内的原保险合同向乙保险公司办理分保，期限一年，合同约定分保比例为10%。2014 年 1 月，甲保险公司收到再保险合同范围内保费 120 万元，并据此计提了 110 万元的未到期责任准备金。2014 年 3 月，甲保险公司就当月出现案件计提了 75 万元未决赔款准备金。针对保险责任准备金，甲、乙保险公司相应的会计处理如下：

(1) 甲公司：

①2014 年 1 月的会计分录：

借：提取未到期责任准备金	1 100 000	
贷：未到期责任准备金		1 100 000
借：应收未到期责任准备金	110 000	
贷：提取未到期责任准备金		110 000

②2014 年 3 月的会计分录：

借：提取未决赔款准备金	750 000	
贷：未决赔款准备金		750 000
借：应收未决赔款准备金	75 000	
贷：摊回未决赔款准备金		75 000

(2) 乙公司：

①2014 年 1 月的会计分录：

借：提取未到期责任准备金	110 000	
贷：未到期责任准备金		110 000

②2014 年 3 月的会计分录：

借：提取未决赔款准备金	75 000	
贷：未决赔款准备金		75 000

第五节　保险资金运用业务的核算

一、保险资金运用业务概述

(一) 保险资金运用的含义

保险资金的运用是指保险公司为了提高偿付能力、增强竞争实力，在保险业务的经营中，将不断积聚的各种保险资金进行有利的投资，使其不断地保值和增值以及进行有效融资的各项活动，是保险公司的重要经营业务。

就保险原理而言，提供风险保障和开展保险业务是保险公司生存和发展的基础业务，但保险资金的运用业务同样是保险公司生存和发展的重要保证。综观世界保险业，凡是发达的保险市场，也都是发达的资金市场，就是说，强大的保险公司必须有良好的资金运用作保证，这是由保险业的特点决定的。我们知道，保险公司收取的保费及赔偿或给付行为在时间上和数量上有显著的差异，这会使保险公司的巨额资金暂时闲置，如何运用这笔雄厚的资金成为保险公司至关重要的业务。当然，没有承保业务，资金的运用便成为“无米之炊”，但对承保业务揽来的资金若不进行有利的投资、不保值、不增值，保险公司同样难成大业。

（二）保险资金运用的原则

保险公司的活动具有金融业的特点，资金金额巨大，而且负债较大，资金中的大部分将来要用于赔偿或给付，因此为保证整个金融市场的秩序，各个国家都规定了保险公司在资金运用时必须遵守的原则。2009 年 2 月 28 日，中华人民共和国第十一届全国人民代表大会常务委员会第七次会议修订通过了新《保险法》。关于保险资金的运用原则，新《保险法》第一百零六条指出：“保险公司的资金运用必须稳健，遵循安全性原则。”所谓安全性原则主要是指，保险公司在投资时，必须充分分析其投资项目的安全性，谨慎投资，尽量减少风险投资。

保险公司的资金运用必须稳健，遵循安全性原则。可见，关于保险资金的运用，安全性是最为重要的一条原则。

（三）保险资金运用的形式

2009 年新《保险法》明确提出了保险公司资金的运用仅限于以下几种形式：第一，银行存款；第二，买卖债券、股票、证券投资基金份额等有价证券；第三，投资不动产； 第四，国务院规定的其他资金运用形式。保险公司资金运用的具体管理办法，由国务院保险监督管理机构制定。应该说，在上述保险公司资金可以运用的几种形式中，证券投资风险是比较大的，因此，2010 年 2 月 1 日，中国保险监督管理委员会主席办公会审议通过了《保险资金运用管理暂行办法》，其中就保险公司有价证券投资问题，进行了更明确的规范，其主要内容包括以下方面。

(1) 保险资金投资的债券，应当达到中国保监会认可的信用评级机构评定的，且符合规定要求的信用级别，主要包括政府债券、金融债券、企业（公司）债券、非金融企业债务融资工具以及符合规定的其他债券。

(2) 保险资金投资的股票，主要包括公开发行并上市交易的股票和上市公司向特定对象非公开发行的股票。投资创业板上市公司股票和以外币认购及交易的股票由中国保监会另行规定。

(3) 保险资金投资证券投资基金的，其基金管理人应当符合下列条件：①公司治理良好，净资产连续三年保持在人民币 1 亿元以上；②依法履行合同，维护投资者合法权益，最近三年没有不良记录；③建立有效的证券投资基金和特定客户资产管理业务之间的防火墙机制；④投资团队稳定，历史投资业绩良好，管理资产规模或者基金份额相对稳定。

在会计实践活动中，我国保险公司的资金除存放于银行和进行必要的不动产投资外，主要运用在以下几个方面：①有价证券投资业务；②同行业资金拆借业务；③证券回购业务；④贷款业务。有价证券投资业务(包括股票、债券和基金)与一般工商业的会计核算方法完全相同，主要遵循现行《企业会计准则第 2 号——长期股权投资》《企业会计准则第 22 号——金融工具确认和计量》等规定，这里不再赘述，这节将主要阐述资金拆借业务、贷款业务和证券回购业务的会计核算方法。

二、资金拆借业务的核算

(一)资金拆借业务核算的内容

资金拆借业务是具有法人资格的金融保险机构及经法人授权的非法人金融机构之间进行短期资金融通，以调剂头寸(收支差额)和临时性资金余缺的经济活动。金融保险机构之间进行资金拆借活动的场所或网络，称为同业拆借市场。资金拆借行为产生于金融保险机构头寸管理的需要。头寸管理要求保险公司应随时保证资金的收支平衡，然而在实际经营过程中经常会出现收支不平衡的情况，这时头寸短缺的保险公司需要借入资金，以平衡收支；而头寸多余的保险公司有必要借出资金，以赚取短期收益，因此保险公司之间经常发生资金拆借的行为。资金多余者借出资金的行为称为拆出；资金短缺者借入资金的行为称为拆入。目前参与同业拆借的机构主要是商业银行和保险公司，这从根本上保证了资金拆借的安全性。

同业拆借市场主要以短期资金融通为主,七天以下的拆借特别是隔夜拆借占较大的比重，由此可见，资金拆借实质上就是金融和保险机构为了最大化运用流动资金而产生的一种资金运用行为。对保险公司而言，拆借的优点表现为：①当保险公司的流动资金富余时，将其拆出可以收到比银行存款利息更多的收益，从而保证保险公司资金收益最大化的要求；②当保险公司流动资金短缺时，拆入资金可以迅速满足需求，保证足够的支付能力，从而确保保险公司的信誉；③同业拆借市场的发展和繁荣可以保证拆借业务的及时和迅速，从而保证整个保险市场流动资金的高效运转。

保险公司的资金拆借业务主要包括资金的拆出和资金的拆入两部分。拆出资金是保险公司的一项流动性资产，拆入资金是保险公司的一项流动性负债。

(二)资金拆借业务的会计核算

为核算资金拆借业务，保险公司应该设置“拆入资金”和“拆出资金”两个科目。

“拆入资金”是负债类科目，贷方登记收到的拆入资金本金，借方登记偿还的拆入资金本金，余额在贷方，反映尚未偿还的拆入资金本金。“拆入资金”科目按拆出单位设置明细账。

“拆出资金”是资产类科目，借方登记拆出资金本金，贷方登记收回的拆出资金本金，余额在借方，反映尚未收回的拆出资金本金。“拆出资金”科目按拆入单位设置明细账。

资金拆借会计核算中的主要问题是利息费用的处理问题。

1. 资金拆入方的利息支出

拆入资金的利息支出一般应该按照权责发生制的原则核算，分期确认为利息费用。但如果拆借资金的期限较短，利息费用金额也不大，可以于实际支付时一次性确认为利息费用。

2. 资金拆出方的利息收入

按照企业会计准则的规定，利息收入的确认原则是：第一，与交易相关的利益能够流入企业；第二，收入的金额能够可靠地计量。由于我国的资金拆借业务仅限于经国家严格审核的金融、保险机构之间，因此利息回收的可能性极大，所以保险公司完全可以按权责发生制的要求确认利息收入。但是由于资金拆借期限一般较短，所以在会计实务中，资金拆出的利息收入可以于实际收到时确认。

【例 3-16】 甲、乙两家保险公司之间于某年 9 月 15 日发生了一笔资金拆借业务，甲公司拆出资金 2 000 万元给乙公司，期限为 30 天，年利率为 6%。甲、乙公司有关会计分录如下。

(1) 甲公司拆出资金时：

借：拆出资金	20 000 000	
贷：银行存款		20 000 000

(2) 甲公司收回拆出资金本息时：

借：银行存款	20 100 000	
贷：拆出资金		20 000 000
利息收入		100 000

(3) 乙公司收到拆入资金时：

借：银行存款	20 000 000	
贷：拆入资金		20 000 000

乙公司偿还拆入资金本息时：

借：拆入资金	20 000 000	
利息支出	100 000	
贷：银行存款		20 100 000

三、贷款业务的核算

(一) 贷款业务核算的内容

贷款是指保险公司对外单位或个人提供贷款的经济活动。我国《保险法》规定，保险公司只能从事用户质押贷款业务，不得从事除用户质押贷款以外的贷款。贷款本身具有内在的风险性，从发放之日起就有收不回来的可能，这将会直接影响保险公司的赔偿能力和给付能力，从而影响保险公司的信誉和保险市场的稳定。我国《保险法》对保险公司的贷款业务种类进行了严格的限制，这使得保险公司的贷款业务风险较小，会计核算也比较简单。

保户质押贷款通常指保户以保险单作为抵押取得的贷款，这里一个重要的前提就是保单必须有“资格”作抵押，而有无抵押“资格”的标准应该是它的价值性。一般情况下，有储蓄性的保单价值比较大，可以用来进行质押贷款，而没有储蓄性或储蓄性较小的保单价值较小，一般不可以用来进行抵押贷款。前面已经阐述，保险按其标的不同可分为财产保险和人寿保险。财产保险的期限较短，保单一般不具有储蓄性，而寿险及长期健康险的储蓄性较强，因此可以用以抵押贷款。我国保户质押贷款的业务主要是在人寿公司开展的。

(二) 保户质押贷款的会计核算

为核算保户质押贷款，人寿保险公司应设置“保户质押贷款”科目。该科目借方登记发放的保户质押贷款的数额，贷方登记收回的保户质押贷款的数额，余额在借方，反映尚未收回的保户质押贷款数。“保户质押贷款”科目应按借款人设置明细账，进行明细分类核算。保险公司发放的保户质押贷款一般期限都不长，因此保户质押贷款在资产负债表中通常被列为流动资产。

由于贷款本身有风险，因此一般情况下，对发放的贷款应该像坏账准备一样提取准备金，但保户质押贷款不同于普通贷款，其贷款额度通常被控制在保单有效价值以内，所以一般都能保证收回，可以说，保户质押贷款基本上没有风险，所以对它可以不提取坏账准备金。

【例 3-17】 某保户持有效保单到保险公司申请质押贷款 50 000 元，经审核同意发放为期 1 年的保户质押贷款。年利率为 9%。有关会计分录如下：

(1) 发放贷款时：

借：保户质押贷款	50 000	
贷：库存现金		50 000

(2) 收回贷款时：

借：库存现金	54 500	
贷：保户质押贷款		50 000
利息收入		4 500

四、证券回购业务的核算

(一) 证券回购业务核算的内容

证券回购业务是指保险公司在银行间同业市场办理中国人民银行批准交易的国债、中央银行融资券、政策性银行金融债券等债券回购的经济活动。保险公司回购的债券必须在中央国债登记结算有限责任公司托管和结算，不得转托管到证券交易所。

证券回购业务包括买入返售证券业务和卖出回购证券业务。买入返售证券业务是指保险公司与全国银行间同业市场其他成员以合同或协议的方式，按一定的价格买入证券，于到期日再按合同或协议的规定卖出该批证券，以获取买入价与卖出价差价收益的业务，买入返售证券业务实质上是一种投资业务。卖出回购证券业务，是指保险公司与全国银行间同业市场其他成员以合同或协议的方式，按一定的价格卖出证券，到期日再按一定的价格买入该批证券，以获得一定时期内资金使用权的业务，卖出回购证券业务实质上是一种融资业务。

与此相对应，证券回购业务的会计核算主要包括买入返售证券业务的会计核算和卖出回购证券业务的会计核算。

(二) 买入返售证券业务的会计核算

为核算买入返售证券业务，保险公司应设置“买入返售金融资产”“利息收入”等科目。

“买入返售金融资产”是资产类科目，用于核算买入返售证券的业务。该科目借方登记买入返售证券时支付的价款，贷方登记返售买入证券时结转的证券成本。该科目余额一般在借方，反映保险公司已经买入但尚未到期返售的证券金额。“买入返售金融资产”科目应按买入返售证券的种类设置明细账，进行明细分类核算。

【例 3-18】 某保险公司按规定买入返售证券一批，价值 300 万元，数月后以 309 万元的价格将其销售。有关会计分录为：

(1) 买入返售证券时:

借: 买入返售金融资产　　　　3 000 000

　　贷: 银行存款　　　　3 000 000

(2) 返售买入证券时:

借: 银行存款　　　　3 090 000

　　贷: 买入返售金融资产　　　　3 000 000

　　　　利息收入　　　　90 000

(三) 卖出回购证券业务的会计核算

为核算卖出回购证券业务，保险公司应设置“卖出回购金融资产款”和“利息支出”等科目。

“卖出回购金融资产款”是负债类科目，用于核算卖出回购证券的业务。该科目贷方登记卖出回购证券时取得的款项，借方登记到期回购卖出证券时结转的证券成本。该科目余额一般在贷方，反映保险公司已经卖出但尚未回购的证券金额。“卖出回购金融资产款”科目一般按卖出回购证券的种类设置明细账，进行明细分类核算。

【例 3-19】 某保险公司按规定卖出回购证券一批，价值 300 万元，数月后以 309 万元的价格将其购回。有关会计分录如下。

(1) 卖出回购证券时:

借: 银行存款　　　　3 000 000

　　贷: 卖出回购金融资产款　　　　3 000 000

(2) 回购卖出证券时:

借: 利息支出　　　　90 000

　　卖出回购金融资产款　　　　3 000 000

　　贷: 银行存款　　　　3 090 000

本章小结

本章主要阐述了保险公司两大主营业务: 保险经营业务和保险资金运用业务的会计核算方法。根据运营特征的不同，保险经营业务可以分为寿险(包括人寿保险和长期健康险)和非寿险(包括财产保险、人身意外伤害保险和短期健康险); 根据承保方式的不同，保险经营业务又可分为原保险业务和再保险业务。根据保险经营业务的分类特点，本章分别从财产保险、人身保险和再保险的角度，全面阐述了保险经营业务的核算。关于保险资金运用业务，本章主要阐述了资金拆借业务、质押贷款业务和证券回购业务的会计核算方法。

第四章

证券公司会计

第一节　证券公司会计概述

一、证券中介机构与证券公司的概念

(一) 证券中介机构

证券中介机构，是指为证券市场参与者如发行人、投资人等提供各种服务的专职机构。按提供服务的内容不同，我国证券中介机构可以分为：证券经营机构、证券市场、证券投资咨询机构、证券结算登记机构和可从事证券相关业务的各类事务所等。

(1) 证券经营机构指由证券主管机关依法批准设立的，在证券市场上经营如股票、债券、基金等业务的金融机构，也称证券商。我国的证券经营机构一般可分为证券专售机构和证券兼营机构。证券专营机构就是证券公司，兼营机构主要指信托投资公司。

(2) 证券市场指股票、债券、基金等证券发行和交易的场所。按市场职能的不同分为证券发行市场(一级市场或初级市场)和证券流通市场(二级市场或次级市场)；按交易对象的不同分为股票市场、债券市场和基金市场；按组织形式的不同分为证券交易所和场外市场。从组织形式看，目前我国只有证券交易所一种证券市场。

(3) 证券投资咨询机构指为证券市场投资者提供专业性咨询的机构,包括证券咨询公司和证券评级公司。证券咨询公司在西方国家称为投资顾问，其主要职能已经演化为帮助投资者了解市场、分析投资价值和引导投资方向等。证券评级公司的职能，是对证券市场上的机构和证券的信用状况进行评定，以客观真实地反映证券发行人及其证券的资信程度。

(4) 证券结算登记机构指专门为证券交易业务进行登记、存管、过户与资金结算和交收的机构，它是保证证券交易连续进行必不可少的环节，该系统的运转好坏、效率高低、稳定程度，对证券市场安全、高效、有序的运行有着极其重要的作用。目前我国主要有上海证券中央登记结算公司和深圳证券结算公司两家证券结算登记机构。

(5) 可从事证券相关业务的各类事务所，主要包括会计师事务所、资产评估事务所和律师事务所等。

(二) 证券公司

证券公司是指专门从事与证券有关的各种业务的证券经营机构。证券公司一般可分为三种类型，即证券承销公司(承销商)、证券经纪公司(经纪商)和证券自营公司(自营商)。证券承销商是代理发行证券的证券经营机构，其任务是帮助证券发行人卖出证券，筹集到所需的资金；证券经纪商是接受投资者委托，代理买卖证券的证券经营机构；证券自营商是自行买

卖证券，独立承担风险，并从中寻求差价的证券经营机构。目前世界各国（包括我国）的证券经营机构已经将这三类业务合而为一。

根据《中华人民共和国证券法》(以下简称《证券法》)的规定，我国将证券公司分为综合类证券公司和经纪类证券公司。综合类证券公司是指从事证券经纪业务、证券自营业务、证券承销业务和经国务院证券监督管理机构核定的其他业务的证券公司。经纪类证券公司是指专门从事证券经纪业务的证券公司。本章阐述的证券公司会计以综合类证券公司的业务为例。

二、证券公司的主要业务及特点

(一) 主要业务

证券公司的主要业务是与证券的发行和交易相关的业务，主要包括证券的承销业务、证券的经纪业务和证券的自营业务。

(1) 证券承销也称证券的发行，指证券公司凭借自己在证券市场上的信誉和营业网点，代理证券发行人在规定的发行期内销售证券的证券业务，包括股票的承销业务、债券的承销业务和基金的承销业务。

(2) 证券经纪指证券公司以赚取佣金为目的，代理委托人买卖股票、债券和基金等证券的业务，也称为证券的代理交易业务或代理交易。

(3) 证券自营指证券公司以自己的名义和资金买卖股票、债券和基金等从而获取利润的证券业务。

除以上与证券相关的业务外，证券公司还提供代理还本付息、支付红利、经批准的有价证券的代保管及鉴证、接受委托办理证券的登记和过户等证券业务。除与证券相关的业务之外，证券公司一般还开展公司并购、资产管理、投资咨询、项目融资、公司理财和创业资本融集等经证券监管机构批准的其他业务。

证券公司主要业务如图 4-1 所示。

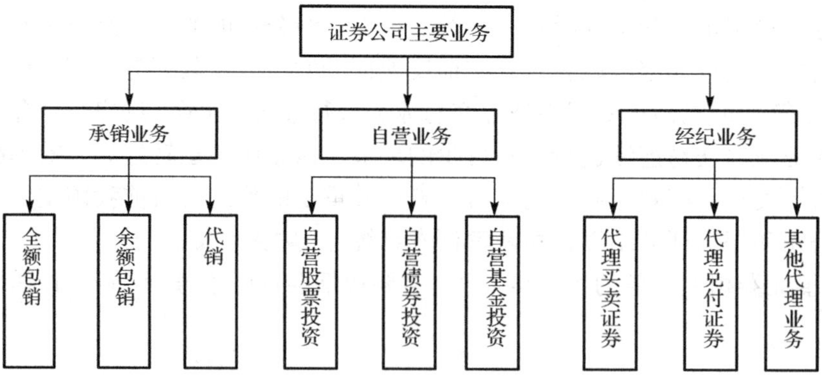

图 4-1　证券公司主要业务

证券公司的主要收入来源于各种代理及服务业务的手续费收入，当然自营证券取得的差价收入也是经营证券取得的主营业务收入之一。除此之外，证券公司的主营业务收入还可能来自于证券公司资金运用取得的收益。我国证券公司可以开展的资金运用业务主要包括资金拆借、证券抵押贷款和证券的回购业务，这几类资金运用业务的会计核算方法与保险公司同类业务的核算方法相同，本章不再赘述。

(二)业务特点

与其他行业相比，证券公司的业务主要有以下几个特点。

(1)经营的对象比较特殊。工商企业经营的对象一般是有形商品，其账面价值一般反映其实际成本。证券公司经营的对象主要是各种特殊的金融商品，即股票、债券、基金等有价证券，这类商品的流通性比较强，但价格波动也比较大，其账面价值往往不能反映其实际价值，其真正的价值应该是市价。

(2)经营的场所比较特殊。一般的商品交易都是在有形市场中由买卖双方自由进行的，而证券交易则必须是在国家法定的证券交易所内进行。这个市场不允许投资者随便进入，只有具备会员资格的人才能进入，其他的证券投资者只能通过会员代理进入。从证券市场本身的结构来看，目前它正从有形的市场(传统的证券交易所大厅)向无形的市场（现代的计算机网络系统)发展。

(3)经营的方式比较特殊。证券公司的证券交易业务主要是以代理经营为主，如代理发行证券、代理买卖证券、代理兑付债券等，当然也有部分业务是自行经营，但代理业务的比重比较大。例如，经纪类证券公司的业务则全部是代理业务。

(4)经营的方法比较特殊。证券公司经营的各种证券业务可以在证券交易所内进行，也可以通过与证券交易所联网的计算机终端系统在网上直接操作，还可以在场外(证券交易所以外)与当事人直接进行。前者称为场内交易，后两者称为场外交易。

(5)结算的方式比较特殊。证券公司买卖证券时所涉及的资金的结算方式与普通商品交易的结算方式不同。证券公司为顺利买卖证券必须交存证券交易所足够的结算资金(或称清算资金)，每次交割清算的款项也需通过证券交易所才能最后完成。证券交易所都通过自己的结算中心来处理证券交易过程中涉及的大量资金往来和结算业务。

三、证券公司会计核算的内容及特点

(一)证券公司会计核算的内容

证券公司会计核算的内容应该是证券公司经营资金的运动，它是由证券公司经营的主要业务决定的。前面已经阐述，证券公司日常的主要业务是证券的承销业务、经纪业务和自营业务。这几类主要业务决定了证券公司会计核算的主要对象为资产、负债、所有者权益、收入和费用等。这里以账户的格式将证券公司会计核算的主要内容列示如表 4-1 和表 4-2 所示。

(二)证券公司的会计核算特点

证券公司的会计核算特点是由其业务特点决定的，下面分别从证券公司的会计要素和财务报表两个方面加以阐述。

1. 会计要素方面

(1)资产方面：从资产方面看，证券公司除包含与其他行业相同的资产之外，还包含证券自营及代理业务中形成的自营证券、代承销证券、代兑付证券、交易席位费、清算备付金(也称清算交割准备金)等证券公司所特有的资产以及因开展资金拆借和回购证券业务所形成的拆出资金、买入返售证券等。在这些内容中，清算交割备付金的核算非常特殊。我们从后面将要阐述的内容中可以看到，证券公司的各种业务，包括承销业务、经纪业务和自营业务都离不开清算备付金的核算，为此，证券公司往往单独设置“清算备付金”科目， 专门用于核算它与证券交易所在自营和代理业务中发生的各种款项往来结算业务。

表 4-1　资产、负债、所有者权益类项目

资产类	负债类
1.证券资产：自营证券	1.应付证券款：代承销证券款
代承销证券	代兑付证券款
代兑付证券	代买卖证券款
代买卖证券	卖出回购证券款
买入返售证券	2.应付客户存款：委托买卖证券保证金存款
代客理财资产	委托买卖证券资金专户存款
代保管证券	3.其他负债：拆入资金
2.货币资金：清算备付金	质押借款
银行存款及库存现金	其他
3.其他资金占用：拆出资金	4.所有者权益类：
交易席位数	(1)实收资本
质押贷款	(2)留存收益
其他	(3)一般风险准备

表 4-2　损益类项目

费用类	收入类
1.代理业务发生的支出	1.代理业务手续费和佣金收入
2.自营证券发生的支出	2.自营证券投资收益
3.利息支出	3.利息收入
4.业务及管理费	4.其他收入

（2）负债方面：从负债方面看，证券公司除包括与其他行业相同的负债之外，还包括因证券公司的代理业务引起的代买卖证券款、代承销证券款、代兑付证券款等证券公司特有的负债以及因拆借和回购证券业务而形成的质押借款、拆入资金和卖出回购证券款等。

（3）所有者权益方面：与其他行业相比，证券公司所有者权益的不同之处主要在于，其留存收益中除提留正常的盈余公积金外，为预防证券经营的特殊风险，还提留一般风险准备金。一般风险准备金通常按照税后利润的 10%提取，达到注册资本的 50%时，可不再提取。

（4）利润表要素方面：证券公司的业务特点决定了其收入主要来自于自营证券业务和各种代理业务，其中前者通过“投资收益”科目核算，后者通过“手续费及佣金收入”及“手续费及佣金支出”科目核算。另外，与保险公司类似，证券公司通常不单独设置“管理费用”“经营费用”科目，而以“业务及管理费用”科目核算证券公司在证券的经营和管理中发生的各项经营费用。

2．*财务报表方面*

证券公司的财务报表与一般工商业的一样，也由资产负债表、利润表、现金流量表以及所有者权益变动表构成。从体例结构方面看，证券公司的四张报表与一般工商业的报表类似，但由于证券公司业务的特殊性，2006 年我国《企业会计准则——应用指南》单独规定了证券公司的资产负债表、利润表、现金流量表以及所有者权益变动表的格式，分别如表 4-3、表 4-4 和表 4-5 所示。证券公司的所有者权益变动表与保险公司的所有者权益变动表完全一样，可参见表 3-4，这里不再列示。表 3-4 也适合银行业以及其他金融机构，该表与一般企业所有者权益变动表略有区别，具有金融机构的共性特征，如在“利润分配”项目下，有“提取一般风险准备”项目；在“所有者权益内部结转”项目下，有“一般风险准备弥补亏损”项目。

表 4-3　资产负债表

会证 01 表

编制单位：　　　　年　月　日　　　　单位：元

资产	期末余额	年初余额	负债和所有者权益（或股东权益）	期末余额	年初余额
资产：			负债：		
货币资金			短期借款		
其中：客户资金存款			其中：质押借款		
结算备付金			拆入资金		
其中：客户备付金			交易性金融负债		
拆出资金			衍生性金融负债		
交易性金融资产			卖出回购金融资产款		
衍生性金融资产			代理买卖金融资产款		
买入返售金融资产			代理买卖证券款		
应收利息			代理承销证券款		
存出保证金			应付职工薪酬		
可供出售金融资产			应交税费		
持有至到期投资			应付利息		
长期股权投资			预计负债		
投资性房地产			长期借款		
固定资产			应付债券		
无形资产			递延所得税负债		
其中：交易席位费			其他负债		
递延所得税资产			所有者权益（或股东权益）：		
其他资产			实收资本（或股本）		
			资本公积		
			减：库存股		
			盈余公积		
			一般风险准备		
			未分配利润		
			所有者权益（或股东权益）合计		
资产合计			负债和所有者权益（或股东权益）合计		

表 4-4　利润表

会证 02 表

编制单位：　　　　年度　　　　单位：元

项　目	本期金额	上期金额
一、营业收入		
手续费及佣金净收入		
其中：代理买卖证券业务净收入		
证券承销业务净收入		

续表

项　　目	本期金额	上期金额
受托客户资产管理业务净收入		
利息净收入		
投资收益(损失以“-”号填列)		
其中：对联营企业和合营企业的投资收益		
公允价值变动收益(损失以“-”号填列)		
汇兑收益(损失以“-”号填列)		
其他业务收入		
二、营业支出		
税金及附加		
业务及管理费用		
资产减值损失		
其他业务成本		
三、营业利润(亏损以“-”号填列)		
加：营业外收入		
减：营业外支出		
四、利润总额(亏损总额以“-”号填列)		
减：所得税费用		
五、净利润(净亏损以“-”号填列)		
六、每股收益		
(一)基本每股收益		
(二)稀释每股收益		

表 4-5　现金流量表

会证 03 表

编制单位：　　　　　　　　　　　　年度　　　　　　　　　　　　单位：元

项　　目	本期金额	上期金额
一、经营活动产生的现金流量：		
处置交易性金融资产净增加额		
收取利息、手续费及佣金的现金		
拆入资金净增加额		
回购业务资金净增加额		
收到其他与经营活动有关的现金		
经营活动现金流入小计		
支付利息、手续费及佣金的现金		
支付给职工以及为职工支付的现金		
支付的各项税费		
支付其他与经营活动有关的现金		
经营活动现金流出小计		
经营活动产生的现金流量净额		
二、投资活动产生的现金流量：		
收回投资收到的现金		
取得投资收益收到的现金		
收到其他与投资活动有关的现金		
投资活动现金流入小计		
投资支付的现金		

续表

项　目	本期金额	上期金额
购建固定资产、无形资产和其他长期资产支付的现金		
支付其他与投资活动有关的现金		
投资活动现金流出小计		
投资活动产生的现金流量净额		
三、筹资活动产生的现金流量：		
吸收投资收到的现金		
发行债券收到的现金		
收到其他与筹资活动有关的现金		
筹资活动现金流入小计		
偿还债务支付的现金		
分配股利、利润或偿付利息支付的现金		
支付其他与筹资活动有关的现金		
筹资活动现金流出小计		
筹资活动产生的现金流量净额		
四、汇率变动对现金及现金等价物的影响		
五、现金及现金等价物净增加额		
加：期初现金及现金等价物余额		
六、期末现金及现金等价物余额		

2009 年，财政部在《企业会计准则》解释第 3 号第七条指出，企业应当在利润表“每股收益”项下增列“其他综合收益”项目和“综合收益总额”项目。“其他综合收益”项目，反映企业根据企业会计准则规定未在损益中确认的各项利得和损失扣除所得税影响的净额。“综合收益总额”项目，反映企业净利润与其他综合收益的合计金额。“其他综合收益”和“综合收益总额”项目的序号在原有基础上顺延。此规定 2009 年已在上市公司开始执行。根据 2006 年发布的《企业会计准则》以及 2009 年《企业会计准则》解释第 3 号的规定，上市证券公司利润表如表 4-6 所示。

表 4-6　利润表

会证 02 表

编制单位：　　　　年度　　　　单位：元

项　目	本期金额	上期金额
一、营业收入		
手续费及佣金净收入		
其中：代理买卖证券业务净收入		
证券承销业务净收入		
受托客户资产管理业务净收入		
利息净收入		
投资收益（损失以“–”号填列）		
其中：对联营企业和合营企业的投资收益		
公允价值变动收益（损失以“–”号填列）		
汇兑收益（损失以“–”号填列）		
其他业务收入		
二、营业支出		
税金及附加		

续表

项　　目	本期金额	上期金额
业务及管理费用		
资产减值损失		
其他业务成本		
三、营业利润(亏损以"–"号填列)		
加：营业外收入		
减：营业外支出		
四、利润总额(亏损总额以"–"号填列)		
减：所得税费用		
五、净利润(净亏损以"–"号填列)		
六、每股收益		
(一)基本每股收益		
(二)稀释每股收益		
七、其他综合收益		
八、综合收益总额		

第二节　证券发行与承销

一、概述

(一)证券发行与承销的含义

在现实经济生活中，不同类型经济单位的货币收支不可能都完全相等，不论是企业、个人，还是政府部门，常会发生资金闲置或资金短缺的情况。证券发行就是指政府、金融机构、工商企业等资金的短缺者以募集资金为目的向资金盈余者出售代表一定权利的有价证券(主要包括股票和债券)的行为。在证券发行市场上，证券发行人一般是指拥有证券发行资格的资金需求者，证券购买人一般是一些拥有闲散资金的投资者。证券发行业务有以下几个特点：第一，证券发行是企业、单位直接融资的一种形式，它的特点是可以迅速将社会的闲散资金化为生产建设资金，从而促进国民经济的发展。第二，证券发行在实质上是投资者出让资金使用权，同时取得权益性资本投资的过程。第三，证券发行必须按照法律规定的条件和程序进行。

证券发行人在发行证券时，既可以直接面向投资人发行，也可以通过证券市场来发行。当发行人通过证券市场筹集资金时，必须聘请证券经营机构来帮助销售证券。证券经营机构借助自己的信誉及发达的销售网点，在规定的时间内将证券销售出去，这个过程就是证券的承销。

可见，证券的发行与承销是密不可分的两项证券业务。一般情况下，证券公司往往拥有专职的承销人员，他们拥有丰富的市场承销经验，多年的经营使得证券公司可能拥有良好的信誉和广阔的市场，这一切使得证券公司在销售证券方面相对于发行人来说有着绝对的优势，因而证券公司承销证券比发行人自己发行证券更容易成功，所以，目前我国的证券发行多数是以委托证券公司承销的方式进行的。

(二)证券发行与承销的条件及程序

一般来说，证券发行涉及三方面主体：资金需求者——发行商；资金供给者——投资人；中介的承销商——证券公司。证券发行的质量及成败将直接关系到这三方面的利益，尤其是投资者的利益。所以，我国的证券监管机构对证券发行人及证券承销人的资格以及证券发行与承销必须具备的条件、必须遵守的程序都作了严格的规定，以确保广大投资者的利益。

1. 证券发行及承销的条件

我国有关的法律法规对证券的发行和承销业务都规定了严格的限定条件，不是所有的公司都有资格发行证券，也不是所有的公司都有资格承销证券。

(1)证券发行的条件。

《中华人民共和国公司法》(以下简称《公司法》)、《股票发行与交易管理暂行条例》《企业债券管理条例》等法律法规对发行股票和债券的条件及发行人的资格分别作了详细的规定，具体内容可以参见相关的法律法规。对于股票发行，国家分别就初次发行、增发新股和配股等股票发行业务应该具备的条件分别作了规定；对于债券，国家分别就金融债券、企业债券、公司债券和可转换债券等债券发行业务应该具备的条件等分别作了规定。

(2)证券承销的条件。

我国有关法律法规对证券公司承销股票或者债券应该具备的条件或拥有的资格进行了详细规定。其中最重要的一点是，要求承销证券的公司必须获得证券承销的资格。这一资格是由中国证监会审核批准的，对于通过审核的证券公司，由中国证监会颁发《经营股票承销业务资格证书》。该资格证书的有效期为 12 个月，为维持承销资格，证券公司应在资格证书失效前 3 个月按规定重新接受中国证监会的审查，并换发资格证书。证券公司不论承销股票还是债券都必须拥有该资格证书。

2. 证券发行及承销的程序

(1)证券发行的程序。

一般情况下，证券的发行主要遵照下面的程序进行。

① 证券发行报批前的准备工作。其包括资信审查与评估，拟发行证券所必须准备的文件，了解报批手续、发行成本、证券市场的行情、证券的印刷及证券相关税率等一系列情况，起草发行证券所需要的各项文件等。

② 报批发行的证券。其主要包括提出申请、企业主管部门审查、基层银行初审、上级银行复审、人民银行终审等程序。

③ 批准后的证券印刷。证券的票面格式必须经过中国人民银行批准后方可印刷，无纸化托管证券无须印刷。

④ 签订发行协议。发行协议是指发行方与受托的证券公司按照《经济合同法》及《证券法》的规定，就发行金额、双方职责、发行方式、发行日期、发行费用、发行分工、证券交接、款项划转、还本付息、违约责任及有效期限等签订的具有法律效力的合同或协议。

(2)证券承销的程序。

证券承销的一般程序如下。

① 尽职调查。发行人通过证券公司发行的证券，如果出现虚假陈述、重大遗漏等欺诈投资人的行为，除发行人以外，包括承销商在内的所有中介机构都必须承担法律责任。因此，

我国证券公司在代理发行各种证券之前，必须对发行人尽职地进行调查，以确保发行证券的真实性、完整性和准确性。

② 签订承销协议。承销协议包括承销协议和承销团协议。承销协议是发行人与承销人就债券发行与承销事宜签订的具有法律效力的协议。当发行证券的票面总价值超过 5 000 万元时，我国规定必须由承销团来承销，因此，承销团中的主承销商应当与其他承销成员之间就承销团承销的各项事宜达成具有法律意义上的协议，该协议就是承销团协议。

③ 发售证券。在规定的期限内，主承销商及其他承销成员通过开展广泛的宣传活动，尽力向金融机构、企事业单位或个人销售证券。

④ 划转款项。规定的销售期间结束后，承销商应按协议规定将款项划转到发行企业的账户上。

（三）证券发行及承销的方式

1. 证券发行的方式

政府、金融机构、工商企业或公司发行的证券按照证券种类的不同分为股票发行、债券发行和基金发行；按照投资人的不同，证券发行分为私募发行和公募发行。私募发行的证券又称不公开发行或内部发行，是面向特定的投资人发行的证券，这种发行方式通常发行费用较低，发行手续比较简单，但流通性较差，因此投资者有限，发行金额一般不可能很大。公募发行又称公开发行，是面对社会上所有合法投资者广泛发行的。这种发行方式通常发行过程较复杂，发行费用较高，但流通性较强，发行金额一般也较大。

上述不同种类的证券通常可以采用以下两种方式发行。

(1) 自营发行。

自营发行，又称直接发行，是指发行人不通过任何中介机构，自己销售自己的证券。目前银行发行的各类金融债券、企业内部集资发行的股票和债券及其他私募发行的证券大都采用自营发行的方式。这种方式的优点在于费用较低、手续比较简单，但适用范围较小，除金融证券以外，一般不适合于对社会公开发行的证券。

(2) 委托发行。

委托发行，又称间接发行，是指发行人通过证券公司或其他金融机构代理发行其证券，证券中介机构拥有众多的专业人员和发达的销售网络，了解市场状况和发行技巧，所以委托发行证券虽然费用较高，但发行风险较小。一般情况下，公募发行的证券都采用委托发行的方式进行。

2. 证券承销的方式

不论是股票还是债券都有两种承销方式：代销和包销。包销按照具体操作方式的不同又可分为全额包销和余额包销。

(1) 代销。

代销是指承销商并不保证证券的全部发行，而只是利用自己的经验、网点和专业力量尽力推销，在承销期届满后将所筹集的资金和剩余证券交还给发行人。这种承销方式下承销商和发行人之间纯粹是一种代理关系，证券发行的风险全部由发行人自行承担，承销机构不承担任何风险，因此承销商取得的手续费或佣金比较低。代销发行一般适合于信誉好、知名度高的大中型企业，它们的证券不但容易被社会公众所接受，而且发行成本又低。

(2)全额包销。

全额包销是指发行人与承销人签订证券承销合同,由承销人按照一定价格买下全部证券,然后按稍高的价格向社会公众出售,并按合同规定时间将价款一次性付给发行人。在全额包销过程中,证券发行人和承销人之间已经不是一种代理关系,而是一种买卖关系,即承销机构将证券低价买进,然后高价卖出,从而赚取中间差价。对于发行人来说,采用全额包销的方式既能保证如期得到所需的资金,又无须承担发行过程中价格变动的风险, 因此,全额包销是西方成熟证券市场中最为常见、使用最广的承销方式。全额包销的发行风险全部由证券公司承担,因此,手续费率较高。

(3)余额包销。

余额包销是指发行人委托证券机构在约定的期限内发行证券,到销售截止日,未售出的余额由承销商按约定的价格认购。其实质是代销和全额包销的结合,即先代销发行,后全额包销。目前我国公开发行的股票普遍采用余额包销的方式。余额包销的发行风险也是由证券商承担,因此,发行费用也比较高。

我国《公司法》规定,股份有限公司向社会发行新股,应当由依法设立的证券公司承销,签订承销协议,在承销协议中应当载明承销的方式是代销还是包销。承销期满后,尚未出售的股票应当按照承销协议的规定来处理。

(四)证券销售的方法

证券销售的方法是指证券商承销的各种证券通过何种方法销售给广大投资人,是证券向投资者发售的具体办法。我们以股票和国债为例来说明证券发售的具体方法。

1. 股票的销售方法

(1)网上定价、竞价发售方式。

网上定价或竞价发售方式是指主承销商作为唯一的"卖方",通过证券交易所的网上交易系统,由投资者在公布的期间内申购股票的发售方式。

采用网上定价发售时,投资者需要预先将认股款全额交存到与证券交易所联网的证券公司指定的账户中,交易所将在申购期间 3 个工作日内冻结投资者的资金,申购后第 3 天由主承销商摇号抽签,并于当日公布中签结果,证券交易所根据中签结果进行清算交割和股东登记。申购后第 4 个工作日,证券交易所将中签款项划入主承销商指定账户,对未中签的申购款予以解冻,在次日主承销商将款项划入发行公司账户。

采用网上竞价发售时,在公布的发售期间内,由投资者以不低于销售底价的价格竞价购买,然后由交易系统主机按照认购总额等于拟发行总额的原则自动生成发售价格(认购总额低于拟发行总额时,按底价发售),高于该价格以上的申购为有效申购。

(2)法人配售发行方式。

这种方式是指经中国证监会批准后,将发行股票的一部分(一般在发行总额的 25%～75%之间)通过召开配售法人问答会等方式,将股票直接发售或通过抽签、比例等方式配售给法人的股票发售方式。法人配售方式可以与网上对一般投资者的发售方式同时进行,这种情况下两者的发行价格应该相同。

(3)全额预交、比例配售的方式。

全额预交、比例配售的方式是指投资者在规定的申购时间内(一般为 3 个连续工作日),

将全额申购款交存主承销商指定的银行账户中，申购后资金全部冻结，由主承销商根据股票发行量和申购总量的比例进行股票配售的发行方式。认购后多余的款项按规定退还认购者或转为认购者的专项存款。

对于证券发售的基本方法，发行公司有权选择。股本在4亿元以下的公司，一般采用网上发售或全额预缴、比例配售等方式；股本在4亿元以上的公司，可以采用网上发售和法人配售相结合的方式。

2. 国债的销售方法

(1)场内挂牌分销。

场内挂牌分销是指主承销商在分得包销的国债以后，在证券市场挂牌分销国债的一种方式。投资者买入国债时，可以免交佣金，证券交易所也不向代理机构收取国债的经手费用。场内分销的记账式国债在买卖成交后，客户认购的国债自动过户至客户的账户内，认购款由证券交易所锁定后划转到承销商在证券交易所的清算账户上，从而完成国债的认购手续。场内分销的无记名国债在分销后一般托管在证券交易所的库房内。

(2)场外分销。

场外分销是指主承销商在分得包销的国债以后，在证券交易所之外或券商的柜台进行分销的一种方式。场外分销的记账式国债应于到期日，由证券交易所按照承销商指定的数量过户至分销商或客户的账户内，完成债券的认购手续。场外分销的无记名国债一般以发售实物券的方式在柜台销售或提供给分销商，从而完成国债的发行。

(3)银行销售。

凭证式国债一般通过银行进行销售,各地财政部门和各国债一级自营商也可以参与发售,发售采取向购买人开具凭证式国债收款凭证的方式进行。

二、全额包销业务的核算

关于证券承销业务的核算，2006年《企业会计准则》和1999年《证券公司会计制度》的规定差别较大。1999年《证券公司会计制度》规定，企业应设置“代发行证券”“证券发行”“代转发行费用”“清算备付金”“代保管证券”等账户，而2006年《企业会计准则》要求直接通过“交易性金融资产”“可供出售金融资产”“投资收益”“公允价值变动损益”等账户核算，无须设置证券发行之类的账户。本书将根据2006年《企业会计准则》的规定来说明全额包销的会计核算方法。

证券公司的承销业务可以通过柜台销售，也可以在证券交易所通过网上销售，两种销售方式的主要差别在于对发行费用的处理不同。通过柜台销售时，发行费用可以直接通过“投资收益”账户核算；通过网上销售时，由于证券公司使用证券交易所的交易系统，所以需向证券交易所支付网上发行费用，因此，发行费用一般由证券交易所在发行结束后与证券公司交割清算时，直接从发行收入中扣除。

全额包销业务实质上是一种买卖证券的业务，即证券公司先以较低的价格买入代发行的证券，然后再以略高的价格卖出，从而赚取中间的差价。根据现行企业会计准则的规定，全额包销会计核算的一般程序是：当证券公司以承购的价格买入证券时，应借记 “交易性金融资产”“可供出售金融资产”等科目，贷记“银行存款”或“清算备付金——公司”科目；支付各项发行费用时，借记“投资收益”科目，贷记“银行存款” 科目；当证券售出时，应按实际收到的发行收入(如通过网上销售，需要减去上网费用)，借记“银行存款”“清算备付金——公司”等科目，按已售证券的账面价值，贷记 “交易性金融资产”“可供出售金融资产”等科目，按差额贷记“投资收益”科目。

“交易性金融资产”是资产类科目，用于核算企业为交易目的所持有的股票投资、债券投资和基金投资等交易性金融资产的公允价值。证券公司以全额包销方式购入的证券如果在取得时被分类为交易性金融资产，则通过该账户进行核算。购入交易性金融资产中发生的交易费用一般应计入投资收益。

“可供出售金融资产”是资产类科目，用于核算企业购入被分类为交易性金融资产、持有至到期投资和长期股权投资以外的股票投资、债券投资和基金投资。证券公司以全额包销方式购入的证券如果在取得时被分类为可供出售的金融资产，则通过该账户进行核算。购入可供出售金融资产中发生的交易费用一般应计入可供出售金融资产的成本。

全额包销的会计核算中涉及的另一个重要的会计科目是“清算备付金”科目。该科目是资产类科目，用于核算证券公司为证券交易的资金清算与交收而存入证券交易所指定清算机构的款项。该科目有“公司”与“客户”两个明细科目，前者用于核算公司因自营业务等存入指定清算机构的款项;后者用于核算因代理客户买卖证券等业务存入指定清算中心的款项。证券公司在承销证券过程中，若通过证券公司的网上系统进行分销，则必须按规定预先在证券交易所指定的清算机构开立专门的清算账户，用于存储投资人认购证券的款项，这类款项一般也可以通过“清算备付金——公司”账户进行核算。

【例 4-1】 甲证券公司与乙公司签约，以全额包销的方式代理承销 200 万股的股票，承购价 3 元/股，发行价 3.5 元/股。甲公司通过柜台发行，并在代理这批股票时将其分类为交易性金融资产。发行业务结束后，共销售 190 万股，支付交易费用 4 万元。对于未售出的股票，甲公司将其作为自营证券，仍作为交易性金融资产处理。甲公司的有关会计分录如下。

(1)承购乙公司股票时:

借: 交易性金融资产——成本	6 000 000	
贷: 银行存款		6 000 000

(2)支付发行费用时:

借: 投资收益	40 000	
贷: 银行存款		40 000

(3)发行结束确认收入时:

借: 银行存款	6 650 000	
贷: 交易性金融资产——成本		5 700 000
投资收益		950 000

一般情况下，交易性金融资产应设置“成本”“公允价值变动”等明细科目，以反映交易性金融资产的成本及其价值变动；也可以按照金融资产的种类设置二级明细科目，再设置“成本”“公允价值变动”等三级明细科目。在会计实务中，公司可以根据其具体持有的交易性金融资产情况，自行设置二级明细科目或三级明细科目。

【例 4-2】 承【例 4-1】假设甲公司通过网上定价方式获得全额包销的证券，然后又通过网上系统发售，发行结束后，支付网上发行费用 30 000 元。有关会计分录如下。

(1) 承购证券时:

借：交易性金融资产　6 000 000

　　贷：清算备付金——公司　6 000 000

(2) 网上发行结束，收到清算款 6 620 000 元(1 900 000×3.5–30 000)时:

借：清算备付金——公司　6 620 000

　　贷：交易性金融资产　5 700 000

　　　　投资收益　920 000

一般情况下，在发行期结束之前，代理发行的证券不能够上市交易，所以，在发行期内，代理发行的证券不存在价值变动。在发行期结束后，企业作为自营证券留存的部分，应根据这批证券上市交易后的公允价值，正常核算其持有期间的价值变动，其中，交易性金融资产的价值变动记入“公允价值变动损益”账户；可供出售金融资产的价值变动记入“资本公积”账户，并在其销售时结转至“投资收益”账户。

【例 4-3】 2012 年 12 月 31 日，甲证券公司以网上定价方式全额包销乙公司股票 10 000 万股，承购价 4 元/股，发行价 5 元/股。甲公司在接受这批股票时将其划分为交易性金融资产。甲公司在承销期内共销售了 9 300 万股乙公司股票，假设支付网上发行费用 90 万元。剩余 700 万股转为自营证券，甲公司将其重新分类为可供出售金融资产。2013 年 6 月 30 日，发行期结束，乙公司股票的公允价值为 6 元/股。2013 年年末，甲公司将剩余的 700 万股股票以 7 元/股的价格全部销售。有关会计分录如下。

(1) 2012 年 12 月 31 日承购乙公司股票时:

借：交易性金融资产——股票(成本)　400 000 000

　　贷：清算备付金——公司　400 000 000

(2) 承销期内销售 9 300 万股乙公司股票时:

借：清算备付金——公司　464 100 000

　　贷：交易性金融资产——股票(成本)　372 000 000

　　　　投资收益　92 000 000

(3) 承销期结束，将剩余 700 万股转为自营证券时:

借：可供出售金融资产——股票(成本)　28 000 000

　　贷：交易性金融资产——股票(成本)　28 000 000

(4) 2013 年 6 月 30 日，确认自营股票公允价值变动时:

借：可供出售金融资产——股票(公允价值变动)　14 000 000

　　贷：资本公积——其他资本公积　14 000 000

(5) 2013 年年末销售 700 万股股票时:

借：清算备付金——公司　49 000 000

　　贷：可供出售金融资产——股票(成本)　28 000 000

　　　　　　　　　　　　——股票(公允价值变动)　14 000 000

　　　　投资收益　7 000 000

借：资本公积——其他资本公积　14 000 000

　　贷：投资收益　14 000 000

三、余额包销业务的核算

2006 年企业会计准则对余额包销业务核算的规定与 1999 年《证券公司会计制度》的规定基本相同。对于余额包销的核算，两者都要求通过“代理承销证券款”和“手续费及佣金收入”等账户核算。对于承销的证券先在备查账户中登记，并于收到承销款时确认为“代理承销证券款”，然后与委托方进行结算。对于证券承销业务中取得的代理收入可以通过“手续费及佣金收入”账户核算。

“代理承销证券款”是负债类科目，用于核算证券公司接受委托采用余额包销或代销的方式代理发行证券时所收到的应付委托人的承销资金。该科目贷方登记收到的应付代承销证券款，借方登记交还委托方的承销证券款及结转至“手续费及佣金收入”账户的金额。该账户余额一般在贷方，反映尚未支付委托代销方的代承销证券款。“代理承销证券款”账户应按委托单位和发行证券的种类设置明细账。

“手续费及佣金收入”是证券公司设置的一个主要收益账户，用于核算办理结算业务、咨询业务、担保业务、代保管业务以及其他各项代理业务的收入，如结算手续费收入、佣金收入、基金托管收入、咨询服务收入、担保收入、代保管收入、代理买卖证券收入、代理承销证券收入、代理兑付证券收入、代理保管证券收入等。该科目应该按照手续费及佣金的类别进行明细分类核算。企业实现的手续费及佣金收入，按应收的金额，借记“应收手续费及佣金”“代理承销证券款”等科目，贷记“手续费及佣金收入”科目；实际收到手续费及佣金时，借记“清算备付金”等科目，贷记“应收手续费及佣金”等科目。

余额包销的会计核算程序与全额包销的会计核算程序不完全相同。余额包销的特点是先代理销售，后包销余额。对于余额包销，在证券公司接受委托人代理发行的证券时，无须即刻支付价款，而是先视为纯代理，并由证券公司尽力对外销售，待合同规定的发行期结束后，证券公司再将剩余的股票作购进处理，并与委托方结算。其会计核算的一般程序是：

(1) 发行证券时，柜台销售应于收到委托单位发行的证券之日、网上销售应于上网发行之日，按约定的发行价格，在备查簿中登记承销证券的情况。

(2) 发行结束时，柜台销售应按实际发行的金额，借记“银行存款”科目，贷记“代理承销证券款”科目；网上销售应按实际发行的金额减去上网费用，借记“清算备付金——客户”科目，按代委托单位垫付的上网费用，借记“应收账款——应收代垫上网费”科目，按实际发行的金额，贷记“代理承销证券款”科目。

(3) 对于发行结束后剩余的证券，无论是柜台销售还是网上销售，都应按发行价格转为证券公司的自营证券，并根据证券公司对自营证券持有的目的，借记“交易性金融资产”“可供出售金融资产”等科目，贷记“代理承销证券款”科目。

(4) 与委托单位清算证券款时，按应收取的手续费，借记“代理承销证券款”科目，贷记“手续费及佣金收入”科目；按实际支付委托单位的款项，借记“代理承销证券款”科目，贷记“银行存款”等科目，同时转销“应收账款—应收代垫上网费”科目的金额。

【例 4-4】 甲公司接受乙公司委托，代其以余额包销的方式通过网上发行记名股票 1 000 万股，约定的发行价格为 2 元/股，手续费率为发行额的 0.4%。在规定的发行期结束时，有 10 万股股票尚未出售，甲公司转为自营证券，并将其分类为交易性金融资产。发行期内甲公司代乙公司垫付的上网费为 3 万元。双方结算时，甲公司扣除手续费和代垫的上网费后，余款以银行存款支付给乙公司。有关会计分录如下。

(1) 上网发行日，甲公司在备查簿中登记代理承销股票，无须编制会计分录。

(2) 网上发行结束，收到交易所发行股票款 1 977 (990×2−3) 万元时：

借：清算备付金——客户	19 770 000	
应收账款——应收代垫上网费（乙公司）	30 000	
贷：代理承销证券款——乙公司（股票）		19 800 000

(3) 发行款划回银行存款账户时：

借：银行存款	19 770 000	
贷：清算备付金——客户		19 770 000

(4) 剩余 10 万股股票转为自营证券时：

借：交易性金融资产——股票（乙公司）	20 000	
贷：代理承销证券款——乙公司		20 000

(5) 与乙公司清算股票款时：

借：代理承销证券款——乙公司（股票）	20 000 000	
贷：应收账款——应收代垫上网费（乙公司）		30 000
手续费及佣金收入		80 000
银行存款		19 890 000

在余额包销业务中，证券公司收取的手续费或佣金应按承销的全部证券或股票的发行价计算。在本例中，甲公司余额包销的 1 000 万股股票虽然在规定的承销期内销售了 990 万股，但剩余 10 万股由该证券公司作为自营证券购进，因此，甲公司代理该业务的手续费及佣金收入应该按 2 000 万元 (1 000×2) 的 0.4%即 8 万元计算。

四、代销业务的核算

代销证券业务与余额包销业务的会计核算方法大同小异，所不同的是对于合同承销期内尚未销售的代理承销证券的处理。在代销的情况下，剩余证券最终应退还给委托发行方，而不是由证券公司认购。下面举例说明代销业务的会计核算方法。

【例 4-5】 甲公司接受乙公司委托，采用代销的方式在网上代其发行 500 万股记名股票，发行价格为 3 元/股，手续费率为 0.3%。发行期结束后，有 10 万股尚未发售，按规定退还给乙公司，为乙公司代垫的上网费为 25 000 元。双方结算时，甲公司扣除代垫的上网费和手续费后，其余款项以银行存款支付给乙公司。有关会计分录如下。

(1) 上网发行日，甲公司在备查簿中登记代理承销股票，无须编制会计分录。

(2) 发行期结束，与证券交易所结算时：

借：清算备付金——客户	14 675 000	
应收账款——应收代垫上网费	25 000	
贷：代理承销证券款——乙公司		14 700 000

(3) 发售证券款划回银行存款账户时：

借：银行存款	14 675 000	
贷：清算备付金——客户		14 675 000

(4) 与乙公司结算股票价款时：

借：代理承销证券款——乙公司　　14 700 000
　　贷：应收账款——应收代垫上网费　　25 000
　　　　手续费及佣金收入　　44 100
　　　　银行存款　　14 630 900

(5)将剩余股票退还乙公司，无须编制会计分录。

代销业务是一种纯粹意义上的代理销售证券业务，对于发行期结束后尚未发售出去的证券，证券公司应如数退还给委托人，并按已售证券金额的百分比收取手续费。在本例中，甲公司接受代理发行的证券为 1 500 万元(500×3)，发行期结束时实际对外发售了 490 万股，价值 1 470 万元(490×3)，因此，证券公司收取了 4.41 万元(1 470×0.3%)的手续费。

第三节　证券自营业务的核算

一、证券自营业务概述

1. 自营证券的概念

证券自营业务，简单地讲，就是证券经营机构以自己的名义和资金买卖股票、债券和基金等各种有价证券的证券业务。与其他买卖证券业务一样，证券自营业务会给证券公司带来一定的利润，同时，证券公司也需承担一定的证券投资风险。证券经营机构的证券自营业务按业务场所一般分为两类：场外自营买卖和场内自营买卖。场外，指柜台。场外自营买卖，又称柜台交易，指证券经营机构通过柜台交易等方式直接洽谈成交的证券交易，但这种交易不通过与证券交易所联网的席位进行，因此，也称网下交易。场内，指证券交易所。场内自营买卖，是指证券经营机构在证券交易所等集中交易的场所进行的证券交易，这种交易一般通过证券商在证券交易所的席位进行，因此，也称网上交易。在我国，证券自营业务多数表现为场内自营买卖业务，即网上交易。

证券经营机构从事证券自营业务，必须取得中国证监会认定的自营业务资格，经中国证监会的资格审定后，领取中国证监会颁发的《经营证券自营资格证书》。证券公司在开展自营业务中，必须遵守中国证监会在《证券经营机构自营业务的管理办法》中的有关规定，必须将证券的自营业务和证券的经纪业务分开操作，不得有违反证券法规的内幕交易、操纵市场、欺诈客户等行为。

2. 自营证券的特点

首先，自营证券，从本质上讲，就是证券公司的一种投资业务。我们知道，任何企业因为利益驱动都会进行投资，包括长期投资和短期投资。短期投资的目的是单纯为赚取资金收益，企业可以通过购买变现能力较强的证券这一方式进行，但通常情况下，这些企业买卖证券的行为不会直接在场内(交易所)进行，而是在证券公司进行，或者说通过证券公司在场内进行，而证券公司的自营业务却是直接在场内进行的，这是证券公司自营证券投资区别于一般行业证券投资的特点之一。

其次，因为证券公司是专门从事证券经营业务的公司，因此，其自营的证券不论是场内交易还是场外交易，流动性都比较强，可以随时变现。证券公司从事自营证券的目的与其他企业投资的目的一样，都是为了赚取差价收入，以提高资金的利用率和收益率，而证券公司本身从事的这种特殊业务为其有效地提供了这种机会，使得证券公司既可以投机，又可以保证其资金的流动性，正因为如此，自营证券在证券公司往往被列为交易性金融资产。

再次，由于自营证券是在场内交易，因此其买进、卖出的证券数量较大，速度较快。由于不存在佣金，所以，证券公司自营业务的交易成本较低。

最后，应该指出的一点是，证券商是证券市场的主体之一，其金额巨大的自营业务往往会给证券市场的稳定性带来一定的影响，因此，我国证券公司开展的自营业务必须依据证券主管机关的有关规定办理。证券主管机关根据市场的实际情况，为保证证券市场的稳定性，可以限制参与自营业务证券商的数量以及证券商自营买卖证券的数量，若证券商不按规定开展自营业务，证券主管机关有权作出必要的处罚，甚至可以撤销其营业许可证。

3. 自营证券的核算内容

证券公司自营证券的会计核算方法与一般企业的投资核算方法基本相同，一般应按用证券投资的种类进行。自营证券的种类主要包括股票投资、债券投资和基金投资三种。相应地，自营证券的会计核算内容应包括自营股票业务的核算、自营债券业务的核算和自营基金业务的核算。不论是自营股票业务、自营债券业务还是自营基金业务，都包括证券买入业务、证券卖出业务以及期末计价等。另外，证券公司新股认购和自营证券的配股派息业务也属于证券的自营业务。

二、自营证券买入业务的核算

自营证券的买入业务指证券公司以自有资金购入股票、债券和基金的业务。为核算买入的自营证券，证券公司应该设置“交易性金融资产”“可供出售金融资产”“持有至到期投资”和“清算备付金——公司”等科目。

“交易性金融资产”是资产类科目，用于核算企业购入的各种短期投资性质或随时准备交易的股票、债券和基金的实际成本。该科目借方登记买入交易性自营证券的实际成本，贷方登记结转已售交易性自营证券的实际成本。期末余额一般在借方，反映交易性自营证券的实际成本。

“可供出售金融资产”是资产类科目，用于核算企业购入的非交易性股票、债券和基金投资以及不准备持有至到期证券的实际成本。该科目借方登记买入可供出售自营证券的实际成本，贷方登记结转已售可供出售自营证券的实际成本。期末余额一般在借方，反映可供出售自营证券的实际成本。

“持有至到期投资”是资产类科目，用于核算证券公司以自有资金买入的准备持有至到期自营证券的实际成本。该科目借方登记买入持有至到期自营证券的实际成本，贷方登记结转已售持有至到期自营证券的实际成本。期末余额一般在借方，反映持有至到期自营证券投资的实际成本。

“清算备付金——公司”是资产类科目，专门用于核算证券公司为进行自营证券交易等业务的资金清算和交收而存入证券交易所指定清算代理机构的款项。公司开展自营业务时，应当在证券交易所清算机构设立该账户，用于核算与证券交易所在自营业务中发生的各种款项往来业务。该科目借方登记存入清算机构的资金和卖出证券时收到的实际价款，贷方登记买入证券时支付的实际成本。期末余额一般在借方，反映证券公司存于证券交易所指定清算机构的款项余额。

自营证券购入的会计核算方法是：公司购入自营证券时，根据购入证券持有目的以及购入成本，借记“交易性金融资产”“可供出售金融资产”“持有至到期投资”等科目，贷记“清算备付金——公司”“银行存款”等科目。证券公司采用余额包销或代销的方式将到期尚未卖出的证券转为自营证券时，借记“交易性金融资产”“可供出售金融资产”“持有至到期投资”等科目，贷记“代理承销证券款”科目。

自营证券买入业务在会计核算时，应注意以下几个问题：

(1)关于买入自营证券的实际成本。证券公司在场内买入的自营股票、债券和基金的实际成本构成内容大同小异，一般包括股票、债券和基金的实际成交金额、相关业务发生的交易经手费、过户费、证券市场监督管理费(证管费)和印花税等在证券交易所进行证券交易时按规定必须交纳的费用。

(2)买入证券中所含的应收股息和应收利息与一般企业一样，应该单独核算，不能计入交易性金融资产、可供出售金融资产或持有至到期投资的成本。

(3)证券款的结算办法。在场内交易时，自营证券应通过证券交易所指定清算机构的资金账户进行，在会计上通过“清算备付金——公司”账户进行核算；在柜台交易时，可直接通过“银行存款”账户进行核算。这种资金清算方法同样适合于配股派息、认购新股和卖出回购证券业务的核算。

(4)交易费用的处理。在购入金融资产时，企业所支付的交易费用的账务处理不完全相同。根据现行会计准则的规定，企业如果通过网上购入股票、债券等，且买价中包含着交易费用，则直接将其计入所购证券的成本。如果是单独支付的交易费用，则对于交易性金融资产来说，应记入“投资收益”账户；对于可供出售的金融资产和持有至到期投资来说，应记入所购证券成本的“利息调整”明细账中。

【例 4-6】 2013 年年末，甲证券公司以自有资金从证券交易所网上购入乙公司股票 500 万股，购入成本为 8 元/股(含网上交易费用)，将其分类为交易性金融资产。同时，将代丙公司承销剩余的 5 万股股票转为可供出售金融资产，成本为 4 元/股。有关会计分录如下。

(1)购入乙公司股票时：

借：交易性金融资产——股票(乙公司)　　40 000 000
　　贷：清算备付金——公司　　40 000 000

(2)将代丙公司发行股票转为自营股票时：

借：可供出售金融资产——股票(丙公司)　　200 000
　　贷：代理承销证券款——丙公司　　200 000

【例 4-7】 承【例 4-6】假设甲公司在购入乙公司股票时另行支付手续费 4 万元，则会计分录如下：

借：交易性金融资产——股票(乙公司)　　40 000 000
　　投资收益　　40 000
　　贷：清算备付金——公司　　40 040 000

【例 4-8】 承【例 4-7】假设甲公司在购入乙公司股票时另行支付手续费 4 万元，且将这批股票分类为可供出售金融资产，则会计分录如下：

借：可供出售金融资产——成本　　40 040 000
　　贷：清算备付金——公司　　40 040 000

三、自营证券配股派息业务的核算

公司因持有股票而享有配股派息权。配股指上市公司向原股东进一步发行新股、筹集资金的行为。按照惯例，配股时原股东有优先认购权。派息指上市公司向股东分派的股息，可以是现金股利，也可以是股票股利。

1. 配股的核算

通过网上配股时，公司应在于证券交易所清算配股款时，按实际支付的配股款，借记“交易性金融资产——股票”“可供出售金融资产”等科目，贷记“清算备付金——公司”科目。通过网下配股时，证券公司应按实际支付的配股款，借记“交易性金融资产——股票”“可供出售金融资产”等科目，贷记“银行存款”科目。

2. 派息的核算

证券公司因持有股票而分得的股票股利，应于股权登记日，根据本公司持有的股份数及送股比例，计算确定本公司分配的股票股利数量，并在“交易性金融资产——股票”“可供出售金融资产”等账户的“数量”栏内进行登记，不用编制会计分录。因持有股票分得现金股利时，应借记“清算备付金——公司”科目，贷记“投资收益” 科目。

【例 4-9】 假设甲证券公司持有乙公司 100 万股股票，持有丙公司 10 万股股票，均分类为可供出售金融资产。2013 年年末，乙公司和丙公司发生如下配股业务。

(1) 乙公司按 2∶1 的比例在网上进行配股，配股价 10 元/股，甲公司支付乙公司配股款 500 万元。

(2) 丙公司按 5∶1 的比例派送股票股利，甲公司获得 2 万股股票股利。

甲公司根据上述资料应编制如下会计分录:

(1) 通过证券公司进行网上配股时:

借：交易性金融资产——股票(乙公司)　　5 000 000

　　贷：清算备付金——公司　　5 000 000

(2) 收到丙公司的股票股利时，无须编制会计分录。

在【例 4-9】中，由于丙公司发放的是股票股利，因此，甲公司不必编制任何会计分录，只需要在“可供出售金融资产——股票(丙公司)”明细账的“数量”栏内对增加的 2 万股股票进行登记即可。登记后，甲公司持有丙公司的股票应为 12 万股。

四、自营认购新股的核算

自营认购新股指证券公司通过席位或柜台以自有资金申请购入新股的证券业务。按照惯例，申购中签时才能成功地购入新股，否则申购款将会被退回。自营认购新股分为网上认购新股和网下认购新股。两者的会计核算方法大同小异。

1. 网上认购新股的核算

证券公司通过网上认购新股时，证券交易所将按申购款将公司资金从“清算备付金——公司”账户中划出并冻结，证券公司应借记“应收账款——应收认购新股占用款”科目，贷记“清算备付金——公司”科目；当认购新股中签、申购成功时，证券公司应按中签新股的实际成本，借记“交易性金融资产”“可供出售金融资产”等科目，贷记“应收账款——应收认购新股占用款”科目；当申购失败、退回申购款时，证券公司应借记“清算备付金——公司”科目，贷记“应收账款——应收认购新股占用款”科目。

2. 网下认购新股的核算

证券公司通过网下认购新股时，按规定应将认购新股款存入认购新股时指定的金融机构，并借记“应收账款——应收认购新股占用款”科目，贷记“银行存款”科目；申购成功时，应按新股成本，借记“交易性金融资产”“可供出售金融资产”等科目，贷记“应收账款——应收认购新股占用款”科目；申购失败时，应按退回的款项，借记“银行存款”科目，贷记“应收账款——应收认购新股占用款”科目。

【例 4-10】 甲证券公司本月通过证券公司网上系统申购 M 公司股票 20 万股，发行价 2 元/股，认股款已划到证券交易所账户并被冻结。数日后中签 10 万股，证券公司将其分类为交易性金融资产，其余未中签款项解冻。甲证券公司编制的有关会计分录如下。

(1) 将认股款划转到证券公司账户时:

借：清算备付金——公司	400 000	
贷：银行存款		400 000

(2) 申购股票资金被冻结时:

借：应收账款——应收认购新股占用款	400 000	
贷：清算备付金——公司		400 000

(3) 申购中签时:

借：交易性金融资产——股票(M 公司)	200 000	
贷：应收账款——应收认购新股占用款		200 000

(4) 未中签认股款解冻时:

借：清算备付金——公司	200 000	
贷：应收账款——应收认购新股占用款		200 000

五、自营证券销售业务的核算

自营证券的卖出业务包括自营股票、债券等证券的未到期转让及债券的到期收回。证券公司销售自营证券时，应按实际收到的金额，借记“清算备付金——公司”或“银行存款”科目；按账面价值，贷记“交易性金融资产”“可供出售金融资产”等科目；按差额，贷记“投资收益”科目。如果交易性金融资产和可供出售金融资产的公允价值曾经发生了变动，并已经在“公允价值变动损益”“资本公积——其他资本公积”账户中确认，则在自营证券销售时，还必须将累计价值变动结转到“投资收益”账户中。

【例 4-11】 沿用【例 4-6】中资料，假设在 2010 年年末，甲公司将其持有的“交易性金融资产——乙公司股票”以 12 元/股的价格销售了 50 万股。经查账获悉，“交易性金融资产——乙公司股票(公允价值变动)”账户的借方余额为 1 000 万元。则甲公司在销售乙公司股票时，应编制如下会计分录:

借：清算备付金——公司	6 000 000	
贷：交易性金融资产——乙公司股票(成本)		4 000 000
——乙公司股票(公允价值变动)		1 000 000
投资收益		1 000 000

同时，将“交易性金融资产——乙公司股票(公允价值变动)”中的 100 万元转入投资收益，分录如下：

借：公允价值变动损益　　1 000 000

　　贷：投资收益　　1 000 000

在【例 4-11】中，由于甲公司只销售了 10%的乙公司股票，因此，“交易性金融资产——乙公司股票(公允价值变动)”也只能结转 10%。

【例 4-12】 甲公司于 2012 年通过证券交易所购入 500 万元 M 公司债券，将其分类为可供出售金融资产。2013 年，甲公司将这批债券全部出售，卖价为 520 万元，已知“资本公积——其他资本公积”贷方余额为 5 万元。则甲公司应编制如下会计分录。

(1)2012 年购入 M 公司债券时：

借：可供出售金融资产——成本　　5 000 000

　　贷：清算备付金——公司　　5 000 000

(2)确认 M 公司债券公允价值变动时：

借：可供出售金融资产——公允价值变动　　50 000

　　贷：资本公积——其他资本公积　　50 000

(3)销售 M 公司债券时：

借：清算备付金——公司　　5 200 000

　　贷：可供出售金融资产——成本　　5 000 000

　　　　　　　　　　　——公允价值变动　　50 000

　　　　投资收益　　150 000

借：资本公积——其他资本公积　　50 000

　　贷：投资收益　　50 000

六、自营证券的期末计价

通过上面的阐述，我们知道，证券公司的自营证券主要包括证券公司通过自有资金购买的股票、债券和基金等金融资产。对于购入的自营证券，证券公司应根据购买目的的不同在购买日将其分别分类为交易性金融资产、持有至到期投资或可供出售金融资产等。根据现行企业会计准则的规定，交易性金融资产、持有至到期投资和可供出售金融资产的期末计价方法是不完全相同的。

交易性金融资产期末应以公允价值计量，并将当期公允价值变动记入“公允价值变动损益”账户；可供出售的金融资产期末也以公允价值计量，应将当期公允价值变动记入“资本公积——其他资本公积”账户；而持有至到期投资在期末应以摊余价值计量。

【例 4-13】 2013 年年末，甲证券公司自营证券包括交易性金融资产、可供出售金融资产两项，两项金融资产的账面价值和公允价值情况见表 4-7。

表 4-7　甲证券公司自营证券汇总表

单位：万元

项目	2012 年年末账面价值	2013 年年末公允价值	公允价值变动
交易性金融资产	9 500	9 900	400
可供出售金融资产	16 700	18 000	1 300

根据表 4-7，甲公司在 2013 年年末应编制如下会计分录：

借：交易性金融资产——公允价值变动　　4 000 000

　贷：公允价值变动损益　　4 000 000

借：可供出售金融资产——公允价值变动　　13 000 000

　贷：资本公积——其他资本公积　　13 000 000

根据现行企业会计准则规定，除交易性金融资产之外，证券公司在其持有的可供出售金融资产和持有至到期投资出现资产减值迹象时，应通过“资产减值损失”“可供出售金融资产减值准备”和“持有至到期投资减值准备”等账户，计提相应的资产减值准备。当可供出售金融资产和持有至到期投资的价值得以回升时，证券公司应在以前计提的资产减值损失的范围内将金融资产的减损价值予以转回。

这里应注意的是，证券资产的资产减值转回分录不完全相同。对于持有至到期投资的资减值转回，应借记“持有至到期投资减值准备”账户，贷记“资产减值损失”账户；对于可供出售金融资产(债券投资)的资产减值转回，应借记“可供出售金融资产减值准备”账户，贷记“资产减值损失”账户；对于可供出售金融资产(股票投资)的资产减值转回，应借记“可供出售金融资产减值准备”账户，贷记“资本公积——其他资本公积”账户。

【例 4-14】 2013 年年末，甲证券公司在年终结账时，重新核查了其持有的自营证券期末价值，发现以前减值的部分持有至到期投资和可供出售金融资产价值有所回升，具体情况见表 4-8。

表 4-8　甲公司 2013 年年末自营证券价值变动一览表

单元：万元

项　目	2012 年年末账面价值	2013 年年末公允价值	公允价值变动
持有至到期投资	原值 5 000 减：价值准备 250 报告价值 4 750	4 900	+150
可供出售金融资产(股票)	原值 6 900 减：价值准备 420 报告价值 6 480	7 005	+525

根据表 4-8，甲公司在 2013 年年末应编制如下会计分录：

借：持有至到期投资减值准备　　1 500 000

　贷：资产减值损失　　1 500 000

借：可供出售金融资产减值准备　　4 200 000

　贷：资本公积——其他资本公积　　4 200 000

第四节　证券经纪业务的核算

一、证券经纪业务概述

1. 证券经纪业务的含义

在证券交易所内从事证券交易业务的证券商有两种：一种是自营商，他是用自有资金和账户为自身投资的需要买卖证券，以获取投资收益；另一种是经纪商，他接受委托人的委托，按委托人的要求在交易市场中买卖证券，以获取佣金。证券经纪商，也称证券经纪人，他所从事的业务就是证券经纪业务。证券经纪业务，是指具有资格的证券公司接受投资人的委托，代理投资人在证券交易所买卖证券并收取佣金的证券业务。它是证券经营机构的一项主要业务，在证券业务总量中占有很大的比重。证券经纪业务是随着证券集中交易制度的实行而产生和发展起来的。由于证券交易所内的证券种类繁多、数额巨大，而交易厅内的席位又有限，一般的投资人不能直接进入证券交易所内进行交易，因此，只能通过特许的证券经纪商作为中介来促成交易。

证券经纪业务的实质是委托人和受托人之间的委托代理关系，受托的证券公司完全按照委托人的意愿进行买卖证券，其收取的佣金以每一次委托为依据。在这类委托代理业务中，委托人预先必须全额缴纳保证金，因此，证券经纪业务对于证券公司而言全无风险。委托证券业务和自营证券业务的内容基本相同，一般都包括证券的买入、卖出、认购新股、配股派息等，但由于前者是代理业务，后者是自己经营，所以两者各有特点，具体差别见表 4-9。

表 4-9 委托买卖和自营买卖对照表

对照项目	委托买卖	自营买卖
证券商的地位	处于交易的一种中介地位	处于交易的买方或卖方
成交的时机	受多种因素影响，不一定能满足投资者需求	证券商比较容易把握，一般均可按希望成交
价格的决定	客户自定，即使证券商认为不合理也不能拒绝	由证券商自行决定，随时可变
价格的变动	频繁，具有较大的波动性	波动性相对较小
价格的意向	“代理买卖证券委托单”中提出的“理想”价格	证券商根据市场行情随行就市
交易的品种	一般以股票、基金买卖为主	根据实际行情，各种证券均有
交易的数量	成交量少、委托笔数多而散	成交量较大、交易笔数较少
清算的单位	以每个投资人每笔委托交易进行清算	以每个席位统一清算
交割的方式	通过资金账户的转账及现金收付	通过内部转账实现交割
保证金缴纳	必须缴纳全额保障金	一次性缴纳清算交割准备金
投资的资本	加收佣金、过户费、印花税、委托手续费	经手费、印花税、一般过户费、证管费
缴纳的税金	交易所代扣印花税及按佣金收取的增值税	交易所代扣印花税、按买卖价差收取的税金

2. 证券经纪业务的基本程序

证券经纪业务实质上是一种委托证券的买卖业务，需经过以下几个程序才能完成。

(1)登记和开户。投资人在委托业务开展之前应到证券商处填写“个人名册登记表”，同时按证券商的要求开设“委托买卖证券资金专户”，或者在登记结算公司开立专户，用于双方资金的往来和结算。

(2)委托买卖。在登记和开户后，投资人可以随时委托证券公司代其买卖各种证券。委托买卖证券的过程是证券经纪业务最重要的组成部分，通过委托，投资人交易的目标得以实现，经纪人的佣金得到落实，国家的税收得到保证。委托的方式主要有当面委托、电话委托、电报委托、传真委托、信函委托、磁卡委托等。

(3)场内交易。证券商在接受委托后，应当通过证券交易所的电脑终端系统对客户的委托进行竞价买卖，撮合成交后，投资者不得反悔，但在成交以前，投资者可以撤单。

(4)清算交割。委托买卖成交以后，证券商需及时将“成交交割凭单”交给投资人，并进行货、钱两清的交接手续。

证券经纪业务的基本程序如图 4-2 所示。

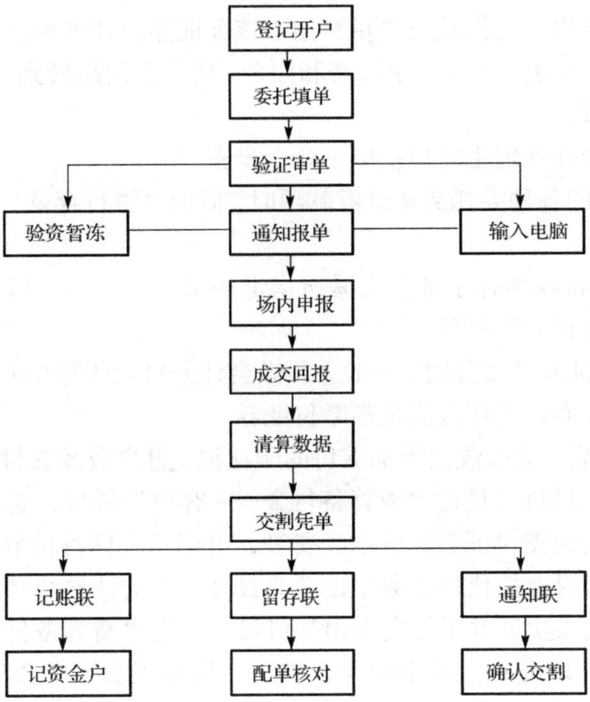

图 4-2　证券经纪业务的基本程序图

一般情况下，证券公司开展的证券经纪业务主要包括代理买卖证券业务、代理兑付证券业务、代理认购新股业务、代理配股派息业务、代理保管证券业务和代理客户理财业务等。近年来，经有关部门批准，我国证券公司也允许开展融资融券业务。下面将具体阐述几个主要的证券经纪业务的会计核算方法。

二、代理买卖证券的会计核算

代理买卖证券是指证券公司接受客户的委托，代客户买卖股票、债券和基金的业务。根据现行会计准则的规定，为核算代理买卖证券的业务，证券公司应设置“代理买卖证券款”“清算备付金——客户”“手续费及佣金收入”和“手续费及佣金支出”等科目。

“代理买卖证券款”是负债类科目，核算代客户买卖证券、认购新股和配股时按规定由客户交存证券公司的款项以及公司代客户领取的现金股利和债券利息等。该科目贷方登记公司收到的客户交纳的各项款项、代客户收取的现金股利和债券利息等；借方登记支付客户的款项、代客户向证券公司买入证券支付的款项、认购新股及配股时交纳的款项及相关税费(包括支付给证券公司的手续费)等。该科目的余额在一般在贷方，反映客户交存证券公司款项的余额或证券公司欠委托方的债务。该科目应按客户名称设置明细账。

“清算备付金——客户”是资产类科目，用于核算公司因代客户在证券交易所进行证券交易而存入清算代理机构的款项。该科目的借方登记公司为客户代理证券交易而存于清算中心的款项以及代客户收取的现金股利和利息收入；贷方登记代客户买入证券、认购新股和配股时支付的成交价、相关税费(包括支付给证券公司的手续费)以及从清算中心收回的款项。期末余额在借方，反映为代理客户买卖而交存清算中心的款项或证券公司从证券交易所结算公司代客户收回的债权。

“手续费及佣金支出”是损益类科目，用于核算证券公司各种代理业务中发生的手续费和佣金支出。该科目借方登记支付的手续费和佣金，贷方登记结转到“本年利润”中的数额，结转后，本科目无余额。

代理买卖证券的会计处理主要包括以下几个步骤。

(1)收到客户交存的各种委托买卖证券款项时，借记“银行存款”科目，贷记“代理买卖证券款”科目。

(2)为代理业务而将款项存于证券交易所指定的结算中心时，借记“清算备付金——客户”科目，贷记“银行存款”科目。

(3)接到客户买卖证券的委托时，一般无须做会计分录。但买入证券时委托人需要有足够的资金作保证；卖出证券时委托人需足额缴付证券。

(4)买入证券成交后，应按成交价加支付的印花税、过户费及支付证券商的手续费等，借记“代理买卖证券款”科目，贷记“清算备付金——客户”科目；卖出证券成交后，应按成交价减印花税、过户费及支付证券商的手续费等，借记“清算备付金——客户”科目，贷记“代理买卖证券款”科目；按代理业务中证券商自己负担的证券交易所的交易费，借记“手续费及佣金支出——代买卖证券手续费支出”科目，贷记“清算备付金——公司”科目；按代理业务中证券商应收取委托人的手续费，借记“代理买卖证券款”或“应收手续费及佣金”等科目，贷记“手续费及佣金收入——代买卖证券手续费收入”科目。

(5)当证券公司既有买入证券业务又有卖出证券业务时，也可以根据买卖成交业务总量汇总编制如下会计分录。

① 当买入证券成交总量大于卖出证券成交总量时：

借：代理买卖证券款(买卖证券成交价的差额+代扣代缴印花税+代理买卖手续费收入)手续费及佣金支出(公司支付证券交易所的手续费)

　　贷：清算备付金——客户(买卖证券成交价差额+代扣代缴印花税+公司支付证券交易手续费)手续费及佣金收入(代理买卖证券手续费收入)

② 当卖出证券成交总量大于买入证券成交总量时：

借：清算备付金——客户(买卖证券成交价的差额−代扣代缴印花税−公司支付证券交易手续费)手续费及佣金支出(公司支付证券交易手续费)

　　贷：代理买卖证券款(买卖证券成交价的差额−代扣代缴印花税−代理买卖手续费收入)手续费及佣金收入(代理买卖证券手续费收入)

【例 4-15】 甲证券公司本月发生如下几笔与代理买卖证券有关的业务。

(1)收到乙公司交来的代买卖证券款 1 000 000 元，次日存入证券交易所。

(2)代乙公司买进某公司 A 股 80 万元，代扣代缴印花税 1 600 元(按 0.2%收取)，收取手续费 2 800 元(按 0.35%收取)。

(3)代丙公司销售某公司 B 股 50 万元，代扣代缴印花税 1 000 元，收取手续费 2 150 元(按 0.43%收取)。

(4)支付证券交易所手续费 346 元。

根据上述有关业务应做如下会计分录。

(1)收乙公司存款时：

借：银行存款	1 000 000
贷：代理买卖证券款——乙公司	1 000 000

(2)将款项交存证券交易所时：

借：清算备付金——客户	1 000 000
贷：银行存款	1 000 000

(3)代乙公司购入证券时：

借：代理买卖证券款——乙公司	804 400
贷：清算备付金——客户	804 400
借：清算备付金——公司	2 800
贷：手续费及佣金收入	2 800

(4)代丙公司销售证券时：

借：清算备付金——客户	496 850
贷：代理买卖证券款——丙公司	496 850
借：代理买卖证券款——丙公司	2 150
贷：手续费及佣金收入	2 150
借：清算备付金——公司	2 150
贷：清算备付金——客户	2 150

(5)划转公司承担的交易费时：

借：手续费及佣金支出	346
贷：清算备付金——公司	346

(6)偿还乙公司和丙公司的代理买卖证券款时：

借：代理买卖证券款——乙公司	192 800
——丙公司	494 700
贷：清算备付金——客户	687 500

通过上述例题，可以看出，在代理买卖证券业务时，客户无论是委托买进还是委托卖出，证券公司都需按成交额的一定比例向客户收取手续费，而证券交易所又按证券公司获得手续费的一定比例向其收取手续费，同时，证券公司还要代理证券交易所向客户收取一定比例的印花税。代理买卖证券交易中应该收取的税费及比例由证券管理部门具体规定。

三、代理认购新股的核算

代理认购新股是指证券公司接受客户的委托，代客户认购新发行股票的业务。代理认购新股的核算通常涉及“代理买卖证券款”“清算备付金”和“手续费及佣金收入”等科目。代理认购新股的会计处理方法是：公司收到认股款时，借记“银行存款”科目，贷记“代理买卖证券款”科目；公司将认购款划转交易所时，借记“清算备付金——客户”科目，贷记“银行存款”科目；公司代客户申购、认股款被冻结时，借记“代理买卖证券款”科目，贷记“清算备付金——客户”科目；未中签认股款解冻时，借记“清算备付金——客户”科目，贷记“代理买卖证券款”科目；公司将未中签认股款划回公司账户时，借记“银行存款”科目，贷记“清算备付金——客户”科目；公司将未中签认股款退还给委托人时，借记“代理买卖证券款”科目，贷记“银行存款”科目。

【例 4-16】A 证券公司代理 B 公司认购新股，收到客户认股款 500 万元，中签 100 万元，其余款项退还 B 公司，手续费率为 0.35%。有关会计分录如下。

(1)收到 B 公司认股款时：

借：银行存款	5 000 000	
贷：代理买卖证券款——B 公司		5 000 000

(2)将认股款交存证券公司时：

借：清算备付金——客户	5 000 000	
贷：银行存款		5 000 000

(3)申购股票款被交易所冻结时：

借：代理买卖证券款——B 公司	5 000 000	
贷：清算备付金——客户		5 000 000

(4)未中签认股款解冻时：

借：清算备付金——客户	4 000 000	
贷：代理买卖证券款——B 公司		4 000 000

(5)认股款由交易所划转回公司时：

借：银行存款	4 000 000	
贷：清算备付金——客户		4 000 000

(6)认股款划转给 B 公司时：

借：代理买卖证券款——B 公司	4 000 000	
贷：手续费及佣金收入		3 500
银行存款		3 996 500

(7)A 公司将中签新股与 B 公司进行交接。

四、代理配股派息的核算

代理配股派息是指证券公司接受客户的委托，代客户办理配股及分派股息的业务。公司按客户要求代理配股业务时，与证券交易所有两种结算方法：一种是即时结算配股款；另一种是定期结算配股款。两种方式的会计处理方法大同小异：前者应于配股当日将配股款划到证券交易所账户；后者应定期将配股款划到证券交易所账户。

代理配股派息的会计处理方法与自营证券配股派息的会计处理方法基本程序是相同的，只是涉及的账户有所差别。自营证券配股派息应通过"交易性金融资产""清算备付金——公司""手续费及佣金收入"等账户核算，而代理配股派息则通过"代理买卖证券款""清算备付金——客户""手续费及佣金收入"等账户核算。在代理配股派息业务中，公司收到客户交来的配股款时，借记"银行存款"科目，贷记"代理买卖证券款"科目；交存证券交易所配股款时，借记"清算备付金——客户"科目，贷记"银行存款"科目；配股完成时，借记"代理买卖证券款"科目，贷记"清算备付金——客户"科目；代客户收到现金股利时，借记"清算备付金——客户"科目，贷记"代理买卖证券款"科目。下面举例说明代理配股派息的会计核算方法。

【例 4-17】 某月甲证券公司代理乙公司办理了如下几笔业务：

(1)代理配购 A 公司股票 50 万元，并确认代理手续费收入 2 000 元；

(2)代理收取B公司现金股利5万元;

(3)代理收取C公司债券利息5万元。

有关会计分录如下。

(1)收到配股款时:

借:银行存款　　500 000

　贷:代理买卖证券款——乙公司　　500 000

(2)将配股款存到交易所时:

借:清算备付金——客户(乙公司)　　500 000

　贷:银行存款　　500 000

(3)配股清算时:

借:代理买卖证券款——乙公司　　500 000

　贷:清算备付金——客户(乙公司)　　500 000

(4)确认配股手续费时:

借:代理买卖证券款——乙公司　　2 000

　贷:手续费及佣金收入　　2 000

(5)收到现金股利时:

借:清算备付金——客户(乙公司)　　50 000

　贷:代理买卖证券款——乙公司　　50 000

(6)收到债券利息时:

借:清算备付金——客户(乙公司)　　50 000

　贷:代理买卖证券款——乙公司　　50 000

(7)与乙公司清算时:

借:清算备付金——公司　　2 000

　贷:清算备付金——客户(乙公司)　　2 000

借:代理买卖证券款——乙公司　　98 000

　贷:银行存款　　98 000

五、代理兑付债券的核算

代理兑付债券是指证券公司代理国家或企业兑付已到期债券的业务。这里以代理兑付国债为例,来说明代理兑付债券的会计核算方法。

1. 国债的种类

国债有多种分类方式,按照用途不同可以分为国库券、国家重点建设债券、财政债券、国家建设债券、保值公债、特种国债、定向债券和转换债等;按照记名与否可以分为无记名债券和记名债券;按照债券的存在形式及特点不同,可以分为实物券、凭证式国债、记账式国债、收据式国债、收款单式国债、非实物券代保管单等;按照可否流通可以分为可流通债券、不可流通债券和不能流通债券。这里主要阐述目前在我国比较流行的实物券、凭证式国债和记账式国债的兑付业务。

实物券又称国债现券,它是一种不记名、不挂失的无记名式债券,这种债券可以上市流通,支取本息、流通转让都需要以实物券为凭证,到期兑付时必须将实物券交回代理兑付的机构。凭证式国债是一种记名式的国家储蓄债，这种国债可记名、可挂失，但不能上市流通，可提前兑取，其认购和兑取的形式与办理长期存款单类似，它一般由银行代国家发行。记账式国债也是一种记名式债券，它主要是指在证券交易所开立账户的投资者在场内以记账的形式买卖的债券，由于其认购、兑付都没有真正的实物券，只是在有关账户上对此项业务进行记录，因而，它又称为“无纸化国债”。凭证式国债和记账式国债都是非实物券，两者在认购、转让和兑付时，都没有相应的实物券。

2. 国债兑付的程序

无记名实物券的兑付程序是：①债券到期时，客户到债券兑付机构交回债券，申请兑付；②银行对债券审核无误后，将现金和兑付清单交客户收执。

凭证式记名债券的兑付程序是：①债券到期时，客户持债券收款收据到原签发银行申请兑付；②原签发银行审核无误后将兑付清单交客户收执，并以现金或转账方式将本息交给客户。

记账式债券的兑付程序是：①债券到期时，客户可以直接委托证券公司向证券交易所申请兑付；②证券公司与证券交易所清算交割后，将款项直接划转到客户账户中。

3. 会计核算方法

为核算债券兑付业务，证券公司应该设置“代兑付债券款”“代兑付债券”和“手续费及佣金收入——代兑付债券手续费收入”等科目。

“代兑付债券款”是负债类科目，用于核算委托兑付单位预付的兑付资金。该科目贷方登记收到的代兑付的债券资金；借方登记兑付的记名债券或无记名债券(实物券)的本金及利息；期末贷方余额反映已经收到但尚未兑付的代兑付债券款。“代兑付债券款” 科目应该按委托兑付的单位设置明细账。

“代兑付债券”是资产类科目，用于核算代理兑付债券时收到的实物券。该科目借方登记收到的代兑付实物券金额，贷方登记交给委托单位的代兑付实物券金额。期末余额在借方，反映已代理兑付的实物券金额。“代兑付债券”科目应按委托兑付的单位设置明细账。

“手续费及佣金收入——代兑付债券手续费收入”是损益类科目，用于核算证券公司代理兑付债券时取得的手续费收入。该科目贷方登记取得的手续费收入，借方登记结转到“本年利润”中的数额。

在代兑付债券的会计核算中，记名债券和无记名债券的会计处理不完全相同，主要表现在：无记名债券需要收回实物券。根据有关规定，收回这些实物券时，应当通过“代兑付债券”账户核算，待把这些实物券交给委托单位时，再与预先收到的“代兑付债券款”账户对销；而记名债券的兑付业务因无实物券而无须通过“代兑付债券”账户核算，它直接通过“代兑付债券款”账户核算即可。下面举例对代兑付债券的会计核算方法加以说明。

【例 4-18】 甲公司代理乙公司兑付到期实物债券，收到乙公司兑付资金 503 万元， 其中手续费 3 万元。兑付期结束，500 万元全部兑付。有关会计分录如下。

(1)收到乙公司兑付资金时：

借：银行存款	5 030 000	
贷：代兑付债券款——乙公司		5 030 000

(2)收到实物券，予以兑付时：

借：代兑付债券	5 000 000	
贷：银行存款		5 000 000

(3) 将实物券交给乙公司，并进行清算时：

借：代兑付债券款——乙公司　　5 000 000

　　贷：代兑付债券——乙公司　　5 000 000

(4) 确认手续费收入时：

借：代兑付债券款——乙公司　　30 000

　　贷：手续费及佣金收入——代兑付债券手续费收入　　30 000

【例 4-19】 甲公司代理丙公司兑付无纸化债券，收到丙公司兑付资金 402 万元，其中含 2 万元手续费。兑付期满，400 万元全部兑付。有关会计分录如下。

(1) 收到兑付资金时：

借：银行存款　　4 020 000

　　贷：代兑付债券款——丙公司　　4 020 000

(2) 客户到公司兑付债券时：

借：代兑付债券款——丙公司　　4 000 000

　　贷：银行存款　　4 000 000

(3) 兑付期结束，将 2 万元转为手续费收入时：

借：代兑付债券款——丙公司　　20 000

　　贷：手续费及佣金收入——代兑付债券手续费收入　　20 000

六、受托理财业务的核算

受托理财业务是指证券公司受客户委托，接受客户的资产并代其进行理财的业务。受托理财业务的风险在委托方(即客户)，证券公司不承担任何风险。一般情况下，证券公司将根据理财收益分享部分理财收益。

根据现行企业会计准则的规定，为核算受托理财业务，证券公司应设置“代理业务资产”“代理业务负债”和“手续费及佣金收入”等科目。

“代理业务资产”和“代理业务负债”是证券公司专门用于核算企业从客户方收到的不承担任何风险的理财资金的科目，包括受托投资资金和受托贷款资金等。其中“代理业务资产”科目应设置“成本”和“已实现未结算损益”两个二级科目。受托理财业务的会计核算方法如下：当企业收到理财资金时，应按实收金额，借记“银行存款”等科目，贷记“代理业务负债”科目；用理财资金购入各类证券时，应借记“代理业务资产——成本”科目，贷记“银行存款”等科目；将购买的证券出售时，应按实收的金额，借记“清算备付金”等科目，按成本，贷记“代理业务资产——成本”科目，按其差额，贷记“代理业务资产——已实现未结算损益”科目；定期或在合同到期与委托客户进行结算时，按代理资产的已实现未结算损益，借记“代理业务资产——已实现未结算损益” 科目，贷记“代理业务负债”(委托客户的收益)、“手续费及佣金收入”(证券公司的收益)等科目。下面举例说明代理理财业务的会计核算方法。

【例 4-20】 某证券公司受客户委托代其进行资产理财，合同规定，证券公司可享有净收益的 30%。2013 年 3 月 1 日，证券公司收到客户理财资金 30 万元；3 月 10 日用委托资金购入股票，共计 30 万元；4 月 8 日，证券公司将该股票出售，扣除印花税和有关费用后，净收入为 35 万元；4 月底，证券公司与客户结算。有关会计分录如下。

(1)3 月 1 日收到理财资金时:

借：银行存款　　300 000

　　贷：代理业务负债　　300 000

(2)3 月 10 日购买股票时:

借：代理业务资产——成本　　300 000

　　贷：银行存款　　300 000

(3)4 月 10 日销售股票时:

借：银行存款　　350 000

　　贷：代理业务资产——成本　　300 000

　　　　　　　　　——已实现未结算损益　　50 000

(4)与客户结算时:

借：代理业务资产——已实现未结算损益　　50 000

　　贷：代理业务负债　　35 000

　　　　手续费及佣金收入　　15 000

(5)将委托款偿还客户时:

借：代理业务负债　　335 000

　　贷：银行存款　　335 000

七、代保管证券业务的核算

代保管证券业务是指证券公司代理客户保管有价证券的业务。公司代保管证券业务不需要单独设置表内科目。无论采取何种保管方式，只需在专设的备查账户中设置“代保管证券”这一表外科目，记录代保管证券的情况。如果代保管证券业务收取手续费，其手续费收入应于代保管服务完成时予以确认，并通过“手续费及佣金收入”科目核算。预先收取的手续费，可以作预收账款处理。如果公司代保管证券不收取手续费，则只需在备查簿中登记即可。

【例 4-21】某证券公司代甲客户保管企业债券 1 万张，面值 1 000 元/张，总价值共计 1 000 万元。该债券保管业务到期结束后，按照双方的约定，甲公司支付该证券公司 1 000 元保管手续费。有关账务处理如下。

(1)证券公司收到甲公司代保管债券时，应在“代保管证券登记簿”中进行登记，登记的内容包括委托代保管的单位，收到债券的种类、数量、金额、到期日、手续费及双方的责任等。

(2)证券公司归还甲公司代保管债券并收到手续费时，除应该在“代保管证券登记簿”中作相应的登记以外，还应该编制以下会计分录:

借：银行存款　　1 000

　　贷：手续费及佣金收入　　1 000

八、融资融券业务的核算

融资融券业务是指向客户出借资金供其买入公开上市交易的有价证券或者出借公开上市交易的有价证券供其卖出，并收取担保物的经营活动。在我国，证券公司开展融资融券业务试点，必须经证监会批准。未经批准，任何公司不得向其客户融资、融券，也不得为其客户与客户、客户与他人之间的融资融券活动提供任何便利和服务。

企业发生的融资融券业务，分为融资业务和融券业务两类。根据我国2010年《企业会计准则》解释第4号第九条的规定：关于融资业务，证券公司及其客户均应当按照《企业会计准则第22号——金融工具确认和计量》的有关规定进行会计处理。证券公司融出的资金，应当确认应收债权，并确认相应利息收入；客户融入的资金，应当确认应付债务，并确认相应利息费用。关于融券业务，证券公司融出的证券，按照《企业会计准则第23号——金融资产转移》的有关规定，不应终止确认该证券，但应确认相应利息收入；客户融入的证券，应当按照《企业会计准则第22号——金融工具确认和计量》的有关规定进行会计处理，并确认相应利息费用。

根据企业会计准则解释第4号的规定，对于融资业务，证券公司应将借给客户的资金形成一项应收的债权，这与银行贷款业务并无本质区别，因此证券公司和客户完全根据银行贷款的业务做相似的会计处理。而对于融券业务的会计处理，证券公司由于仅是暂时性借出证券，在约定的期限之后，客户必须归还证券公司相同数量和种类的证券，证券公司并没有真正转移借出证券的风险和报酬，因此不应该终止确认该证券，但是为了反映该证券已被借出的事实，可以将证券的“自营账户”金额转移到“融券账户”。“融券账户”则按照以前相同的会计计量方法核算，正确核算其相应的风险与报酬。对客户而言，借入的证券一方面应确认“交易性金融资产”，同时承担着未来归还证券公司融入证券的义务，故近期还必须回购该证券，因此在其融券出售期间可以相应地确认一笔“交易性金融负债”，用以反映因该证券价格浮动而带来投资损益的变动。

【例4-22】 假设2013年10月1日沪市大盘位于3 000点，甲企业预期大盘有可能进一步走低，因此向乙证券公司融券，做空交易。甲企业融券A股票10万股，此时A股票市价10元/股，约定3个月后于2013年12月31日按年利率12%归还给A股票，同时按照股票市值的60%缴纳保证金60万元。2013年12月31日A股票市价8元，不考虑相关交易的手续费。相关的会计分录如下。

(1) 甲企业的会计处理如下。

① 10月1日交付融券缴纳保证金时：

借：其他应收款——融券保证金　　600 000

　　贷：银行存款——自有资金　　600 000

② 10月1日实际融券时：

借：交易性金融资产——A股票——融券(成本)　　1 000 000

　　贷：交易性金融负债——A股票——融券(本金)　　1 000 000

③ 10月1日出售股票时：

借：其他货币资金——融券存款　　1 000 000

　　贷：交易性金融资产——A股票——融券(成本)　　1 000 000

④ 12月31日A股票市价跌至8元，公允价值变动=(10−8)×10=20(万元)，甲企业的会计分录为：

借：交易性金融负债——A股票——融券(公允价值变动)　　200 000

　　贷：公允价值变动损益——A股票(融券)　　200 000

⑤ 12月31日甲企业将购入的10万股A企业股票归还乙证券公司，此时应冲销交易性金融负债科目余额，会计分录如下：

借：交易性金融资产——A股票——融券(成本)　　800 000

贷：其他货币资金——融券存款　800 000

借：交易性金融负债——A 股票——融券（本金）　1 000 000

贷：交易性金融负债——A 股票——融券（公允价值变动）　200 000

交易性金融资产——A 股票——融券（成本）　800 000

借：公允价值变动损益——A 股票（融券）　200 000

贷：应付利息——乙证券公司　30 000

投资收益　170 000

通过“交易性金融负债”及其对应的“公允价值变动”会计科目，确认与计量融券业务因证券价格浮动而带来负债金额的变动及其收益，最终甲企业通过融券做空交易获得 20 万元利得，扣除融券利息费用 3 万元，净利润 17 万元。

需要注意的是，乙证券公司是逐日盯市，假如 12 月 20 日 A 股票的价格与甲企业预期相反，上升到 15.7 元，那么 3 万元融券利息和 57 万元的负债浮亏将抵销 60 万元保证金，如果甲企业没有追加保证金，则其证券账户中资金将会被强制平仓，购买 A 股票以归还乙证券公司的股票，相关会计处理如下：

借：公允价值变动损益——A 股票（融券）　570 000

贷：交易性金融负债——A 股票——融券（公允价值变动）　570 000

借：交易性金融负债——A 股票——融券（本金）　1 000 000

——A 股票——融券（公允价值变动）　570 000

应付利息——A 股票（融券）　30 000

贷：其他应收款——融券保证金　600 000

其他货币资金——融券存款　1 000 000

(2) 乙证券公司的会计处理如下　。

假设 2013 年 10 月 1 日 A 股票在乙证券公司的账面价值如下：“交易性金融资产——A 股票——成本（自营账户）”借方余额 40 万元，“交易性金融资产——A 股票——公允价值变动（自营账户）”借方余额 60 万元。则乙证券公司的相关会计分录如下。

① 10 月 1 日乙证券公司收到甲企业融券保证金时：

借：银行存款——融券保证金　600 000

贷：存入保证金——融券保证金　600 000

② 乙证券公司从自营账户借出 A 股票 10 万股，但因乙证券公司没有放弃对该股票的控制，应该将交易性金融资产“自营账户”转入交易性金融资产“融券账户”，因此自营账户 A 股票数为 0，融券账户中 A 股票 10 万股，乙证券公司的会计分录如下：

借：交易性金融资产——A 股票——成本（融券账户）　400 000

——A 股票——公允价值变动（融券账户）　600 000

贷：交易性金融资产——A 股票——成本（自营账户）　400 000

——A 股票——公允价值变动（自营账户）　600 000

③ 12 月 31 日 A 股票市价跌到 8 元，融券账户公允价值变动=(8−10)×10=−20（万元），相关会计分录如下：

借：公允价值变动损益——A 股票（融券）　200 000

贷：交易性金融资产——A 股票——公允价值变动（融券账户）　200 000

④ 假设甲企业于12月31日购入10万股A股票，则乙证券公司应该将交易性金融资产“融券账户”余额再转入“自营账户”，同时归还甲企业的融券保证金，并确认相应的利息收入，会计分录如下：

借：交易性金融资产——A股票——成本（自营账户）　400 000
　　　　　　　　——A股票——公允价值变动（自营账户）　400 000
　贷：交易性金融资产——A股票——成本（融券账户）　400 000
　　　　　　　　　——A股票——公允价值变动（融券账户）　400 000

借：存入保证金——融券保证金　600 000
　贷：银行存款——融券保证金　600 000

借：应收利息——甲公司　30 000
　贷：利息收入　30 000

同样假如12月20日A股票的价格上升到15.7元，如果甲企业没有追加保证金，则其账户中的资金将会被乙证券公司强制平仓，即按照15.7元购入10万股A企业股票，以归还乙证券公司的股票，相关会计处理如下：

借：交易性金融资产——A股票——公允价值变动（融券账户）　570 000
　贷：公允价值变动损益——A股票（融券）　570 000

借：存入保证金——融券保证金　600 000
　贷：应收利息——融券　30 000
　　　银行存款——融券保证金　570 000

借：交易性金融资产——A股票——成本（自营账户）　400 000
　　　　　　　　——A股票——公允价值变动（自营账户）　1 170 000
　贷：交易性金融资产——A股票——成本（融券账户）　400 000
　　　　　　　　　——A股票——公允价值变动（融券账户）　1 170 000

本章小结

本章主要阐述了证券公司的三大主要业务，即证券承销业务、证券自营业务和证券代理业务的会计核算方法。其中，证券承销业务全面阐述了证券公司全额包销、余额包销和代销业务的会计核算方法；证券自营业务全面阐述了证券公司利用自有资金购入证券、销售证券、配股派息以及自营证券期末计价的会计核算方法；证券代理业务全面阐述了代理买卖证券业务、代理配股派息业务、代理兑付证券业务、代理理财业务和代保管证券业务的会计核算方法。

第五章

商品流通企业会计

第一节　商品流通企业会计的特点

一、商品流通企业的业务特点

（一）商品流通及商品流通企业的概念

商品流通是指商品通过买卖行为，从生产领域向消费领域的转移过程，又称商品流转。

商品流通企业是组织商品流通业务，以营利为目的的经济实体。它是商品经济的产物，其主要经济活动是在流通领域中从事商品的购销活动。一方面，企业从生产单位购进商品；另一方面，企业向消费者供应商品，满足生产、生活上的需要，成为联系生产与消费、工业与农业、城市与乡村的桥梁与纽带。

（二）商品流通企业的业务特点

商品流通过程包括批发商品流通和零售商品流通两个经营环节。两个业务上有各自的特点。

1. 批发商品流通业务的特点

批发商品流通，又称批发商品流转，它是指批发企业向工农业生产企业采购商品，然后供应零售企业转卖或供应生产企业做生产性消费的商品流通活动。

批发企业担负着组织货源、储备商品、调节供求及安排市场等重要任务，在整个商品流通过程中处于枢纽地位。它是商品从生产领域到消费领域转移的起点环节。

批发企业一般设置于交通方便的商品集散地，有一定的经营资金和必要的经营设施；有较完善的内部职能机构和管理机构，通过自身的业务活动把采集的大量商品按合理流向，源源不断地供应给生产部门、社会集团和零售企业。因此，批发商品流通业务具有如下特点：经营规模大、专业性强、内部分工细；交易量大、交易关系比较稳定；库存量大；交易均需填制发票。

2. 零售商品流通业务的特点

零售商品流通，又称零售商品流转，它是指零售企业从批发企业或生产企业购进商品，按零售价供应给单位或个人消费者的商品交易活动。它是商品流通的最终环节。

零售企业是直接为人民生活服务的基层单位。零售商品流通与批发商品流通相比，有如下特点。

(1)经营的商品品种多和规格复杂，库存量一般不大。

(2)销售对象为广大消费者；交易数量零星；交易额小而次数频繁；购销关系不稳定。

(3)交易方式一般是一手交钱一手交货,除少数贵重商品和社会集团消费需要填制销货发票外，一般不需填制销货发票。

(4)经营方式灵活，服务项目较多，如批零兼营、代修代卖、租赁服务等。

(5)业务上要求勤进快销，结算上方便及时，营业员既管商品又管钱。

二、商品流通企业会计核算的特点

商品流通企业会计，是商品流通企业经济核算的中心环节。它是以货币为主要计量单位，对商品流通企业经济活动过程进行核算和监督的一种管理活动。

商品流通企业会计与其他企业会计相比，有如下特点。

(一)核算范围较广

由于商品流通企业包括商业、粮食、物资供销、供销合作社、对外贸易、医药(石油、烟草)商业、图书发行等企业，因此，商品流通企业会计核算范围即为上述企业的经济业务，其核算范围较其他企业会计要广。

(二)核算对象分为批发和零售

商品流通分为批发商品流转和零售商品流转，因此，其核算对象分为批发和零售。而批发商品流转与零售商品流转的经营特点和管理要求又各不相同，因此，两者的核算方法也各不相同。

(三)核算内容以商品流转为核心

商品流转业务主要包括商品购进、商品销售和商品储存 3 个环节。

所谓商品购进，是指商品流通企业为了销售或加工后销售，通过货币结算取得商品所有权的交易行为，它是商品流转的起点。商品购进过程，也就是货币资金转变为商品资金的过程。

所谓商品销售，是指商品流通企业通过货币结算而售出商品的交易行为，它是商品流转的终点。商品销售过程，也就是商品资金转变为货币资金的过程。

所谓商品储存，是指商品流通企业购进的商品在销售以前在企业的停留状态。它以商品资金的形态存在于企业之中。商品储存是商品购进和商品销售的中间环节，也是商品流转的重要环节。商品储存包括库存商品、受托代销商品、分期收款发出商品和购货方拒收的代管商品等。

商品流转的 3 个环节是商品流通企业的主要业务内容，自然也就构成了商品流通企业会计核算的核心内容。

(四)商品核算方法以进价核算和售价核算为主

1. 进价核算

进价核算是指以库存商品的购进价格来反映和控制商品购进、销售和储存的一种核算方法。具体可分为以下两种方法。

(1)进价金额核算。进价金额核算，是指库存商品总分类账和明细分类账都只反映商品进价金额，不反映实物数量的一种核算方法。采用这种方法，由于缺乏实物数量记载，企业必须通过对库存商品进行实地盘点，计算出期末结存金额后，才能倒挤出主营业务成本，因而也称为进价记账、盘存计销。

(2)数量进价金额核算。数量进价金额核算，是指库存商品总分类账和明细分类账除均按商品进价金额反映外，同时明细分类账还必须反映商品实物数量的一种核算方法。采用这种方法，企业可以根据已销商品的数量按进价结转主营业务成本。

2. 售价核算

售价核算是指以库存商品的销售价格来反映和控制商品购进、销售和储存的一种核算方法。具体可分为以下两种方法。

(1)售价金额核算。售价金额核算是指库存商品总分类账和明细分类账都只反映商品售价金额，不反映实物数量的一种核算方法。

(2)数量售价金额核算。数量售价金额核算是指库存商品总分类账和明细分类账除均按商品售价金额反映外，同时明细分类账还必须反映商品实物数量的一种核算方法。

(五)收入、成本的核算内容因交易性质不同而不同

由于商品交易可能是批发，也可能是零售，因而各种交易的收入、成本核算的内容也有所区别。批发销售核算的收入即为批发价，其销售成本为已销商品的原进价；而零售销售核算的收入则为零售价(零售价一般高于批发价)，其销售成本为零售收入与已销商品分摊的进销差价之差额。

第二节　批发企业商品流转的核算

一、批发商品的核算方法

(一)数量金额核算法概述

数量金额核算法是指同时采用实物数量和货币金额两种计量单位反映商品进、销、存情况的一种核算方法。由于库存商品的记账价格分为进价金额和售价金额两种，因而数量金额核算法又分为数量进价金额核算法和数量售价金额核算法。数量进价金额核算法主要适用于批发企业，包括工业品批发企业与农副产品收购企业。数量售价金额核算法主要适用于零售企业中贵重商品与业务上需要掌握数量的商品以及少数批发企业的商品核算。

(二)数量进价金额核算法的主要内容

(1)财务部门设置“库存商品”总账、类目账和明细分类账。其中，总账与类目账均按商品的进价金额记账；而明细账则按其具体品名规格等级的数量及进价金额记账。

(2)业务部门和仓库保管部门也按具体品名、规格或等级设置商品调拨账与实物保管账，记载各商品收付数量变动。

(3)财会部门定期核对“库存商品”总账、类目账和明细账；核对库存商品明细账与调拨账以及实物保管账，并定期实地盘点库存商品实物，以确保账账、账实相符。

(4)根据商品经营的特点和管理的需要，采用恰当的方法，随时或定期计算并结转已销商品的进价成本。

这种做法的特点是：库存商品账户既登记商品的数量，又登记商品的金额，能全面地掌握商品进、销、存的具体变化，从而有利于控制商品的数量和金额，保护商品的安全。本节主要讲述这种方法。

二、批发商品购进业务的核算

(一)批发企业购进业务一般情况的核算

商品购进业务包括国内采购、国外进口等。商品采购成本包括购买价款、相关税费、运输费、装卸费、保险费以及其他可归属于存货采购成本的费用。有发票的运费可以按 7%计算增值税进项税进行抵扣。

批发企业购进商品时，如果付款与验收商品入库同日完成，则直接计入“库存商品”账户；如果先付款、后验收商品入库，则付款时先计入“在途物资”账户，验收入库时再转入“库存商品”账户。

购进业务的基本分录如下。

付款与验收商品入库同日完成的：

借：库存商品

　　应交税费——应交增值税(进项税额)

　　贷：银行存款

(2)先付款、后验收商品入库的情况有以下两种。

① 采购付款时：

借：在途物资

　　应交税费——应交增值税(进项税额)

　　贷：银行存款

② 商品入库时：

借：库存商品

　　贷：在途物资

【例 5-1】 宏源批发企业 2016 年 8 月 5 日从本市工具厂购进螺丝一批共 1 000 支，单价 3.2 元，计 3 200 元，进项税额 544 元，价税款以转账支票付讫，商品由采购员提回交仓库。

根据增值税专用发票及转账支票存根、收货单，做会计分录如下：

借：库存商品——螺丝	3 200	
应交税费——应交增值税(进项税额)	544	
贷：银行存款		3 744

【例 5-2】 宏源批发企业 2016 年 8 月 8 日从上海百货批发站购进面盆 2 000 个，单价 10 元，计 20 000 元，进项税 3 400 元，供货方代垫运费，取得的运费发票注明的运费为 500 元(数额较小)，增值税为 55 元。3 日后银行转来托收凭证及其附件，经审核无误，同意付款，并据以做会计分录如下：

借：在途物资——上海百货批发站	20 000	
应交税费——应交增值税(进项税额)		3 455
销售费用		500

贷：银行存款　　23 955

5 日后，仓库通知上述购进的面盆已到货，并已验收入库。根据收货单及有关单据，做会计分录如下：

借：库存商品——面盆　　20 000

贷：在途物资——上海百货批发站　　20 000

对于采购过程中发生的采购费用，如在采购商品过程中发生的运输费、装卸费、保险费以及其他可归属于存货采购成本的费用等进货费用，应当计入存货采购成本，也可以先进行归集(可以增设“进货费用”账户进行归集)，期末根据所购商品的存销情况进行分摊：对于已售商品的进货费用，计入当期损益；对于未售商品的进货费用，计入期末存货成本。企业采购商品的进货费用金额较小的，可以在发生时直接计入当期损益(销售费用)。

【例 5-3】 宏源批发企业为一般纳税人，增值税税率为 17%。本月 10 日采购一批商品 10 000 千克，进货单价 10 元，取得的增值税专用发票注明的价款为 100 000 元，增值税为 17 000 元。

同时取得的运费增值税专用发票注明的运费为 5 000 元，增值税为 550 元，款项均以银行存款支付，商品同时验收入库。本月共出售该商品 8 000 千克，月末结存 2 000 千克。则批发企业对运杂费的会计分录如下：

商品购进时：

借：库存商品　　100 000

应交税费——应交增值税(进项税额)　　17 550

进货费用　　5 000

贷：银行存款　　122 550

月末按存销比例分摊进货费用时：

本月已销商品分摊的运杂费=5 000×8 000÷10 000=4 000（元）

月末结存商品分摊的运杂费=5 000×2 000÷10 000=1 000（元）

借：销售费用　　4 000

库存商品　　1 000

贷：进货费用　　5 000

这样处理后月末库存商品的成本=2 000×10+1 000=21 000(元)

(二)购进时数量发生溢余短缺的核算

商业企业购进商品在装卸运输过程中，由于自然升溢和损耗、出入库工作差错、供货单位多发和少发或是运输部门失职等原因发生商品长余或短缺时，应查明原因做有关会计处理。在尚未查明原因处理前，应通过“待处理财产损溢”账户核算，待查明原因后转入有关账户。对于发生的溢余，若为自然升溢的，则冲减“销售费用”账户；若为供货单位多发的，与其联系做退回或补做购进处理。对于发生的短缺，若属于自然损耗则计入“销售费用”；若为供货单位少发，则联系要求补发货或退款；若属于运输单位责任造成的损失，则索赔，在“其他应收款”账户核算；若属于自然灾害等不可预见事项等造成的损失，则将扣除保险赔款后的净损失计入“营业外支出”。

【例 5-4】 宏源批发企业向武汉百货批发站购进洗衣粉 5 000 千克，单价 2 元，取得的增值税专用发票注明的货款为 10 000 元，增值税进项税额 1 700 元，商品由铁路部门运送，取得的运费发票注明的运费为 800 元(数额较小)，增值税为 88 元，货款采用托收承付结算。

银行转来结算凭证，经审核无误后如数承付。财会部门根据专用发票、付款凭证，做会计分录如下：

借：在途物资——武汉百货批发站　　10 000
　　应交税费——应交增值税(进项税额)　　1 788
　　销售费用　　800
　　贷：银行存款　　12 588

商品运到，实收 5 200 千克，溢余 200 千克。财会部门根据收货单及商品购进溢余报告单，做会计分录如下：

借：库存商品——洗衣粉　　10 400
　　贷：待处理财产损溢——待处理流动资产损溢　　400
　　　　在途物资——武汉百货批发站　　10 000

查明后做会计分录如下：

借：其他应收款——铁路部门　　234
　　销售费用　　100
　　营业外支出　　234
　　贷：待处理财产损溢——待处理流动资产损溢　　500
　　　　应交税费——应交增值税(进项税额转出)　　68

(三)购进业务发生拒付货款和拒收商品的核算

从异地购进商品，采用托收承付方式结算货款的，在商品到达后，若验收时发现商品质量、品种、规格问题，可根据具体情况拒收商品、拒付货款，或者商品价格、数量计算错误的，可拒付货款。其会计处理可分别按不同情况进行。

(1)结算凭证先到，已承付货款，商品未到，并已计入“在途物资”账户的，商品到达后发现收到的商品与合同不符，则可拒收商品，并将拒收商品的价税款及运杂费从“在途物资”和“销售费用”账户转入“应收账款”账户(实务中，为了固定往来账户，作为购货方也可以计入应付账款的借方)，待双方协商处理后，再按具体情况转账。

(2)商品先到，未承付货款，但验收商品时发现实际收到的商品与购货合同规定不符时，可拒收商品，同时，填制“拒付理由书”拒付货款，商品代管。这种情况由于没有发生资金付出，因此不做会计处理。

【例 5-5】 宏源批发企业向长沙钟厂购进挂钟 500 个，每个进价 50 元，计 25 000 元，进项税额 4 250 元，供货方代垫运费，取得的运费发票注明的运费为 1 000 元(数额较小)，增值税为 110 元。接银行结算凭证等单据，经审核无误，价税款如数承付，商品尚未到达。做会计分录如下：

借：在途物资——长沙钟厂　　25 000
　　销售费用　　1 000
　　应交税费——应交增值税(进项税额)　　4 360

贷：银行存款　　　　　　　　　　　　　　　　　　　　30 360

日后商品到达，验收时发现商品质量与合同不符，全部拒收。暂时不做会计处理，待双方协商后再做会计处理。

同时，依据“代管商品收货单”单方计入代管商品备查簿。

经与对方协商，对方同意改价为 20 000 元，企业接收，对方回来退价款及税额。根据红字增值税专用发票、银行进账单、入库验收单，做会计分录如下：

借：库存商品——挂钟　　　　　　　　　　　　　　20 000
　　应交税费——应交增值税(进项税额)　　　　　　850
　　银行存款　　　　　　　　　　　　　　　　　　5 850
　　贷：在途物资——长沙钟厂　　　　　　　　　　　　25 000

(四)进货退出的核算

企业购进商品入库验收，由于数量较多，不可能全部拆包检验。以后发现有品种、规格或质量不符，应及时与供货单位联系退货，经供货单位同意后，做进货退出处理。退货时，业务部门填制红字收货单，通知仓库退货，财会部门据以进行会计处理，同时据供货单位的“红字专用发票”抵扣进项税额。

【例 5-6】 宏源批发企业从桂林购进肥皂 200 件，已验收入库，款项已承付，事后发现有 20 件质量不符合要求，无法销售。经与供货单位协商，供货单位同意退货，并按原进价每件 500 元退回货款和进项税额共 11 700 元。根据供货单位的红字发票、红字出库单及进账单，做会计分录如下：

借：银行存款　　　　　　　　　　　　　　　　　　11 700
　　应交税费——应交增值税(进项税额)　　　　　　1 700
　　贷：库存商品——肥皂　　　　　　　　　　　　　　10 000

(五)进货退补价的核算

企业购进商品后，如出现原订价格等原因造成的价格计算错误或由于工作疏忽造成开票差错， 经双方商量，可退回价款或补付价款。

1. 进货退价

进货退价是企业已付的进货价高于商品的实际进货价，应由供货单位退还多收的价款。发生退价时，供货单位填制红字发货票送交购货单位，并退付货款。其会计处理同进货退出基本相同。

2. 进货补价

进货补价是企业已付的进货价低于商品实际进价，应向供货单位补付少付的价款。发生补价时，供货单位填制补价发货票给购货单位，购货单位补付货款。其会计处理与进货退价相反。

如购进商品已出售并已结转销售成本的，则应调整“主营业务成本”账户。

【例 5-7】 宏源批发企业向本市橡胶厂购进胶鞋 10 000 双，每双进价 9 元，商品已验收入库，并已结算价税款。后接厂方通知，每双价格应为 9.5 元，则应付价税款 5 850 元，经查商品尚未出售。根据厂方补来的发票及银行付款通知，做会计分录如下：

借：库存商品　　5 000

　　应交税费——应交增值税（进项税额）　　850

　　贷：银行存款　　5 850

三、批发商品销售业务的核算

（一）批发商品销售的一般业务的核算

批发商品销售的核算，既要反映和监督销售收入的实现情况，也要反映和监督收取增值税的情况。核算与工业企业的产品销售业务相同。财会部门根据“销货日报表”和“收款日报表”等凭证，做会计分录如下：

借：银行存款

　　贷：主营业务收入

　　　　应交税费——应交增值税（销项税额）

【例 5-8】 宏源批发企业某日销售商品共 40 笔业务，总计金额 48 000 元，销项税额 8 160 元。财会部门根据“增值税专用发票”“销货日报表”和“收款日报表”等凭证，做会计分录如下：

借：银行存款　　56 160

　　贷：主营业务收入　　48 000

　　　　应交税费——应交增值税（销项税额）　　8 160

批发主营业务成本的计算和结转时间，可逐步结转，也可定期结转。为简化核算手续，一般于月末集中结转。

（二）直运商品销售的核算

直运商品销售，是批发企业从供货方购进商品，不通过企业仓库而直接发往购货单位的一种销售方式。其特点是：商品不通过批发企业仓库；购销业务同时发生，即商品由供货单位直接运达购货单位，企业一方面向供货单位承付进货款，另一方面向购货单位收取销货款；销售成本随销售随结转。

直运商品销售业务发生时，一般由企业派采购员到供货单位，供货单位发出商品后，采购员填制“直运商品收发货单”，然后到银行办理货款托收手续。由于供货单位向批发企业托收进货款的凭证和采购员寄回的向购货单位托收销货款的凭证到达企业的时间可能有先有后，因此，在会计处理上应根据不同情况处理。

1. 先承付进货款，后托收销货款

【例 5-9】 宏源批发企业派采购员驻柳州钢铁厂，购进铁丝 60 吨，直接售给贵港五金商场。该铁丝每吨进价 1 500 元，售价 2 000 元。进项税额和销项税额分别为 15 300 元和 20 400 元。

(1) 企业收到银行转来的柳州“托收承付”凭证、增值税专用发票和“直运商品收发货单”，经审核无误后，做会计分录如下：

借：在途物资——柳州钢铁厂　　90 000

　　应交税费——应交增值税（进项税额）　　15 300

贷：银行存款　　105 300

(2)收到采购员寄来向贵港托收货款的“托收承付”凭证回单，做会计分录如下：

借：应收账款——贵港五金商场　　140 400

　　贷：主营业务收入　　120 000

　　　　应交税费——应交增值税(销项税额)　　20 400

同时结转主营业务成本：

借：主营业务成本　　90 000

　　贷：在途物资——柳州钢铁厂　　90 000

(3)收到银行转来的托收货款“进账单”，做会计分录如下：

借：银行存款　　140 400

　　贷：应收账款　　140 400

2. 先托收销货款，后承付进货款

接【例 5-9】即先做会计分录(2)，再做会计分录(1)，最后做会计分录(3)。

3. 承付进货款与托收销货款在同一天

商品购销业务同一天发生，因而托收的销货款即为主营业务收入，承付的进货款即为主营业务成本。

接【例 5-9】做会计分录如下：

借：应收账款——贵港五金商场　　140 400

　　贷：主营业务收入　　120 000

　　　　应交税费——应交增值税(销项税额)　　20 400

同时，

借：主营业务成本　　90 000

　　应交税费——应交增值税(进项税额)　　15 300

　　贷：银行存款　　105 300

日后收到销货款时，再做收到货款的会计分录。

(三)批发商品销售中的特殊业务的核算

1. 销售折让和销售退回

商品销售业务过程中，还可能因商品质量问题或与合同不符发生销售折让；可能因售出的商品有问题而被退货等，这些业务的处理原理均与工业企业产品销售的同类业务相同。

【例 5-10】 宏源批发企业当日销售商品 40 000 元，增值税 6 800 元，买方验货后发现质量有问题，经协商同意按原价折让 5%，并开出转账支票，退回折让的价税款。做会计分录如下：

借：主营业务收入　　2 000

　　贷：应交税费——应交增值税(销项税额)　　340

　　　　银行存款　　2 340

【例 5-11】 某批发企业向青岛百货商店销售百货 10 000 件，每件 50 元，价款 500 000 元，增值税 85 000 元，代垫运费 1 000 元，货已发出并办妥托收手续。

根据“托收承付”结算凭证回单和增值税专用发票等凭证，做会计分录如下：

借：应收账款——青岛百货商店　586 000
　　贷：主营业务收入　500 000
　　　　应交税费——应交增值税(销项税额)　85 000
　　　　银行存款　1 000

接银行转来购货方的拒付理由书，经协商属商品质量问题，同意退货，做会计分录如下：

借：主营业务收入　500 000
　　应交税费——应交增值税(销项税额)　85 000
　　销售费用　1 000
　　贷：应收账款——青岛百货商店　586 000

如果退回商品已结转销售成本的，还应做会计分录如下：

借：库存商品
　　贷：主营业务成本

2. 销货退补价的核算

企业商品销售以后，由于商品的规格、等级及价格等原因，需向购货单位退回或补收货款，即为销售商品的退补价。

(1)销售商品退价。销售商品退价，是指已收销货款多于应收销货款，企业应把多收货款退回购货单位。退款时，企业应填制红字“发货单”和红字“专用发票”，冲销多记的销售收入和销项税额。

【例 5-12】 宏源批发企业 9 月销售的一批日用品 1 000 件，每件多计 4 元(已收款并发货)，共计多收价税款 4 680 元，现退给购货方价税款 4 680 元。做会计分录如下：

借：主营业务收入　4 000
　　贷：应交税费——应交增值税(销项税额)　680
　　　　银行存款　4 680

(2)销售商品补价。销售商品补价，是指已收销货款低于应收销货款，企业应向购货单位补收货款的业务。补款时，企业应填“发货单”和“专用发票”，以补记销售收入和销项税额。

【例 5-13】 宏源批发企业 9 月销售的一批服装 2 000 件，每件少计 5 元(已收款并发货)，共计少收价税款 11 700 元，现向购货方补收价税款 11 700 元。做会计分录如下：

借：银行存款　11 700
　　贷：主营业务收入　10 000
　　　　应交税费——应交增值税(销项税额)　1 700

四、批发商品储存业务的核算

(一)库存商品清查

批发商品的清查，即为对库存商品进行盘点。盘点时，企业应填制“商品盘点表”，以反映盘点结果。若盘点发现溢余或短缺时，应及时填制“商品溢余(短缺)报告单”，查明原因，提出处理意见，按规定审批程序报请批准处理。其会计处理原理与购进商品溢余或短缺相同。

【例 5-14】 宏源批发企业 2016 年 3 月 31 日对库存商品的盘点结果如表 5-1 所示。

表 5-1 商品盘点溢余或短缺报告单

单位：元

品名	计量单位	单位(元/千克)	储存数量	实存数量	溢余		短缺		原因
					数量	金额	数量	金额	
洗衣粉	千克	10	300	310	10	100			待查
香菇	千克	40	100	94			6	240	待查

根据上述“商品盘点溢余或短缺报告单”，做会计分录如下。

(1)根据溢余金额调增库存商品：

借：库存商品——洗衣粉　　100

　　贷：待处理财产损溢——待处理流动资产损溢　　100

(2)根据短缺金额调减库存商品：

借：待处理财产损溢——待处理流动资产损溢　　240

　　贷：库存商品——香菇　　240

(3)经查，溢余的洗衣粉属于自然升溢，经批准予以转账：

借：待处理财产损溢——待处理流动资产损溢　　100

　　贷：销售费用　　100

(4)经查，短缺的香菇中有 5 千克属于保管不当造成霉烂变质，责令保管员王三赔偿；其余 1 千克属于自然损耗，经批准予以转账：

借：其他应收款——王三　　200

　　销售费用　　40

　　贷：待处理财产损溢——待处理流动资产损溢　　240

(二)商品跌价准备

由于商品流通企业的存货主要是库存商品，因此年末或中期末应当对库存商品进行后续计量。我国存货准则规定：资产负债表日，存货应当按照成本与可变现净值孰低计量。存货成本高于其可变现净值的，应当计提存货跌价准备，计入当期损益。商品流通企业的库存商品计提存货跌价准备，也可以叫商品跌价准备。

商品跌价准备计提方法为成本与可变现净值孰低法，计提时点为资产负债表日(即年末或中期末)。

下面举例说明商品跌价准备计提的会计处理。

【例 5-15】 某批发企业年末“库存商品——A 商品”明细账户余额为 50 000 元，数量为 10 000 件，其中 6 000 件已被大华公司订购，合同价 6 元/件，其余 4 000 件未被订购，商品的一般正常售价为 6.1 元/件，预计销售费用为 0.5 元/件，预计销售税金 1.1 元/件，则 A 商品的可变现净值为：

$$6\,000\times6+4\,000\times6.1-10\,000\times(0.5+1.1)=44\,400(\text{元})<\text{成本 }50\,000(\text{元})$$

因此，企业应对 A 商品计提的商品跌价准备= 50 000–44 400=5 600 (元)。

借：资产减值损失　　5 600

　　贷：存货跌价准备——A 商品　　5 600

五、批发主营业务成本的计算与结转

1. 主营业务成本的计算

批发商品是以原进价进行入账的，因此，商品销售成本是指已销售商品的原进价成本。

批发商品销售成本的计算方法有：先进先出法、加权平均法、移动加权平均法、个别计价法及毛利率计算法等，前 4 种方法在“中级财务会计”课程中已学过，这里不再赘述。下面仅介绍毛利率计算法。

毛利率计算法是以上期实际毛利率匡算本期主营业务成本的方法。所谓毛利，就是销售收入减销售成本的差额，毛利率就是销售毛利占销售总额的百分比。其计算公式如下：

某类商品本月销售毛利=该类商品本月销售额×该类商品上季度实际毛利率

某类商品本月销售成本=该类商品本月销售额×(1–该类商品上季度实际毛利率)

【例 5-16】 某类商品 1 月销售 200 000 元，该类商品上季度的实际毛利率为 10%。则该类商品 1 月的销售成本为：200 000×(1–10%)=180 000(元)。

此方法只能按商品大类进行计算，不能逐一品种计算销售成本。由于上季度实际毛利率与本期实际毛利率有差异，因此该方法必须与其他方法配合使用，即季末采用其他方法调整，以使季度范围内的商品销售成本和库存商品价值符合实际。因此，毛利率计算法一般适用于经营品种多，月份按品种计算销售成本有困难的批发企业。

【例 5-17】 本月某批发企业皮鞋类有男、女皮鞋两个品种，其库存商品类目账资料如表 5-2 所示，明细账资料如表 5-3、表 5-4 所示。

表 5-2　皮鞋类商品类目账

单位：元

日期	摘要	收入	付出	结存
4 月 1 日	季初结存			
4 月 5 日	进货	354 000		
4 月 30 日	结转销售成本			
5 月 4 日	进货	537 000		
5 月 31 日	结转销售成本			
6 月 9 日	进货	93 000		
6 月 20 日	退货		16 800	
6 月 29 日	进货	270 000		
6 月 30 日	结转销售成本			

表 5-3　男皮鞋类商品明细账

单位：元

日期	摘要	收入			发出			结存		
		数量	单价	金额	数量	单价	金额	数量	单价	金额
4.1	季初结存							1 000	80	80 000
4.5	进货	2 000	85	170 000				3 000		
4.15	销售				1 800			1 200		
4.30	销售				100			1 100		
5.4	进货	3 000	84	252 000				4 100		

续表

日期	摘要	收入			发出			结存		
		数量	单价	金额	数量	单价	金额	数量	单价	金额
5.29	销售				1 500			2 600		
6.7	销售				1 800			800		
6.20	进货退出				200	84	16 800	600		
6.29	进货	1 000	84	84 000				1 600		

表 5-4 女皮鞋类商品明细账

单位：元

日期	摘要	收入			发出			结存		
		数量	单价	金额	数量	单价	金额	数量	单价	金额
4.1	季初结存							1 500	90	135 000
4.5	进货	2 000	92	184 000				3 500		
4.15	销售				2 600			900		
4.30	销售				500			400		
5.4	进货	3 000	95	285 000				3 400		
5.20	销售				1 600			1 800		
6.9	进货	1 000	93	93 000				2 800		
6.20	销售				2 500			300		
6.29	进货	2 000	93	186 000				2 300		
6030	销售				1 800			500		

该类商品上季度实际毛利率为 12%，4 月和 5 月的销售收入分别为 515 000 元、498 000 元。

要求：采用毛利率法计算结转 4 月、5 月商品销售成本。季末根据库存商品明细账，用加权平均法分别计算出 2 季度的商品销售成本和 6 月商品销售成本。

4 月销售成本=515 000×(1−12%)=453 200(元)

5 月销售成本=498 000×(1−12%)=438 240(元)

皮鞋类 2 季度加权平均单价=[215 000+(354 000+93 000+270 000−16 800)]÷[(1000+1 500)+(6 000+8 000−200)]≈89.09(元)

季末库存商品成本=89.09×(1 600+500)≈187 090(元)

2 季度商品销售成本总额=季初结存+本季购进−季末结存

=215 000+(354 000+537 000+93 000+270 000-16 800)−187 090

=1 265 110 (元)

6 月销售成本=1 265 110−(453 200+438 240)=373 670 (元)

由于批发企业经营品种较多，计算销售成本工作量很大，因而必须根据企业的不同特点，采取尽可能简化的手续又符合实际情况的方法，但在既定方法之后，一年内不应再做变更。

2. 商品销售成本的结转

商品销售成本的结转，是将计算出的已销商品的进价成本，由“库存商品”账户转入“主营业务成本”账户。其会计分录如下：

借：主营业务成本

　　贷：库存商品

第三节 零售企业商品流转的核算

一、零售商品的核算方法

(一)金额核算法概述

金额核算法是以其货币金额的计量方式反映商品的变化情况。按选用商品的入账价格不同，又可分为“售价金额核算法”和“进价金额核算法”两种。经营一般商品的零售企业采用“售价金额核算法”，经营鲜活商品的企业采用“进价金额核算法”。下面仅介绍“售价金额核算法”的内容。

(二)售价金额核算法的主要内容

1。建立实物负责制

企业按经营分工建立实物负责制。财会部门对“库存商品”“主营业务收入”“主营业务成本”和“商品进销差价”等账户按实物负责人开立明细账户，以便准确计算各实物负责人的经营成果和对实物负责人进行财务评价。

2. 实行售价记账

财会部门对商品的进、销、存都按商品的含税零售价记账，除对大件、贵重商品，一般不登记商品的品种和数量。

3. 设置“商品进销差价”账户

“商品进销差价”账户是用来调整库存商品的备抵账户，用以核算和反映商品售价与进价之间的差额。月末根据规定的方法计算已销商品的进销差价，以准确地计算企业已销商品的进价成本。

4. 加强库存商品盘点

为考核实物负责人岗位责任执行情况，保证实物负责人库存商品账实相符，应按月对库存商品进行盘点，以做到账实相符。如遇到商品调价、削价或实物负责人调动等情况，还应随时盘点，以调整实物负责人账户的金额。

二、零售商品购进业务的核算

(一)零售商品购进的一般业务的核算

零售企业的购进除设置“在途物资”“库存商品”账户外，还应设置“商品进销差价”账户。与批发企业相比，零售企业购进在账户设置上，较特殊的是“库存商品”与“商品进销差价”两个账户。“库存商品”账户在售价金额核算法下是按含税售价(下同)记账的，即按商品的零售价加上销项税额入账并按照实物负责人设置明细账核算。“商品进销差价”账户则反映商品含税零售价与进货成本的差额，贷方核算入库商品转入的进销差价，借方核算已经销售商品应结转的进销差价，期末余额在贷方，表示库存商品应保留的进销差价。

零售商品购进的基本分录如下。

(1)付款与收到商品同日完成的，则：

借：库存商品——××柜(含税零售价)

　　应交税费——应交增值税(进项税额)

　　　贷：银行存款商品进销差价——××柜

(2)先付款后收到商品的，则：

付款时，

借：在途物资应交税费——应交增值税(进项税额)

　　　贷：银行存款

收到商品时，

借：库存商品——××柜

　　　贷：在途物资商品进销差价——××柜

【例 5-18】 乐民百货公司向本地百货批发站购入布垫 300 个，每个进价 20 元，进项增值税共计 1 020 元，价税款以转账支票付讫，商品已由百货柜验收入库，每个布垫的含税售价 29.25 元。

支付价款时，做会计分录如下：

借：库存商品——百货柜	8 775	
应交税费——应交增值税(进项税额)	1 020	
贷：银行存款		7 020
商品进销差价——百货柜		2 775

(二)零售商品购进商品溢缺的核算

购进商品溢缺时，应填制“商品购进溢余(短缺)报告单”，并及时查明原因进行会计处理。在尚未查明原因之前，应将溢缺数额先按其进价金额计入“待处理财产损溢”账户，查明原因后，再做转账。若溢余部分查明：属供货方多发的，则应主动退回商品或补付价款；属自然升溢的，则可冲减“销售费用”。若短缺部分查明：属自然损耗的，则应以进价计入“销售费用”账户；属非常损失的，则应按商品进价及其进项税一并计入“营业外支出”或“其他应收款”账户；属供货方少发的，则要求补发货或退款。

【例 5-19】 乐民百货公司向上海烟酒公司购进白酒 5 000 千克，进货单价 6 元，进项税额共计 5 100 元，供货方代垫运费 400 元，增值税 44 元，白酒的含税单价为 8.19 元。采用托收承付方式结算。

支付货款时，做会计分录如下：

借：在途物资——上海烟酒公司	30 000	
应交税费——应交增值税(进项税额)	5 144	
销售费用	400	
贷：银行存款		35 544

上项白酒运到，交烟酒柜验收，发现溢余 100 千克，原因待查。做会计分录如下：

借：库存商品——烟酒柜	41 769	
贷：在途物资——上海烟酒公司		30 000
商品进销差价——烟酒柜		11 169

　　待处理财产损溢——待处理流动资产损溢　　600(进价)

经查，上项溢余白酒有 80 千克属供货方多发，经协商做购进处理，款已汇付；其余 20 千克属自然升溢，经批准冲减销售费用。做会计分录如下：

借：在途物资——上海烟酒公司　　480
　　应交税费——应交增值税(进项税额)　　81.6
　　贷：银行存款　　561.6

同时：

借：待处理财产损溢——待处理流动资产损溢　　600
　　贷：在途物资——上海烟酒公司　　480
　　　　销售费用　　120

【例 5-20】 按【例 5-19】业务，若验收时发现短缺 100 千克，经查明属非常损失。做会计分录如下：

借：库存商品——烟酒柜　　40 131
　　待处理财产损溢——待处理流动资产损溢　　600
　　贷：在途物资——上海烟酒公司　　30 000
　　　　商品进销差价——烟酒柜　　10 731

上项损失中有 80 千克属运输单位责任损失，索赔；其余 20 千克做财产损失处理。做会计分录如下：

借：其他应收款——运输单位　　561.6
　　营业外支出　　140.4
　　贷：待处理财产损溢——待处理流动资产损溢　　600
　　　　应交税费——应交增值税(进项税额转出)　　102

收到运输单位赔款后再从“其他应收款”转入“银行存款”账户。

(三)购进商品退补价的核算

零售商品购进时，有时因为价格计错等原因，会发生退价或补价。购进商品退、补价，都是企业商品进价的变化，会计核算有如下两种情况。

如果是售价不变，则调整进销差价，即补价调减进销差价，退价调增进销差价，并不涉及“库存商品”账户的售价金额。因此，除结算价税款外，尚需调整“商品进销差价”及“应交税费”账户。

如果是进价变，售价也变，则既要调整进销差价，也要调整“库存商品”账户。

【例 5-21】 乐民百货公司 4 日前购进的甲商品 300 件(服装柜商品)，每件 30 元，由于供货方工作疏忽，误按 33 元计收货款及税款。现寄来退价通知单，并通过银行汇来多收货款 900 元，税款 153 元。应做会计分录如下：

借：银行存款　　1 053
　　应交税费——应交增值税(进项税额)　　[153]
　　贷：商品进销差价——服装柜　　900

若为商品补价，则做相反的会计分录。

三、零售商品销售业务的核算

（一）零售商品销售一般业务的核算

零售企业商品销售应设置“主营业务收入”“主营业务成本”等账户进行核算，并以各实物负责人分设明细账户。商品销售以后，应在反映主营业务收入的同时，按售价注销库存商品，以减少实物负责人的商品保管责任。月末时，再按一定的方法计算已销商品应分摊的进销差价，将原来按售价结转的主营业务成本调整为进价成本。

零售企业的主营业务收入，为含税销售额，而根据现行会计制度的要求，销售商品所收取的增值税，应在“应交税费”账户单独反映，因此需要将含税销售额换算为不含税销售额后，再做相应的会计处理。其换算公式为：

$$不含税销售额=含税销售额\div(1+增值税税率)$$

$$应交增值税=不含税销售额\times增值税税率$$

这种换算可随销售随换算，也可于期末时汇总一次换算，因此零售商品销售在会计处理上有两种做法。

一是平时销售时逐笔换算不含税销售额和销项增值税，反映主营业务收入和应交增值税，并同时按含税销售额结转主营业务成本。

二是平时销售时不换算，直接以含税销售额反映主营业务收入并同时结转主营业务成本，不反映销项增值税，待月末时根据本月的全部含税销售额换算为不含税销售额和销项增值税，将销项税从“主营业务收入”中转出，计入“应交税费——应交增值税（销项税额）”账户。

【例 5-22】 乐民百货公司本日主营业务收入为 86 000 元，其中服装柜 23 000 元，百货柜 42 000 元，化妆品柜 21 000 元。价款全部送存银行。

（1）第一种方法：

先计算各柜组不含税销售额和销项税：

$$不含税销售额=86\,000\div(1+17\%)=73\,504.27（元）$$

$$销项税=73\,504.27\times17\%=12\,495.73（元）$$

按上述公式分别计算出各柜组不含税销售额为：服装柜 19 658.12 元，百货柜 35 897.44 元，化妆品柜 17 948.72 元。

再根据“商品进销存日报表”和“内部交款单”等有关凭证，做会计分录如下：

借：银行存款	86 000	
贷：主营业务收入		73 504.27
应交税费——应交增值税（销项税额）		12 495.73

同时，按含税销售额结转销售成本：

借：主营业务成本——百货柜	42 000	
——服装柜	23 000	
——化妆品柜	21 000	
贷：库存商品——百货柜		42 000
——服装柜		23 000

——化妆品柜　　21 000

(2) 第二种方法如下。

平时直接按含税销售额反映销售收入：

借：银行存款　　86 000

　　贷：主营业务收入　　86 000

同时结转主营业务成本：

借：主营业务成本　　86 000

　　贷：库存商品——百货柜　　42 000

　　　　——服装柜　　23 000

　　　　——化妆品柜　　21 000

月末汇总本月含税销售额并换算出不含税销售额和计算出销项税，并做调整分录如下：

借：主营业务收入

　　贷：应交税费——应交增值税(销项税额)

从上述会计处理看，采用第二种方法较为简便。

(二)零售商品销售的特殊业务的核算

1. 零售兼营批发销售的核算

零售兼营批发业务是指零售企业从批发企业或生产单位购进商品后批发给集体或个体商的一种销售业务。

零售兼营批发业务的核算一般分零售商品与批发商品统一管理和零售食品与批发商品分开管理两种方法。

(1)零售商品与批发商品统一管理的核算。统一管理即统一购进，分别销售和统一储存管理。商品购进时，按含税零售价计入实物负责人账户；商品销售后，零售商品部分按零售价批发商品部分按批发价分别计入“主营业务收入”账户，并对“主营业务收入”和“主营业务成本”按零售和批发业务设专户进行核算。

【例 5-23】 乐民百货公司兼营批发业务，由外地工厂进货一批，进价 20 000 元，增值税税款 3 400 元，价税款项已以银行存款支付，该批商品由百货柜验收。商品的含税售价为 28 080 元。商品现已全部出售，其中 50%商品为零售业务，含税销售收入为 14 040 元；另 50%商品为批发业务，批发价为 11 200 元，并收取价外增值税 1 904 元。价款已全部送存银行。根据有关凭证，分别做会计分录如下。

① 购进时：

借：在途物资　　20 000

　　应交税费——应交增值税(进项税额)　　3 400

　　贷：银行存款　　23 400

② 商品验收入库时：

借：库存商品——百货柜　　28 080

　　贷：在途物资　　20 000

　　　　商品进销差价——百货柜　　8 080

③ 商品销售时：

借：银行存款　　27 144
　　贷：主营业务收入——零售　　12 000[14 040÷(1+17%)]
　　　　　　　　　——批发　　11 200
　　　　应交税费——应交增值税(销项税额)　　3 944

同时，按售价结转销售成本，注销库存商品：

借：主营业务成本——零售　　14 040
　　　　　　　　——批发　　14 040
　　贷：库存商品——百货柜　　28 080

(2)零售商品与批发商品分开管理，要求设置批发专户核算批发业务。对于批发商品，采用数量进价金额核算。财会部门应对“库存商品”“主营业务收入”“主营业务成本”分别设批发专户进行核算，批发部按商品品名、规格设置数量金额明细账进行明细分类核算。

【例 5-24】 乐民百货公司从外地购入 800 件商品，每件进价 10 元，批发价 14 元，已交批发部验收。日后，将 500 件商品批发给个体户，售价为 7 000 元，价款已送存银行。

① 财会部门根据发货票及其他有关凭证，做会计分录如下：

借：在途物资　　8 000
　　应交税费——应交增值税(进项税额)　　1 360
　　贷：银行存款　　9 360

② 商品验收入库，根据商品验收单，做会计分录如下：

借：库存商品——批发部　　8 000
　　贷：在途物资　　8 000

③ 商品销售，根据发票注明销售及销项增值税额，做会计分录如下：

借：银行存款　　8 190
　　贷：主营业务收入——批发部　　7 000
　　　　应交税费——应交增值税(销项税额)　　1 190

月末结转销售成本：

借：主营业务成本——批发部　　5 000
　　贷：库存商品——批发部　　5 000

2. 折扣与折让销售商品的核算

销售中会发生现金折扣与销售折让。现金折扣是企业为销售及早收回货款而给予买方的货款优惠，销售折让是企业因为销售商品品种、质量等原因而给予买方的价格减让。现金折扣属于理财费用，要做“财务费用”处理；销售折让则应做冲减收入处理。

同时，根据我国税法规定，现金折扣不能冲减销项税，销售折让可冲减销项税。

【例 5-25】 6 月 10 日，乐民百货公司销售商品一批，含税售价 2 000 元，按收款条件，销售折扣分别为：2/10，1/20，n/30。

商品销售后，根据委托收款回单及发票，做会计分录如下：

借：应收账款　　2 000
　　贷：主营业务收入　　1 709
　　　　应交税费——应交增值税(销项税额)　　291

同时，按库存商品的含税售价结转销售成本，注销库存商品：

借：主营业务成本　　　　　　　　　　　　　　　　　　2 000

　　贷：库存商品　　　　　　　　　　　　　　　　　　　　2 000

(2)6 月 18 日，收到货款时，根据银行进账单，做会计分录如下：

借：银行存款　　　　　　　　　　　　　　　　　　　　1 966

　　财务费用　　　　　　　　　　　　　　　　　　　　　34

　　贷：应收账款　　　　　　　　　　　　　　　　　　　　2 000

四、零售商品清查业务的核算

零售企业为了检查实物负责人的经济责任，确定实物负责人的商品实有数量，每月必须对仓库或实物负责人进行全面的盘点，从而揭示经营管理中存在的问题，提出改进措施，不断提高管理水平。

盘点商品时，应按商品的编号、品名及规格、数量、单价、金额等逐项填写“商品盘点表”，与“库存商品明细账”相核对。如果盘点商品余额与账面金额不符，应由实物负责人按盘点溢缺金额填制“商品盘点溢缺报告单”，说明原因，提出处理意见，报经领导批准后送交财会部门进行会计处理。

(一)库存商品盘点溢余的核算

零售企业库存商品的盘点溢余，是指商品盘存金额大于账存金额。其主要原因有自然升溢，购销过程中多收少发商品等。在尚未查明原因前，按溢余金额暂记“待处理财产损溢”账户；查明原因后，属多收或少发商品的，应将商品退给供货单位或补付货款、补发商品；属自然升溢的，经批准计入当期损益。

【例 5-26】 乐民百货公司店百货柜月末商品盘点，发现实存金额比账存金额多 351 元，上月商品的进销差价率为 31.6%。根据“商品盘点溢余短缺报告单”，做会计分录如下：

借：库存商品——百货柜　　　　　　　　　　　　　　　351

　　贷：商品进销差价——百货柜　　　　　　　　　　　　　111

　　　　待处理财产损溢——待处理流动资产损溢　　　　　　240

经查明溢余商品为自然升溢，经批准冲减销售费用，做会计分录如下：

借：待处理财产损溢——待处理流动资产损溢　　　　　　240

　　贷：销售费用　　　　　　　　　　　　　　　　　　　　240

(二)库存商品盘点短缺的核算

零售企业库存商品盘点短缺，是指商品盘存金额小于账存金额。主要原因是储存中的自然损耗、购销商品过程中的少收多发，以及仓储过程中的非常损失和责任损失等。企业发生的正常商品损耗，应按商品不含税的原进价计入“销售费用”账户，同时冲销其商品进销差价及待实现销项税额；如果属非常损失，应将进项税额转出，并冲销其进销差价及待实现销项税额。查明原因前，按损失商品的原进价及进项税额计入“待处理财产损溢”账户，待查明责任经批准后做相应处理。

【例 5-27】 乐民百货公司文化品柜月末盘点，发现实存金额比账存金额少 585 元。后经查明其中自然损耗 100 元，经批准做销售费用处理；其余为非常损失，其中 280 元属责任人事故损失，索赔，余额经批准计入“营业外支出”。商品的上月进销差价率为 31.6%。根据“商品盘点溢余短缺报告单”，做会计分录如下：

借：待处理财产损溢——待处理流动资产损溢　　400
　　商品进销差价——文化品柜　　185
　　贷：库存商品——文化品柜　　585

查明原因后，做会计分录如下：

借：其他应收款　　280
　　销售费用　　100
　　营业外支出　　71
　　贷：待处理财产损溢——待处理流动资产损溢　　400
　　　　应交税费——应交增值税（进项税额转出）　　51

五、已销商品进销差价的计算与结转

实行售价金额核算法的企业，商品购进时，计入“商品进销差价”的数额随着频繁的商品购销而发生增减变化，其结果是一部分数额是库存商品应保留的含税商品进销差价，一部分数额是已销商品实现的含税商品进销差价。商品销售后，按含税售价注销库存商品同时，也按含税售价登记了“主营业务成本”账户。此时，“主营业务成本”账户中包括已销商品的进价和已销商品实现的含税进销差价两部分。为了正确反映出商品的销售成本，每月终了，就必须运用一定的方法计算出已销售商品的进销差价，将其从“商品进销差价”和“主营业务成本”账户中转出。这样，“商品进销差价”账户中转出已销商品实现的进销差价和销项税额后的余额就是库存商品应保留的进销差价和待实现的销项税额；“主营业务成本”账户中转出已销商品实现的进销差价和销项税额后的余额就是已销商品的进价成本。

由于企业平时以含税售价额登记“库存商品”及“主营业务收入”“主营业务成本”等账户，如果在月末计算已销商品应分摊的进销差价之前没做调整，应将其换算成为不含税销售额后再进行计算分摊。

已销商品进销差价的计算方法有以下 3 种。

1. 综合差价率计算法

综合差价率计算法，是按照企业全部商品存销比例分摊进销差价的一种方法。

这种方法是先求出综合差价率，然后以本月商品销售额与综合差价率相乘，即为已销商品应分摊的进销差价。其计算公式如下：

$$\text{综合差价率}=\frac{\text{月末分摊前“商品进销差价”账户余额}}{\text{月末库存商品账户余额}+\text{本月“主营业务成本”的借方发生额}}\times 100\%$$

本月销售商品应分摊的进销差价=本月“主营业务成本”的借方发生额×综合差价率

【例 5-28】 乐民百货公司月末分摊前“商品进销差价”账户余额为 58 000 元，月末“库存商品”账户余额为 110 000 元，本月“主营业务成本”账户借方发生额为 180 000 元。根据上述资料，计算综合差价率和已销商品应分摊的商品进销差价。该企业采用月末统一结转销项税的方法。

(1)先将各有关账户的含税售价调整为不含税售价:

$$180\,000 \div (1+17\%) = 153\,846(\text{元})$$

$$\text{本月实现销项税额} = 153\,846 \times 17\% = 26\,154(\text{元})$$

根据计算结果，做会计分录如下:

借：主营业务收入　　26 154

　　贷：应交税费——应交增值税(销项税额)　　26 154

(2)计算分摊已销商品进销差价:

$$\text{综合差价率} = \frac{58\,000}{110\,000 + 180\,000} = 20\%$$

$$\text{本月已销商品应分摊的进销差价} = 180\,000 \times 20\% = 36\,000(\text{元})$$

做会计分录如下:

借：商品进销差价　　36 000

　　贷：主营业务成本　　36 000

这种计算方法计算手续简便，但全部商品按同一差价率计算已销商品进销差价，并不全部符合实际情况，其结果也不够准确。因此，它一般适用于各种商品差价率接近的企业。

2. 分类(或柜组)差价率计算法

分类(或柜组)差价率计算法，是按照企业各类商品或各柜组实物负责人商品的存销比例，分摊各类商品或柜组实物负责人商品进销差价的一种方法。其计算方法和综合差价率的计算方法基本相同，只是缩小了核算范围，把使用全部商品计算一个综合差价率，改为按类或柜组计算多个差价率，再分别求出各类或分柜组已销商品的进销差价。将各类或分柜组已销商品进销差价加以汇总，即为企业全部已销商品的进销差价。

采用这种方法计算已销商品进销差价，要求“商品进销差价”“库存商品”“主营业务收入”“主营业务成本”等账户都必须按类或按柜组设置明细分类账，以便取得各类或柜组的核算资料。各柜组实现的销项税的核算同综合差价率法，只是分柜组分别核算而已。

【例 5-29】 乐民百货公司月末分摊前“商品进销差价”“库存商品”和“主营业务成本”账户借方发生额的资料，如表 5-5 所示。应用分柜组差价率计算法，分别计算各营业柜组差价，如表 6-6 所示。

表 5-5　各柜组相关计算资料表

单位：元

柜组	月末“商品进销差价”账户余额	月末“库存商品”账户余额	本月“主营业务成本”账户借方发生额
百货	6 675	22 000	38 000
针织	12 000	42 000	69 000
纺织	13 500	53 000	78 000
鞋帽	8 000	34 000	45 000
合计	40 175	151 000	230 000

表 5-6　各柜组相关计算结果表

单位：元

柜组	月末“商品进销差价”账户余额	月末“库存商品”余额	本月主营业务成本借方发生额	差价率(%)	已销商品分摊的进销差价
百货	6 675	22 000	38 000	11.125	4 227.50
针织	12 000	42 000	69 000	10.81	7 458.90
纺织	13 500	53 000	78 000	10.305	8.37.90
鞋帽	8 000	34 000	45 000	10.13	4 558.50
合计	40 175	151 000	230 000		24 282.80

做会计分录如下：

借：商品进销差价——百货柜　　4 227.50
　　　　　　　　——针织柜　　7 458.90
　　　　　　　　——纺织柜　　8 037.90
　　　　　　　　——鞋帽柜　　4 558.50
　贷：主营业务成本——百货柜　　4 227.50
　　　　　　　　　——针织柜　　7 458.90
　　　　　　　　　——纺织柜　　8 037.90
　　　　　　　　　——鞋帽柜　　4 558.50

采用分类(或柜组)差价率计算法比综合差价率计算法缩小了核算范围，计算结果比较接近于实际。目前，采用售价金额核算的企业多采用这种方法。

用这种方法计算已销商品进销差价，计算结果较为准确，但计算手续比较烦琐。由于在同柜组的商品中，各种商品的进销差价率高低不一，因此，还不能做到完全准确。

3. 实际差价计算法

实际差价计算法，是企业年终决算前通过库存商品实地盘点，计算出库存商品的实际进销差价，然后再求出已销商品进销差价的一种方法。具体做法如下。

(1)年末各实物负责人对全部商品进行盘点，填制“库存商品盘点表”，以每种商品的实存数量，分别乘以该种商品的进货单价和零售单价，求出每种商品的进价总金额和含税售价总金额。

(2)结存商品含税售价总金额与进价总金额之间的差额就是结存商品的进销差价，即库存商品应保留的进销差价。

(3)年末分摊前“商品进销差价”账户余额与结存商品进销销差价之间的差额就是已销商品进销差价。计算公式如下(在盘点的基础上)：

结存商品保留的进销差价=结存商品的售价总金额–结存商品的进价总金额

已销商品分摊的进销差价=分摊前“商品进销差价”余额–结存商品保留的进销差价

【例 5-30】 乐民百货公司年末进行库存商品盘点，按进价计算的库存商品总金额 62 775 元，按售份计算的库存商品总金额 73 720 元，“商品进销差价”账户余额为 24 428 元。

根据上述资料计算：

结存商品保留的进销差价=73 720–62 775=10 945(元)

已销商品分摊的进销差价=24 428–10 945=13 483(元)

这种方法，不受已销商品中各种差价率和商品销售结构比重的影响，计算结果准确，但需要逐一品种盘点计价，工作量大，因此，一般在年终决算前，调整商品进销差价和核实库存商品价值时使用。

采用实际差价计算法时，如调整前“商品进销差价”账户余额大于结存商品应保留的进销差价，则说明原来少结转了已销商品的进销差价，要补结转已销商品的进销差价，即借记“商品进销差价”，贷记“主营业务成本”；如调整前“商品进销差价”账户余额小于结存商品应保留的进销差价，则说明原来多结转已销商品的进销差价，要冲回多转的进销差价，即借记“主营业务成本”，贷记“商品进销差价”。

通过上述结转之后，“商品进销差价”账户余额，即为期末库存商品应保留的进销差价；“主营业务成本”账户余额，即为已销商品的进价成本。

本章小结

商品流通企业分为批发和零售两种类型。核算内容是商品流转的 3 个环节。核算方法分为进价与售价两种。批发企业的会计核算以数量进价金额核算为主，其商品购进涉及商品购进、进货退出、退价补价、短缺溢余、拒付拒收等业务的核算；其商品销售涉及一般销售、直运销售等业务的核算；其商品储存涉及盘点和跌价等业务的核算。零售企业的会计核算一般采用售价金额核算方法，实行实物负责制，库存商品按含销项税的售价记账。同时设置“商品进销差价”账户，反映商品进价与售价之间的差额。零售企业商品流转的核算环节与批发企业基本相同，其核算方法与批发企业相比，在于需要通过月末对商品销售收入和主营业务成本的调整，才能计算出当月的经营利润。

第六章

农业企业会计

第一节　农业企业会计的特点

一、农业企业的业务特点

作为一个基础行业的农业具有许多与其他行业不同的特点，表现在以下几个方面。

（一）生产对象的生命性

生物不但是农业企业的生产对象，同时也是生产资料。生物有的属于存货，有的属于固定资产。生物繁殖、生长周期和规律受自然条件的影响，因此农业生产具有较大的不确定性。

（二）生产周期的季节性

在农业生产中，企业利用植物和动物的生长和生理机能进行生产，因此产品的生产时间和生产者的劳动时间往往是不一致的。在完成一般的人类劳动之外，生物性资产通常需要额外的自然生长时间才能形成有价值的农产品。这样就形成了农业生产的季节性的特点。

（三）多种经济成分的复杂性

从所有制角度来看，农业企业呈现出多种经济成分并存的局面，有国营农场、建设兵团、集体企业、个体企业、合伙企业、有限责任公司和股份制公司等不同形式。

（四）劳动资料、劳动对象和劳动产品的相互转化性

农业企业的劳动对象是具有生命的动物和植物，因此劳动的对象和产品常常存在相互转换情况。例如，畜牧业的幼畜可以转化为育肥畜，育肥畜又可以转化为产畜，产畜淘汰又可转为育肥畜。在畜牧业生产中，幼畜是指未成熟的牲畜或家禽，成熟后可能出售也可能转为生产性生物资产，如役畜、奶畜或种畜等。育肥畜是指在生产中未成熟的牲畜或家禽，成熟后一般用于出售，如育肥猪、肉鸡等。

二、农业企业会计核算的特点

作为应用于农业行业的专门会计，农业企业会计以货币为主要计量单位，同时也是农业企业经济管理的重要组成部分。农业企业生产经营过程具有一定的特殊性，因此农业企业的会计核算与工商企业会计相比也具有显著的特点。

（一）成本计算与收入核算的复杂性

商业企业通常只是进行零售经营业务或者批发经营业务，生产企业通常只是进行单一的

产品生产活动，而农业企业生产的多种经营、综合经营决定了农业行业的会计核算必须按农业企业的需要确定会计核算对象，核算各种业务的收入与成本，如养殖业务、屠宰业务、加工业务等。

(二)月度生产资金耗费的不均衡性

由于农业生产的周期较长，生产费用在整个经营期间内并非均匀发生的，因此在计算经营成本时需要以年为会计期间分配具体费用。例如，畜牧业虽然平时可以取得蛋、奶、肉等产品，但是由于畜类和禽类的生长周期比较长，因而计算产品成本时不应该按月确认。在农业企业经营过程中，各种业务的性质、耗费成本内容，都有与工业企业不同之处。各种因素决定了农业企业需要采用各种不同的成本计算方法，以年为周期设置具体的成本核算项目，组织农业企业的会计核算工作。

(三)资金用途的相互转换性

在农业会计核算过程中，部分产成品占用的货币资金会以某种形式转换成生产占用资金或者储备占用资金，这是因为农业企业经营过程中劳动资料、劳动对象和劳动产品具有相互转化性，从而导致了资金形式的转换。在畜牧业经营过程中，因生产需要会将幼畜育成之后转为产畜或者役畜，而产畜或者役畜因为生育能力或者生产能力下降遭到淘汰后会转为育肥畜。此时，会计核算就需要严格划分各种资产的界限，通过设定特殊的会计账户对各种资产形式的转换做出合理的会计处理，而不是只用“固定资产”“原材料”和“库存商品”等普通账户做一般的核算。

第二节　农业企业会计的核算

一、生物资产的定义

农业生产中动、植物的自然再生与经济再生相互作用，这是造成农业企业会计核算复杂性的主要原因。2006 年颁布的《企业会计准则第 5 号——生物资产》是农业企业会计核算的主要规范。《企业会计准则第 5 号——生物资产》规定：生物资产是指农业生产相关的有生命的动物和植物。

二、生物资产的特点

(一)生物资产的生物转化性

有生命的动物或者植物其自身具有生物转化的能力。生物转化指的是生物资产的质量和数量发生变化的生长、蜕化、繁殖和生产的过程。生物资产的自身转化过程与工业企业的原材料消耗过程具有一定的相似性，两种过程的结果都是资产的形态最终发生了变化，并且价值得到增加。两者的区别在于，一方面，生物资产的转化过程中生物体自身起到了主导作用，人工的管理以及自然界的作用对生物资产的转化起到的是辅助作用，而工业生产中的原材料没有自身转化的能力；另一方面，生物资产在完成转化过程后其数量常常是增加的，如细胞分裂、产畜的生产等，而工业生产过程中原材料是被消耗的对象，在转化过程完成后原材料的数量是减少的。

（二）生物资产的流动性与长期性

具有特殊经营目的的生物资产具有流动性的特点，如饲养牛、羊以取其皮肉为经营目的，此时生物性资产只能利用一次，这样的生物性资产具有流动性。

生物资产在经营过程中可以长期使用，连续多年为企业创造价值，如饲养牛、羊以取其奶、毛为经营目的，这样的生物资产可以长期反复使用，具有长期性。

就生物资产的长期性而言，其与固定资产具有一定的相似性。

而生产性生物资产与固定资产具有本质区别。生物资产是有生命的，具有天然增值能力，而固定资产是没有生命的，不具有自身增值潜能。其主要体现在以下两方面：一方面固定资产投产后，其价值随着生命周期的延长逐年下降趋势，而生产性生物资产的价值随生命周期的延长呈缓慢增长、快速增长、趋于稳定和下降趋势；另一方面固定资产投产后，其产能随着生命周期的延长逐年递减趋势。生产性生物资产的产能随生命周期的延长呈零产能、增长、稳定、下降趋势。

三、生物资产的确认与分类

我国《企业会计准则第 5 号——生物资产》中明确规定，生物资产必须同时满足 3 个条件才能予以确认：企业因过去交易或事项而拥有或者控制着该生物资产；该生物资产所包含的未来经济利益很可能流入企业；该生物资产的成本能够可靠地计量。

其中，判断某项生物性资产包含的经济利益是否很可能流入企业，要以与该生物资产所有权利关的报酬和风险是否转移到企业为准。与生物性资产所有权相关的报酬和风险是指，由于经营情况变化造成的相关收益的变动，以及由于遭受自然灾害、病虫害、动物疫病等原因造成的损失。

根据生物性资产持有目的不同，可以将其分为消耗性生物资产、生产性生物资产和公益性生物资产。

消耗性生物资产指的是为出售而持有的，或者在将来收获为农产品的生物资产。例如，种植的大米和麦子等庄稼、大棚蔬菜、林业中长成后用作原木的用材林以及存栏待售的牲畜等。消耗性生物资产通常被一次性消耗并终止其服务能力或未来经济利益，因此在一定程度上具有存货的特征。

生产性生物资产是为产出农产品、提供劳务或者出租而持有的生物资产，包括诸如下蛋产奶的牲畜、种畜和役畜，香蕉和苹果等果树等。生产性生物资产具备自我生长性，属于有生命的劳动手段。按照是否能进入正常生产周期为标准，生产性生物资产还应当分为成熟生产性生物资产和未成熟生产性生物资产。未成熟生产性生物资产指的是未进入正常生产周期，不能多年连续提供劳动服务或可以连续收获产品的生产性生物资产，如尚未成熟的水稻和大豆，未开始下蛋的鸡、鸭等；成熟生产性生物资产是指进入正常生产周期，能够多年连续提供劳动服务或可以连续收获产品的生产性生物资产。

公益性生物资产是指以防护和环境保护为主要目的的生物资产，包括防风固沙林、水土保持和水源涵养林等。企业拥有的公益性生物资产虽然不能直接为企业带来利益，但是有可能为企业从相关的资产中带来经济收益，因此符合生物资产的确认条件。

四、消耗性生物资产的核算

消耗性生物资产中大部分属于流动资产，但也有消耗性生物资产不属于流动资产，如生长期很长的用材林，其生长期可以达到多年甚至几十年，将其作为流动资产来对待显然不适合。当然，符合存货特征的消耗性生物资产，应当作为存货在资产负债表中列报。

(一)消耗性生物资产会计核算的账户设置

为了对消耗性生物资产进行核算，需要设置“消耗性生物资产”“消耗性生物资产跌价准备”等账户。

“消耗性生物资产”账户，用于核算农业企业持有的消耗性生物资产的实际成本。账户借方登记外购、自行栽培、营造、繁殖等各种方式取得的消耗性生物资产的实际成本；贷方登记收获和处置消耗性生物资产的实际成本，期末借方余额反映企业消耗性生物资产的实际成本。

“消耗性生物资产跌价准备”账户，用于核算消耗性生物资产价格下跌时计提的准备。账户借方登记处置消耗性生物资产结转的跌价准备和转回的消耗性生物资产跌价准备；贷方登记消耗性生物资产可变现净值低于账面价值的差额，期末贷方余额反映企业已经计提但尚未转销的消耗性生物资产跌价准备。

(二)消耗性生物资产取得的核算

生物资产取得业务的核算首先要确定资产的入账价值。生物资产的初始入账价值，是指生物资产的取得成本。其所涉及的问题是：当生物资产满足确认标准时，应以什么金额入账。生物资产的取得方式包括购买、自行营造、盘盈、接受捐赠、接受投资、非货币性交易、债务重组等。由于生物资产取得方式的不同，其初始入账价值的确定也不相同。

1. 外购的消耗性生物资产

外购的用材林、育肥畜等消耗性生物资产的实际成本，应当按其购买价款、相关税费、运输费、 保险费以及可以直接归属于该资产的其他支出确定，包括场地整理费、装卸费、栽植费、专业人员服务费等。

外购的消耗性生物资产，应按计入消耗性生物资产成本的金额，借记“消耗性生物资产”账户，贷记“银行存款”“应付账款”“应付票据”等账户。如果是从一般纳税人单位购买消耗性生物资产且取得增值税专用发票的，则企业要将增值税进项税额记入“应交税费——应交增值税(进项税额)”账户。

【例 6-1】 2016 年 6 月 5 日，华远农业公司从某农场购入一批成年肉猪，取得增值税专用发票注明的买价为 45 000 元，进项税额为 7 650 元，另外发生运输费 2 000 元(没有取得增值税专用发票)，装卸费 500 元，保险费 1 500 元。款项用银行存款支付。做会计分录如下：

借：消耗性生物资产	49 000	
应交税费——应交增值税(进项税额)	7 650	
贷：银行存款		56 650

2. 自行栽培大田作物和蔬菜

自行栽培的大田作物和蔬菜的成本，按照其在收获前耗用的种子、肥料、农药等材料费、人工费等必要的支出进行确定。按收获前发生的必要支出，借记“消耗性生物资产”账户，贷记“银行存款”账户。

【例 6-2】 华远农业公司，2016 年种植的农作物为水果玉米，耗用种子费 4 000 元，肥料 3 000 元，农药 6 000 元，人工费 15 000 元。做会计分录如下：

借：消耗性生物资产　　28 000

　　贷：银行存款　　28 000

3. 自行营造的林木类消耗性生物资产

自行营造的林木类消耗性生物资产的成本，按其郁闭前发生的造林费、抚育费、森林保护费、营林设施费、良种试验费、调查设计费及分摊的间接费用等必要支出确定。按林木郁闭前发生的必要支出，借记“消耗性生物资产”账户，贷记“银行存款”“应付账款”“应付票据”等账户。

林木的郁闭度是指森林中乔木树冠遮蔽地面的程度，它是反映林分密度的指标，以林地树冠垂直投影面积与林地面积之比表示，以十分数表示，完全覆盖地面为 1。联合国粮农组织规定郁闭度达到 0.2 以上即为郁闭林。

【例 6-3】 华远农业公司自行营造用材林，2016 年林木郁闭前用银行存款支付发生的育林费 200 000 元，抚育费 30 000 元，森林保护费 10 000 元，调查设计费 10 000 元。做会计分录如下：

借：消耗性生物资产　　250 000

　　贷：银行存款　　250 000

4. 自行繁殖的育肥畜

自行繁殖的育肥畜的实际成本，按其在出售前发生的饲料费、人工费及其他直接费用和间接费用确定。按育肥畜出售前发生的必要支出，借记“消耗性生物资产”账户，贷记“银行存款”、“应付账款”、“应付票据”等账户。

【例 6-4】 2016 年华远农业公司自繁殖仔猪一批，出售前用银行存款支付饲料费 70 000 元，人工费 80 000 元，其他直接费用 10 000 元。做会计分录如下：

借：消耗性生物资产　　160 000

　　贷：银行存款　　160 000

5. 水产养殖的动物和植物

水产养殖的动物和植物的实际成本，按其在出售或入库前耗用的苗种、饲料、肥料等材料费、人工费、其他直接费和应分摊的间接费用等必要支出确定。按水产养殖动物、植物出售前发生的必要支出，借记“消耗性生物资产”账户，贷记“银行存款”“应付账款”“应付票据”等账户。

【例 6-5】 2016 年华远农业公司养殖草鱼一批，出售前用银行存款支付苗种费 10 000 元，饲料费 30 000 元，人工费 15 000 元。做会计分录如下：

借：消耗性生物资产　　55 000

　　贷：银行存款　　55 000

6. 天然起源的消耗性生物资产

天然林等天然起源的消耗性生物资产，当有确凿证据表明企业能够拥有、控制该生物资产时，才能予以确认。天然起源的消耗性生物资产的公允价值无法可靠地取得，应按名义金额确定生物资产的成本，同时计入当期损益，名义金额为1元人民币，即借记“消耗性生物资产”账户，贷记“营业外收入”账户。

【例6-6】 2016年，华远农业公司取得天然起源林800亩，该批林木属于工业原料林。做会计分录如下：

借：消耗性生物资产　　1

　贷：营业外收入　　1

(三)消耗性生物资产的后续计量

消耗性生物资产的后续计量通常有两种方式，历史成本计量和公允价值计量。采用历史成本对消耗性生物资产进行计量，生物资产成本按成本减掉累计折旧和跌价准备计量。采用公允价值对消耗性生物资产进行计量需要同时满足两个条件：其一，生物资产有活跃的交易市场，即该生物资产能够在交易市场中直接交易；其二，能够从交易市场上取得同类或类似生物资产的市场价格及其他相关关信息，从而对生物资产的公允价值做出科学合理的估计。

活跃的交易市场，是指同时具有下列3个特征的市场：市场内交易的对象具有同质性；可随时找到自愿交易的买方和卖方；市场价格信息是公开的。

同类或类似的生物资产，是指品种相同、质量等级相同或类似、生长时间相同或类似、所处气候和地理环境相同或类似的有生命的动物和植物。这一规定表明，企业能够客观而非主观随意地使用公允价值。

在公允价值模式下，企业不再对生物资产计提折旧和计提跌价准备或减值准备，而应当以资产负债表日生物资产的公允价值减去估计销售时所发生费用后的净额计量，各期变动计入当期损益。一般情况下，企业对生物资产的计量模式一经确定，不得随意变更。以下主要阐述在历史成本计量模式下的消耗性生物资产的会计核算方法。

例如，林木类消耗性生物资产在生长的过程中，经营者会对林木进行择伐、间伐或者因抚育更新而采伐，经过采伐后的林木需要补植，对于补植所发生的林木类资产后续经营支出，借记“消耗生物资产”账户，贷记“银行存款”“应付账款”“应付票据”等账户。

【例6-7】 2016年，华远农业公司对工业原料林实行更新采伐，更新采伐后按作业计划对采伐迹地进行更新造林，用银行存款支付森林保护费5 000元，人工费15 000元，材料费7 000元。做会计分录如下：

借：消耗性生物资产　　27 000

　贷：银行存款　　27 000

(四)消耗性生物资产减值的核算

1. 消耗性生物资产发生减值的确认

鉴于消耗性生物资产具有未来经济利益的不确定性，我国生物资产会计准则规定：企业至少应当于每年年度终了对消耗性和生产性生物资产进行检查，有确凿证据表明生物资产发生减值的，应当计提消耗性生物资产跌价准备。

此外，生物资产存在下列情形之一的，通常表明该生物资产发生了减值。

(1)因遭受火灾、旱灾、水灾、冻灾、台风、冰雹等自然灾害，造成消耗性或生产性生物资产发生实体损坏，影响该资产的进一步生长或生产，从而降低其产生经济利益的能力。

(2)因遭受病虫害或动物疫病侵袭，造成消耗性或生产性生物资产的市场价格大幅度持续下跌，并且在可预见的未来无回升的希望。

(3)因消费者偏好改变而使企业消耗性或生产性生物资产收获的农产品的市场需求发生变化，导致市场价格逐渐下跌。

(4)因企业所处经营环境，如动物、植物检验检疫标准等发生重大变化，从而对企业产生不利影响，导致消耗性或生产性生物资产的市场价格逐渐下跌。

(5)其他足以证明消耗性或生产性生物资产实质上已经发生减值的情形。

2. 消耗性生物资产减值的核算

会计期末，农业企业需要按消耗性生物资产账面价值与可变现净值之间的差额计提减值准备，设置“资产减值损失——消耗性生物资产”账户核算资产价格波动所产生的损失，设置“存货跌价准备——消耗性生物资产”核算当期计提的跌价准备。若消耗性生物资产的可变现净值低于账面价值，则根据差额，借记“资产减值损失——消耗性生物资产”账户，贷记“存货跌价准备——消耗性生物资产”账户。在发生减值损失之后，若引起资产减值的因素已经消失，则应将已计提的资产减值损失冲销，借记“存货跌价准备——消耗性生物资产”账户，贷记“资产减值损失——消耗性生物资产”账户。

【例 6-8】 华远农业公司种植玉米 200 公顷，发生成本 600 000 元。2016 年 6 月发生自然灾害，导致 90 公顷的玉米遭到严重损害，灾后可变现净值约为 150 000 元，则灾后受损的玉米可变现净值低于账面价值的差额为 120 000 元，应提跌价准备为 120 000 元。做会计分录如下：

借：资产减值损失——消耗性生物资产(玉米)　　　　120 000

　　贷：存货跌价准备——消耗性生物资产(玉米)　　　　120 000

【例 6-9】 沿用【例 6-8】相关数据资料，通过科学技术手段，华远农业公司消除了自然灾害的影响，此时公司应对生物资产的可变现净值进行恢复。做会计分录如下：

借：存货跌价准备——消耗性生物资产(玉米)　　　　120 000

　　贷：资产减值损失——消耗性生物资产(玉米)　　　　120 000

(五)消耗性生物资产的收获以及处置

1. 收获消耗性生物资产的会计核算方法

从收获农产品成本核算的截止时点来看，不同的时点对农产品进行收获会得到不同的农产品价值。例如，种植业产品和林产品一般具有季节性强、生产周期长、经济再生产与自然再生产相交织的特点，而种植业产品和林产品成本计算期因不同产品的特点而异。因此，企业在确定收获农产品的成本时，应特别注意成本计算的截止时点，而在收获时点之后的农产品应当适用《企业会计准则第 1 号——存货》。

消耗性生物资产收获后转为企业拥有的农产品时，应当按消耗性生物资产账面价值结转成本，借记“农产品”账户，贷记“消耗性生物资产”账户。消耗性生物资产成本结转的具体方法包括个别计价法、加权平均法、蓄积量比例法、轮伐期年限法、折耗率法等。在这几种核算方法中，蓄积量比例法、轮伐期年限法、折耗率法等都是林业中通常使用的方法，核算方法体现有林业经济业务的特殊性。

(1)个别计价法适用于单体价值较高的农产品，或者信息化管理水平较为成熟的农业企业。

(2)加权平均法是畜牧养殖企业常用的方法，下面用例题阐述用加权平均法结转成本。

【例 6-10】 华远农业公司 2016 年 4 月末养殖的肉猪账面余额为 38 000 元，共计 50 头；5 月 15 日花费 10 000 元新购入一批肉猪养殖，共计 20 头；5 月 30 日屠宰并出售肉猪 25 头，支付临时工屠宰费用 500 元，出售取得价款 20 000 元；5 月共发生饲养费用 1 000 元(其中，应付专职饲养员工资 600 元，饲料 400 元)，该公司采用移动加权平均法结转成本。该公司的会计处理如下：

平均单位成本=(38 000+10 000+1 000)÷(50+20)=700(元)

出售猪肉的成本=700×25=17 500(元)

借：消耗性生物资产——肉猪	10 000	
贷：银行存款		10 000
借：消耗性生物资产——肉猪	1 000	
贷：应付职工薪酬		600
原材料		400
借：农产品——猪肉	18 000	
贷：消耗性生物资产		17 500
库存现金		500
借：库存现金	20 000	
贷：主营业务收入		20 000
借：主营业务成本	18 000	
贷：农产品——猪肉		18 000

(3)蓄积量比例法以达到经济成熟可供采伐的林木为“完工”标志,将包括已成熟和未成熟的所有林木按照完工程度(林龄、林木培育程度、费用发生程度等)折算为达到经济成熟可供采伐的林木总体蓄积量；然后，按照当期采伐林木的蓄积量占折算的林木总体蓄积量的比例，确定应该结转的林木资产成本。该方法主要适用于择伐方式和林木资产由于择伐更新使其价值处于不断变动的情况下。计算公式如下：

某期应结转的林木资产成本=(当期采伐林木的蓄积量÷林木总体蓄积量)×期初林木资产账面总值

(4)轮伐期年限法将林木原始价值按照可持续经营的要求，在其轮伐期的年份内平均摊销，并结转林木资产成本。其中，轮伐期是指将一块林地上的林木均衡分批、轮流采伐一次所需要的时间（通常以年为单位计算）。计算公式如下：

某期应结转的林木资产成本=林木资产原值÷轮伐期

(5)折耗率法也是林业上常用的方法之一。该方法按照采伐林木所消耗林木蓄积量占到采伐为止预计该地区、该树种可能达到的总蓄积量，摊销、结转所采伐林木资产成本。计算公式如下：

采伐的林木应摊销的林木资产价值=折耗率×所采伐林木的蓄积量

折耗率=林木资产总价值÷到采伐为止预计的总蓄积量

其中的折耗率应按树种、地区分别测算；林木资产总价值是指该地区、该树种的营造林历史成本总和；预计总蓄积量是指到采伐为止预计该地区、该树种可能达到的总蓄积量。

2. 处置消耗性生物资产的会计核算方法

消耗性生物资产在出售时，按交易实际收到金额，借记“银行存款”账户，贷记“主营业务收入”账户。同时，按消耗性生物资产账面余额借记“主营业务成本”账户，贷记“消耗性生物资产”账户，若资产已计提跌价或者减值准备或折旧的，则需结转相应的跌价或减值准备或累计折旧。这里所指的消耗性生物资产处置是指，未经收获直接销售的生物资产，如鲜活商品鱼或者猪等，经过收获的生物资产处置会计处理具体见【例 6-9】。

【例 6-11】 华远农业公司 2016 年 5 月将育成的 50 头猪崽出售给 C 食品加工厂，价款 22 000 元，已经收到对方的银行付款，该批猪崽未计提跌价准备。出售猪崽时，该批猪崽账面价值为 18 000 元。则华远农业公司做会计分录如下：

借：银行存款	22 000	
贷：主营业务收入		22 000
借：主营业务成本	18 000	
贷：消耗性生物资产		18 000

【例 6-12】 华远农业公司 2016 年 5 月出售鲜鲤鱼 8 000 千克，每千克鲤鱼售价 5 元，每千克鲤鱼成本 3 元，该批鲤鱼未计提跌价准备。未收到对方货款。做会计分录如下：

借：应收账款	40 000	
贷：主营业务收入		40 000
借：主营业务成本	24 000	
贷：消耗性生物资产		24 000

五、生产性生物资产的核算

相比消耗性生物资产，生产性生物资产在生产经营中可以被长期反复的使用，从而不断产出农产品或者是被长期役用。消耗性生物资产在发生农产品收获的业务之后，资产就不存在了，转换成农产品的形式；而生产性生物资产产出农产品之后，该资产仍然保留，并可以在未来期间继续产出农产品。因此，生产性生物资产在一定程度上具有固定资产的特征，如果树每年产出水果、奶牛每年产奶等。

(一) 生产性生物资产会计核算的账户设置

为了对生产性生物资产进行核算，需要设置“生产性生物资产”“生产性生物资产减值准备”“农业生产成本”“生产性生物资产累计折旧”等账户。

“生产性生物资产”账户，用于核算农业企业持有的生产性生物资产的实际成本。账户借方登记外购、自行栽培、营造、繁殖等各种方式取得的生产性生物资产的实际成本；贷方登记收获和处置生产性生物资产的实际成本，期末借方余额反映生产性生物资产的实际成本。

“生产性生物资产减值准备”账户，用于核算生产性生物资产可回收金额低于成本或者账面价值时计提的准备。账户借方登记处置生产性生物资产时结转的减值准备；贷方登记生产性生物资产可回收金额低于成本或账面价值的差额，期末贷方余额反映企业已经计提但尚未结转的生产性生物资产减值准备。生产性生物资产减值准备一经计提不得回转，这点是与消耗性生物资产不同的地方。

“农业生产成本”账户，用于核算在企业农业经营活动中发生的各项生产费用。按种植业、畜牧殖业、林业和水产业等行业分类确定核算对象，对生产活动中发生的各项费用进行归集与分配。

“生产性生物资产累计折旧”账户，用于核算成熟的生产性生物资产的累计折旧，按生产性生物资产的种类、群别等进行明细核算。其借方登记处置生产性生物资产结转的累计折旧；贷方登记计提的生产性生物资产的折旧，期末贷方余额反映成熟的生产性生物资产的累计折旧额。

(二)生产性生物资产取得的核算

与消耗性生物资产类似，生产性生物资产的取得，按方式不同，可分为企业外购、自行营造、自行繁殖、育肥畜转产为畜和役畜、天然起源获得等。由于取得方式不同，其初始入账价值的确定也不相同。

1. 企业外购生产性生物资产

农业企业外购生产性生物资产，按应计入生产性生物资产成本的金额，借记“生产性生物资产”账户，贷记“银行存款”“应付账款”等账户。外购生产性生物资产的成本包括购买价款、相关税费、运输费、保险费以及可直接归属于购买该资产的其他支出。其中，可直接归属于购买该资产的其他支出包括场地整理费、装卸费、栽植费、专业人员服务费等。购买过程中发生的相关税费、运输费、保险费等可直接归属于购买该资产的其他支出，应当按照各项生物资产的价款比例进行分配，分别确定各项生物资产的成本。

【例 6-13】 2016 年 5 月，华远农业公司购买 15 头种公猪、30 头母猪，单价分别为 4 000 元和 3 000 元，支付的价款共计 150 000 元(未取得增值税专用发票)。此外，发生的运输费为 4 500 元，保险费为 3 000 元，装卸费为 2 250 元，款项尚未支付。

(1)确定应分摊的运输费、保险费和装卸费：

$$分摊比例=(4\ 500+3\ 000+2250)\div 150\ 000=6.5\%$$

因此：

$$15\ 头种公猪应分摊：60\ 000\times 6.5\%=3\ 900(元)$$

$$30\ 头母猪应分摊：90\ 000\times 6.50\%=5\ 850(元)$$

(2)确定种公猪、母猪的入账价值：

$$15\ 头种公猪的入账价值：15\times 4\ 000+3\ 900=63\ 900(元)$$

$$30\ 头母猪的入账价值：30\times 3\ 000+5\ 850=95\ 850(元)$$

华远农业公司的会计处理如下：

借：生产性生物资产——种公猪	63 900	
——母猪	95 850	
贷：应付账款		159 750

2. 自行营造林木类生产性生物资产

自行营造的林木类生产性生物资产的初始取得成本，按达到预先计划的生产经营目的前所发生的必要支出入账，借记“生产性生物资产”账户，贷记“银行存款”“应付账款”或者“应付票据”等账户。

【例 6-14】 2016 年 5 月，华远农业公司自行营造的具有生长特点的柑橘果树林 20 公顷，发生直接材料费用 100 000 元，人员工资 50 000 元，以银行存款支付技术咨询服务费 15 000 元。做会计分录如下：

借：生产性生物资产——未成熟生产性生物资产（柑橘）	165 000	
贷：原材料		100 000
应付职工薪酬		50 000
银行存款		15 000

3. 自行繁殖的产畜和役畜

自行繁殖的产畜和役畜，按其达到生产经营目的前发生的必要支出，借记“生产性生物资产”账户，贷记“银行存款”“应付账款”和“应付票据”等账户。需要注意的是，在具体业务中，生产性生物资产在达到预定生产经营目的之前发生的必要支出在“生产性生物资产——未成熟生产性生物资产”账户归集。

未成熟生产性生物资产达到预定生产经营目的时，按其账面余额，借记“生产性生物资产——成熟生产性生物资产”账户，贷记“生产性生物资产——未成熟生产性生物资产”账户。未成熟生产性生物资产已计提减值准备的，还应同时结转已计提的减值准备。

【例 6-15】 2016 年 5 月，华远农业公司养殖奶牛 5 头，产奶前实际成本包括饲料费 30 000 元，人工饲养费 14 000 元，以银行存款支付其他费用 8 000 元。做会计分录如下：

借：生产性生物资产——未成熟生产性生物资产（奶牛）	52 000	
贷：原材料		30 000
应付职工薪酬		14 000
银行存款		8 000

4. 育肥畜转为产畜和役畜

企业将育肥畜转为产畜和役畜，按照其消耗性生物资产账面余额，借记“生产性生物资产”账户，贷记“消耗性生物资产”账户。若原资产已经计提跌价准备的，还需要同时结转存货跌价准备。

【例 6-16】 2016 年 5 月，华远农业公司将一批肉羊转为种羊，这批种羊的账面价值为 46 000 元，已计提存货跌价准备 5 000 元。做会计分录如下：

借：生产性生物资产	41 000	
存货跌价准备——消耗性生物资产（肉羊）		5 000
贷：消耗性生物资产		46 000

5. 天然起源的生产性生物资产

天然林等天然起源的生物资产，当有确凿证据表明企业能够拥有、控制该生物资产时，才能予以确认。天然起源的生物资产的公允价值无法可靠地取得，应按名义金额确定生物资产的成本，同时计入当期损益，名义金额为 1 元人民币，即借记“生产性生物资产”账户，贷记“营业外收入”账户。

【例 6-17】 2016 年 5 月，华远农业公司取得天然起源林 1 000 亩，该批林木属于生产性物资。 做会计分录如下：

借：生产性生物资产　　　　　　　　　　　　　　　　　　　　1

　　贷：营业外收入　　　　　　　　　　　　　　　　　　　　　1

（三）生产性生物资产的后续计量

类似消耗性生物资产的后续计量模式，生产性生物资产后续计量也有两种方式，历史成本计量和公允价值计量。采用历史成本对生产性生物资产进行计量，未成熟的生产性生物资产按成本减累计减值准备计量，成熟的生产性生物资产按成本减累计折旧及累计减值准备计量。

采用公允价值对生产性生物资产进行计量，需要同时满足两个条件：其一，生物资产有活跃的交易市场，即该生物资产能够在交易市场中直接交易；其二，能够从交易市场上取得同类或类似生物资产的市场价格及其他相关信息，从而对生物资产的公允价值做出科学合理的估计。在公允价值模式下，企业不再对生物资产计提折旧和计提跌价准备或减值准备，应当以资产负债表日生物资产的公允价值减去估计销售时所发生费用后的净额计量，各期变动计入当期损益。一般情况下，企业对生物资产的计量模式一经确定，不得随意变更。

上述"活跃的交易市场"以及"同类或类似的生物资产"概念解释，参考消耗性生物资产后续计量模式相关内容。

以林业为例，由于间伐、择伐或者抚育更新而补植林木类生产性生物资产发生的后续支出，借记"生产性生物资产"账户，贷记"银行存款"、"应付职工薪酬"等账户。

【例 6-18】 2016 年，华远农业公司对自有的橡胶林进行择伐，择伐后按照作业计划对择伐迹地进行更新造林，发生人工费用 40 000 元，材料费用 20 000 元。做会计分录如下：

借：生产性生物资产——未成熟生产性生物资产（橡胶树）　　60 000

　　贷：原材料　　　　　　　　　　　　　　　　　　　　　40 000

　　　　应付职工薪酬　　　　　　　　　　　　　　　　　　20 000

（四）生产性生物资产折旧的核算

根据 2006 年《企业会计准则第 5 号——生物资产》，生产性生物资产的折旧指的是，在生产性生物资产的使用寿命内，按照确定的方法对应计折旧额进行系统分摊。其中，应计折旧额是指应当计提折旧的生产性生物资产的原价扣除预计净残值后的余额；如果已经计提减值准备，还应当扣除已计提的生产性生物资产减值准备累计金额。预计净残值是指预计生产性生物资产使用寿命结束时，在处置过程中所发生的处置收入扣除处置费用后的余额。

1. 需要提取折旧的生产性生物资产

当生产性生物资产达到预定生产经营目的时，企业应当对该项资产按期计提折旧。

与固定资产计提折旧类似，企业一般应按月计提折旧，当月增加的成熟生产性生物资产，当月不提折旧，从下月起计提折旧；当月减少的成熟生产性生物资产，当月照提折旧，从下月起不提折旧。成熟生产性生物资产提足折旧后，不管能否继续使用，均不再提取折旧；提前报废的成熟生产性生物资产，也不再补提折旧。

需要注意的是，以融资租赁方式租入的生产性生物资产和以经营租赁方式租出的生产性生物资产，应当计提折旧；以融资租赁方式租出的生产性生物资产和以经营租赁方式租入的生产性生物资产，不应当计提折旧。

2. 影响生产性生物资产预计使用寿命的因素

企业在确定生产性生物资产的使用寿命时，应当考虑下列主要因素：一是该资产的预计生产能力或实物产量；二是该资产的有形损耗，如经济林木、产畜和役畜的老化情况等；三是该资无形损耗，如因新品种的出现而使现有的生产性生物资产的生产能力和产出品的质量相对下降等；四是有关资产使用的法律或者类似的限制。

如对融资租赁的生产性生物资产，按租赁合同的规定，能够合理确定租赁期届满时将会取得租赁资产所有权的，应当在租赁资产尚可使用年限内计提折旧；如果无法合理确定租赁期届满时能够取得租赁资产所有权的，应当在租赁期与租赁资产尚可使用年限两者中较短的期间内计提折旧。

具体到判断某一生产性生物资产的预计使用寿命，企业应在考虑上述 4 种主要影响因素的基础上，结合不同生产性生物资产的性质、消耗方式、所处环境等因素，做出决策。在相同环境条件下，对同样的生产性生物资产的使用寿命应具有相同的预期。

3. 生产性生物资产的折旧方法

生物资产准则规定了企业可选用的折旧方法包括年限平均法、工作量法、产量法等。在具体应用时，企业应当根据生产性生物资产的具体情况，合理选择相应的折旧方法。

企业应根据成熟生产性生物资产的性质和消耗方式选择折旧方法。对于达到预定经营目的生产性生物资产，还应根据生产性生物资产的性质、使用情况和有关经济利益的预期实现方式，合理地确定成熟生产性生物资产的预计使用年限和预计净残值，并选择合理的成熟生产性生物资产的折旧方法。

生产性生物资产的折旧方法、预计使用年限和预计净残值一经确定，将影响企业在各会计期间的折旧费用、应纳税所得额等会计要素。因此，生产性生物资产的折旧方法、预计使用年限和预计净残值确定之后不得随意变更。如需变更，需要经公司管理层批准，之后还需要报送行政相关部门备案，并在会计报表附注中予以说明。

此外，企业每年需要对生产性生物资产的预计使用寿命、预计净残值进行复核，一旦发现资产预计使用寿命、预计净残值等数据与原来的估计有较大出入，企业应当作为会计估计变更，按照《企业会计准则第 28 号——会计政策、会计估计变更和差错更正》的规定进行会计处理，调整生产性生物资产的使用寿命或预计净残值。

(1) 平均年限法。平均年限法，是将生产性生物资产的应计折旧额平均地分摊到生产性生物资产预计使用年限中的一种方法。采用平均年限法计提折旧，在每一会计期间所计提的折旧额均是相等的。在资产使用年限到期时，对资产进行报废一般可回收部分残值。计算公式如下：

年折旧率=(1–净残值率)÷预计使用寿命(年)

月折旧率=年折旧率÷12

月折旧额=固定资产原值×月折旧率

【例 6-19】 华远农业公司的一头奶牛原价为 10 000 元，预计这头奶牛产奶期为 5 年，预计净残值率为 5%。则该头奶牛的月折旧额计算如下：

奶牛年折旧率=(1–5%)÷5=19%

奶牛月折旧率=19%÷12=1.58%

$$奶牛本月月折旧额=10\ 000\times1.58\%=158（元）$$

(2)工作量法。工作量法，是根据实际工作量计提生产性生物资产折旧额的一种方法。计算公式如下：

$$单位工作量折旧额=\frac{生产性生物资产原值\times(1-预计净残值率)}{预计工作总量}$$

某项生产性生物资产月折旧额=该项生产性生物资产当月工作量×单位工作量折旧额

(3)产量法。产量法，是按照生产性生物资产提供的农产品产量或者新的生物资产的数量来计提累计折旧的方法，实质上它是工作量法的一种特殊形式。而产量法更能体现生物资产自身生长发育的规律，能很好地与成本收益原则保持一致。计算公式如下：

$$单位产出品折旧=\frac{生产性生物资产原值\times(1-预计净残值率)}{预计产出品总量}$$

某项生产性生物资产月折旧额=该项生产性生物资产当月产出品数量×单位产出品折旧额

【例 6-20】 华远农业公司的头奶牛原价为 10 000 元，预计生产牛奶综合产量为 50 000 千克，预计净残值率为 5%。当月该奶牛产奶 500 千克，则该头奶牛的月折旧额计算如下：

$$每千克牛奶折旧额=\frac{10\ 000\times(1-5\%)}{50\ 000}=0.19（元/千克）$$

$$本月折旧额=500\times0.19=95（元）$$

4. 生产性生物资产折旧的会计处理

企业按月对成熟的生产性生物资产进行折旧计提，借记“农业生产成本”“管理费用”等账户，贷记“生产性生物资产累计折旧”账户。

【例 6-21】 华远农业公司主要从事大豆、玉米等经济作物的种植业务，为对种植的经济作物进行保护种了一批农田防护林，该批农田防护林本月应提取折旧 300 元。做会计分录如下：

借：管理费用　　300

　贷：生产性生物资产累计折旧　　300

【例 6-22】 2016 年 5 月，华远农业公司应当对本公司用于产奶的奶牛计提折旧 2 000 元。做会计分录如下：

借：农业生产成本——奶牛　　2 000

　贷：生产性生物资产累计折旧　　2 000

(五)生产性生物资产减值准备的核算

1. 生产性生物资产减值准备的确认

由于生产性生物资产同样具有未来经济利益的不确定性和高风险性，企业会计准则规定企业每年年末需要对生产性生物资产进行检查，有确实的证据表明遭受自然灾害、病虫害、动物疫病侵袭或市场需求变化等，可能导致生产性生物资产可收回金额低于账面价值，此时要对生产性生物资产计提减值准备。计提减值准备以生产性生物资产可收回金额与账面价值之间的差额入账，同时确认当期损益。根据准则规定，生产性生物资产减值准备一经提取不得转回。

根据企业会计准则有关资产减值的规定，生产性生物资产的可收回金额，是指生物资产的公允价值减去处置费用后的净额与生物资产预计现金流量现值两者相比，较高者即为该生产性生物资产可收回金额。生物资产预计现金流量现值主要包括预期从该资产的持续使用中产生的现金流量现值和使用寿命结束时的处置中形成的现金流量现值。

在估计公允价值减去处置费用后的净额时需要注意,在资产交易时存在销售协议价格的，应当根据销售协议价格确定生物资产的公允价值减去处置费用后净额；在实务中，企业的资产往往都是内部持续使用的，取得资产的销售协议价格并不容易，如果生物资产存在活跃交易市场，应当根据该资产的市场价格确定公允价值减去处置费用后净额；在既不存在资产销售协议又不存在资产活跃市场的情况下，企业应当以可获取的最佳信息为基础，根据在资产负债表日假定处置该资产。熟悉情况的交易双方，自愿进行公平交易愿意提供的交易价格减去资产处置费用后的金额，作为估计的生产性生物资产公允价值减去处置费用后的净额。

企业如果不对已经发生的生产性生物资产减值损失加以确认，必将导致生产性生物资产价值的虚增，同时也违反了会计核算中的谨慎性原则。因此，企业应至少在每年年度终了对成熟生产性生物资产进行检查。如果发现某生产性生物资产发生减值，应当计提相应的减值准备。

2. 判断生产性生物资产的减值

具体来说，可能造成生产性生物资产可回收金额低于账面价值的情况如下：①因遭受火灾、旱灾、水灾、冻灾、台风、冰雹等自然灾害，造成生产性生物资产发生实体损坏，影响该资产进一步生长或生产，从而降低其产生经济利益的能力。②因遭受病虫害或者疯牛病、禽流感、口蹄疫等动物疫病侵袭，造成生产性生物资产的市场价格大幅度持续下跌，并且在可预见的未来无回升的希望。③因消费者偏好改变而使企业的生产性生物资产收获的农产品的市场需求发生变化，导致市场价格逐渐下跌。与工业产品不同，一般情况下，技术进步不会对生物资产的价值产生明显的影响。④企业所处经营环境，如动物、植物检验检疫标准等发生重大变化，从而对企业产生不利影响，导致生产性生物资产的市场价格逐渐下跌。⑤同期市场利率或者其他市场投资报酬率大幅度提高，进而很可能影响企业计算生产性生物资产可收回金额的折现率，并导致生产性生物资产可收回金额大幅度降低。判断生产性生物资产是否减值，主要是比较该资产账面价值是否高于其可收回金额。如果运用未来现金流量来计算生产性生物资产可收回金额，则生产性生物资产的未来现金流量与折现率将影响生产性生物资产的可收回金额。如果以同期市场利率等作为计算生产性生物资产可收回金额的折现率，则同期市场利率等的提高将降低生产性生物资产的可收回金额。⑥其他足以证明生产性生物资产实质上已经发生减值的情形。

3. 计提生产性生物资产减值准备

经过严谨的判断，生产性生物资产确实已经发生减值的，企业应当根据会计准则进行相应的资产减值处理。计提生产性生物资产减值准备的具体步骤如下。

第一步，判断生产性生物资产减值迹象。

第二步，计算确定生产性生物资产可收回金额，并比较可收回金额与资产账面价值。首先，确定生产性生物资产可收回金额，需要计算资产公允价值减去处置费用后的净额，以及预计资产在未来所能带来的现金流量现值；其次，如果可收回金额低于账面价值，取其差额作为减值准备的金额。

确定可收回金额，需要确认预计未来现金流量现值。生物资产预计未来现金流量现值主要由两部分构成，即预期资产使用期间所产生的现金流量现值和使用期结束时处置所产生的现金流量现值。预期资产使用期间所产生的现金流量现值的影响因素，主要包括资产预计使用寿命、未来各会计期间产生的现金流量、折现率。资产预计使用寿命应该以该项资产的剩余可使用寿命为限；未来产生现金流量应该参考该资产在过去使用期间所产生的经济利益给予预计；折现率应该反映货币资金的时间价值以及持有资产所面临的风险。由于确定资产未来产生的现金流量现值过程中，很多因素需要主观估计，因此企业在进行资产未来现金流量现值确定时，需要运用职业判断，并根据谨慎性原则的要求，充分考虑生产性生物资产各种风险因素，确定合理的折现率和现金流量。

【例 6-23】 华远农业公司 2016 年 12 月 30 日对自有橡胶园进行资产减值测试，发现该橡胶园存在减值迹象。橡胶园 2016 年 12 月 30 日账面价值为 3 200 000 元，预计剩余使用年限为 6 年，在未来 5 年中每年的预计现金流量为：800 000 元、600 000 元、550 000 元、500 000 元、450 000 元；第 6 年预计资产产生现金流量与处置资产获得现金流量之和为 600 000 元；以前年度未计提资产减值准备。综合考虑市场利率和风险因素，公司采用 6%折现率，该橡胶园公允价值减去处置费用之后的净额为 1 600 000 元。

根据上述有关资产现金流、折现率等数据，首先，计算橡胶园预计未来现金流量现值，有关计算过程如表 6-1 所示。

表 6-1　预计未来现金流量现值计算表

单位：元

年度	预计未来现金流	折现率	复利现值系数	现值
2016	800 000	0.06	0.943	754 400
2017	600 000	0.06	0.89	534 000
2018	550 000	0.06	0.84	462 000
2019	500 000	0.06	0.792	396 000
2020	450 000	0.06	0.747	336 150
2021	600 000	0.06	0.705	423 000
合计	3 500 000	/	/	2 905 550

其次，该橡胶园的公允价值减去处置费用之后的净额为 1 600 000 元，预计未来现金流量现值为 2 905 550 元，由于 2 905 550 元>1 600 000 元，因而橡胶园的可收回金额为 2 905 550 元。最后，由于该橡胶园账面价值 3 200 000 元高于可收回金额 2 905 550 元，资产已经发生减值，因此需计提减值金额为 294 450 元（3 200 000–2 905 550）。

最后，对符合计提减值条件的生产性生物资产进行会计处理。借记“资产减值损失”账户，贷记“生产性生物资产减值准备”账户。企业计提生产性生物资产减值损失之后不再转回。

【例 6-24】 沿用【例 6-23】的相关数据，2016 年 12 月 30 日华远农业公司自有橡胶园发生资产减值。做会计分录如下：

橡胶园资产减值损失= 3 200 000–2905 550 = 294 450（元）

借：资产减值损失——生产性生物资产（橡胶）　　294 450

　　贷：生产性生物资产减值准备——橡胶　　294 450

(六) 生产性生物资产的收获和处置

1. 收获生产性生物资产的核算

生产性生物资产达到成熟之后，就可以开始收获农产品。收获农产品成本类似于消耗性资产的收获业务，需要归集在收获过程中发生的原材料、人工费、其他间接费用。与消耗性资产不同之处是，成熟生产性生物资产收获的农产品还需要分摊应该负担的生产性生物资产折旧。

【例 6-25】 华远农业公司饲养的奶牛已经进入产奶期，本月发生饲养费用为：饲料费用 3 000 元，人工费 5 000 元，银行存款支付防疫费用 1 000 元，本月应提取折旧费用 1 500 元。做会计分录如下：

借：农业生产成本——奶牛	10 500	
贷：生产性生物资产累计折旧		1 500
原材料		3 000
应付职工薪酬		5 000
银行存款		1 000

生产性生物资产成本结转的具体方法包括个别计价法、加权平均法、折耗率法、蓄积量比例法，轮伐期年限法等。生产性生物资产成本结转各种方法与消耗性生物资产成本结转方法类似，具体的成本核算方法参看消耗性生物资产成本结转相关内容。

【例 6-26】 2016 年 5 月，华远农业公司入库牛奶 260 000 千克，每千克牛奶成本 1 元。做会计分录如下：

借：农产品——牛奶	260 000	
贷：农业生产成本——奶牛		260 000

2. 处置生产性生物资产的会计核算方法

企业处置生产性生物资产，按实际交易的金额借记“银行存款”“应收账款”等账户；按已计提的生产性生物资产累计折旧，借记“生产性生物资产累计折旧”；按已计提的生产性生物资产减值金额，借记“生产性生物资产减值准备”账户；按生产性生物资产账面价值，贷记“生产性生物资产——××”账户；最后按借贷方差额确认处置收入，贷记“营业外收入——处置非流动资产利得”账户。

【例 6-27】 华远农业公司将 6 头奶牛转让给当地农户李某，奶牛转让价格 48 000 元，6 头奶牛账面原值 66 000 元，已计提折旧 10 000 元，计提减值准备 15 000 元，已收到农户汇入银行的购买奶牛款。做会计分录如下：

借：银行存款	48 000	
生产性生物资产减值准备	15 000	
生产性生物资产累计折旧	26 000	
贷：生产性生物资产——奶牛		66 000
营业外收入——处置非流动资产利得		23 000

六、公益性生物资产的核算

(一) 公益性生物资产的确认与计量

1. 公益性生物资产的初始计量

企业取得公益性生物资产一般按其实际成本进行初始计量。公益性生物资产取得方式包括外购取得、自行营造取得、天然起源资产等。

外购公益性生物资产的取得成本包括购买价款、相关税费、运输费、保险费以及可直接归属于购买该资产的其他支出。其中，可直接归属于购买该资产的其他支出包括场地整理费、装卸费、栽植费、专业人员服务费等。

自行营造生物资产的取得成本包括郁闭前发生的造林费、抚育费、森林保护费、营林设施费、良种试验费、调查设计费和应分摊的间接费用等必要支出。

天然起源取得生物资产按名义金额确定公益性生物资产成本。

2. 公益性生物资产的后续计量

公益性生物资产后续计量模式有成本计量和公允价值计量两种。由于公允价值不易取得，在我国公益性生物资产一般使用历史成本对资产进行后续计量。公益性生物资产不计提折旧，因此确认公益性生物资产历史产成本无须扣除累计折旧。

需要注意的是，与生产性生物资产和消耗性生物资产不同，对公益性生物资产而言，由于其持有目的与消耗性生物资产和生产性生物资产有本质不同，其主要是出于防护、环境保护等特殊公益性目的，具有非经营性的特点，因此生物资产准则规定公益性生物资产不计提减值准备。

（二）公益性生物资产的核算账户设置

设置“公益性生物资产”账户对公益性生物资产进行核算，账户借方登记外购、自行营造取得公益性生物资产的实际成本；贷方登记公益性生物资产的减少，期末借方余额表示现存公益性生物资产成本。

（三）公益性生物资产取得的核算

1. 外购公益性生物资产

企业外购公益性生物资产，按应计入成本的相关费用项目合计，借记“公益性生物资产”账户，贷记“银行存款”“应付账款”等账户。

【例 6-28】 华远农业公司 2016 年使用自有资金购入一批杨树种苗，作为公益性生物资产，各种成本项目花费总计 150 000 元，款项尚未支付。做会计分录如下：

借：公益性生物资产	150 000	
贷：应付账款		150 000

2. 自行营造公益性生物资产

自行营造的公益性生物资产，按林木郁闭前的必要支出，借记“公益性生物资产”账户，贷记“银行存款”等账户。

【例 6-29】 华远农业公司 2016 年自行营造 20 公顷公益林，该批公益林的实际成本是 90 000 元，林木已经郁闭。做会计分录如下：

借：公益性生物资产	90 000	
贷：应付账款		90 000

3. 天然起源取得公益性生物资产

天然起源取得公益性生物资产，企业应当按名义价格 1 元，借记“公益性生物资产”账户，贷记“银行存款”等账户。

（四）公益性生物资产后续计量与核算

消耗性生物资产和生产性生物资产转为公益性生物资产，按已计提折旧，借记“生产性生物资产累计折旧”账户；按已计提资产减值，借记“存货跌价准备——消耗性生物资产”或者“生产性生物资产减值准备”账户；按消耗性生物资产或生产性生物资产的账面原值，贷记“生产性生物资产”或者“消耗性生物资产”账户；按借贷方差额，借记“公益性生物资产”账户。

【例 6-30】 根据环境保护需要，华远农业公司 2016 年将 30 公顷生产原料林划转为公益林，该生产原料林账面原值 180 000 元，已计提存货跌价准备 30 000 元。做会计分录如下：

借：公益性生物资产	150 000	
存货跌价准备——消耗性生物资产	30 000	
贷：消耗性生物资产		180 000

需要注意的是，公益性生物资产不需要计提折旧以及确认资产减值损失。

本 章 小 结

农业企业生物资产分为消耗性生物资产和生产性生物资产，消耗性生物资产具有存货的特点，在生产中资产的耗费一次性转入产品中；生产性生物资产具有固定资产的特点，在生产过程中分期计提资产的损耗。消耗性生物资产和生产性生物资产的核算有所不同。生产性生物资产需要计提减值准备，计提关键是要理解生物资产的可回收金额、公允价值减去处置费用后净值、资产未来现金流量现值等概念。资产未来现金流量现值由两部分组成，分别是资产剩余使用寿命期间产生的现金流量现值，以及在处置资产时所产生的现金流量现值。确定现金流量现值时所选择的折现率要考虑市场投资回报率等多种因素。

第七章

施工企业会计

第一节 施工企业会计的特点

施工企业又称建筑安装企业，它是国民经济中一个重要的生产部门，是主要从事建筑工程、安装工程及其他专门工程的具有法人地位的经济组织。施工企业会计是会计学的一个分支，是应用于施工企业的一门专业会计。

施工企业的会计核算同其他行业的会计核算相比，具有以下特点。

一、成本核算对象具有单件性

由于建筑安装工程各有不同的功能和结构，需要单独的设计图纸，即使是根据同一标准设计进行施工的同类型、同规模的工程，也会因自然条件、交通条件、材料要求和物价水平的不同，造成施工过程中工料费用的不同。因此，建筑安装工程只能按照建设要求和单个图纸组织单件生产，不能像工业企业那样成批生产。施工生产的这一特性，决定了工程成本的核算应实行分批(订单)法，将每一独立编制施工图预算的单位工程作为成本核算对象。

二、核算周期具有长期性

一项工程的实际施工成本和收益水平，只有当该工程竣工后，才能正确和完整地反映出来。而施工企业生产的建筑安装工程等产品，除了少部分工程造价低、耗费少以外，大多是体积庞大、造价高、耗费大的工程，因而施工周期较长，一般都需要跨年度施工，有的工程工期甚至长达几年、十几年。

三、产成品和在产品的划分具有特殊性

工业企业会计核算中，产成品是指本企业已经完成全部生产过程，并已验收入库可供销售的产品；在产品是指没有完成全部生产过程，不能作为商品销售的产品。施工企业如果采用与工业企业相同的方法来划分产成品，则只有当工程全部竣工，办理了竣工验收手续交付使用时，才能算做产成品。但是，建筑安装工程施工具有周期较长的特点，按照这种划分方法，就会在长期的施工过程中，不能对工程进度、工程质量和工程成本进行有效的监督。所以对建筑安装产品，需要人为地划分产成品和在产品，即将工程进度达到预算定额的工作内容、不需要在本企业内部进一步施工、可据以进行结算的分部分项工程，作为“已完工程”，即假定的“产成品”；将已投料施工，但尚未完成预算定额规定的全部工序和内容，而暂时无法进行结算的分部分项工程，作为“未完施工”，即“在产品”。按照这种划分方法，施工企业可以及时对“已完工程”统计工程进度，进行工程价款结算，考核工程成本，计算财务成果。

四、工程价款的结算方式具有多样性

由于建筑安装工程施工周期较长，资金占用量大，为了合理地解决工程所需资金的供应，工程价款结算可采用多种方式。例如，竣工后一次结算；按照工程形象进度，划分不同阶段进行结算；按期(月或季)对已完分部分项工程进行结算，竣工后清算等办法。此外，施工企业还可以根据工程承包合同规定，向发包单位预收工程备料款，以解决工程储备材料所需资金。

第二节　周转材料的分类、摊销及核算

一、周转材料的分类

周转材料是指企业在施工生产过程中能够多次使用并可基本保持原来的形态而逐渐转移价值的材料，如模板、挡板等。

周转材料虽然保持材料形态，但在施工生产过程中却起着劳动资料的作用。它能够多次参加生产过程，不改变其实物形态，其价值逐渐地转移到工程成本中去。但是周转材料种类较多，用量较大，使用频繁，经常需要补充更换。因此，同低值易耗品一样，把它归入存货类进行管理和核算。

周转材料按其在施工中的用途，可分为以下几类。

(1)模板：指浇灌混凝土用的钢、木或钢木组合的模型板，以及配合模板使用的支撑材料和滑模材料等。按固定资产管理的固定钢模和现场固定大型模板不包括在内。

(2)挡板：指土方工程使用的挡土板等，包括支撑在内。

(3)架料：指搭脚手架用的竹竿、钢管(包括扣件)、竹跳板等。

(4)其他：除上述各类之外，作为流动资产管理的其他周转材料。例如塔吊使用的轻轨、枕木等(不包括附属于塔吊的钢轨)。

二、周转材料的摊销

由于周转材料在生产过程中能够多次周转使用，因此，它的价值应随同其损耗程度，逐渐转移、摊销计入工程成本或有关费用。周转材料价值的摊销方法，根据各类周转材料的不同情况，一般有以下几种。

(1)一次摊销法。一次摊销法是指在领用周转材料时，将其全部价值一次计入工程成本或有关费用。这种方法一般应限于易腐的周转材料，如安全网等。

(2)分期摊销法。根据周转材料的预计使用期限，将周转材料的价值分期计入工程成本或有关费用。其计算公式如下：

$$\text{每月摊销额}=\frac{\text{周转材料原价}\times(1-\text{残值占原值的百分比})}{\text{预计使用月数}}$$

这种方法适用于脚手架、跳板、塔吊轻轨、枕木等磨损与使用期限有关的周转材料。

【例 7-1】 某工程领用跳板一批，计划成本 5 000 元，预计残值占计划成本的 10%，预计使用期限为 15 个月，则：

$$跳板的月摊销额=\frac{5\,000\times(1-10\%)}{15}=300(元)$$

(3)分次摊销法。根据周转材料预计使用次数，将其价值分次计入工程成本或有关费用。其计算公式如下：

$$周转材料每次摊销额=\frac{周转材料原价\times(1-残值占原值的百分比)}{预计使用月数}$$

$$本期摊销额=每次摊销额\times本期使用次数$$

分次摊销法一般适用于预制钢筋混凝土构件时所使用的定型模板、模板、挡板等能分清使用次数的周转材料。

【例 7-2】 某工程本期领用模板一批，计划成本 6 000 元，估计残值占计划成本的 10%，预计使用 10 次。本期使用 2 次，则：

$$模板本期摊销额=\frac{6\,000\times(1-10\%)}{10}\times2=1\,080(元)$$

(4)定额摊销法。根据完成的实物工作量和预算定额规定的周转材料消耗定额，计算本期摊销额。其计算公式如下：

$$周转材料本期摊销额=本期完成的实物工作量\times单位工程周转材料消耗定额$$

这种方法一般适用于各种模板等周转材料。

【例 7-3】 某工程本月完成现浇梁混凝土工程 100 立方米，10 立方米模板消耗定额为 66.15 元，则：

$$模板本期摊销额=66.15\times10=661.50(元)$$

以上各种摊销方法，企业具体采用哪一种要根据实际情况确定。所采用的摊销方法一经确定，不应随意变更。但无论采用哪种摊销方法(一次摊销法除外)，因为都有预计的因素，平时计算的摊销额不可能与实际损耗价值完全一致，所以，需在年度终了或工程竣工时，对周转材料进行盘点，根据实际损耗调整已提摊销额，以保证工程成本和有关费用的准确性。

三、周转材料摊销额的调整

在工程竣工和年度终了时，对在用周转材料进行盘点和清查，其结果有三种：一是降低成色；二是报废；三是短缺。对这三种情况的周转材料已提摊销额都要进行调整。凡是不足应提摊销额的，要补提摊销额；对于多提的摊销额要冲回，以达到对工程成本的正确记录。

$$应补提摊销额=应提摊销额-已提摊销额$$

(一)应提摊销额的计算

$$降低成色周转材料应提摊销额=降低成色周转材料计划(实际)成本\times(1-确定的成色百分比)$$

【例 7-4】 甲工程年终盘点，有一批模板计划成本 12 000 元，现此模板还有四成新，则：

$$模板应提摊销额=12\,000\times(1-40\%)=7\,200(元)$$

$$报废周转材料应提摊销额=报废周转材料计划(实际)成本-残值$$

【例 7-5】 乙工程报废一批架料，计划成本 4 800 元，残值 300 元，则：

$$\text{报废架料应提摊销额} = 4\ 800 - 300 = 4\ 500\text{（元）}$$

$$\text{短缺周转材料应提摊销额} = \text{短缺周转材料计划（实际）成本}$$

（二）已提摊销额的计算

$$\text{周转材料已提摊销额} = \left.\begin{array}{r}\text{降低成色}\\ \text{报废}\\ \text{短缺}\end{array}\right\} \text{周转材料计划(实际)成本} \times \frac{\text{该类周转材料已提摊销累计}}{\text{该类周转材料计划(实际)成本总额}}$$

【例 7-6】 甲工程短缺一批模板，其计划成本 2 500 元，该类模板账面已提摊销额 20 000 元，计划成本 50 000 元，则：

$$\text{短缺模板已提摊销额} = 2\ 500 \times \frac{20\ 000}{50\ 000} = 1\ 000\text{（元）}$$

四、周转材料的核算

（一）周转材料业务核算的程序

周转材料业务核算的流程如图 7-1 所示。

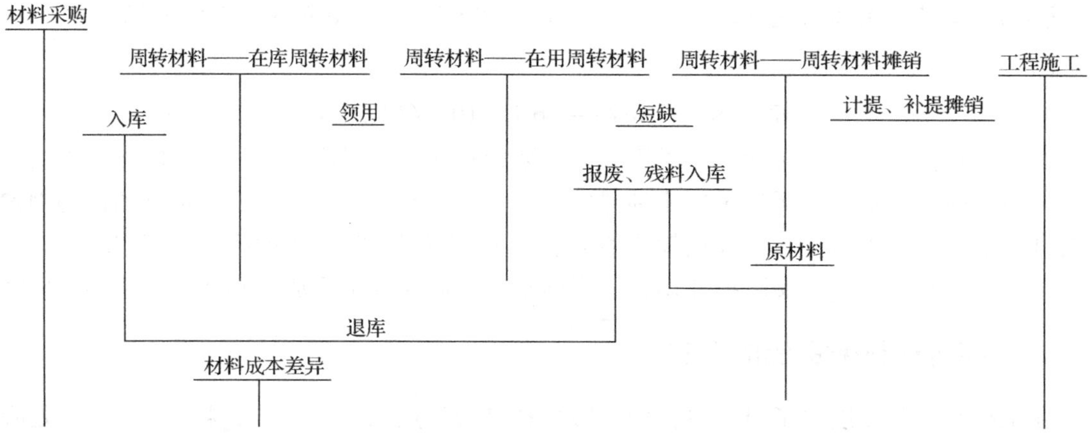

图 7-1 周转材料业务核算流程图

说明：

企业购入、自制、委托外单位加工完成并验收入库的周转材料，可比照“原材料”的核算方法，在“在库周转材料”明细账户核算。

领用的周转材料，应分不同情况进行处理：采用一次摊销方法的周转材料，领用时应将其价值一次全部计入成本，借记“工程施工——合同成本”等账户，贷记“周转材料——在库周转材料”账户；采用其他摊销方法的周转材料，在领用时，按计划成本或实际成本，借记“周转材料——在用周转材料”账户，贷记“周转材料——在库周转材料”账户。

按规定方法计提在用周转材料的摊销额时，借记“工程施工——合同成本”等账户，贷记“周转材料——周转材料摊销”账户。

周转材料报废、短缺时，按已提摊销额借记“周转材料——周转材料摊销”账户，按入库残料价值借记“原材料”账户，按应补提的摊销额借记“工程施工——合同成本”等账户，按计划成本或实际成本贷记“周转材料——在用周转材料”账户。

(二)周转材料核算举例

【例 7-7】 企业购入一批架料，实际成本 43 600 元，计划成本 43 000 元，货款已支付，架料已验收入库，做如下会计处理。

① 支付货款时：

借：材料采购——周转材料　　43 600

　　贷：银行存款　　43 600

② 验收入库时：

借：周转材料——在库周转材料　　43 000

　　贷：材料采购——周转材料　　43 000

③ 月末结转材料成本差异：

借：材料成本差异——周转材料　　600

　　贷：材料采购——周转材料　　600

【例 7-8】 甲工程领用库存的新架料一批，计划成本 13 000 元，做如下会计处理：

借：周转材料——在用周转材料(架料)　　13 000

　　贷：周转材料——在库周转材料(架料)　　13 000

【例 7-9】 甲工程领用库存的安全网(一次摊销)一批，计划成本 1 500 元，材料成本差异率为 1%，做如下会计处理：

借：工程施工——合同成本(甲工程)　　1 515

　　贷：周转材料——在库周转材料　　1 500

　　　　材料成本差异——周转材料　　15

【例 7-10】 甲工程按规定的摊销方法，计提本期架料应提摊销额 600 元，做如下会计处理：

借：工程施工——合同成本(甲工程)　　6 000

　　贷：周转材料——周转材料摊销(架料)　　6 000

【例 7-11】 甲工程将不需要的模板退回仓库，计划成本 4 600 元，估计成色 75%，在用模板计划成本为 10 000 元，账面已提摊销额 3 000 元，做如下会计处理：

① 退库时：

借：周转材料——在库周转材料(模板)　　4 600

　　贷：周转材料——在库周转材料(模板)　　4 600

② 将补提摊销额计入成本：

$$\text{应提摊销额}=4\,600\times(1-75\%)=1\,150(\text{元})$$

$$\text{已提摊销额}=4\,600\times\frac{3\,000}{10\,000}=1\,380(\text{元})$$

$$\text{应补提摊销额}=1\,150-1\,380=-230(\text{元})$$

借：工程施工——合同成本(甲工程)　　$\boxed{230}$

　　贷：周转材料——周转材料摊销(模板)　　$\boxed{230}$

【例 7-12】 甲工程报废挡板一批，计划成本 5 000 元，残值 400 元，残料已验收入库，材料成本差异率为挡板计划成本 20 000 元，已提摊销额 15 000 元，做如下会计处理。

① 将补提摊销额计入成本：

$$应提摊销额=5\,000-400=4\,600（元）$$

$$已提摊销额=5\,000\times\frac{15\,000}{20\,000}=3\,750（元）$$

$$应补提摊销额=4\,600-3\,750=850（元）$$

借：工程施工——合同成本（甲工程）　850

　　贷：周转材料——周转材料摊销（挡板）　850

② 残料入库，并结转报废挡板计划成本：

借：原材料　400

　　周转材料——周转材料摊销（挡板）　4 600

　　贷：周转材料——在用周转材料（挡板）　5 000

③ 月末分摊材料成本差异：

借：工程施工——合同成本（甲工程）　100

　　贷：材料成本差异——周转材料　100

【例 7-13】甲工程竣工盘点，发现短缺架料 300 元，假设甲工程在用架料账面余额为 5 000 元，在用架料账面累计摊销额为 4 000 元，材料成本差异率为 1%，做如下会计处理。

① 将补提摊销额计入成本：

$$应提摊销额=计划成本=300 元$$

$$已提摊销额=300\times\frac{4\,000}{5\,000}=240（元）$$

$$应补提摊销额=300-240=60（元）$$

借：工程施工——合同成本（甲工程）　60

　　贷：周转材料——周转材料摊销（架料）　60

② 冲销短缺架料计划成本：

借：周转材料——周转材料摊销（架料）　300

　　贷：周转材料——在用周转材料（架料）　300

③ 月末分摊材料成本差异：

借：工程施工——合同成本（甲工程）　3

　　贷：材料成本差异——周转材料　3

第三节　临时设施的核算

一、临时设施的内容

临时设施是指施工企业为保证施工和管理的正常进行而建造的各种临时性生产、生活设施，其通常可分为大型临时设施和小型临时设施两类。

(一) 大型临时设施

大型临时设施主要包括：

(1) 施工人员的临时宿舍；

(2) 食堂、浴室、医务室、图书馆、理发室和托儿所等现场临时性文化福利设施；

(3) 施工单位及附属企业在现场的临时办公室；

(4) 现场各种临时仓库和施工机械设备库；

(5) 临时铁路专用线、轻便轨道、塔式起重机路基、临时道路、厂区刺网、围墙等；

(6) 施工过程中应用的临时给水、排水、供电、供热、管道等；

(7) 施工现场的混凝土构件预制厂、混凝土搅拌站、钢筋加工厂、木材加工厂以及配合单位的附属加工厂等临时性建造物。

(二) 小型临时设施

小型临时设施主要包括：

(1) 现场施工和警卫安全用的小型临时设施，如作业棚、休息棚、茶炉棚、化灰池、施工用不固定的水管、电线、宽三米以内的便道、临时刺网等；

(2) 保管器材用的小型临时设施，如简易料棚、工具储藏室等；

(3) 行政管理用的小型临时设施，如工地收发室等。

二、临时设施的核算

1. 临时设施购建的核算

企业对于购入的临时设施，应按购入时的实际支出，借记“临时设施”账户，贷记“银行存款”等账户。对于通过建筑安装活动建造完成的临时设施，在建造过程中发生的各种支出，先通过“在建工程”账户核算，即发生费用时，借记“在建工程”账户，贷记“原材料”“应付职工薪酬”等账户；建造完工交付使用时，按建造期间发生的实际成本，借记“临时设施”账户，贷记“在建工程”账户。

【例 7-14】 企业为进行机械厂厂房工程施工，在施工现场搭建一临时材料库，领用材料计划成本 14 000 元，发生人工费用 2 000 元，以银行存款支付其他费用 1 240 元，本月材料成本差异率 2%，搭建完工随即交付使用，做如下会计处理。

搭建时发生各项支出时：

借：在建工程——临时设施工程	17 520	
贷：原材料		14 000
应付职工薪酬		2 000
材料成本差异		280
银行存款		1 240

完工交付使用时：

借：临时设施	17 520	
贷：在建工程——临时设施工程		17 520

【例 7-15】 企业在机械厂厂房工程施工现场附近购入一处旧房，作为临时办公用房，房

款 6 000 元以银行存款支付，做如下会计处理：

借：临时设施　　6 000

　　贷：银行存款　　6 000

2. 临时设施摊销的核算

企业各种临时设施，应当在工程建设期间内按月进行摊销，摊销方法可以采用工作量法，也可以采用工期法。当月增加的临时设施，当月不摊销，从下月起开始摊销；当月减少的临时设施，当月继续摊销，从下月起停止摊销。摊销时，按摊销额，借记“工程施工——合同成本”等账户，贷记“临时设施摊销”账户。

【例 7-16】 承【例 7-14】和【例 7-15】机械厂厂房工程使用的临时设施价值 23 520 元(17 520+6 000)，企业按该工程的施工期进行摊销，该工程工期为 10 个月，不考虑残值，则每月摊销额为 2 352 元(23 520 ÷ 10)，做如下会计处理：

借：工程施工——合同成本　　2 352

　　贷：临时设施摊销　　2 352

3. 临时设施清理的核算

企业出售、拆除、报废不需用或不能使用的临时设施，应转入清理。转入清理的临时设施，按临时设施账面净值，借记“临时设施清理”账户；按已提摊销额，借记“临时设施摊销”账户；按其账面原值，贷记“临时设施”账户；出售、拆除过程中发生的变价收入和残料价值，借记“银行存款”、“原材料”账户，贷记“临时设施清理”账户；发生的清理费用，借记“临时设施清理”账户，贷记“银行存款”等账户；清理后若发生净损失，借记“营业外支出”账户，贷记“临时设施清理”账户；若发生净收益，借记“临时设施清理”账户，贷记“营业外收入”账户。

【例 7-17】 承【例 7-16】9 个月后，由于机械厂厂房工程提前竣工，将临时设施拆除，在拆除中支出费用 1 500 元，残料作价 1 200 元入库。该临时设施已提摊销额 21 168 元(2 352×9)，做如下会计处理。

(1) 将要拆除的临时设施转入清理：

借：临时设施清理　　2 352

　　临时设施摊销　　21 168

　　贷：临时设施　　23 520

(2) 发生清理费用：

借：临时设施清理　　1 500

　　贷：银行存款　　1 500

(3) 残料回收：

借：原材料　　1 200

　　贷：临时设施清理　　1 200

(4) 结转清理后的净损失：

借：营业外支出(2 352+1 500−1 200)　　2 652

　　贷：临时设施清理　　2 652

上述临时设施购建、摊销和清理的核算业务流程如图 7-2 所示。

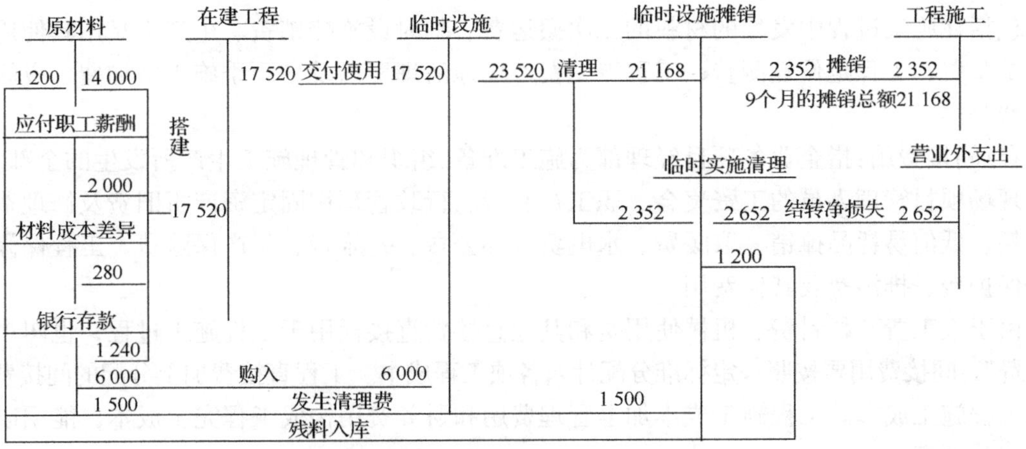

图 7-2　临时设施核算流程图(单位：元)

第四节　工程成本的核算

一、工程成本核算对象的确定

工程成本的核算对象，是指在成本核算时，确定归集和分配生产费用的具体对象，即生产费用承担的客体。成本核算对象的确定，是设立工程成本明细账，归集和分配生产费用，正确计算工程成本的前提。一般应以每一独立编制施工图预算的单位工程为成本核算对象，但也可以按照承包工程项目的规模、工期、结构类型、施工组织和施工现场等情况，结合成本管理要求，灵活划分成本核算对象。实际成本核算中，确定工程成本核算对象，一般有以下几种方法。

(1) 在一般情况下，应以每一独立编制施工图预算的单位工程为成本核算对象。

(2) 对于个别规模大、工期长的单位工程，可按分部工程划分成本核算对象。

(3) 对于同一建设项目、同一施工地点、结构类型相同、开(竣)工时间接近的几个单位工程，可以合并为一个成本核算对象。

(4) 对承建规模较小和比较零星的工程，可以建设单位为成本核算对象。

二、工程成本的项目

施工企业生产费用按照经济用途，可分为下列成本项目。

(1) 人工费：指施工过程中直接从事建筑安装工程施工的建筑安装工人以及在施工现场直接为工程制作构件和运料、配料等人员的工资、奖金、职工福利费、工资性质的津贴、劳动保护费等。

(2) 材料费：指施工过程中耗用的构成工程实体的原材料、辅助材料、构配件、零件、半成品的费用和周转材料的摊销及租赁费用，不包括需要安装设备的价值。

(3) 机械使用费：指施工过程中使用自有施工机械所发生的机械使用费和租用外单位施工机械的租赁费用及施工机械进出场费。

(4) 其他直接费：指直接用于工程施工，但不属于材料费、人工费、机械使用费的各项费用，包括在施工过程中发生的材料的二次搬运费、临时设施摊销费、生产工具用具使用费、检验试验费、工程定位复测费、工程点交费、场地清理费以及冬雨季施工增加费、夜间施工增加费等。

(5)间接费用：指企业各项目经理部为施工准备、组织和管理施工生产所发生的全部支出，包括现场项目管理人员的工资奖金、职工福利费、行政管理用固定资产折旧费及修理费、物料消耗、低值易耗品摊销、取暖费、水电费、办公费、差旅费、财产保险费、工程保修费、劳动保护费、排污费及其他费用。

由于人工费、材料费、机械使用费和其他直接费直接耗用于工程施工过程，也叫“工程直接费”。间接费用要按照一定标准分配计入各项工程成本。工程直接费加上分配的间接费用，构成工程施工成本。工程施工成本加上管理费用和财务费用构成工程完全成本，能据以计算当期工程利润。

三、工程成本核算体制

与施工企业管理体制相适应，在成本核算上，公司负责全面的会计核算工作，指导项目经理部建立与健全成本管理制度，核算公司本身的管理费用、财务费用等期间费用，汇总整个企业的施工生产成本，审核汇总项目经理部的财务报表和竣工决算，全面进行企业的成本分析。项目经理部核算工程的直接费用和间接费用，并计算工程的实际成本，编制财务报表和竣工决算，进行成本分析，按时向公司提供成本核算资料。

四、工程实际成本的核算

(一)人工费的核算

工程成本中的人工费，主要包括以下方面。

(1)内包人工费：是指两层分开后企业所属的劳务分公司(内部劳务市场自有劳务) 与项目经理部签订的劳务合同结算的全部工程价款。类似于外包合同定额结算支付办法，按月结算计入成本核算对象。

(2)外包人工费：按项目经理部与劳务基地(内部劳务市场外来劳务)或直接与外单位施工队伍签订的包清工合同，以当月验收完成的工程实物量，计算出定额工日数乘以合同人工单价确定人工费，并按月计入成本核算对象。

结算的人工费入账时，借记“工程施工——合同成本——××工程(人工费)”账户，贷记“应付职工薪酬”账户。

【例 7-18】 市第一建筑工程公司 2013 年度承包了食品厂的加工车间和职工宿舍两项工程。两项工程在同一施工地点，同时施工，为此企业成立了一个项目经理部。现以该项目经理部为例，说明其工程成本的核算过程。加工车间工程按月结算工程价款，职工宿舍工程竣工后一次性结算工程价款。6 月份发生的人工费资料如下。

① 内包人工费 73 000 元，其中，加工车间工程为 57 000 元，职工宿舍工程为 16 000 元。

② 外包人工费 38 100 元，其中，加工车间工程为 32 240 元，职工宿舍工程为 5 860 元。

根据以上资料，做如下会计处理：

借：工程施工——合同成本——车间工程(人工费)　　　　89 240

——合同成本——宿舍工程(人工费)　　　　　　21 860

贷：应付职工薪酬　　　　　　　　　　　　　　111 100

根据上述分录，登记“工程施工”明细账的“人工费”栏，如表 7-4、表 7-5 所示。

(二)材料费的核算

施工企业的材料，除了主要用于工程还用于固定资产等专项工程，以及其他非生产性耗用，因此，进行材料费核算，必须严格划分施工生产耗用的界限，只有直接用于工程的材料才能记入工程成本的“材料费”项目中。

施工工程用的材料品种繁多，数量较大，领用也比较频繁，因此，企业必须建立健全材料物资的收、发、领、退等管理制度，制定统一的定额领料单、领料单、大堆材料耗用计算单、集中配料耗用计算单、周转材料摊销分配表、退料单等自制原始凭证，并由项目料具员按照不同的情况进行材料费的归集和分配，按成本核算对象编制“材料耗用汇总表”，据以计入成本，借记“工程施工——合同成本——××工程(材料费)”账户，贷记“原材料”“材料成本差异”等账户。

【例 7-19】 承【例 7-18】月终，食品厂项目经理部根据审核无误的各种领料凭证、大堆材料耗用分配表、周转材料摊销分配表等汇总编制“材料耗用汇总表”，如表 7-1 所示。

表 7-1　材料耗用汇总表

2013 年 6 月 30 日　　　　　　单位：元

成本核算对象	主要材料						小计		结构件		其他材料		合计		周转材料摊销
	硅酸盐		黑色金属		其他主要材料										
	计划成本	成本差异(+1%)	计划成本	成本差异(+2%)	计划成本	成本差异(+1%)	计划成本	成本差异	计划成本	成本差异(−1%)	计划成本	成本差异(+1%)	计划成本	成本差异	
车间工程	85 000	850	120 000	2 400	32 000	320	237 000	3 570	64 000	−640	1 100	11	302 100	2 941	5 000
宿舍工程	24 000	240			58 000	580	82 000	820			800	8	82 800	828	2 000
合计	109 000	1 090	120 000	2 400	90 000	900	319 000	4 390	64 000	−640	1 900	19	384 900	3 769	7 000

根据“材料耗用汇总表”资料，做如下会计处理。

① 借：工程施工——合同成本——车间工程(材料费)　　　　307 100

　　贷：原材料——主要材料　　　　　　　　　　　　237 000

　　　　　　——结构件　　　　　　　　　　　　　　64 000

　　　　　　——其他材料　　　　　　　　　　　　　1 100

　　　　周转材料——周转材料摊销　　　　　　　　　5 000

② 借：工程施工——合同成本——宿舍工程(材料费)　　　　84 800

　　贷：原材料——主要材料　　　　　　　　　　　　82 000

　　　　　　——其他材料　　　　　　　　　　　　　800

　　　　周转材料——周转材料摊销　　　　　　　　　2 000

③ 借：工程施工——合同成本——车间工程(材料费)　　　　2 941

　　贷：材料成本差异——主要材料　　　　　　　　　3 570

　　　　　　　　——结构件　　　　　　　　　　　　640

——其他材料　　　　　　　　　　　　　　　11

④ 借：工程施工——合同成本——宿舍工程（材料费）　　　　828

　　贷：材料成本差异——主要材料　　　　　　　　　　　　820

　　　　　　　　　——其他材料　　　　　　　　　　　　　8

根据上述分录，登记“工程施工”明细账的“材料费”栏，如表 7-3、表 7-4 所示。

（三）机械使用费的核算

施工企业的自有施工机械设备一般都实行内部租赁制，以租赁费形式反映其消耗情况。按机械设备租赁办法和租赁合同，由企业内部机械设备租赁市场与项目经理部按月结算租赁费。租赁费根据机械使用台班、停置台班和内部租赁单价计算，记入成本核算对象中的“机械使用费”项目。如企业未实行内部租赁制，施工企业及其内部独立核算的施工单位、机械站和运输队使用自有施工机械和运输设备进行机械作业（包括机械化施工和运输作业等）所发生的各项费用，可增设“机械作业” 账户进行核算。

机械进出场费，按规定由承租项目负担，直接计入成本。

向外单位租赁机械，应根据对方开具的“机械租赁费结算单”支付使用费，记入相应成本核算对象中的“机械使用费”。

结算的机械使用费入账时，借记“工程施工——合同成本——××工程（机械使用费）”账户，贷记“银行存款”账户或“应付账款”账户。

【例 7-20】 承【例 7-18】本月加工车间工程从某租赁公司租入起重机一台，共使用了 25 个台班，每台班单价为 100 元，租金已用银行存款支付，做如下会计处理：

借：工程施工——合同成本——车间工程（机械使用费）　　　2 500

　　贷：银行存款　　　　　　　　　　　　　　　　　　　　2 500

【例 7-21】 承【例 7-18】本月加工车间工程发生内部机械租赁费 3 600 元，职工宿舍工程发生内部机械租赁费 1 400 元，做如下会计处理：

借：工程施工——合同成本——车间工程（机械使用费）　　　3 600

　　　　　　——合同成本——宿舍工程（机械使用费）　　　1 400

　　贷：应付账款——××内部单位　　　　　　　　　　　　5 000

根据上述分录，登记“工程施工”明细账的“机械使用费”栏，如表 7-3、表 7-4 所示。

（四）其他直接费的核算

其他直接费的核算，企业可以根据费用发生时的具体情况进行处理。

（1）凡是费用发生时能分清成本受益对象的，发生时可直接计入各成本核算对象的成本中，借记“工程施工——合同成本——××工程（其他直接费）”账户，贷记有关账户。

（2）若受益对象不止一个，项目经理部可增设“其他直接费用”账户。费用发生时，借记“其他直接费”账户，贷记有关账户；期末分配计入有关工程成本时，借记“工程施工——合同成本——××工程（其他直接费）”账户，贷记“其他直接费用” 账户。

【例 7-22】 承【例 7-18】本月加工车间工程发生材料二次搬运费 1 800 元，职工宿舍工程发生场地清理费 900 元，做如下会计处理：

借：工程施工——合同成本——车间工程（其他直接费）　　　1 800

——合同成本——宿舍工程(其他直接费)　　900

贷：银行存款　　2 700

根据上述分录，登记“工程施工”明细账的“其他直接费”栏，如表7-3、表7-4所示。

(五)间接费用的核算

如果项目经理部只有一个成本核算对象，间接费用在发生时可直接计入成本核算对象的成本中，借记“工程施工——合同成本——××工程(间接费用)”账户，贷记有关账户。

如果项目经理部同时有几个成本核算对象，可增设“施工间接费用”账户。费用发生时，借记“施工间接费用”账户，贷记有关账户；期末分配计入有关工程成本时，借记“工程施工——合同成本——××工程(间接费用)”账户，贷记“施工间接费用”账户。

【例7-23】 承【例7-18】食品厂项目经理部本月发生工资支出20 520元，购买办公用品等5 046.15元，提取固定资产折旧1 060元，做如下会计处理：

借：施工间接费用　　26 626.15

　　贷：应付职工薪酬　　20 520

　　　　银行存款　　5 046.15

　　　　累计折旧　　1 060

月末根据工程施工明细账(如表7-4、表7-5所示)，按车间和宿舍工程的直接成本分配间接费用，编制“间接费用分配表”，如表7-2所示。

表7-2 间接费用分配表

2013年6月30日

成本核算对象	工程直接费(元)	分配率	应分配金额(元)
车间工程	407 181*		20 359.05
宿舍工程	109 788**		6 267.10
合　计	516 969	0.05	26 626.15

注：*407 181=89 240+307 100+2 941+6 100+1 800

**109 788=21 860+84 800+828+1 400+900

根据“间接费用分配表”，做如下会计处理：

借：工程施工——合同成本——车间工程(间接费用)　　20 359.05

　　　　　　——合同成本——宿舍工程(间接费用)　　6 267.10

　　贷：施工间接费用　　26 626.15

根据上述分录，登记“工程施工”明细账的“间接费”栏，如表7-3、表7-4所示。

五、已完工程实际成本的计算

施工企业应根据工程合同确定的工程价款结算办法，按时结算“已完工程”成本，向建设单位收取工程价款。由于工程价款的结算方式不同，“已完工程”的含义和实际成本的计算方法也不同。

(一)实行工程项目竣工后一次结算的已完工程实际成本的计算

实行工程项目竣工后一次结算工程价款时，“已完工程”即指已经甲乙双方验收，办理竣工决算，交付使用的工程项目。在这种情况下，施工过程中发生的各项成本费用，随时记入各成本核算对象的成本项目，进行工程成本的明细核算。竣工时，工程成本明细分类账中登记的工程成本累计总额，就是竣工工程的实际成本。

（二）实行按期结算工程价款的已完工程实际成本的计算

实行按期结算工程价款时，“已完工程”是指已经完成预算定额规定的全部工序的施工内容，在本企业不需要再进行加工的分部分项工程。分部分项工程是构成工程项目的基本要素，也是编制工程预算最基本的计量单位，有一定的工作内容和质量标准。虽然这部分工程不是竣工工程，也不具有完整的使用价值，但企业也不需要再进行任何施工活动，可以确定它的工程数量和质量，故能够将其作为“已完工程”，计算它的实际成本，并按合同价格向业主收取工程价款。相反，凡在期末尚未完成预算定额规定的全部工序与内容的分部分项工程称为“未完施工”，这部分“未完施工”不能向业主收取工程价款。本期已完工程实际成本的计算公式为：

本期已完工程实际成本=期初未完施工实际成本+本期成本费用发生额−期末未完施工实际成本

上述公式中，“期初未完施工实际成本”和“本期成本费用发生额”可直接从“工程施工”有关明细分类账中取得，“期末未完施工实际成本”需要按一定的方法计算取得。一般来说，期末未完工程量在全期工程量中所占比重较小，而且期初、期末未完工程的数额变化不大，为了简化成本核算手续，通常可以把期末未完工程的预算成本，视同它的实际成本，不分摊间接费用，其计算公式为：

期末未完工程预算成本=期末未完工程折合成已完工程实物量×该分部分项工程预算单价

在实际工作中，期末未完工程预算成本的计算，是在期末对施工现场进行实地盘点的基础上，通过编制“未完施工盘点单”（如表 7-3 所示）进行计算的。

表 7-3　未完施工盘点单

2013 年 6 月 30 日

单位工程名称	分部分项工程		已做工序					其中		
	名称	预算单价（元）	工程名称或内容	占分部分项工程的比例（%）	已完数量	拆合分部分项工程量	预算成本（元）	人工费（元）	材料费（元）	机械使用费（元）
车间工程	墙面抹石灰砂浆	4	抹一遍	50	4 000	2 000	8 000	2 400	4 800	800
合计							8 000	2 400	4 800	800

根据“未完施工盘点单”所确定的未完施工成本，记入“工程施工”明细账的期末未完施工成本（如表 7-4 所示），并据以计算已完工程实际成本。

车间工程本期已完工程实际成本=8 900+427 540.05−8 000=428 440.05（元）

表 7-4　工程施工明细账

明细科目：合同成本

成本核算对象：车间工程　　　　2013 年 6 月 30 日　　　　单位：元

2013 年		凭证号数	摘要	直接成本				间接费用	工程成本合计
月	日			人工费	材料费	机械使用费	其他直接费		
6	1		期初已完工程实际成本	217 912.40	2 257 493	151 800	29 200	66 256.67	2 722 662.07

续表

2013年		凭证号数	摘要	直接成本				间接费用	工程成本合计
月	日			人工费	材料费	机械使用费	其他直接费		
			期初未完施工	2 800	5 200	900			8 900
	30		人工费	89 240					89 240
			分配材料费		307 100				307 100
			分配材料成本差异		2 941				2 941
			分配机械使用费			6 100			6 100
			分配其他直接费				1 800		1 800
			分配间接费用					20 359.05	20 359.05
			本期施工费用发生额	89 240	310 041	6 100	1 800	20 359.05	427 540.05
			减：期末未完施工	2 400	4 800	800			8 000
			本期已完工程实际成本	89 640	310 441	6 200	1 800	20 359.05	428 440.05
			自开工起累计已完工程实际成本	30 552.40	2 567 934	158 000	31 000	86 615.72	3 151 102.12

表 7-5 工程施工明细账

明细科目：合同成本

成本核算对象：宿舍工程　　　　2013年6月30日　　　　单位：元

2013年		凭证号数	摘要	直接成本				间接费用	工程成本合计
月	日			人工费	材料费	机械使用费	其他直接费		
6	1		期初余额	294 021	2 220 380.56	69 557	12 000	50 781	2 646 739.56
	30		人工费	21 860					21 860
			分配材料费		84 800				84 800
			材料成本差异		828				828
			分配机械使用费			1 400			1 400
			分配其他直接费				900		900
			分配间接费用					6 267.10	6 267.10
			本期施工费用发生额	21 860	85 628	1 400	900	6 267.10	116 055.10
			减：期末未完施工						
			本期已完工程实际成本	315 881	2 306 008.56	70 957	12 900	57 048.10	2 762 794.66
			自开工起累计已完工程实际成本	315 881	2 306 008.56	70 957	12 900	57 048.10	2 762 794.66

第五节　工程价款的结算方式及核算

一、工程价款结算方式

现行建筑安装工程价款的结算主要采用以下几种方式。

(1) 工程竣工后一次结算，即工程价款每月预支，竣工后一次结算。企业采用竣工后一次结算工程价款办法时，要在工程竣工后，按规定的内容和程序，会同有关人员编制“竣工工程决算表”，并据以编制“工程价款结算单”(参考格式如表 7-6 所示)，送发包单位，据以办理结算。

(2) 分段结算，即按照工程形象进度，划分不同阶段进行结算。分段结算可以按月预支工程款。企业采用分段结算工程价款办法时，要在合同规定工程部位完工的月份，根据已完工程部位的工程数量计算已完工程的预算造价和实际成本，编制“已完工程月报表”(参考格式如表 7-7 所示) 和“工程价款结算单”，送发包单位，据以办理结算。

表 7-6　工程价款结算单

发包单位名称：食品厂　　　　2013 年 6 月 30 日　　　　单位：元

工程名称	合同造价	本期应收工程款	应扣款项			本期实收工程款	累计已收工程款	备注
			合计	预收工程款	预收备料款			
车间工程	3 500 000	485 700	192 300	100 000	92 300			
宿舍工程	3 000 000	3 000 000	2 250 000	1 450 000	750 000			
合计	6 500 000	3 485 700	2 442 300	1 550 000	1 043 400			

施工单位：市第一建筑工程公司

表 7-7　已完工程月报表

发包单位名称：食品厂　　　　2013 年 6 月 30 日　　　　单位：元

工程名称	合同造价	开、竣工日期		实际完成数		备注
		开工日期	竣工日期	累计已完工程	本期已完工程	
加工车间	3 500 000	2013.3	2013.6	3 151 102.12	428 440.05	
职工宿舍	3 000 000	2013.3	2013.6	2 762 794.66	2 762 794.66	
合计	6 500 000			5 913 896.78	3 191 234.71	

施工单位：市第一建筑工程公司

(3) 按期（月或季）结算，即实行期中预支、期末结算、竣工后清算的办法。企业采取按期结算工程价款办法时，应按各期实际完成的工程数量，并按照工程预算定额中的工程造价、施工管理费定额、计划利润率、税率等计算出已完工程的预算造价。同时，根据有关资料和实地盘点结果计算实际完工的工程数量，编制“已完工程月报表”和“工程价款结算单”，送发包单位，据以办理结算。

二、工程价款结算的核算

施工企业的工程结算收入，又称合同收入，它包括合同中规定的工程造价和因合同变更、索赔、奖励等形成的收入。向业主开出工程价款结算单办理结算时，按结算单所列金额，借记“应收账款”账户，贷记“工程结算”账户。按规定确认合同收入和合同费用时，按当期确认的合同费用，借记“主营业务成本”账户，按当期确认的合同收入，贷记“主营业务收入”账户，按其差额，借记或贷记“工程施工——合同毛利”账户。工程施工合同完工后，借记“工程结算”账户，贷记“工程施工”账户。同时应转销合同预计损失准备。

【例 7-24】 承【例 7-18】市第一建筑工程公司，期末根据经发包单位签证的工程价款结算单（见表 7-6），本期应向发包单位结算工程价款计 3 485 700 元，做如下会计处理：

借：应收账款——应收工程款　　　　3 485 700

　　贷：工程结算——宿舍工程　　　　3 000 000

　　　　　　　　——车间工程　　　　485 700

【例 7-25】 承【例 7-24】从应收工程款中扣还预收的工程款 1 550 000 元和预收备料款 892 300 元，做如下会计处理：

借：预收账款——预收工程款　　　　1 550 000

　　　　　　——预收备料款　　　　892 300

　　贷：应收账款——应收工程款　　　　2 442 300

【例 7-26】 承【例 7-24】收到发包单位实付工程价款 1 043 400 元，做如下会计处理：

借：银行存款　　1 043 400

　　贷：应收账款——应收工程款　　1 043 400

【例 7-27】 承【例 7-24】期末确认合同收入和费用(见表 7-4、表 7-5、表 7-6)，做如下会计处理：

借：主营业务成本——车间工程　　428 440.05

　　工程施工——合同毛利(车间工程)　　57 259.95

　　贷：主营业务收入——车间工程　　485 700

借：主营业务成本——宿舍工程　　2 762 794.66

　　工程施工——合同毛利(宿舍工程)　　237 205.34

　　贷：主营业务收入——职工宿舍　　3 000 000

同时冲销完工工程(职工宿舍)的“工程施工”和“工程结算”账户：

借：工程结算——宿舍工程　　3 000 000

　　贷：工程施工——合同成本(宿舍工程)　　2 762 794.66

　　　　　　　　——合同毛利(宿舍工程)　　237 205.34

【例 7-28】 承【例 7-27】计算本期应交营业税 104 571 元，应交城市维护建设税 7 319.97 元和应交教育费附加 3 137.13 元，做如下会计处理：

借：营业税金及附加　　115 028.10

　　贷：应交税费——应交营业税　　104 571

　　　　　　　　——应交城市维护建设税　　7 319.97

　　　　　　　　——应交教育费附加　　3 137. 13

【例 7-29】 承【例 7-27】期末，将“主营业务收入”“主营业务成本”“营业税金及附加”账户的余额转入“本年利润”账户，做如下会计处理：

借：主营业务收入　　3 485 700

　　贷：本年利润　　3 485 700

借：本年利润　　3 306 262.81

　　贷：主营业务成本　　3 191 234.71

　　　　营业税金及附加　　115 028.10

三、分包工程结算的核算

一个工程项目如果有两个或两个以上施工企业承担施工时，根据国家对建设工程管理的要求，建设单位和施工企业要实行承包责任制和总分包协作制。在这种情况下，要求一个施工企业作为总包单位向建设单位(发包单位)总承包，对建设单位负责，再由总包单位将专业工程分包给专业性施工企业施工，分包单位对总包单位负责。

【例 7-30】 企业通过银行向分包单位预付备料款 25 000 元，做如下会计处理：

借：预付账款——预付分包单位款　　25 000

　　贷：银行存款　　25 000

【例 7-31】 企业按工程分包合同规定，根据工程进度预付给分包单位工程款 30 000 元，做如下会计处理：

借：预付账款——预付付分包单位款　　30 000

　　贷：银行存款　　30 000

【例 7-32】分包工程完工验收后，根据经审核的分包单位提出的“工程价款结算单”结算已完工程款 246 200 元，如作为企业自行完成的工作量，做如下会计处理：

借：工程施工——合同成本　　246 200

　　贷：应付账款——应付分包单位款　　246 200

如不作为企业自行完成的工作量，则做如下会计处理：

借：主营业务成本　　246 200

　　贷：应付账款——应付分包单位款　　246 200

【例 7-33】承【例 7-30】和【例 7-31】从应付分包工程款中扣除预付的工程款 30 000 元和预付备料款 25 000 元，做如下会计处理：

借：应付账款——应付分包单位款　　55 000

　　贷：预付账款——预付分包单位款　　55 000

【例 7-34】以银行存款支付分包单位工程款 191 200 元，做如下会计处理：

借：应付账款——应付分包单位款　　191 200

　　贷：银行存款　　191 200

分包工程结算的核算流程如图 7-3 所示。

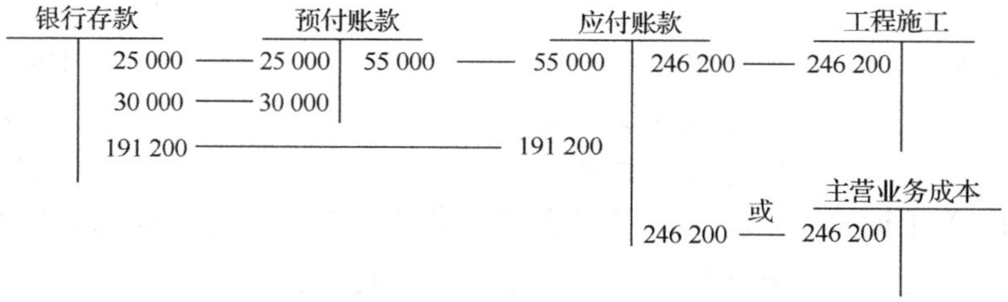

图 7-3　分包工程结算核算流程图(单位：元)

本章小结

周转材料的价值平时可采用一次摊销法、分期摊销法、分次摊销法、定额摊销法等摊销计入工程成本，年度终了或工程竣工时，对周转材料进行盘点，根据实际损耗调整已提摊销额。临时设施的购建支出、价值的摊销和清理，通过“临时设施”和“临时设施摊销”账户核算。施工企业的成本核算对象一般为每一独立编制施工图预算的单位工程，但为了对工程进度、工程质量和工程成本进行有效的监督，需人为地划分产成品和在产品，即将工程进度达到预算定额的工作内容、不需要在本企业内部进一步施工、可据以进行结算的分部分项工程，作为已完工程，即假定的“产成品”；将已投料施工，但尚未完成预算定额规定的全部工序和内容、暂时无法进行结算的分部分项工程，作为“未完施工”，即“在产品”。现行工程价款结算方式主要有竣工后一次结算、分段结算和分期(月或季)结算。按照工程价款结算时间与成本结算时间配比的原则，对已向发包单位办理工程价款结算的已完工程，应同时结算实际成本。企业不论是定期还是不定期结算已完工程成本，当期发生的生产费用必须在当期按照成本核算对象和成本项目进行归集与分配。

第八章

房地产开发企业会计

第一节 房地产开发企业会计的特点

所谓房地产开发，是指按照城市建设总体规划和社会经济发展的要求，对土地和地上建筑物、构筑物进行开发建设和经营管理的一项综合性社会经济活动。

房地产开发跨越生产和流通两个领域，其活动内容涉及规划设计、征地拆迁、土地开发、各类房屋建造、工程验收、经营销售、交付使用、售后管理和维修服务等。房地产开发企业的产品是地产或房产，产品开发周期长，生产经营方式多样，投资主体复杂，与一般企业的生产经营有很大不同。与此相适应，房地产开发企业会计与其他企业会计相比较，具有以下几个方面的特点。

一、资金筹集渠道的多源性

房地产开发企业开发经营所需资金，主要是通过其自行筹集取得的。集资开发是我国房地产开发的一个显著特点。开发企业筹资的形式与渠道主要有：①预收购房订金或预收建设资金；②预收代建工程款；③土地开发及商品房贷款；④发行企业债券；⑤与其他单位联合开发，吸收其他单位投资；⑥发行股票，筹集股本。围绕筹资而发生的经济业务的会计核算构成开发企业会计核算的重要内容和重要特色。

二、资金占用形态的多元性

开发企业的开发经营业务内容极为广泛，既有建设场地的开发，又有房屋的建设，还有基础设施、配套设施以及市政工程等项目的开发建设，有的企业还开展商业用房的出租或经营业务以及商品房售后服务等。因此，开发企业的资金在由货币资金转化为成品资金的过程中，不仅表现为货币资金——储备资金——在建资金（在产品资金）——成品资金依次直线运动，而且还具有多向平行运动的特点，即在储备资金（或结算资金）——在建资金——成品资金这两个阶段中，资金表现为多向平行运动（如图 8-1 所示），从而使开发经营资金在生产领域表现为多种不同的存在形态，即具有多元性。

三、结算业务的频繁性和由此引起的财务关系的复杂性

在开发经营过程中，开发企业将与周边很多单位发生经济往来关系，不仅包括材料物资供应单位、建筑产品购买单位，而且还包括勘察设计单位、施工企业、委托建房单位、房屋承租单位等。加之企业间的购销业务大量采用预收预付结算方法，开发企业因经济业务往来而引起的资金结算关系极为复杂。在与材料物资供应单位发生的购销业务中，首先要交订金

或预付一部分货款，待材料物资发出时再办理应付货款的结算；在与施工企业的承包往来中，大量采用的办法是预付备料款或工程款，然后再根据工程进度结算应付的工程进度款；在与购房单位或委托单位发生的房屋销售、转让或代建往来业务中，也是采用先预收购房订金或代建工程款，待房屋或工程移交时，再结算房屋或工程款的方式，由此引起的企业与各方之间的财务关系和债权债务关系及相应的会计核算既重要又复杂。

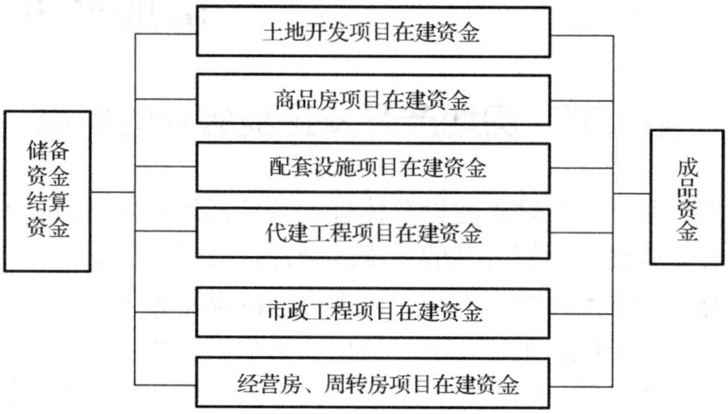

图 8-1　资金占用形态

四、核算周期具有长期性

开发企业的生产周期一般都较长，一个开发项目从勘查设计、征地拆迁到房屋建造、经营销售、交付使用直至售后服务及房屋维修，往往要跨年度(一个、两个甚至几个年度)进行。这一特点决定了开发企业会计核算周期较长，因而在核算上要特别注意按照权责发生制原则和配比原则处理好固定资产折旧和期间费用之间的关系，以保证各期损益计算的正确性。

第二节　开发成本的内容及核算

房地产开发企业的基本经济活动是开发、经营商品房等建筑产品。建筑产品的开发建设过程是开发企业经营活动的中心。房地产开发企业成本、费用的核算，就是对这些产品成本形成和费用支出的核算。

一、开发成本的内容

房地产开发企业要进行成本核算，必须确定好费用的归集和分配的承担者，即成本核算对象。由于房地产开发企业和施工企业作用的对象相同，所以，施工企业会计成本核算对象确定的原则也适用于房地产开发企业，这里不再详述。

房地产开发企业的开发成本，按其开发项目种类可分为如下四类。

① 土地开发成本。它指房地产开发企业开发土地(即建设场地)所发生的各项费用支出。

② 房屋开发成本。它指房地产开发企业开发各种房屋(包括商品房、出租房、周转房、代建房等)所发生的各项费用支出。

③ 配套设施开发成本。它指房地产开发企业根据城市建设规划的要求或项目建设设计规划的要求，为满足居住的需要而与开发项目配套建设的各种服务性设施所发生的各项费用支出。

④ 代建工程开发成本。它指房地产开发企业接受有关单位的委托，代为开发建设的工程，或参加委托单位招标，经过投标中标后承建的开发项目所发生的各项费用支出。

以上四类开发成本，在核算上将其费用分为如下六个成本项目。

① 土地征用及拆迁补偿费。它是指房地产开发企业按照城市建设总体规划进行土地开发而发生的各项费用，包括土地征用费、耕地占用税、劳动力安置费及有关地上、地下附着物拆迁补偿的净支出(即扣除拆迁旧建筑物回收的残值)、安置动迁用房支出等。

② 前期工程费。它是指开发项目前期所发生的各项费用，包括规划、设计、项目可行性研究、水文、地质、勘察、测绘、“三通一平”(通水、通电、通路、场地平整)等支出。

③ 建筑安装工程费。它是指开发项目在开发过程中发生的各项建筑安装工程支出，包括以出包方式支付给承包单位的建筑安装工程费、以自营方式发生的列入开发项目工程施工图预算的各项费用。

④ 基础设施费。它是指开发企业在开发过程中发生的各项基础设施支出，包括开发小区内道路、供水、供电、供气、排污、排洪、照明、环卫、绿化等工程支出。

⑤ 公共配套设施费。它是指开发项目内发生的独立的非营业性(不能有偿转让)的公共配套设施支出，包括居委会、派出所、锅炉房、水塔、自行车棚、公共厕所等设施支出。

⑥ 开发间接费用。它是指房地产开发企业所属二级管理机构直接组织、管理开发项目所发生的费用，包括管理人员工资、职工福利费、折旧费、修理费、办公费、水电费、劳动保护费、周转房摊销费等。

二、开发成本的核算

企业发生各项开发直接费用支出时，借记“开发成本”账户，贷记“银行存款”“应付账款”等账户；发生开发间接费用支出时，借记“开发间接费用”账户，贷记“应付职工薪酬”、“累计折旧”、“周转房”等账户；期末应将开发间接费用按一定的分配标准进行分配，借记“开发成本”账户，贷记“开发间接费用”账户。

开发成本应按成本核算对象和成本项目进行明细核算。开发成本明细账的参考格式如表 8-1 所示。

表 8-1 开发成本明细账

××商品房　　单位：元

年		凭证号码	摘要	开发成本项目						合计
月	日			土地征用及拆迁补偿费	前期工程费	基础设施费	建筑安装工程费	公共配套设施费	开发间接费用	
			结转土地开发成本	500 000	60 000	40 000				600 000
			结算建安费							8 000 000
			预提配套费							180 000
			分配间接费							12 000
			结转完工成本	500 000	60 000	40 000	800 000	180 000	12 000	8 792 000

房地产开发企业可以根据企业管理的要求，将成本类账户合并或分解。如对间接费用较少的企业，可将“开发成本”和“开发间接费用”账户合并为“开发费用”账户；对规模较大、开发项目类型较多的单位，可将“开发成本”账户分解为“土地开发”“房屋开发”“配

套设施开发”和“代建工程开发”四个账户。由于不同房地产开发项目的成本核算具有各自的特殊性，下面按开发项目种类介绍开发成本的核算。

(一) 土地开发成本的核算

土地开发是房地产开发企业的主要业务之一，其开发产品为建设场地。城市用于建设的土地，由地方政府统一审批、统一征用和统一管理，由房地产开发企业进行土地开发。土地开发的目的与用途有两个：一是为销售或有偿转让而开发商品性建设场地；二是直接为本企业兴建商品房和其他经营性房屋而开发自用建设场地。

土地开发的直接费用，如土地征用及拆迁补偿费、前期工程费、基础设施费等，在费用发生时，根据有关凭证直接记入“开发成本——土地开发”账户的借方。发生的开发间接费用先记入“开发间接费用”账户的借方；期末按一定标准分配结转应由土地开发成本负担的开发间接费用，借记“开发成本——土地开发”账户，贷记“开发间接费用”账户。结转开发完工建设场地成本时，贷记“开发成本——土地开发”账户，商品性建设用地，借记“开发产品”账户，自用建设场地，借记“开发成本——房屋开发”账户；期末“开发成本——土地开发”账户的余额表示正在开发土地的成本。

【例 8-1】 方达房地产开发公司开发长兴路建设用地 5 000 平方米，计划 25%作为商品性建设用地对外销售，75%作为本企业商品房开发用地，用银行存款支付征用土地拆迁费、耕地占用税、劳动力安置费等 1 500 000 元。根据有关凭证，做如下会计处理：

借：开发成本——土地开发　　1 500 000
　　贷：银行存款　　1 500 000

【例 8-2】 方达房地产开发公司结算应付承包单位长兴路建设用地“三通一平”费用 50 000 元。根据有关凭证，做如下会计处理：

借：开发成本——土地开发　　50 000
　　贷：应付账款——××单位　　50 000

【例 8-3】 期末分配结转开发间接费用，长兴路建设用地应负担 15 000 元，做如下会计处理：

借：开发成本——土地开发　　15 000
　　贷：开发间接费用　　15 000

【例 8-4】 长兴路土地开发工程完工并验收合格，其中 1 250 平方米直接对外销售，3 750 平方米用于企业开发商品房，结转其成本，做如下会计处理。

(1) 计算各成本核算对象应分摊的土地开发成本：

土地开发总成本=1 500 000+50 000+15 000=1 565 000(元)

对外销售土地应分摊额=1 565 000×25%=391 250(元)

自用土地应分摊额=1 565 000×75%=1 173 750(元)

(2) 结转土地开发成本：

借：开发产品——土地　　391 250
　　开发成本——房屋开发　　1 173 750
　　贷：开发成本——土地开发　　1 565 000

土地开发成本业务核算的流程如图 8-2 所示。

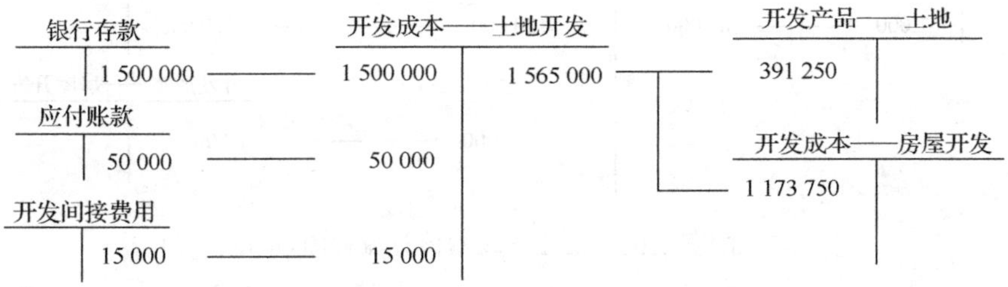

图 8-2　土地开发成本业务核算流程图(单位：元)

(二)配套设施开发成本的核算

房地产开发企业开发的配套设施，可以分为如下两类。(1)开发小区内开发的不能有偿转让的公共配套设施，如居委会、派出所、托幼所、消防设施、锅炉房、水塔、自行车棚、公厕等。(2)能有偿转让的城市规划中规定的大型配套设施项目，包括：①开发小区内营业性公共配套设施，如商店、银行、邮局等；②开发小区内非营业性配套设施，如中小学、文化站、医院等；③开发项目外为居民服务的给排水、供电、供气的增容增压设施及交通道路等。

属于配套设施开发成本核算的公共配套设施工程，包括两部分：一是在开发小区以内不能有偿转让，应直接计入开发项目成本，但是由于不能同受益开发项目同步建设或虽可同步建设，但有两个或者两个以上受益对象的公共配套设施工程；二是能有偿转让的公共配套设施工程。

配套设施工程费用发生时，借记“开发成本——配套设施开发”账户，贷记有关账户；开发完工后，第(1)类配套设施工程的开发成本，应按一定标准进行分配结转，借记“开发成本——房屋开发”账户，贷记“开发成本——配套设施开发”账户；第(2)类配套设施工程的开发成本，应转入开发产品，借记“开发产品——配套设施”账户，贷记“开发成本——配套设施开发”账户。期末“开发成本——配套设施开发”账户的余额表示正在开发的配套设施的成本。

【例 8-5】 正大房地产开发公司开发建设住宅小区配套的商店和自行车车棚工程，用银行存款支付工程款 67 000 元，做如下会计处理：

借：开发成本——配套设施开发　　　　67 000
　　贷：银行存款　　　　　　　　　　　67 000

【例 8-6】 商店和自行车车棚工程完工，实际成本分别为 120 000 元和 2 000 元。自行车车棚是为商品房开发工程所建的，商店则作为小区内第三产业经营用房，做如下会计处理。

结转商店开发成本：

借：开发成本——配套设施　　　　120 000
　　贷：开发成本——配套设施开发　　　　120 000

结转自行车车棚开发成本：

借：开发成本——房屋开发　　　　2 000
　　贷：开发成本——配套设施开发　　　　2 000

配套设施开发业务成本核算的流程如图 8-3 所示。

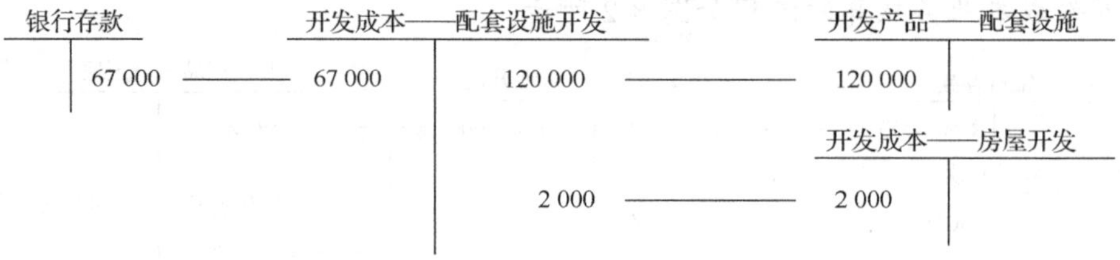

图 8-3　配套设施开发业务成本核算流程图(单位：元)

(三)房屋开发成本的核算

房屋开发和建设是房地产开发企业的主要经济业务。开发企业开发的房屋，按其用途可分为如下几类：一是为对外销售而开发的商品房；二是为出租经营而开发的经营房；三是为安置被拆迁居民周转使用而开发的周转房；四是受其他单位委托，代为开发建设的代建房。尽管这些开发房屋的用途不同,但其开发建设的特点和费用支出内容及费用性质都大致相同,其开发成本均应在“开发成本——房屋开发”明细账中核算。

企业在开发房屋过程中发生的土地征用及拆迁补偿费、前期工程费、基础设施费，能分清成本核算对象的，应直接计入该房屋成本核算对象的“土地征用及拆迁补偿费”“前期工程费”“基础设施费”等成本项目。如果费用发生时分不清成本核算对象，或应由两个或两个以上成本核算对象负担的,应先通过“开发成本——土地开发”账户进行归集,待土地开发完成用于房屋建设时，再采用一定的方法分配结转记入“开发成本——房屋开发”账户。

企业在房屋建设过程中进行的建筑安装工程，有的采用出包方式，有的采用自营方式。采用出包方式的企业，其建筑安装工程费用，应根据承包企业提出的“工程价款结算单”所列工程价款，结算出包工程款，记入“开发成本——房屋开发”账户的“建筑安装工程费”成本项目。采用自营方式的企业，即房地产开发企业组织自有的工程队进行施工，其发生的建筑安装工程费，一般可直接记入“开发成本——房屋开发”账户，但应是实际发生数，不得按预算价格或预提费用入账。如果企业自行施工的工程比较大，可以设置“工程施工”和“施工间接费用”两个账户。核算和归集发生的建筑安装工程费，定期结转到“开发成本——房屋开发”账户的“建筑安装工程费”成本项目。

房屋开发成本中的配套设施费用，是指不能有偿转让的开发小区内公共配套设施发生的支出。其会计处理方法如下。(1)配套设施与商品房同步建设，发生的公共配套设施费能分清受益对象的，应直接记入“开发成本——房屋开发”账户的“公共配套设施费”或本项目；如果发生的配套设施费用，不能分清受益对象的，应先在“开发成本——配套设施开发”账户的借方归集,待公共配套设施竣工时,再从其贷方分配结转记入“开发成本——房屋开发”账户的借方。(2)若公共配套设施与商品房非同步建设，即商品房已建成出售，而配套设施尚在建设之中，未全部完成，为及时结转已完工商品房成本，对应负担的配套设施费，按规定报批后可采用预提方法，预先计入商品房成本。待公共配套设施完工后，按配套设施工程的实际支出数，冲销已预提的配套设施费，并调整有关成本核算对象的成本。

【例 8-7】 万华房地产开发公司将清园开发小区中的一幢商品住宅工程出包给市建二公司。工程已全部完工，市建二公司提交“工程价款结算单”，工程价款共计 8 000 000 元，已预付 5 000 000 元。经审查同意，支付余款，做如下会计处理:

借：开发成本——房屋开发　　8 000 000
　　贷：银行存款　　3 000 000
　　　　预付账款　　5 000 000

【例 8-8】清园开发小区中的公共配套设施工程开工建设，支付配套设施工程费 180 000 元，做如下会计处理：

借：开发成本——房屋开发　　180 000
　　贷：银行存款　　180 000

【例 8-9】期末分配结转该商品住宅开发工程应负担的开发间接费用 12 000 元。根据费用分配凭证，做如下会计处理：

借：开发成本——房屋开发　　12 000
　　贷：开发间接费用　　12 000

【例 8-10】结转完工商品住宅开发实际成本 8 792 000 元(见表 8-1)，做如下会计处理：

借：开发产品——房屋　　8 792 000
　　贷：开发成本——房屋开发　　8 792 000

房屋开发业务成本核算的业务流程如图 8-4 所示。

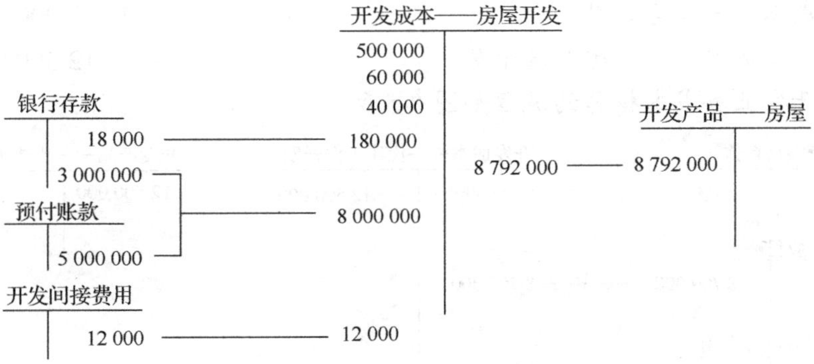

图 8-4　房屋开发业务成本核算业务流程图(单位：元)

(四)代建工程开发成本的核算

代建工程开发成本是指开发企业接受有关单位的委托，代为开发建设的工程，或参加委托单位招标，经过投标中标后承建的开发项目所发生的费用支出。其具体内容包括土地开发、房屋开发、市政工程开发(城市道路、基础设施、园林绿化、旅游风景区开发)等开发项目支出。

开发企业接受委托代为开发的建设场地和房屋，其建设内容和特点与企业的土地开发和房屋开发基本相同，所以其开发费用可比照土地开发和房屋开发的核算方法，分别在“开发成本——土地开发”和“开发成本——房屋开发”两个明细账户内核算，开发工程完工，验收合格时，转入“开发产品——代建工程”账户内。

其他代建工程开发项目，应在“开发成本——代建工程开发”账户核算。发生各项开发直接费用时，记入该账户的借方、各有关账户的贷方；期末分配结转开发间接费用时，记入该账户的借方、“开发间接费用”账户的贷方；代建开发工程竣工验收合格后，结转其开发成本，借记“开发成本——代建工程开发”账户，贷记该账户。期末“开发成本——代建工程开发”账户的余额，表示正在开发的代建工程的成本。

【例 8-11】 盛达房地产开发公司接受市政建设指挥部委托，代为建设灵山风景区，发生下列经济业务：用银行存款支付土地征用及拆迁补偿费 3 000 000 元，前期工程费 300 000 元，基础设施费 400 000 元，结算应付建筑安装工程费 8 700 000 元，应负担的开发间接费用 100 000 元。根据有关费用支出凭证，做如下会计处理。

(1)用银行存款支付拆迁补偿费等：

借：开发成本——代建工程开发　　3 700 000

　　贷：银行存款　　3 700 000

(2)结转应付建筑安装工程费：

借：开发成本——代建工程开发　　8 700 000

　　贷：应付账款　　8 700 000

(3)分配结转开发间接费用：

借：开发成本——代建工程开发　　100 000

　　贷：开发间接费用　　100 000

【例 8-12】 盛达房地产开发公司开发建设的灵山风景区完工，验收合格，结转其实际成本 12 500 000 元，做如下会计处理：

借：开发成本——代建工程　　12 500 000

　　贷：开发成本——代建工程开发　　12 500 000

代建工程开发业务成本核算的流程如图 8-5 所示。

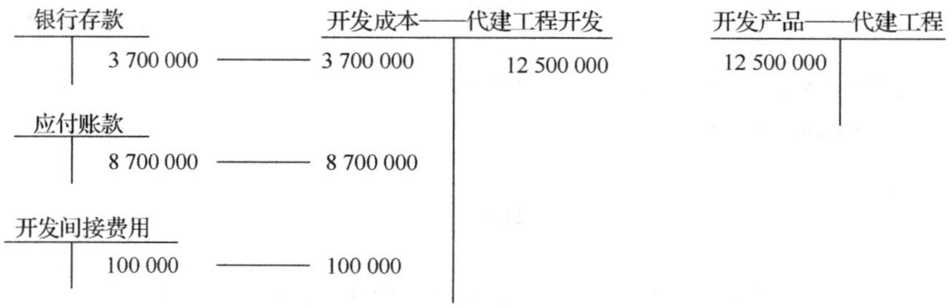

图 8-5　代建工程开发业务成本核算的流程图

第三节　开发产品的核算

开发产品是指企业已经完成全部开发过程，并已验收合格，符合设计标准，可以按照合同规定的条件移交给购货单位，或者可以作为商品对外销售的产品，包括土地、房屋、配套设施和代建工程等。

一、开发产品增加的核算

企业开发的产品，应于竣工验收时，借记“开发产品”账户，贷记“开发成本” 账户。

【例 8-13】 仁太房地产开发公司根据其开发的住宅楼验收交接凭证，结转住宅楼开发实际成本 6 500 000 元，应做如下会计处理：

借：开发产品　　6 500 000

　　贷：开发成本　　6 500 000

二、开发产品减少的核算

房地产企业出售、转让或出租开发产品，都会造成开发产品的减少，企业应区别不同情况及时进行开发产品结转的会计处理。

企业有偿转让或出售开发产品，应于每月终了，结转对外转让、销售和结算开发产品的实际成本。结转时，借记“主营业务成本”账户，贷记“开发产品”账户。

企业如果采用分期收款结算的方式销售开发产品，在将开发产品移交给使用单位或办妥分期收款销售合同时，应将分期收款开发产品的实际成本，自“开发产品”账户转入“分期收款开发产品”账户，借记“分期收款开发产品”账户，贷记“开发产品”账户。

企业将开发的土地和房屋用于出租或将开发的房屋用于安置拆迁居民周转使用，应于签订合同、协议和移交使用时，将该土地和房屋的实际成本，自“开发产品”账户转入“出租开发产品”“周转房”账户，借记“出租开发产品”“周转房”账户，贷记“开发产品”账户。

企业将开发的营业性配套设施作为本企业从事第三产业的用房，应视同自用固定资产进行处理，并将营业性配套设施的实际成本，自“开发产品”账户转入“固定资产”账户，借记“固定资产”账户，贷记“开发产品——配套设施”账户。

企业将开发的房屋用于安置拆迁户，应按实际安置面积进行实物量管理和结转。对于已经交付使用或办理销售和结转手续，而产权尚未移交出去的开发产品，如商品房和配套设施等，应由企业设置“代管房产备查簿”，进行实物管理。企业不得将这部分财产入账，也不得计提折旧和摊销。企业在代管房产过程中取得的收入和发生的各项支出，应作为其他业务收支处理，不在“开发产品”账户核算。

【例 8-14】 仁太房地产开发公司结转销售住宅楼实际成本 6 500 000 元，应做如下会计处理：

借：主营业务成本　　6 500 000

　　贷：开发产品　　6 500 000

【例 8-15】 仁太房地产开发公司将一套公寓采用分期收款的方式销售，已办妥分期收款销售合同，该公寓实际成本为 200 000 元，应做如下会计处理：

借：分期收款开发产品　　200 000

　　贷：开发产品　　200 000

【例 8-16】 仁太房地产开发公司将开发建设完成的一幢住宅楼出租经营，其实际成本为 2 400 000 元，则应做如下会计处理：

借：出租开发产品　　2 400 000

　　贷：开发产品　　2 400 000

【例 8-17】 仁太房地产开发公司将开发的一幢房屋用于安置拆迁居民周转使用，实际成本为 5 000 000 元，应做如下会计处理：

借：周转房　　5 000 000

　　贷：开发产品　　5 000 000

【例 8-18】 仁太房地产开发公司将开发建设的作为营业性配套设施的商店用做本企业第三产业的经营用房，实际成本为 580 000 元，应做如下会计处理：

借：固定资产　　580 000

　　贷：开发产品　　580 000

三、分期收款开发产品的核算

企业如以分期收款的方式销售开发产品，在将开发产品移交给购买单位或个人，或办妥分期收款销售合同时，应按商品房等开发产品的实际成本，借记“分期收款开发产品” 账户，贷记“开发产品”账户。

企业按合同规定的期限收取销售价款时（包括第一次收款），借记“银行存款”“应收账款”等账户，贷记“主营业务收入”账户。同时，按收入与费用相配比的原则，根据当期应收回的价款（即合同规定当期应收价款数额）占分期收款产品应收价款总额（即全部售价）的比例，计算分期收款开发产品应结转的成本，借记“主营业务成本”账户，贷记“分期收款开发产品”账户。

【例 8-19】 仁太房地产开发公司以分期收款的方式销售一套公寓，售价为 600 000 元，双方签订的合同规定，其价款分两次支付：房屋交付使用时支付 70%，计 420 000 元；6 个月后支付余下的 30%，计 180 000 元。该公寓的开发成本为 400 000 元。根据上述资料，仁太房地产开发公司应做如下会计处理。

(1) 签订合同时：

借：分期收款开发产品　　　400 000

　　贷：开发产品　　　　　　　400 000

(2) 在移交房屋、收到第一次房款时：

借：银行存款　　　420 000

　　贷：主营业务收入　　　420 000

同时结转与上述商品房销售收入相关的销售成本 280 000 元（400 000×70%）：

借：主营业务成本　　　280 000

　　贷：分期收款开发产品　　　280 000

(3) 6 个月后，收到余下的 30%价款时：

借：银行存款　　　180 000

　　贷：主营业务收入　　　180 000

同时结转与上述商品房销售收入相关的销售成本 120 000 元（400 000×30%）：

借：主营业务成本　　　120 000

　　贷：分期收款开发产品　　　120 000

“分期收款开发产品”账户应按销售对象设置明细账或“分期收款开发产品备查簿”，详细记录分期收款开发产品的坐落地点、结构、层次、面积、售价、成本、分次收款时间、价款及已收取价款和尚未收取的价款等有关资料。

分期收款开发产品业务核算的流程如图 8-6 所示。

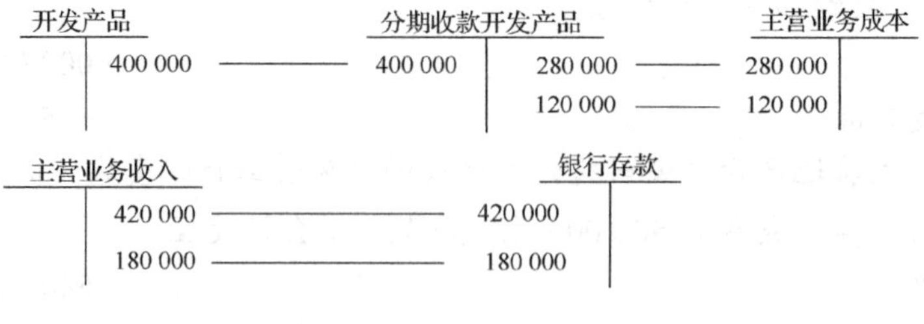

图 8-6　分期收款开发产品业务核算的业务流程图（单位：元）

第四节　出租开发产品和周转房的核算

一、出租开发产品的核算

出租开发产品是指房地产开发企业开发完成、用于出租经营的土地和房屋。它是企业资产的一部分，但它不同于企业的固定资产，也不同于企业的一般劳动产品，财务制度规定出租经营的开发产品，应视作存货。

为了核算出租开发产品的使用、摊销及其增减变动情况，企业应设置“出租开发产品”账户，并在其下设置“出租产品”和“出租产品摊销”两个明细账户。同时，应根据出租经营的实际情况，按出租产品的类别进行明细核算，并建立“出租产品”卡片，详细记录出租产品坐落地点、结构、层次、面积、租金、单价等情况。

(一) 出租开发产品增加的核算

企业开发建成用于出租的土地和房屋，应在其竣工后，借记“开发产品”账户，贷记“开发成本”账户。签订出租合同、协议后，按出租土地和房屋的实际成本，借记“出租开发产品——出租产品”账户，贷记“开发产品”账户。

【例 8-20】永安房地产开发公司将开发竣工后的花园小区 5#楼出租给立业公司，该房屋的总成本为 4 500 000 元，完工后即投入出租经营之用，应做如下会计处理：

借：开发产品	4 500 000	
贷：开发成本		4 500 000
同时：		
借：出租开发产品——出租产品	4 500 000	
贷：开发产品		4 500 000

(二) 出租开发产品摊销的核算

出租房屋随着使用及自然力的侵蚀，会逐渐发生损耗而减少其价值。对于这部分损耗价值，房地产开发企业应根据出租产品的账面原价(实际成本)和预计使用年限，计算其损耗额，并作为出租房经营期间的费用，将它按月计入出租房屋的主营业务成本，其计算公式如下：

$$月摊销率=(1-估计净残值率)\div 摊销年限\div 12$$

$$月摊销额=出租房屋原值\times 月摊销率$$

企业按月计提出租开发产品摊销额时，借记“主营业务成本”账户，贷记“出租开发产品——出租产品摊销”账户。

【例 8-21】承【例 8-20】永安房地产开发公司出租的花园小区 5#楼，规定摊销期限为 40 年，月摊销率假设为 0.2%，按月计提摊销额时，做如下会计处理：

借：主营业务成本	9 000	
贷：出租开发产品——出租产品摊销		9 000

(三) 出租开发产品修理的核算

出租开发产品在租赁期间发生的修理费用，应列为企业的主营业务成本，数额不大的可直接记入“主营业务成本”账户，借记“主营业务成本”账户，贷记“银行存款”“应付职工薪酬”等账户。房地产开发企业的出租产品改变用途，作为商品房对外销售而发生的修理支出，应列为销售费用，不得作为主营业务成本列支。

【例 8-22】 永安房地产开发公司将某花园小区 5#楼出租给某承租单位，在出租后的第二年，承租单位要求对该房屋进行修复、装饰，共发生费用 136 000 元，其中：人工费 50 000 元，材料费 70 000 元，其他费用 16 000 元，用银行存款支付，做如下会计处理：

费用发生时：

借：开发成本	136 000	
贷：银行存款		16 000
原材料		70 000
应付职工薪酬		50 000

工程完工后，增加出租产品价值：

借：出租开发产品——出租产品	136 000	
贷：开发成本		136 000

【例 8-23】 永安房地产开发公司在其出租的花园小区 5#楼出租两年后，对该房屋进行修理，发生修理费 3 800 元，做如下会计处理：

借：主营业务成本	3 800	
贷：银行存款		3 800

（四）出租开发产品改变用途对外销售的核算

房地产开发企业的出租开发产品与企业的固定资产不同，它不属于企业的劳动资料，而是企业的一种开发产品。因此，企业如果改变出租开发产品的用途，将其作为产品对外销售，则应视同开发产品销售处理。

如企业的出租开发产品改变用途对外销售，在销售成立时，应按其销售价格，借记“银行存款”或“应收账款”账户，贷记“主营业务收入”账户。期末，结转对外销售的出租开发产品成本时，按其摊余价值，借记“主营业务成本”账户，按其已提累计摊销额，借记“出租开发产品——出租产品摊销”账户，按原值，贷记“出租开发产品——出租产品”账户。

【例 8-24】 承【例 8-22】和【例 8-23】永安房地产开发公司在将花园小区 5#楼出租使用五年后，改变用途对外销售，收取价款 5 000 000 元，该房屋摊销额为 540 000 元（9 000×12×5），原值为 4 636 000 元（4 500 000+136 000）。做如下会计处理（假设不考虑相关税费）：

借：银行存款	5 000 000	
贷：主营业务收入		5 000 000
借：主营业务成本	4 096 000	
出租开发产品——出租产品摊销	540 000	
贷：出租开发产品——出租产品		4 636 000

出租开发产品的核算流程如图 8-7 所示。

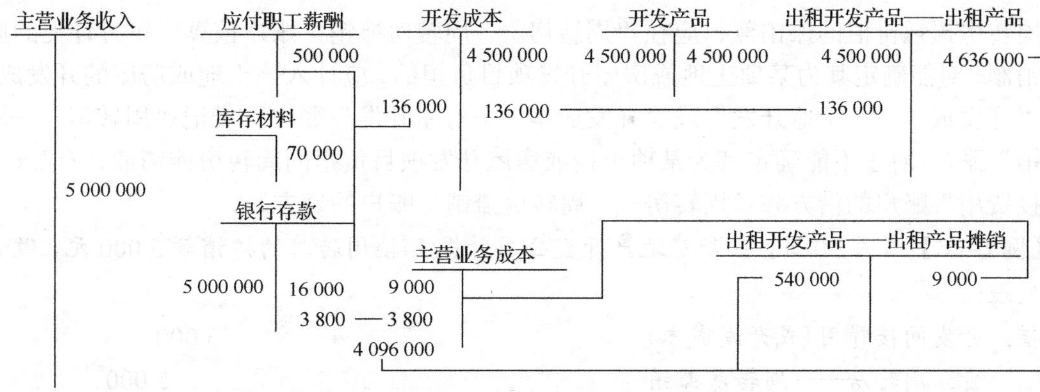

图 8-7　出租开发产品的核算流程图(单位：元)

二、周转房的核算

房地产开发企业的周转房是指用于安置被拆迁居民周转使用、产权归企业所有的各种房屋。其包括：(1)在开发过程中已明确其为安置被拆迁居民使用的房屋；(2)搭建用于安置被拆迁居民周转使用的临时性简易房屋；(3)开发的商品房中在销售前用于安置被拆迁居民使用的房屋。

为了核算周转房的使用、摊销及其增减变动情况，企业应设置“周转房”账户，并在其下设置“在用周转房”和“周转房摊销”两个二级账户，用以核算在用周转房的使用情况。同时，应根据周转房的使用情况，按周转房的幢号(或楼层、房间号)进行明细分类核算，并建立“周转房卡片”，详细记录周转房的坐落地点、结构、层次、面积、租金单价、安置居民姓名等情况。

(一)周转房增加的核算

企业开发建成的周转房，应在其竣工后，借记“开发产品”账户，贷记“开发成本”账户。明确作为周转房后，按其实际成本，借记“周转房——在用周转房”账户，贷记“开发产品”账户。

【例 8-25】 兴华房地产开发公司为安置新安小区的动迁居民，将其建造的 2#楼作为周转房，实际成本为 3 000 000 元，根据房屋交付使用等凭证，做如下会计处理：

借：开发产品	3 000 000	
贷：开发成本		3 000 000
借：周转房——在用周转房	3 000 000	
贷：开发产品		3 000 000

(二)周转房摊销的核算

周转房随着使用及自然力的侵蚀，会逐渐发生损耗而减少其价值，因此，应根据周转房的使用年限按月摊销其损耗价值。这部分损耗价值应作为开发期间的费用，计入土地、房屋的开发成本。周转房摊销额的基本计算公式如下：

月摊销率=(1−估计净残值率)÷(摊销年限×12)

月摊销额=周转房账面原值×月摊销率

周转房损耗价值的摊销额，应在“周转房——周转房摊销”账户核算。每月计提的周转房摊销额，对能确定其为某项土地或房屋开发项目负担的，应计入该土地或房屋的开发成本，借记“开发成本——土地开发”或“开发成本——房屋开发”账户，贷记“周转房——周转房摊销”账户。对于不能确定其为某项土地或房屋开发项目负担的周转房摊销额，应记入“开发间接费用”账户的借方和“周转房——周转房摊销”账户的贷方。

【例 8-26】 6 月 30 日，兴华房地产开发公司计提 2#楼周转房的摊销额 5 000 元，做如下会计处理：

借：开发间接费用（或开发成本） 5 000
　　贷：周转房——周转房摊销 5 000

（三）周转房修理费用的核算

由于周转房是为了安置因开发项目等建筑产品的开发建设而动迁的居民，是直接服务于某项开发项目的，因此，周转房在使用过程中发生的修理费用，应作为有关开发项目的成本，按其实际发生的成本，借记“开发成本”“开发间接费用”账户，贷记“银行存款”“应付职工薪酬”等账户。

【例 8-27】 2#楼周转房发生修理费用 50 000 元，以银行存款支付，应做如下会计处理。

支付费用时：

借：开发间接费用（或开发成本） 50 000
　　贷：银行存款 50 000

（四）周转房改变用途对外销售的核算

与固定资产出售核算不同，改变用途对外销售的周转房，应视作开发产品对外销售处理。在销售成立时，借记“银行存款”或“应收账款”账户，贷记“主营业务收入”账户；同时，按其摊余价值，借记“主营业务成本”账户，按其已提累计摊销额，借记“周转房——周转房摊销”账户，按其原值，贷记“周转房——在用周转房”账户。

【例 8-28】 2#楼周转房使用 20 个月后，公司将其作为商品房对外销售，售房收入为 4 000 000 元，已存入银行。该周转房累计摊销额为 100 000 元（5 000×20），根据有关凭证，做如下会计处理：

根据售房结算账单和银行结算凭证：

借：银行存款 4 000 000
　　贷：主营业务收入 4 000 000

根据“周转房”有关明细账记录：

借：主营业务成本 2 900 000
　　周转房——周转房摊销 100 000
　　贷：周转房——在用周转房 3 000 000

第五节　营业收入的核算

房地产开发企业的营业收入包括主营业务收入和其他业务收入。

主营业务收入是指开发企业转让、销售、结算和出租开发产品等所取得的收入，包括土地转让收入、商品房销售收入、配套设施销售收入、代建工程结算收入、出租开发产品租金收入等。

其他业务收入是指在主营业务以外，不独立核算的其他业务或附加业务所发生的收入，主要包括商品房售后服务收入、材料销售收入、固定资产出租收入、其他多种经营收入等。

一、主营业务收入的核算

企业按照签订的销售合同，结算开发产品价款时，借记“银行存款”“应收账款”等账户，贷记“主营业务收入”账户。

根据主营业务收入应与其相关的成本、费用配比的原则，开发企业在将各期实现的主营业务收入入账时，应同时将其相关的主营业务成本结转入账，借记“主营业务成本” 账户，贷记“开发产品”“出租开发产品”“周转房”等账户。

【例 8-29】 宏大房地产开发公司出售商品住宅一栋，取得价款收入 6 700 000 元，已存入银行，该住宅的实际成本为 5 800 000 元，做如下会计处理：

借：银行存款	6 700 000	
贷：主营业务收入——商品房销售收入		6 700 000
借：主营业务成本	5 800 000	
贷：开发产品——房屋		5 800 000

【例 8-30】 宏大房地产开发公司出租写字楼一栋，本月收到租金收入 500 000 元，已存入银行，同时计提月摊销额 320 000 元，做如下会计处理：

借：银行存款	500 000	
贷：主营业务收入——出租开发产品租金收入		500 000
借：主营业务成本	320 000	
贷：出租开发产品——出租产品摊销		320 000

【例 8-31】 宏大房地产开发公司为××机械厂代建厂房两座，合同价款为 2 400 000 元，按照代建合同规定，工程竣工后一次结算。厂房本月已全部竣工，验收合格，已将“工程价款结算单”送交委托方进行结算，其代建工程成本为 1 900 000 元，做如下会计处理：

借：应收账款——××机械厂	2 400 000	
贷：主营业务收入——代建工程结算收入		2 400 000
借：主营业务成本	1 900 000	
贷：开发产品——代建工程		1 900 000

二、其他业务收支的核算

为了反映其他业务收入的核算，企业应设置“其他业务收入”账户。本账户登记取得的各项其他业务收入；借方登记期末转入“本年利润”账户的金额；结转后本账户应无余额。在本账户下，可按商品房售后服务收入、材料销售收入、无形资产转让收入、固定资产出租收入等其他业务收入的种类设置明细账，进行明细分类核算。

根据收入与费用配比的原则，开发企业在将各期实现的其他业务收入入账时，应同时将其相关成本结转入账，借记“其他业务成本”账户，贷记有关账户。

【例 8-32】宏大房地产开发公司附设的物业管理处对已建成售出的某商品楼进行售后服务。该处本月收取治安管理费、卫生清洁费、大楼管理费等费用共计 30 000 元，并发生以下各项物业管理费用：职工工资 18 000 元，应付职工薪酬——职工福利 2 520 元，领用材料费 6 000 元，现金支付其他费用 1 160 元。根据有关凭证，做如下会计处理：

借：银行存款	30 000	
贷：其他业务收入——商品房售后服务收入		30 000
借：其他业务成本——商品房售后服务支出	27 680	
贷：应付职工薪酬		20 520
原材料		6 000
库存现金		1 160

本章小结

房地产开发企业的开发产品成本，按其开发项目种类可分为土地开发成本、房屋开发成本、配套设施开发成本、代建工程开发成本。各类开发产品成本，在核算上又将其费用分为土地征用及拆迁补偿费、前期工程费、建筑安装工程费、基础设施费、公共配套设施费、开发间接费用六个成本项目。对于费用发生时能分清成本核算对象的，直接计入其开发成本；如果费用发生时分不清成本核算对象，或应由两个或两个以上成本核算对象负担的，应先通过有关账户进行归集，再采用一定的方法分配结转。完工工程通过“开发产品”账户核算，对于出租经营和周转使用的产品，应增设“出租开发产品”和“周转房”账户核算。根据主营业务收入应与其相关的成本、费用配比的原则，开发企业在将各期实现的主营业务收入入账时，应同时将其相关的主营业务成本结转入账。

第九章

运输企业会计

运输企业会计是专门核算和监督运输企业生产经营资金运动的一门行业会计。本章将阐述运输企业的分类、业务特点及会计核算特点，并具体阐述最具特色的两大运输企业——铁路运输企业和航空运输企业的会计核算方法。

第一节　运输企业会计概述

一、运输企业的主要业务及分类

运输企业是指利用运输工具专门从事运输生产或直接为运输生产服务的企业。运输企业的主要业务就是提供客货运输，运输生产活动的结果是使得劳动对象发生空间位置上的转移，从而使旅客到达目的地、货物到达经销商或消费者手中。运输企业属于第三产业，它能够把社会再生产过程中的生产、分配和消费过程有机地结合在一起。与一般工商企业相比，运输企业的生产经营过程比较特殊，具有较强的个性。

按照运输方式的不同，常见的客货运输企业一般可分为公路运输企业、水路运输企业、铁路运输企业、航空运输企业等。

（一）公路运输企业

公路运输是产生最早的一种交通运输方式。公路运输企业是以汽车为主要运输工具的运输企业，一般分为长途运输业和短途运输业两种，其运输对象为货物和旅客。目前我国公路运输的客运周转量已经超过铁路运输，但货运周转量只是铁路运输的一半。

（二）水路运输企业

水路运输企业是以船舶为主要运输工具的运输企业。根据运输对象不同，一般分为客运和货运；根据运输路线不同，一般分为内河运输业和海洋运输业。海洋运输业又可分为沿海运输业和远洋运输业。我国水路货运的比重与铁路货运接近，但客运市场只占较小的份额。

（三）铁路运输企业

铁路运输在 19 世纪初出现。铁路运输企业是以火车为运输工具对外提供运输劳务以获得经营收入的生产部门，一般有货运和客运之分。铁路运输是目前我国客货运输的主要方式，占客货运输市场份额的 40%左右。

（四）航空运输企业

航空运输企业是以飞机为运输工具对外提供运输劳务以获得经营收入的生产部门，包括货运业和客运业两种。在几种运输方式中，航空运输出现得最晚，但发展得最快。在20世纪90年代中期，我国航空运输在客运中只占5%左右，但一些发达国家航空运输的客运量占市场份额的50%以上。我国航空运输的货运周转量更小，只占市场份额的1%。

除此之外，管道运输业也属于运输企业，但它只从事特殊货物的运输，如石油、天然气等。从广义上讲，邮电企业也属于运输企业，但邮电企业是从事特殊物品运输的企业，如文字、声音等。另外，在公路、水路、铁路和航空四类常见的运输企业中，公路运输企业和水路运输企业的会计核算方法与一般企业的差异较小，而铁路运输企业和航空运输企业的业务特点非常突出，会计核算方法也比较独特，为此，本章只以铁路运输企业和航空运输企业为对象来阐述运输企业独特的会计核算方法。

应该说明的是，2006年财政部发布的《企业会计准则应用指南》对各类企业交易和事项中涉及的主要业务规定了会计科目，其中没有针对航空运输和铁路运输企业单独规定特别的会计科目，可见，这两类运输行业在会计科目设置上可与一般工商业会计科目保持一致。根据《企业会计准则应用指南》关于“会计科目”设置的基本思想，不同企业在不违反2006年《企业会计准则》中关于确认、计量和报告规定的前提下，可以根据本单位的实际情况自行增设、拆分或合并会计科目。由于铁路运输企业和航空运输企业经济业务与一般工商业相比，具有一定的特殊性，因此，在会计核算中，铁路运输企业和航空运输企业可以根据其自身行业特点，设置一些专有会计科目。

二、运输企业的业务特点

为阐述运输企业会计核算的特性，我们先分析一下运输企业的业务特点。应该说，公路、水路、铁路及航空等各个运输企业都各具特点，但与一般的工商企业相比，它们又具有业务上的共性特征，并足以使运输企业与一般工商企业区别开来。归纳起来，运输企业的特征主要包括以下几个方面。

（一）运输生产的过程比较特殊

运输过程通常也被称为运输的生产经营过程，但在运输的生产经营过程中，只能消耗劳动工具，不能像工业企业一样消耗劳动对象，也不能改变劳动对象（旅客和货物）的属性和形态，如果运输生产过程中消耗了劳动对象，则意味着交通事故的发生。在特殊的运输生产过程中，不会产生任何有形产品，运输生产的唯一功能就是把人员及货物的空间位置转移，是一种纯粹的运送服务。

（二）运输生产的产品非常特殊

运输业的产品表现为运输服务的完成，这种产品的特殊性就在于它是无形的，而且不能保存和积累。运输过程既是生产过程，同时也是销售和消费过程。运输业务的开始意味着收入赚取过程和消费过程的开始，运输业务的结束意味着营业收入的实现和消费过程的结束。因此，运输业对于产品质量的要求比其他任何行业都更加细致和严格，因为运输产品无法退换，一旦运输质量出现了问题，就可能造成永远无法挽回的损失。

（三）运输生产的形式比较特殊

一般工商企业的生产经营活动都是在某一个固定地点进行的，如生产企业的生产一般在车间进行、商品销售活动一般在商场进行等。而运输生产则具有极强的流动性，它不可能在室内某一个固定的场所进行，而是在户外广阔的空间进行。因此，运输生产受自然条件甚至外界环境的影响较大，安全问题比较突出。与一般工商企业相比，运输生产收入的实现过程更加复杂。比如，铁路运输就需要通过铁路运输部门以及运输沿线各单位、各部门、各工种的工作人员，在不同空间和时间内的密切配合和分工协作才能完成。

三、运输企业的会计核算特点

从会计核算方法来看，公路运输、水路运输、铁路运输及航空运输等各行业都各具特点，彼此之间很难像一般的工商业会计一样予以统一，尤其是铁路运输和航空运输。当然，与一般工商企业相比，这些运输企业在会计核算上也可以归纳出几个共同的特点，主要表现在以下几个方面。

(一)资产和负债要素的核算

由于运输服务的完成需要依赖运输工具,而运输工具在运输企业是作为固定资产核算的,因此，在运输企业固定资产中，运输工具的比重比一般行业多得多，金额也大得多。另外，由于运营中需要大量的油料、燃料、备品备件、维修设备等，因此，在运输企业流动资产中，燃料、轮胎、备品备件、维修设备、低值易耗品的比重也比一般行业多得多，金额也大得多。总之，汽车、轮船、火车、飞机等交通工具属于运输企业特有的固定资产，也是运输企业固定资产核算的主要对象；而燃料、轮胎、备品备件、维修设备等是运输企业存货的主要存在形式，也是运输企业流动资产核算的主要对象。

从负债方面看，由于运输企业在运输工具方面的投资可能性比较大，并且贷款购置运输工具的情况较多，因此，有时会产生金额较大的负债，这些负债可能是从金融机构取得的贷款，也可能是因融资租赁形成的负债。比如，航空公司一般都会因为融资租赁飞机而产生金额巨大的长期应付款。

(二)营运成本及费用的核算

从基本框架上看，运输企业营运成本及费用的核算原则与一般工商企业的营运成本及费用的核算原则是一样的。但由于公路运输、水路运输、铁路运输以及航空运输等运输企业的业务特点与一般工商企业并不一致，因此，运输企业成本费用的核算方法也不可能与一般工商企业的核算方法完全一致。事实上，由于业务特点有所差异，这几类运输企业彼此之间成本费用的构成和核算方法也并不完全一致,主要表现在营运成本和营运费用的归集和分配上。关于营运成本及费用的核算，本章将在“铁路运输成本费用的核算”“航空运输成本费用的核算”等相关各节具体阐述。

(三)营运收入的核算

相对而言，运输企业在营运收入核算方面的特点是最突出的。以铁路为例，其运输企业的生产需要由运输部门以及运输沿线各单位、各部门、各工种的工作人员的密切配合和分工协作来完成，因此，其运输收入就必须在承担运营任务的各个环节之间分配。再以航空公司为例，一次航空运输需要由售票网点、承运公司、机场、空中服务等多家企业和部门共同配合才能完成，因此，机票收入也需要在各个环节、各个部门之间分摊和分配。总之，运输企业尤其是铁路运输企业和航空运输企业营运收入的核算是其会计核算的焦点问题。本章将在“铁路运输营业收入的核算”以及“民航收入的会计核算方法”等相关各节中具体阐述运输企业收入的会计核算方法。

在公路、水路、铁路和航空四大运输业中，铁路运输和航空运输的业务特点最突出，会计核算方法也最独特，为此，本章将主要阐述铁路企业和航空公司的会计核算方法。

第二节　铁路运输企业会计

我国铁路运输企业的运输生产是在铁道部(现称中国铁路总公司,以下简称铁路总公司或总公司)的统一指挥和领导下,由各个铁路局及其下属的各个铁路分局相互配合、共同完成的。在会计核算上，铁路运输企业实行分级核算，各铁路局是一级核算单位，其下属的铁路分局是二级核算单位，铁路分局下属的各个站段是三级核算单位。这三级核算单位需层层负责，各铁路局直接对铁路总公司负责。铁路运输生产和管理体制具有一定的特殊性，这从根本上决定了其会计核算的特殊性。

一、铁路运输企业概述

(一) 铁路运输企业的业务特点

铁路运输企业除了具有前面阐述的运输企业共有的特点之外，还具有以下两个特点。

1. 业务周转量较大

与西方发达国家相比，我国的铁路客货运输业务量是非常大的。我国幅员辽阔，人口众多，铁路运输生产具有运输距离长、站点多、覆盖面广的特点，服务的范围涉及全国各个地区和角落，日常铁路客货运输的周转量较大，应该说，不论是客运还是货运，铁路运输在我国所有各类交通运输方式中基本上都排在第一位，铁路运输是我国最主要和最重要的客货运输手段。

2. 组织结构和管理体制比较复杂

由于铁路是国民经济的命脉，所以，多年以来，我国的铁路运输一直是由国家铁路总公司直接控制。铁路总公司在全国下设若干铁路局，一个铁路局管辖几千公里线路，拥有几十万名职工和几百亿元固定资产。生产中广大职工的劳动不是固定在一个地点，而是分散在铁路沿线。为适应这种点多线长的客观要求，在铁路局内部又设置有机务、车辆、工务、电务、车站、材料供应等基层单位，各部门在铁路局的统一指挥和领导下，从事各项铁路运输的生产经营活动。整个铁路局的铁路运输工作是由铁路局、铁路分局或主管业务处以及机务、车辆等基层单位分级管理并完成的。

(二) 铁路运输企业的会计核算特点

铁路运输企业的会计核算特点是由其业务特点决定的，主要表现在以下几个方面。

1. 实行分级核算

分级核算是指铁路运输企业实行铁路局、铁路分局和基层单位分层次进行会计核算的做法。在分级核算中，由铁路局掌管全局的资金，根据铁路总公司批准的生产计划，组织生产、计算运输收入、确定经营成果；铁路分局和基层单位属于铁路运输企业内部的经济核算单位，对铁路企业的经济活动进行局部的、独立的核算，按计划核收铁路局划拨的运营资金，正确核算本单位的运输支出，并计算应取得的运输清算收入。

2. 上下级往来业务较多

铁路运输企业的分级核算方式决定了上下级单位之间的往来业务较多，主要包括以下几个方面。

(1)投资资金转拨业务。

投资资金转拨是指铁路运输企业内部上下级之间转拨投资资金的经济业务。投资资金在企业内部转拨时，上级单位的“拨付所属投资”增加，下级单位的“上级拨入投资”增加。拨出资金对上级来说是一种投资，对下级来说是一种集资。

(2)运营资金清算拨款业务。

运营资金清算拨款业务是指铁路运输企业内部上下级之间因运输工作需要发生的运营资金预付和结算的经济活动。为了保证生产的正常进行，在铁路运输企业内部，上级单位要定期向下级单位预付营运资金。拨款以后，上级单位应收下级的款项增加，下级单位应付上级的款项也将增加。完成运输工作以后，下级单位要向上级单位清算所拨付的运营资金。

(3)运输收入结算业务。

运输收入结算就是铁路运输企业内部上下级之间因完成运输工作而形成的内部收入的结算。铁路运输企业的运输收入由铁路局集中核算，实行独立核算的铁路分局和基层单位分别向铁路局结算，并取得相应的收入，以弥补支付的成本费用。完成运输工作的运输收入结算款，对下级单位来说是收入，对上级单位来说是支出。

(4)利润解缴业务。

解缴利润是通过基层单位上缴到铁路分局、铁路分局上缴到铁路局、铁路局再上缴铁路总公司r 方式完成的。对于下级单位来说，解缴利润时“利润分配”增加；对于上级单位来说，解缴利润时“所属上缴利润”增加。表 9-1 列示了铁路运输企业上下级之间往来的主要内容及核算方法。

表 9-1 铁路运输企业上下级之间往来的主要内容及核算方法

经济业务	铁路局	铁路分局	基层单位
1. 铁路局按规定预拨运营款	借：上下级往来(分局) 贷：银行贷款	借：银行存款 贷：上下级往来(局)	
2. 铁路分局按规定预拨运营款		借：上下级往来(基层) 贷：银行存款	借：银行存款 贷：上下级往来
3. 铁路局为所属基层单位支付燃料、线上料款	借：上下级往来(分局) 贷：银行存款	借：上下级往来(基层) 贷：上下级往来(局)	借：材料采购或燃料 贷：上下级往来
4. 基层单位上缴税金		借：上下级往来(基层) 贷：应交税费	借：应交税费 贷：上下级往来
5. 铁路分局上缴税金	借：上下级往来(分局) 贷：应交税费	借：应交税费 贷：上下级往来(局)	
6. 铁路局上缴税金	借：应交税费 贷：上下级往来(总公司)		
7. 基层单位上缴利润		借：上下级往来(基层) 贷：所属上缴利润	借：应缴利润 贷：上下级往来
8. 铁路分局上缴利润	借：上下级往来(分局) 贷：所属上缴利润	借：应缴利润 贷：上下级往来(局)	

续表

经济业务	铁路局	铁路分局	基层单位
9. 铁路局上缴利润	借：应付利润 贷：上下级往来(总公司)		
10. 基层单位向分局清算完成运输工作款		借：完成工作清算 贷：上下级往来(基层)	借：上下级往来 贷：完成工作清算
11. 分局向铁路局清算完成运输工作款	借：完成工作清算 贷：上下级往来(分局)	借：上下级往来(局) 贷：完成工作清算	
12. 铁路局向总公司清算完成工作运输款	借：上下级往来(总公司) 贷：主营业务收入		
13. 基层单位通过分局清算货车修理费	借：内部供应和销售支出 贷：上下级往来(分局)	借：上下级往来(局) 贷：上下级往来(基本)	借：上下级往来 贷：内部销售收入
14. 铁路局向总公司清算货车修理费	借：上下级往来(总公司) 贷：内部销售收入		

该表中涉及的会计科目基本上都是铁路系统涉及的专有会计科目。在后面的会计核算中涉及的会计科目基本上也都是能够反映铁路企业特点的会计科目。

3. 铁路运输收入进款单独进行会计核算

铁路运输收入进款是指在铁路沿线各个点上实现的，由列车站的各收款点收取的，以车站(段)为单位按有关规定的手续通过银行向铁路分局、铁路局逐级解缴的客货运输收入。对于铁路运输收入进款，各站段应当在银行开立运输收入进款存款专户专项存储，逐级上缴到铁路总公司，再由铁路总公司按照规定的方法重新分配到各铁路分局。总之，在铁路运输企业会计中，对铁路运输收入进款应实行单独核算，单独设立会计科目和账户，单独编制会计报表，不能与各核算单位的其他核算业务混淆进行。

二、铁路运输收入进款的会计核算

(一)铁路运输收入进款会计概述

铁路运输企业所属各营业站、列车段(客运段)在办理客货运输中，按照客货运规章及有关规定向旅客、托运人、收货人核收的票价、运费、杂费及其他各项款项，称为铁路运输收入进款。铁路运输收入进款是在铁路沿线各个点上实现的，由列车站的各收款点集中后，以车站(段)为单位按有关规定的手续通过银行向铁路分局、铁路局逐级解缴。运输收入进款集中到铁路总公司后，主要用于两个方面：一是按规定向国家缴纳税金和利润；二是用于补偿运输支出和铁路扩大再生产等方面。

1. 铁路运输收入进款的主要来源

铁路运输收入进款主要源于运输收入、铁路建设基金和代收款。

(1)运输收入。

铁路运输企业在完成旅客和货物运输工作时，按照国家规定的运价，向旅客和货主核收的货币资金称为运输收入。运输收入按运送对象的不同，可分为：①货物运费收入；②旅客票价收入；③行李运费收入；④包裹运费收入；⑤邮运运费收入；⑥客货运服务收入；⑦保价收入；⑧其他收入等。

(2)铁路建设基金。

铁路建设基金是国家为支持铁路建设，允许向货主收取的专门用于铁路建设的收费。铁路建设基金是从 1991 年开始设置的，从 1991 年 3 月 1 日起每吨公里货物运输加收 2 厘的铁路建设基金，1992 年 7 月和 1993 年 7 月又对建设基金做了调整。目前，建设基金包括两项：建设基金①，指按规定货物品类核收的建设基金；建设基金②，指按全部货物品类核收的建设基金。应该指出的是，铁路建设基金可能会根据国家宏观经济政策的调整而调整。

(3) 代收款。

在铁路运输收入进款中，除运输收入和铁路建设资金外，还有一些不属于铁路运输企业应得的收入，而属于代理收费性质的款项，由车站按规定核收，随客、货运费收入一并上缴，然后由铁路分局、铁路局或铁路总公司按实际情况拨付有关单位。代收款主要包括路外装卸费和路内装卸费，运输收入银行存款专户的存款利息，国际联运外国铁路运费，水陆联运水运段运杂费，水陆联运属于水运部门垫付费，无主货物、货底、遗失品变价收入，拣拾款和无法处理的多缴款，多收款以及国家和地方铁路联运的地方铁路段运杂费等。

2. 铁路运输收入进款的核收方式

铁路运输收入进款的核收方式分为现付、到付和后付三种。

(1) 现付。

现付是指旅客和发货人购买客票和托运行李、包裹、货物时向始发站交纳票价和运费的核收方式。目前，我国铁路票价、运杂费实行发送核算制，即由发站负责计费收款、发局审核列账的办法，因此，现付是铁路运输收入进款最基本的核收方式。

(2) 到付。

到付是指由于特殊需要或经铁路总公司、铁路局批准的由收货人向终到站缴付货物运杂费的核收方式。目前，按到付核收的项目主要有：进口国际联运货物运杂费；到达水陆联运货物运杂费；变更到站货物运杂费；经铁路总公司、铁路局批准的其他按到付办理的货物运杂费。

(3) 后付。

后付是指由于特殊需要，由铁路局或铁路分局按规定在运输终止后直接与发货单位结算运杂费的核收方式。目前，采用后付核收的项目只有军运运费和邮运运费。

3. 铁路运输收入进款的管理办法

现阶段，我国对铁路运输收入进款实行车站、铁路分局、铁路局分别在中国人民银行开设运输收入存款专户办理存款和结算，单独核算，按时逐级上缴，最后集中到铁路总公司的办法。铁路运输收入进款不能由基层单位、铁路分局和铁路局直接用于购买材料、支付工资等项支出，必须专户存储，并按规定时间及时上缴。车站核收的运输收入进款，应由专人负责，对收进的各种款项要做到当日整理算清，次日送存银行，并将进款的收、存登记到运输收入进款日记账，按规定日期汇缴铁路分局。铁路分局收到各车站的运输收入进款，除将路内装卸费等代收款拨付有关单位以外，其余款项全部汇缴铁路局。铁路局除收到铁路分局汇缴的运输收入进款以外，还会收到后付运费和运营单位归还的垫款，这些收款也存入运输进款专户，按规定日期汇缴铁路总公司。

铁路运输收入进款是直接上缴铁路总公司的专用资金，除退还旅客和发、收货人的客货运杂费之外，一般情况下，各级部门均无权动支。但对于某些特殊情况，如垫付旅客和路外人员意外伤亡急救费和埋葬费、应付自然灾害急需款等经铁路总公司批准的意外情况下可支的项目，允许按规定办法和手续动支。

4. 铁路运输收入进款会计的核算内容

铁路运输企业的客货运输分为管内运输和直通运输两种。管内运输由一个铁路局完成，直通运输由两个或两个以上的铁路局完成。铁路运输收入进款一般采用发送核算制，即由发送客货的铁路局核收列账。这样，在完成直通运输时，就会使发送铁路局完成一部分运输工作而获得了全部收入，而通过铁路局和到达铁路局完成了一部分运输工作，却得不到运输收入。为补偿通过铁路局和到达铁路局完成运输工作发生的各项费用，正确地反映各个铁路局的财务成果，铁路运输企业一般将“营业资金”和“进款资金”两项内容单独记账，实行收支两条线，如图 9-1 所示。

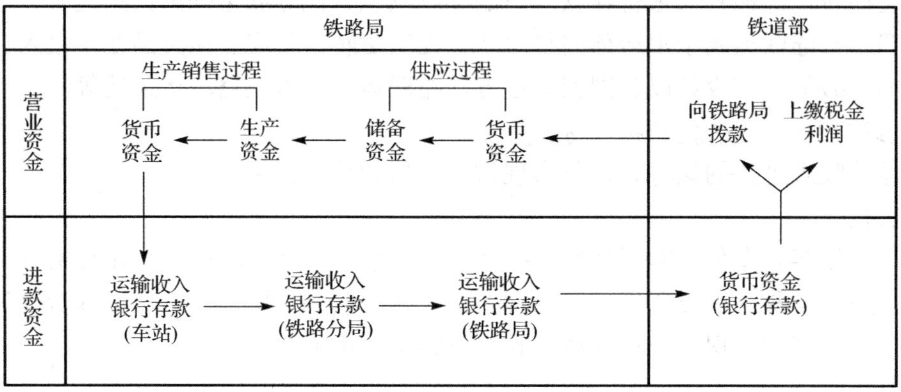

图 9-1　铁路运输企业的资金运动过程

其中，运输进款收入核算的内容主要包括：进款资金的增减变动和结存情况；铁路总公司与铁路局以及铁路局内部上下级之间应缴、已缴运输收入进款的结算关系；铁路局内部进款资金和营业资金之间应收、应付的结算关系；铁路局与收发货人、其他企业及个人之间的结算关系；各个铁路局之间应收、应付的结算关系。

(二)铁路运输收入进款的会计核算方法

1. 铁路运输收入进款涉及的会计科目

为了正确反映运输收入进款经济业务，铁路运输企业需要设置两类专门的会计科目。一类是反映货币资金的增减变动和结算情况的科目，并按货币资金所处的不同状态分别设置“车站在途”和“其他货币资金”等科目。另一类是反映结算关系的科目，主要包括四个方面：一是反映铁路运输企业内部各级收款责任的科目，比如“运输进款”科目；二是反映铁路分局与铁路局、铁路局与铁路总公司之间以及铁路总公司与参加国际联运清算的各国之间的结算关系的科目，比如“应缴运输收入”“已缴运输进款”“下级欠缴运输进款”和“欠缴上级运输进款”等会计科目；三是反映铁路企业内部营业资金与进款资金之间的结算关系的账户，比如“应收运营款”和“应付运营款”等会计科目；四是反映铁路企业与其他企业和个人之间的结算关系的账户，比如“其他应收款”和“其他应付款”等会计科目。根据运输进款会计核算的要求，每一会计科目又可分设若干个明细科目。运输收入进款涉及的主要会计科目及其核算内容如表 9-2 所示。

2. 铁路运输收入进款的会计处理方法

运输收入进款应在铁路局、铁路分局和站段分级部门分别核算。从核算内容来看，站段是运输收入进款的初级核算，主要负责收缴各项进款；铁路分局和铁路局则是由专职会计人员根据站段报送的原始凭证及汇总表，按规定的会计科目进行会计核算。

表 9-2 运输收入进款常用会计科目表

会计科目名称	核算的内容
库存现金	铁路局和铁路分局人民币及外币现金
银行存款	铁路局和铁路分局运输收入进款在指定专户的存款
车站在途	车站已收未存进款、暂存车站的进款和汇缴上级的途中款
其他货币资金	铁路局和铁路分局向上级汇缴的途中款
应收账款	铁路局和铁路分局应收外单位(不包括运营单位)的各种票款和运杂费，包括应收的各种少收款、运杂费、邮运运费、军运后付运费、国际联运清算款、水运运杂费、外局代收款等
应收运营费	铁路局和铁路分局应收营运部门的各种款项，包括后付运费、路外人员伤亡费、超过 180 天未收回的少收款等
其他应收款	铁路局和铁路分局应收账款和应收运营款以外的款项
运输进款	铁路分局应收和已收的运输收入进款
下级欠缴运输进款	铁路分局欠铁路局、铁路局欠铁路总公司的进款，该科目一般由铁路局和铁路总公司使用
应付账款	铁路局和铁路分局应退或应付外单位(不包括运营单位)的运杂费或进款、包括应付的各种多收款、国际联运清算款、水运运杂费、代收外局款等
应付运营款	铁路局和铁路分局应付运营单位的运营款项，包括路内装卸费、路外装卸费、运营临管线收入、利息收入等
其他应付款	铁路局和铁路分局应付账款和应付运营款以外的款项
应缴运输收入	铁路局和铁路分局应缴的运输收入，包括旅客票价收入、行礼运费收入、包裹运输收入、邮运运输收入、货物运费收入、客货运服务收入、旅游车票价上浮收入等
应缴铁路建设基金	铁路局和铁路分局应缴的铁路建设基金
应缴外汇结算损益	铁路局和铁路分局应缴的外币汇兑损益
应缴保价收入	铁路局和铁路分局应缴的保价费收入
应缴其他进款	铁路局和铁路分局应缴运输收入、铁路建设基金、外汇结汇损益和保价收入以外的其他应缴上级的进款
已缴运输进款	铁路局和铁路分局向上级缴纳的进款
欠缴上级运输进款	铁路局和铁路分局欠缴上级的进款

(1)站段运输收入进款核算。

在铁路运输中，客货运输收入进款大部分由站段核收。为了保证运输收入进款的完整和及时上缴，站段应配备专职的进款人员负责进款的管理，并在当地银行开设运输收入进款专户，办理运输收入进款的存入和解缴，每天的运输收入进款要按规定的结账时间当日结清，并在次日将进款全部送存银行。站段在组织运输收入进款的核算中，应设置“运输收入进款日记账”(如表 9-3 所示)，以便与铁路分局核账。

(2)铁路分局运输收入进款的核算。

铁路分局运输收入进款的核算主要包括审核凭证、试算平衡、编制记账凭证、登记会计账簿、编制财务报表等几项内容。铁路分局应在审核车站运输收入进款收支报告的基础上，汇总编制铁路分局的“运输收入总表”，以反映应收、应付、应缴等结算情况，并据以编制相关的会计分录，正确地登记有关账簿。下面举例说明铁路分局运输收入进款的会计核算方法。

【例 9-1】 银行通知，收到车站汇缴的运输收入进款 915 万元。

借：银行存款　　9 150 000

　　贷：车站在途——汇缴途中款　　9 150 000

表 9-3 运输收入进款日记账

		1	2	3	4	5	6	7	8	9	10	旬计	…	合计
收方	客运收入													
	其中：填写式客票收入													
	货运收入													
	其中：国际联运收入													
	行礼收入													
	其中：国际联运收入													
	其他收入													
	客货运服务													
	路内整车装卸费													
	路外装卸费													
	收回垫付款													
	收回少缴款													
	收回欠缴款													
	银行存款利息													
	多收款													
	多缴款													
	收方合计													
支方	退旅客票价款													
	退货主款													
	支出垫款													
	发生欠款													
	少收款													
	少缴款													
	应汇缴款													
	支方合计													

【例 9-2】 银行通知，收到机务段上缴机车租金 4 万元。

借：银行存款　　40 000

　　贷：应缴运输收入——其他收入　　40 000

【例 9-3】 以银行存款支付路外装卸费 38 万元，路内整车装卸费 36 万元。

借：应付运营款——路外装卸费　　380 000

　　　　　　　——路内整车装卸费　　360 000

　　贷：银行存款　　740 000

【例 9-4】 以银行存款上缴运输收入进款 650 万元。

借：已缴运输进款——上缴运输进款　　6 500 000

　　贷：银行存款　　6 500 000

【例 9-5】 以运输收入银行存款支付港务局水陆联运运费 40 万元。

借：应付账款——应付水陆联运运费　　400 000

　　贷：银行存款　　400 000

【例 9-6】 银行通知，收到港务局支付的水陆联运运费 3 万元。

借：银行存款　　30 000

　　贷：应收账款——应收水陆联运运费　　30 000

【例 9-7】 某铁路分局某月运输收入进款总表各收支项目如表 9-4 所示。

表 9-4　某铁路分局某月运输收入进款总表

单位：万元

收方		支方	
项目	金额	项目	金额
客运收入	23.5		
货运收入	49.5		
行礼收入	2.5	退客票支出	5
邮运收入	0	其他退款	1.5
其他收入	7	路外伤亡垫款	2
客货运服务收入	1	机煤支出（路内记账）	4
收回垫款	3	防洪料支出（路内记账）	1.5
路外装卸费	4.5	货主欠款	5
路内整车装卸费	4	退多收款	5
收回货主欠款	2	少收款	1.5
收回少缴款	1.5	车站途中款	76.5
多收款	1.5		
其他	2		
收方合计	102	支方合计	102

根据表 9-4，该铁路分局应编制如下相关的会计分录。

运输收入进款总表的收方反映一定时期内铁路分局各种来源的进款。其中收回的货主欠款、少缴款、垫款以及多收款等属于往来款，应该分别记入“应收账款”“其他应收款”“应付账款”“其他应付款”等账户；路内整车装卸费、路外装卸费和银行存款利息等按规定应支付给运营部门的款项应该记入“应付运营款”账户；客运收入、货运收入等运营收入按规定均应记入应缴铁路局的“应缴运输收入”账户。就本例，相关的会计分录为：

借：运输进款　　1 020 000

　　贷：应缴运输收入——客运收入　　235 000

　　　　　　　　　　——货运收入　　495 000

　　　　　　　　　　——行李收入　　25 000

　　　　　　　　　　——其他收入　　70 000

　　　　　　　　　　——客货运服务收入　　10 000

　　　　应付运营款——路外装卸费　　45 000

　　　　　　　　　——路内整车装卸费　　40 000

　　　　　　　　　——其他　　20 000

　　　　应付账款——多收款　　15 000

　　　　其他应收款——垫款　　30 000

　　　　　　　　　——少收款　　15 000

　　　　应收账款——货主欠款　　20 000

② 运输收入进款总表的支方项目反映当期进款的存在或占用形态。其中，退客票支出等退还旅客和货主的款项应冲减“应缴运输收入”账户；路外伤亡垫款、防洪料支出、机煤支

出等按规定应该由运营部门统一结算的款项应该记入“应收运营款”账户；货主发生的欠款、少收的运输款、退还的多收款等往来性质的款项应分别记入“应收账款”“其他应收款”“应付账款”“其他应付款”等账户；编表时尚未进入铁路分局的运输收入进款专户的运输收入进款一般可能尚未存储在车站的存款户中或在汇缴途中，应记入“车站在途”账户。就本例，相关的会计分录为：

借：车站在途——途中款	765 000	
应缴运输收入——客运收入	50 000	
——其他收入	15 000	
应收运营款——路内记账	55 000	
——伤亡垫款	20 000	
应收账款——少收款	15 000	
——货主欠款	50 000	
应付账款——多收款	50 000	
贷：运输进款		1 020 000

【例 9-8】 年度终了，将“应缴运输收入”“已缴运输进款”账户的累计结余分别转入“欠缴上级运输进款”账户。假设“应缴运输收入”账户累计结余为 990 万元，“已缴运输进款”账户累计结余为 945 万元。编制会计分录如下：

借：应缴运输收入	9 900 000	
贷：欠缴上级运输进款		9 900 000
借：欠缴上级运输进款	9 450 000	
贷：已缴运输进款		9 450 000

通过上面的会计分录可以看出，铁路分局日常的会计核算主要就是关于进款取得和上缴的核算。在核算过程中，如果没有其他的往来情况，则取得的运输收入进款应全部作为“应缴运输收入”，但由于大量往来业务的存在，使得运输收入进款的经济业务相对复杂，因此，铁路分局通常设置“运输进款”账户作为中介账户。为清晰地反映铁路分局运输收入进款业务的会计核算方法，下面将前面的经济业务登记 T 字账，以便了解“运输进款”和“欠缴上级运输进款”两个账户的核算流程，如图 9-2 所示(图中带*号的数字为期初余额)。

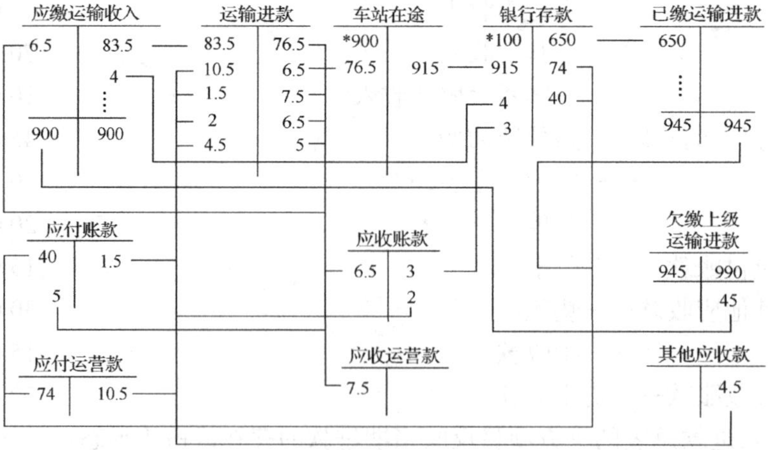

图 9-2 铁路分局运输收入流程图(单位：万元)

(3)铁路局运输收入进款的核算。

铁路运输收入进款实行分级核算以后，客货票据的审核、票款的核对、进款资金与营业资金之间的往来结算等工作大部分由铁路分局完成。铁路局运输收入进款核算的主要内容包括：审核军运、邮运、国际联运客票及行包票据，编制军运、邮运运输收入总表；审核铁路分局的收入会计报表和收入总表；核对银行收款回单，掌握各个铁路分局应缴运输收入进款、已缴运输收入进款和运输收入在途款；办理各种往来结算，及时清理应收和应付款项；按规定向铁路总公司解缴运输收入进款。下面举例说明铁路局运输收入进款的会计处理方法。

【例 9-9】 甲铁路分局通知，其运输收入进款 650 万元已经通过银行汇出；乙铁路分局通知，其运输收入进款 600 万元已经通过银行汇出。两分局的汇款在月末均未到账。

借：其他货币资金——汇缴途中款(甲分局)　　6 500 000
　　　　　　　　——汇缴途中款(乙分局)　　6 000 000
　贷：应缴运输收入　　12 500 000

【例 9-10】 银行通知，收到铁路分局上缴运输收入途中款 1 250 万元，其中，甲分局 650 万元，乙分局 600 万元。

借：银行存款　　12 500 000
　贷：其他货币资金——汇缴途中款(甲分局)　　6 500 000
　　　　　　　　　——汇缴途中款(乙分局)　　6 000 000

【例 9-11】 银行通知，收到后付单位运费 20 万元，其中，军运运费 10 万元，邮运运费 5 万元，专运运费 5 万元。

借：银行存款　　200 000
　贷：应收账款——应收军运后付运费　　100 000
　　　　　　　——应收邮运运费　　50 000
　　　　　　　——其他应收款　　50 000

【例 9-12】 以银行存款上缴铁路总公司运输收入进款 1 250 万元。

借：已缴运输进款　　12 500 000
　贷：银行存款　　12 500 000

【例 9-13】 根据铁路分局报送的运输收入进款总表(见表 9-5)，编制相关的会计分录。

表 9-5　铁路分局运输收入进款总表

单位：万元

项　目	甲铁路分局	乙铁路分局
应缴运输收入进款总额	838	787
其中：客运收入	235	200
货运收入	495	460
行李收入	25	40
其他收入	73	7905
客货运服务收入	10	705
已缴运输收入进款	650	600
欠缴运输收入进款	188	187

① 借：下级欠缴运输进款——甲分局　　8 380 000
　　贷：应缴运输收入——客运收入　　2 350 000

——货运收入　　4 950 000
——行李收入　　250 000
——其他收入　　730 000
——客货运服务收入　　100 000

② 借：下级欠缴运输进款——乙分局　　7 870 000
贷：应缴运输收入——客运收入　　2 000 000
——货运收入　　4 600 000
——行李收入　　400 000
——其他收入　　795 000
——客货运服务收入　　75 000

③ 借：其他货币资金——汇缴途中款(甲分局)　　8 380 000
——汇缴途中款(乙分局)　　7 870 000
贷：下级欠缴运输进款——甲分局　　8 380 000
——乙分局　　7 870 000

【例 9-14】 根据铁路局运输收入进款总表(见表 9-6)的收方和支方，分别编制有关的会计分录。

表 9-6　铁路局运输收入进款总表

单位：万元

收方项目	金　额	支方项目	金　额
客运收入	900	应收军运进款	900
货运收入	2 250	报部集中结算款	1 400
行李收入	400	应收专运进款	400
邮运收入	500	应收邮运进款	500
其他收入	90	应收旅游局进款	670
应付代收外局费	80	应收外局款	60
应付国外铁路运费	60	应收国外铁路运费	50
合　计	3 980	合　计	3 980

① 根据运输收入进款总表的收方，编制会计分录如下：

借：运输进款　　39 800 000
贷：应缴运输收入——客运收入　　6 000 000
——货运收入　　22 500 000
——行李收入　　4 000 000
——邮运收入　　5 000 000
——其他收入　　900 000
应付账款——应付外局款　　800 000
——应付国际联运清算款　　600 000

② 根据运输收入进款总表的支方，编制会计分录如下：

借：应收账款——应收军运后付运费　　9 000 000
——应收邮运运费　　5 000 000
——应收外局款　　600 000
——应收国际联运清算款　　500 000

——其他　　10 700 000

已缴运输进款——报部集中结算款　　14 000 000

贷：运输进款　　39 800 000

【例 9-15】 年度终了，将"应缴运输收入""已缴运输进款"账户的累计结余分别转入"欠缴上级运输进款"账户。若全年"应缴运输收入"账户累计结余为 6 715 万元，"已缴运输进款"账户累计结余为 2 650 万元。编制会计分录如下：

借：应缴运输收入　　67 150 000

贷：欠缴上级运输进款　　67 150 000

借：欠缴上级运输进款　　26 500 000

贷：已缴运输进款　　26 500 000

上述记账分录登记账簿后，各个会计科目之间的对应关系如图 9-3 所示(图中带*号的数字为期初余额)。

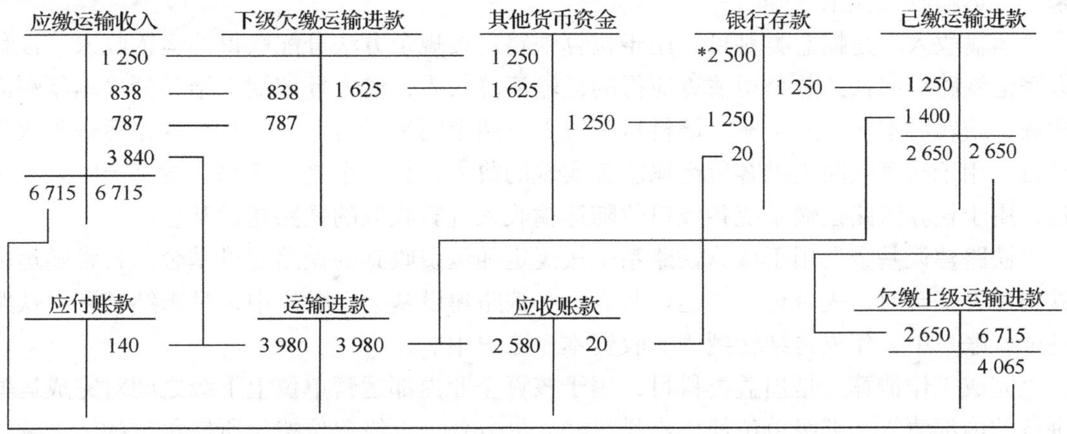

图 9-3　铁路局运输收入核算流程图(单位：万元)

三、铁路运输营业收入的核算

(一)铁路运输营业收入的特征

前面已经阐述，铁路运输企业对旅客票价和货物运杂费采用发站核算制，运输收入进款单独运转，首先自下而上，逐级上缴；然后再自上而下，层层划拨，即使管内运输的运输收入，也不能归收取运费的车站和车务段所有，而应当在所有参与运输生产的部门之间进行分配，也就是说，参与运输业务的企业只有经分配后取得的收入才是企业当期实现的运输收入。铁路各级运输收入部门将运输进款逐级解缴到铁路总公司后，铁路总公司按规定的清算办法将取得的全部运输收入在各铁路局之间进行分配的过程，称为运输工作结算。各级铁路部门通过运输工作结算而取得的收入称为运输清算收入，即一般工商企业所称的营业收入，在运输企业也称为运输收入。

客货运输收入、运输收入进款和运输清算收入三个概念之间存在着密切的联系。没有客货运输收入，就没有运输收入进款，更没有运输清算收入。客货运输收入即运输产品的销售收入，是运输企业营业收入的原生概念，而运输收入进款和运输清算收入则是派生概念，是铁路运输企业的特殊业务所导致的两个特殊概念。从本质上看，三个概念都指运输收入，运输收入进款只是一种过渡形态的资金，而运输清算收入才是运输企业取得的真正收入。

总之，每年上缴到铁路总公司的客货运输收入必须以某种方式分配到各铁路局，铁路局再分配到铁路分局，铁路分局再分配到基层站段，才能保证各级铁路部门取得其应有的营业收入。运输总收入的层层分配的方法很多，目前可供使用的分配方法主要有：管内归己、直通分配法，平均收入率法，“三大块”法，以运输进款作为运输收入法，清算单价法，双挂钩法等。由于这些分配方法比较专业，这里不再详尽阐述。应该说明的是，随着经营方式的变化，运输收入的计算和分配的方法也在不断地变革。

(二)铁路运输收入的会计核算方法

铁路运输企业的运输收入应分别在铁路局、铁路分局和基层站段等不同主体间进行核算。在核算时涉及的会计科目主要有“运输收入”“铁路建设基金”“完成工作清算”“上下级往来”“运输收入往来”等。

“运输收入”是损益类科目，用于核算铁路局按规定方法分配取得的运输收入。该科目贷方登记铁路局向铁路总公司清算应得的运输清算收入，借方登记期末结转到“本年利润”的数额，结转后本科目无余额。该科目一般下设两个明细科目：一个是“铁路运输收入”明细科目，用于核算铁路提供客货运输服务实现的收入；另一个是“铁路建设基金收入”明细科目，用于核算铁路运输系统各级单位随运输收入进款收取的铁路建设基金。

“铁路建设基金”用于核算铁路系统按规定随运费收到的铁路建设基金。日常随运输收到铁路建设基金时，先登记在“运输收入——铁路建设基金”账户中，月末结转到“铁路建设基金”账户中，年末再结转到“实收资本”账户中。

“完成工作清算”是损益类科目，用于核算企业内部运营单位上下级之间对完成运输工作进行的内部清算。上级单位使用本科目时，借方登记上级单位拨付所属单位的清算款；贷方登记期末结转“本年利润”的数额；下级单位使用本科目时，贷方登记按规定清算方法向上级单位清算的完成运输工作款，借方登记期末结转“本年利润”科目的数额。结转后，本科目无余额。

“上下级往来”用于核算铁路运输系统上下级之间的往来款项，包括：预拨的运营款，燃料、线上料等垫付款，完成运输工作清算款，营业外支出清算款，上缴上级的款项等。该账户借方登记应收的往来款和偿还的应付款；贷方登记应付的往来款和收到的应收款。上下级之间的投资不应在本科目核算，应在“拨付所属投资”和“上级拨入投资”科目核算。

“运输收入往来”科目用于核算铁路总公司及铁路局之间有关运输收入的上缴、拨付及按规定抵拨款项的往来业务。该账户借方登记铁路总公司应收铁路局的运输收入以及铁路局将铁路总公司抵拨款项转为投资的金额，贷方登记铁路总公司收到铁路局上缴的运输收入以及铁路局收到的铁路总公司委托进款部门抵拨回来的款项。

关于运输收入的账务处理方法，铁路局、铁路分局和基层运营单位的处理不完全相同。

(1)铁路局的主要会计处理是:将每月应得的运输清算收入用通知书上报到铁路总公司财务司时，借记“上下级往来——总公司”科目，贷记“运输收入”科目；将所属铁路分局完成运输工作结算的运输清算收入作为本局的运输支出入账时，借记“完成工作清算”科目，贷记“上下级往来——铁路分局”科目；将运输收入减去对铁路分局的运输清算支出后，按规定计算营业税时，借记“营业税金及附加”科目，贷记“应交税费”科目；期末，结转运输收入及支出时，借记“运输收入”科目，贷记“本年利润”科目；借记“本年利润”科目，贷记“完成工作清算”“营业税金及附加”等科目。

(2)铁路分局的主要会计处理是：按规定的清算方法向铁路局清算完成工作应得的运输清算收入时，借记“上下级往来——铁路局”科目，贷记“完成工作清算”科目；对所属基层运营单位按规定清算时，借记“完成工作清算”科目，贷记“上下级往来——基层单位”科目；计算应缴纳的营业税时，借记“营业税金及附加”科目，贷记“应交税费”科目；结转本年利润时，借记“本年利润”科目，贷记“完成工作清算”“营业税金及附加”科目。

(3)基层运营单位的主要会计处理是：取得清算收入时，借记“上下级往来”科目，贷记“完成工作清算”科目。结转本年利润时，借记“完成工作清算”科目，贷记“本年利润”科目。

下面举例说明有关的账务处理方法。

【例 9-16】 某铁路局某月完成运输工作应得清算收入 9 000 万元，已上报到铁路总公司财务司。该铁路局同时与所属分局清算了完成工作款，其中，甲分局应得清算收入 2 000 万元；乙分局应得清算收入 3 000 万元。有关会计分录如下：

借：上下级往来——总公司　　90 000 000

　　贷：运输收入　　90 000 000

借：完成工作清算　　50 000 000

　　贷：上下级往来——甲分局　　20 000 000

　　　　　　　　　——乙分局　　30 000 000

【例 9-17】 月末，某铁路局将运输收入中的铁路建设基金 10 万元转为国家对铁路部门的建设基金。会计分录为：

借：运输收入——铁路建设基金　　100 000

　　贷：铁路建设基金　　100 000

【例 9-18】 年末，某铁路局将当年的基本建设基金 50 万元全部转为国家投资。会计分录为：

借：铁路建设基金　　500 000

　　贷：实收资本　　500 000

【例 9-19】 某扶路局按本月运输支出计划，在运输进款中获得铁路总公司批准的抵拨款 10 000 万元。会计分录为：

借：银行存款　　100 000 000

　　贷：运输收入往来——总公司　　100 000 000

【例 9-20】 月份终了，某铁路局将本月已收到的抵拨款 10 000 万元转到铁路总公司往来账户。会计分录为：

借：运输收入往来——总公司　　100 000 000

　　贷：上下级往来——总公司　　100 000 000

【例 9-21】 某月某铁路局运输工作取得的运输收入为 4 800 万元，铁路分局完成运输工作的结算收入为 3 200 万元，基层运营单位完成运输工作的结算收入为 1 850 万元。各级单位应做会计分录如下。

① 铁路局：

借：上下级往来——总公司　　48 000 000

　　贷：运输收入　　48 000 000

借：完成工作清算　　32 000 000

　　贷：上下级往来——铁路分局　　32 000 000

② 铁路分局：

借：上下级往来——铁路局　　32 000 000

　　贷：完成工作清算　　32 000 000

借：完成工作清算　　18 500 000

　　贷：上下级往来——基层单位　　18 500 000

③ 基层单位：

借：上下级往来——铁路分局　　18 500 000

　　贷：完成工作清算　　18 500 000

四、铁路运输成本费用的核算

铁路运输企业在营运过程中发生的各种成本费用主要包括运输成本、管理费用和财务费用。其中，管理费用和财务费用与一般企业没有差别，但运输成本的特点比较突出，这里简单介绍如下。

（一）铁路运输成本概述

1. 铁路运输成本的会计核算特点

与工业企业相比，铁路运输成本有如下几个特点。

(1)由于铁路运输企业不创造实物产品，因而运输成本中没有原材料支出，运输工具、设备的折旧费、修理费、燃料消耗以及其他营运费用占的比重比较大。

(2)铁路运输企业成本耗费的多少与完成的客货周转量不直接相关，主要取决于运输距离的长短。

(3)铁路运输企业的主要业务是使旅客和货物发生位移，因此，成本核算对象一般按运输的种类设置，如旅客运输成本、货物运输成本或客货综合运输成本。

(4)铁路运输企业的成本计算单位为周转量，分为换算吨公里、人公里和吨公里三个基本单位。

(5)铁路运输的成本核算是分散在各级单位进行的。各基层单位分别核算与自身业务相关的成本，最后在铁路分局和铁路局进行汇总。

2. 运输成本的内容及成本项目

运输成本是铁路运输企业营运生产过程中实际发生的，与运输、装卸和其他业务等营运生产直接有关的各种支出。其主要包括以下几方面。

(1)企业在营运过程中实际消耗的各种燃料、材料、润料、备品备件、动力照明和低值易耗品等直接支出的材料费用。

(2)企业直接从事营运生产活动人员的工资、福利费、奖金、津贴和补贴等直接支出的人工费用。

(3)企业在营运生产中发生的固定资产折旧费、修理费、租赁费，铁路线路灾害防治费，铁路线路绿化费，铁路护路护桥费，乘客紧急救护费，集装箱费用，倒载费，行车杂费，车辆牌照检验费，车辆清洗费，车辆冬季预热费，养路费，设计制图费，劳动保护费，职工福利费，事故净损失等间接支出的费用。

3. 铁路运输成本的计算方法

因经营管理特点不同，运输企业的成本计算方法与工业企业的成本计算方法有一定的差别。首先，成本计算单位不同。由于运输是空间位移，不能以旅客人数和货物吨数为单位来计算成本，而只能采用复合单位(如旅客人公里、货物吨公里和换算吨公里)作为成本计算的产品单位。其次，运输成本中的间接费用较大。由于铁路运输生产设备中的固定性设备(如通信信号等)为客货运输所共用,这些设备的维修支出和折旧支出在成本计算时都应该采用适当的方法进行分配。另外，直通运输跨局进行，在成本计算时，有些费用要在相关铁路局之间进行分配。最后，铁路运输生产费用按分级核算制要求，分散在基层运营站段、铁路分局和铁路局进行核算，而运输产品成本计算主要在铁路局和铁路分局进行，因此，运输企业成本计算不像工业企业那样简单，而必须通过编制“成本计算表”才能进行。

铁路运输企业通常要计算铁路运输的总成本、单位成本、专项成本、作业成本和分线运输成本。其中，总成本指全局、铁路局、铁路分局为完成客货运输生产任务而发生的运输总支出；单位成本指单位运输产品应负担的运输总成本(也称平均成本)，包括旅客人公里成本(元/万人公里)、货物吨公里成本(元/万吨公里)、换算吨公里成本(元/万换算吨公里)；专项成本指铁路运输企业承运不同等级、不同席别的旅客和不同运输方式、不同种类的货物而分别计算的运输成本;作业成本指铁路运输企业为完成某项具体生产作业而应负担的运输支出；分线运输成本指根据某一铁路线路进行客货运输生产所发生的客货运输支出和所完成的客货周转量而计算的各种运输成本。

(二)铁路运输成本费用的会计核算

前面已经阐述，铁路运输企业实行分级管理。为便于分析和汇总，日常运输支出的核算应该分散在各级核算部门，通过“运输支出”账户进行。各部门、各单位应按照管什么、核算什么、分析什么的原则，将发生在本部门的运输生产成本按照规定的成本对象和成本项目分别进行核算，最后由铁路分局和铁路局进行统一的成本计算。在归集成本费用项目时，必须注意如下特殊费用的处理方法。

1. 清算与互不清算的费用

客货列车跨局运行所发生的运输生产费用，按照会计核算的重要性原则，有些应该在各局之间进行清算，有些不必进行清算。铁路总公司为此规定了应该清算和互不清算的费用。需要清算的费用包括互相提供劳务及代办工作费用、对外局机车上燃料、跨局机车长交路运行费用、超过规定限额的损失赔偿费用和事故倒装费用。互不清算的费用包括对外局机车的装备费(燃料、材料除外)、旅客运输途中维修及服务费(换车轮除外)、规定标准以下的行李包裹损失赔偿费、规定标准以下的货运损失赔偿费、不足一车的事故倒装费等。

2. 集中费

集中费是指铁路总公司集中管理、服务于各铁路局，并经分配计入各局运输支出的各项费用。集中费主要包括总公司专运处经费，总公司直属通信段经费，总公司驻铁路工厂的机车车辆验收员经费，总公司老战士协会经费，总公司机务经费，总公司体协经费，总公司统一印发给铁路局、分局、基层单位的有关运输业务规章、制度的印刷费、购置费，总公司统一印发的各种免费乘车证的费用，其他服务于各铁路局的集中性开支。

3. 外委代办工作应摊费用

铁路运营单位在完成运输工作的同时，接受路外单位委托的机车车辆修理、专用线维修以及本单位和上级单位其他款源的工程施工、劳务作业等，称为代办工作。代办工作费用应与铁路运输企业自身的运输支出分开核算，单独计算其成本。

4. 冲减运输支出的收入款项

铁路基层单位在发生运输生产费用时，经常发生一些与之相关而又不宜列入客货运输收入的收入。为简化核算，在取得收入时，直接列入“运输支出——收入冲减”科目。属于这样的收入款项主要有为外单位进行衡器检修取得的收入，售冰、盐水收入，售炉灰及自卸煤收入，售水、售电收入，售废柴油、废机油收入，售树苗及砍伐树赔偿收入，电报、电话及通信设备出租收入，救援列车设备出租收入，路产专用线(含电务部门)、机车出租收入，房屋建筑出租收入，站场出租收入，其他固定资产出租收入，其他收入等。

五、铁路运输企业利润的核算

由于铁路运输企业实行分级核算，所以，在营业利润核算时，也是分别在各级核算单位进行。总体上讲，铁路运输企业利润的会计核算与一般行业没有实质性的差别，但它有三个层次的利润，在会计核算中，应注意它们之间的区别。

(一)基层运营单位营业利润的核算

基层运营单位不能单独生产运输产品，是铁路运输企业内部相对独立的经济核算单位，无须缴纳税金(包括营业税和所得税)，但为了考核基层单位的工作效率，计算所谓的营业利润还是非常必要的。其营业利润的计算公式如下：

基层运营单位营业利润=基层运营单位运输清算收入-基层运营单位运输支出

(二)铁路分局营业利润的核算

铁路分局的营业利润分两部分：一部分是铁路分局本身实现的营业利润，另一部分是基层单位实现的利润。其计算公式如下：

铁路分局营业利润=运输清算收入-运输支出-对基层运营单位运输清算支出-营业税金及附加

铁路分局汇总营业利润=铁路分局营业利润+基层运营单位营业利润

由于铁路局对各铁路分局运输清算支出之和应该与各基层单位运输清算收入之和相等，因此，铁路分局营业利润的公式又可改写为：

铁路分局汇总营业利润=运输清算收入-运输支出-基层运营单位运输支出-营业税金及附加

(三)铁路局营业利润的核算

铁路局营业利润也由两部分组成：一部分是铁路局本身实现的营业利润；另一部分是铁路分局实现的营业利润。有关计算公式如下：

铁路局营业利润=运输清算收入-运输支出-对分局运输清算支出-营业税金及附加

铁路局汇总营业利润=铁路分局营业利润+铁路局营业利润

由于铁路局对各铁路分局运输清算支出之和等于各铁路分局运输清算收入之和，因此，上述公式又可以写为：

铁路局汇总营业利润=铁路局运输清算收入-铁路局运输支出-铁路分局运输支出-基层运营单位运输支出-铁路局及分局缴纳的营业税金及附加

由于铁路局及分局都是独立的经济实体，因此，均独自计算缴纳营业税及所得税。为避免重复纳税，铁路局在计算营业税时，应该将对铁路分局运输清算支出(即铁路分局的运输清算收入)扣除，再按规定的税率计算；在计算所得税时，按其自身实现的营业利润计算缴纳。铁路分局应按实际取得的运输清算收入计算缴纳营业税，按实现的汇总利润总额计算缴纳所得税。

第三节　航空运输企业会计

航空运输企业是一类技术密集、资本密集、对安全要求很高、国际影响很大的特殊运输企业，一般国家对它都实行全方位的管理和控制。与交通运输企业相比，航空运输企业的特殊性主要表现在民航收入及运输票证的核算上。

一、航空运输企业会计概述

(一)航空运输企业与民航系统

一般而言，航空运输是使用飞机等飞行器从事空中运输的活动。广义的航空运输包括民航运输和军事运输。民航运输(简称民航)是使用各类航空器(主要是飞机)从事除了军事性质(包括国防、警察和海关)以外的所有航空活动，是独立于军事航空和航空制造业的航空活动。民航有商业航空和通用航空之分。其中，商业航空是指以飞机进行经营性的客货运输的航空活动。商业航空运输与铁路、公路、船运和管道运输等共同组成交通运输系统。通用航空运输指商业航空以外所有的民用航空活动，包括工业航空、农用航空、航空科研、航空探险、飞行训练、航空体育运动、公务航空、私人航空等很多项目。总之，本节所指的航空运输企业是指专门从事商业性客货运输的民事航空运输企业，简称民航企业。

从组织结构上看，航空运输企业不是民航企业的全部，它只是民航系统中的一个重要组成部分。我国民用航空系统一般由以下三个部分组成。

1. 民航总局

民航对安全的要求高，涉及国家主权和外事交往的事务比较多，一般要求国家能够迅速地协调和统一地调度航空运输工具，因此，几乎各个国家都设立独立的政府机构来管理民航事务，我国是由中国民航总局来统一管理。我国民航总局主要负责制定民用航空的各种法规及条例，并监督执行；审批和管理航空运输企业；规划和管理航空路线，实行空中交通管制；审核和监督民用航空器的技术及安全，调查航空事故；代表国家交涉国际航空事务；规划和管理民航机场；培训和考核民航工作人员等。

2. 民航企业

从广义上讲，民航企业包括从事与民航运输业有关的所有企业，除了商业航空运输企业以外，还有从事油料、航空器材等生产与经营的企业。狭义的民航企业仅指商业航空运输企业，即专门从事商业性客货运输的民事航空运输企业。本章所指的民航企业取其狭义上的概念。

3. 民航机场

民航机场也称航空港或空港，是民用航空和整个社会的一个结合点，也是一个地区的公共服务设施。一般而言，机场既具有以营利为主的企业性质，又具有为地区公众服务的事业单位性质，因而，世界上大多数机场都是地方政府管辖下的半企业性质的机构。机场的主要职责是为民航运输服务，它是航空运输系统的重要组成部分。

民用航空系统的构成如图 9-5 所示。

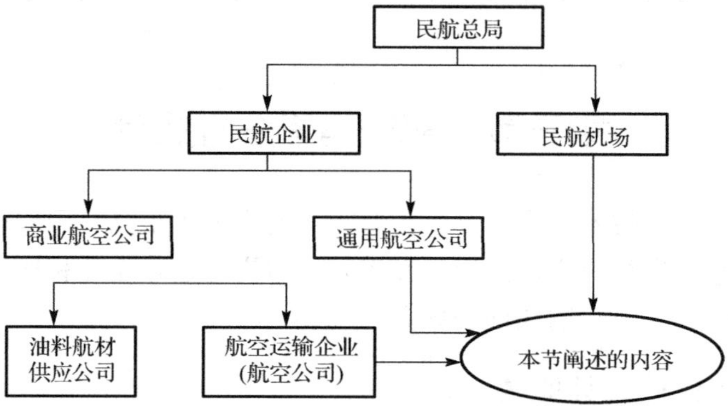

图 9-5 民用航空系统的构成

(二) 航空运输企业的主要业务及特点

1. 主要业务

航空运输企业的主要业务一般可分为两大部分：一是基础业务——飞机的维修；二是主营业务——航空运输的生产与经营。另外，有些航空运输公司可能还从事一些通用航空业务。

(1) 飞机的维修。

飞机的维修与其他运输企业运输工具的维修具有完全不同的性质。为保证安全飞行和降低飞行成本，飞机在每一次飞行前的维修是必不可少的，并成为飞机每次运输生产的必要组成部分。据统计，飞机平均每 1 小时的飞行都要有 3.5～4 小时的维修工作做准备，飞机的维修成本占每次直接运输成本的 18%～25%，可以说，飞机的维修是航空运输公司运输业务的重要组成部分，是飞机执行飞行任务的基础。飞机的维修是一项非常复杂的工作，航空公司一般应在先进的维修理论指导下，制订合适的维修方案，并与试航部门、飞机的制造厂商以及航材供应商密切配合，才能保证飞机维修工作的质量以及飞机的安全飞行。

(2) 航空运输的生产与经营。

在维修业务提供安全保障的基础上，航空公司的主营业务应该是提供客货的空中运输。飞机从始发航站起飞，经过中间的经停站，最后到达终点站，从而完成一个运输生产过程，也称一个航班。组织一个航班并保证它的正点飞行需要航空公司的多个部门相互配合才能完成，民用航空企业的业务流程如图 9-6 所示。

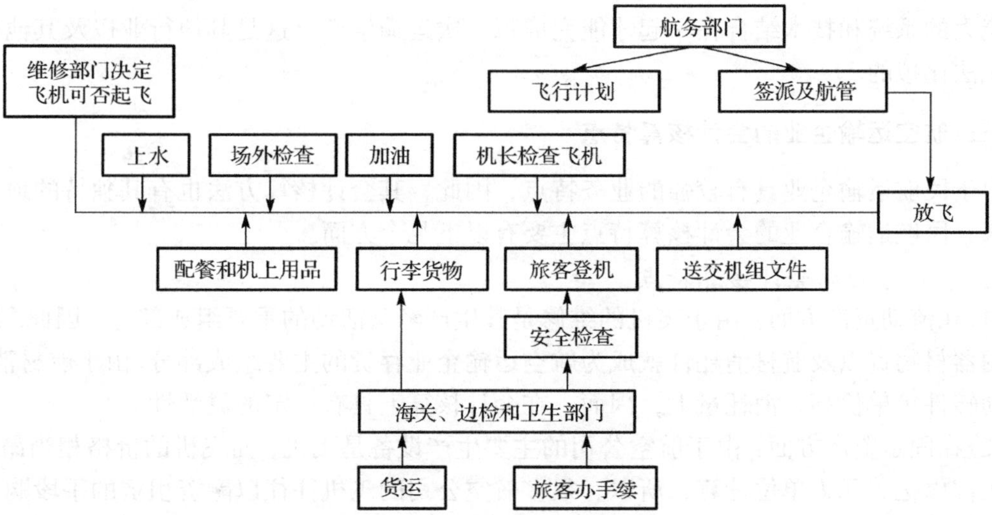

图 9-6　民用航空企业的业务流程

(3)通用航空业务。

通用航空业务一般由通用航空公司完成，但我国的航空公司也可以通过设立通用航空分部或直接由飞行大队兼营通用航空业务。兼营通用航空与专营通用航空相比的特点是，它不必设置整套的行政机构、维修和后勤保障系统，因而效益较高。

2. 业务特点

航空运输企业具有一般运输业的共同特点，比如经营产品的无形性、产品的生产与消费的一致性等，此外，它还具有以下几个主要的特点。

(1)航空运输企业受政府的管制较大，属于国家控制的产业。

航空运输是国民经济的命脉，其国际影响较铁路运输大，对技术性和安全性的要求较高，所以，各国政府一般对它们的管制比较详细，诸如航空运输公司的设立、航线的分配、票价的制定、安全管理、飞行及维修人员的训练考核等无一例外。

(2)航空运输的成本昂贵，投资较大。

首先，劳动工具(飞机)的获取及维护成本较大，比如一架波音 747 需要 1.5 亿美元，这笔钱可以建立一个年产 3 万辆汽车的汽车制造厂。其次，劳动资料和劳动者的成本投入也比较大，因为飞机运营中需要消耗大量的燃油，并且飞机的运行与维护需要有高技术、高素质劳动者。这种高投资的产业要求航空运输企业应当进行规模经营，通常只有在具备 3 架以上同一级别的运输飞机时，航空运输企业才能在市场中生存。

(3)国内外航空运输企业之间的关系非常密切。

在线长点多的情况下，跨国界、跨地区的运输业务往往是由多家航空运输企业共同完成的，每一家航空公司除负责运输本公司出售的客货业务，也需要运输其他航空公司出售的客货业务。这种联程运输一般称为联运，是国际航空运输的惯例，有利于拓展所有航空公司的市场并降低经营成本。联运是航空运输企业区别于一般运输企业的最大特点。

(4)航空运输的技术含量大，操作比较复杂。

它需要有飞行员高超的驾驶技术，需要有导航设备为它提供导航服务，需要有机场和航管站为它提供空中交通服务，需要有专门的技术人员为它提供每一次飞行前的维修服务等，这些庞大的系统和技术结合在一起才能完成每一次运输生产，这是其他行业以及其他运输企业所无法比拟的。

（三）航空运输企业的会计核算特点

由于民航运输企业具有较强的业务特点，因此，其会计核算方法也有其独特的地方。归纳起来，民航运输企业的会计核算特点主要有以下几个方面。

1. 资产方面的会计核算特点

（1）在流动资产方面：由于飞机的维修是其生产经营活动的重要组成部分，因此，维修中使用的器材物资以及航材消耗件就成为航空运输企业存货的主要组成部分。由于航材消耗件、高价周转件等单价高、消耗量大，因而，在会计核算上具有一定的灵活性。

（2）在固定资产方面：由于航空公司的主要生产设备是飞机，而飞机的价格相当昂贵，每架飞机都以亿美元为单位计算，所以，很多航空公司的飞机往往以融资租赁的手段购入。总之，融资租赁固定资产在航空公司固定资产中占的比重比较惊人，是其他任何行业所无法比拟的。

2. 负债方面的会计核算特点

由于航空运输中各个民航联运及互为代理的业务较多，所以航空公司因出售票证而形成的待结算销售款非常多；又由于航空公司独特的融资租赁飞机业务，因此，在账面上，应付长期融资租赁款以及相关的负债金额较大。

3. 收入方面的会计核算特点

由于联运业务的大量存在，航空公司的运输收入不能根据已经销售的运输票证确认，而只能在提供了运输服务以后根据实际撕收的票证收入确认。另外，由联运业务所引起的收入结算业务量也非常巨大。

4. 成本费用方面的会计核算特点

航空运输公司的运输成本费用与其他运输企业的成本费用在科目的设置、核算的程序与方法等方面都有许多相同之处，但在航空运输成本的具体构成内容及相关费用的分摊方面仍有较大差别。

二、器材物资的核算

用于维护和修理飞机、发动机以及地面各种设备的各种器材及物资，统称为器材物资。由于民航飞机的机型较多，各种机型的器材基本上相互通用，所需器材向国外订货的周期较长，而且飞机在国内、国际航线上飞行，或为工农业生产从事专业飞行，停经各地，均需进行维护和修理，均需储备器材。另外，各种地面设备（如地面通信、导航设备、机动车辆、房屋建筑物等）也需要进行维护和修理，也须储备器材物资，因此，航空公司器材物资的储备量较大，占用的资金较多。下面简单介绍器材物资的会计核算方法。

（一）器材物资的分类及核算原则

器材物资按照使用的对象以及在运营中的作用不同，可以分为以下几类。

1. 航空器材

航空器材指专供维护和修理飞机机体、动力装置、电子仪表装置及其他系统的各种器材。

飞机由机体、动力装置和电子仪表装置三部分构成。机体由机身、机翼、尾翼、起落架等组成，是飞机的躯干；动力装置由发动机、螺旋桨、辅助动力装置等组成，是飞机的心脏；电子仪表装置由通信系统、导航系统和飞机控制仪表等组成，是飞机的大脑和神经系统。为保证飞机的正常飞行，航空公司必须储备相关的器材物资，包括机体所需的飞机轮胎、起落架、方向舵、作用筒、滑油管，动力装置所需的气缸活塞环、火花塞、磁电机、尾喷管、压气管等，维修电子仪表装置所需的气压高度表、空速表、电子综合仪表、油量表、自动驾驶仪及通信导航器材等。

航空器材按价值高低、使用时间长短、是否采用序号跟踪管理等，又可分为航材消耗件和高价周转件。

(1)航材消耗件，一般指一次性领用并被消耗的零附件。航材消耗件价值较低，日常收发的数量较多，装机以后一般不再修理，只有少数航材消耗件装机以后进行修理，如飞机的轮胎和发动机的叶片等。

(2)高价周转件，包括两部分：一部分指飞机在正常情况下经常维修和经常更换的、价值较高、有时间限制、有序号进行跟踪管理的零附件，如飞机的自动驾驶仪、惯性导航设备、气象雷达等；另一部分指大型成套、价值较高、不经常使用，又必须准备的零附件，如起落架、操纵面等。

2. 普通器材

普通器材指用于维护和修理各种地面设备的器材。其主要包括：(1)通信器材，指维修地面通信、导航设备用的各种器材；(2)车辆器材，指维修各种机动车辆用的器材；(3)建筑材料，指维修房屋建筑物用的材料；(4)金属材料，指维修用的各种有色金属和黑色金属等；(5)其他油料及材料，指航材油料和材料之外的其他各种油料及材料。

3. 低值易耗品

低值易耗品指使用年限在一年以内的各种物资，如各种工具、管理用具、仪器、飞行制服、工作服等。

4. 机上供应品

机上供应品指在飞机上为旅客提供的各种用品，如书报杂志、食品、纪念品等。机上供应品可以外购、自制或委托加工。每次飞行结束后，剩余的机上供用品应该退库，日后对外销售或作其他处理。

在实际工作中，为加强器材物资的管理，航空器材通常在上述分类的基础上，再根据飞机的机型进行细分，如 B-737、B-747、B-757、B-767、A-300、A-310、MD-80、MD-82、MD-11、SAAB-340、TU-154、BAE-146、C-130 等。由于器材物资种类繁多，所以，会计部门除进行总分类和明细分类核算之外，还应编制“器材物资目录”，以列明器材物资的类别、编号、名称、规格、性能、计量单位等。

(二)器材物资的会计核算方法

与原材料相似，器材物资有两种核算方法：实际成本核算法和计划成本核算法。从会计核算方法来看，可以比照原材料进行。但由于器材物资的性质、用途及特点与原材料不完全相同，因而，一般应该设置不同的账户，比如“航空消耗件”“高价周转件”“低值易耗品”“普通器材”“机上供应品”“器材采购”或“物资采购”等。根据新企业会计准则，也可以设置各行业通用的账户，比如“周转材料”“材料采购”等来核算器材物资。

1. 航材消耗件的核算

航材消耗件的核算需设置“航材消耗件”科目。“航材消耗件”科目用来核算企业库存的航材消耗件的实际成本。该科目借方登记入库航材消耗件的实际成本，贷方登记出库航材消耗件的实际成本，余额在借方，表示月末库存航材消耗件的实际成本。该科目应按航材消耗件的种类和机型设置明细科目。下面举例说明按实际成本计价的航材消耗件的核算。

【例 9-22】 东方航空公司购买的航材消耗件入库，价款及运杂费共 268 000 元，根据发票账单和入库单按实际成本记账，应做会计分录如下：

借：航材消耗件　　268 000

　　贷：银行存款　　268 000

【例 9-23】 维修部门领用航材消耗件共计 200 000 元，用于维护和修理收音机、发动机。根据领料单，按实际成本记账，应做会计分录如下：

借：运输成本　　200 000

　　贷：航材消耗件　　200 000

2. 高价周转件的核算

在航空公司的器材物资中，高价周转件的核算比较特殊。高价周转件价值较高，可以多次参加运输生产而不改变其实物形态，其价值是逐渐转移到航空运输成本中的，使用期间在一年以上，根据现行企业会计准则，它可以列为固定资产管理。但从性质来看，它属于维修飞机的零附件，因此，在会计实务中，高价周转件往往作为存货管理，会计核算方法类似于施工企业的周转材料。下面简单说明高价周转件在增加、减少和摊销时涉及的主要会计分录。

(1) 高价周转件增加时的会计分录如下。

① 外购高价周转件时：

借：物资采购

　　贷：银行存款

借：高价周转件——在库

　　贷：物资采购

借或贷：材料成本差异

② 维修、索赔以后重新入库的高价周转件：

借：高价周转件——在库

　　材料成本差异——高价周转件

　　贷：银行存款等

高价周转件维修与一般器材维修的不同之处在于，高价周转件维修的维修费用不列入当期损益，而是在重新入库时作为可用件成本记入“高价周转件”账户中，并随着高价周转件一并进行摊销。

(2) 高价周转件减少时的会计分录如下。

① 维修部门领用高价周转件维修飞机时：

借：高价周转件——摊销

　　贷：高价周转件——在库

借或贷：材料成本差异

② 对外销售和报废时：

借：其他业务成本

　　贷：高价周转件——在库

借：银行存款

　　贷：其他业务收入

(3)高价周转件摊销的方法及会计分录如下。

① 高价周转件的摊销方法。

高价周转件一般按四年摊销：第一年摊销高价周转件总价值的 50%；第二年摊销总价值的 25%；第三年摊销总价值的 15%；第四年摊销总价值的 10%。用公式表示如下：

$$\text{高价周转件年摊销额}=\text{四年前高价周转件增加额}\times 10\%+\text{三年前高价周转件增加额}\times 15\%+\text{两年前高价周转件增加额}\times 25\%+\text{一年前高价周转件增加额}\times 50\%$$

例如，某航空公司高价周转件 2009 年增加 500 万元，减少 200 万元；2010 年增加 300 万元，减少 150 万元；2011 年增加 400 万元，减少 200 万元；2012 年增加 450 万元，减少 150 万元，则各年购入的高价周转件在 2013 年的摊销额应为 252.5 万元，计算过程如下：

2012 年净增加高价周转件摊销额=(450−150)×50%=150(万元)

2011 年净增加高价周转件摊销额=(400−200)×25%=50(万元)

2010 年净增加高价周转件摊销额=(300−150)×15%=22.5(万元)

2009 年净增加高价周转件摊销额=(500−200)×10%=30(万元)

2013 年摊销额合计为 252.5 万元。

高价周转件在摊销时应该注意以下几点：第一，高价周转件摊销额是根据其库存量、消耗量和周转天数确定的。购入的高价周转件不管是几月份购入的，当年都不摊销成本，一律从第二年开始摊销，按季度或月摊销。第二，对于两种和两种以上机型通用的高价周转件的摊销，原则上将通用高价周转件摊入最新的机型中，其次列入数量最多的机型中，当然也可以按照机型的比例摊销。第三，高价周转件的维修费，一般作为可用的高价周转件价值入库，所以，在计算摊销额时，应将其作为购入的高价周转件数额参与摊销。第四，财务部门根据航材库每月报来的高价周转件进出汇总凭证，编制季度、月份或年度的高价周转件进出汇总表(见表 9-7)，并据以编制季度、月份或年度的高价周转件摊销表(见表 9-8)。

表 9-7　2013 年度高价周转件进出汇总表

单位：万元

季度	增加额		减少额				待摊销高价周转件的成本(净增加额)
	购入数 调入数	可用件 维修费用	合计	本单位 领用	所属单位 领用	合计	
1	75	75	150	25	25	50	100
2	50	50	100			—	100
3	50	50	100	25	25	50	50
4	50	50	100	25	25	50	50
合计	225	225	450	75	75	150	300

表 9-7 和表 9-8 中的高价周转件是按季度摊销，2013 年度高价周转件净增加额是 300 万元，按照四年摊销法这 300 万元应该分别在 2014 年、2015 年、2016 年和 2017 年摊销完，每

年摊销的比例分别是高价周转件净增加额的 50%、25%、15%和 10%，摊销的金额分别是 150 万元、75 万元、45 万元和 30 万元，为准确核算摊销额，每个季度的摊销额可以按照 2013 年每个季度高价周转件增加额的净额计算。

表 9-8　2013 年度购进高价周转件摊销表

单位：万元

季度	成本	2014 年(50%)	2015 年(25%)	2016 年(15%)	2017 年(10%)	合计
1	100	50	25	15	10	100
2	100	50	25	15	10	100
3	50	25	12.5	7.5	5	50
4	50	25	12.5	7.5	5	50
合计	150	75	45	30	300	

② 高价周转件摊销时的会计分录。

借：运输成本

借或贷：材料成本差异

　　贷：高价周转件——摊销

3. 机上供应品的核算

为核算航空公司机上供应品的计划成本或实际成本，企业应设置“机上供应品”科目。该科目借方登记验收入库机上供应品的计划成本或实际成本，贷方登记发出机上供应品的计划成本或实际成本，期末借方余额表示库存机上供应品的计划成本或实际成本。当按规定领用航线运营中免费为旅客提供的机上供应品时，乘务员应按领用清单上的数量和金额计入运输成本。航空公司销售机上供应品而取得的收入记入“其他业务收入”账户，其成本结转到“其他业务成本”账户中。与机上供应品核算相关的会计分录如下。

(1)领用免费机上供应品时：

借：运输成本

　　贷：机上供应品

(2)当飞行结束，剩余机上供应品办理退库时：

借：机上供应品

　　贷：运输成本

(3)销售机上供应品，并结转成本时：

借：库存现金

　　贷：其他业务收入

借：其他业务成本

　　贷：机上供应品

三、民航收入的会计核算

(一)民航收入的会计核算特征

1. 民航收入的构成

民航收入是指民航企业取得的各项收入，主要包括以下几方面。

(1)航空运输收入。

航空运输收入是指航空公司的飞机在国际、国内航线上承运客、货、邮件、行李和执行专包机任务，按照规定的运价或国际航空业之间的协议价格或国际民航组织发布的运价应得的业务收入。航空运输收入分为国际航线运输收入(包括国际航线国内段飞行收入)和国内航线收入(不包括国际航线国内段飞行收入)。航空运输收入可能来自于该公司自己销售票证、自己承运所得，也可能来自于不同航空公司之间的联合运输分摊所得。

(2)通用航空业务收入。

通用航空业务收入是指航空公司的飞机完成专业飞行任务按照规定计算应得的业务收入。它包括：工业航空收入，指航空摄影收入、磁力仪器测矿收入、吊挂飞行作业收入等；农业飞行收入，指利用飞机在空中喷洒化学药品，为农业消灭病虫害、施肥、除草等农业飞行取得的收入；林业飞行收入，指为防止火灾而利用飞机在林业上空进行巡逻飞行或空中播撒树种、灭虫害等林业飞行取得的收入；其他收入，指进行人工降雨、救灾、拍电影等取得的收入。

(3)机场服务收入。

机场的收费标准向航空公司或旅客收取的服务费收入以及机场出租场地和柜台取得的租金收入。

(4)其他业务收入。

其他业务收入是指材料收入、技术转让收入、地面运输收入、广告费收入、代理售票手续费收入、旅客服务收入、延伸服务收入、代理保险手续费收入、航空公司地面服务收入、机场费收入、到付运费收入等。

2. 民航收入的会计核算特点

民航收入的会计核算具有以下几个特点。

(1)民航运输收入必须定期或不定期地在各大航空公司之间进行清算和分摊。

由于联运业务的大量存在，在民航企业会计实务中，必须采用一定的方法将运输收入在各承运的航空公司之间进行分配，常用的分配方法有销售承运配比法、比例分摊法、联运账单清算法等。另外，民航收入的计算过程比较复杂，必须借助计算机系统才能准确地进行数据处理，原因在于：①不同类型的票证运价不同，如头等舱运价、公务舱运价、经济舱运价以及多种折扣运价等。②票证所列一个或多个航段可能由另一家或多家航空公司承运，因此，需要对票证全额运费进行计算，按规定的分摊规则进行分摊。③结算票证的数量较大，涉及的航空公司较多。④结算票证可能涉及多个货币币种，且需要按多个币种之间的汇率进行换算。

(2)民航收入必须在航空运输过程结束后，经过分摊和清算，才能确认个别航空公司的运输收入。

根据国际航空运输协议的规定，为简化客货运输出票程序，减少联程运输的票证数量，第一承运人、第二承运人，甚至不提供任何服务的承运人均可为旅客出具客票或运单，并收取票证款。由于在销售时，出票航空公司尚未提供运输服务或可能全程都不提供运输服务，且票证上所列明的内容可能还会因旅客旅行计划的更改而更改，因此，航空公司在销售时点所收取的票款必须先确认为负债，通常被称为待结算销售款，并根据承运的情况以及清算协议，确认个别航空公司实现的营业收入。

（3）民航收入的核算具有国际性。

民航运输尤其是国际航空公司，具有跨国运输的特点，按照国际航空业惯例，各国航空运输收入的确认和结算受国际航协规定的约束较大，日常多币种业务的处理、国际资金清算的业务比较多，汇率兑换业务量较大，汇兑损益经常发生。

（二）民航收入的摊销和清算

1. 民航收入的摊销

民航运输的一个显著特征就是存在大量的联运。联运就是联合运输，是指由两家或两家以上的航空公司联合提供航空运输，将旅客或货物从始发地运到目的地。旅客将空中旅行所需费用全部交给出票公司而得到客票，在运输途中，可以得到两个以上航空公司提供的空中运输服务。空中运输任务结束后，出票航空公司将取得的待结算销售款按照相关的协议，在承运航空公司之间进行清算。清算后，属于航空公司的部分所得即为航空运输收入。联运收入的分摊方法主要有以下几种。

（1）双边比例分摊。

双边比例分摊是指航空公司与每一个联运伙伴分别签订比例分摊协议，按每一个联运伙伴承运的直达运价分摊联运收入。双边比例分摊一般适用于两个外航联运的情况，由联运的双方签订双边比例分摊协议。

（2）多边比例分摊。

多边比例分摊是指在两个以上多航段航程的各承运人之间根据国际航协规定的《客运分摊手册》和《货运分摊手册》公布的分摊系数按加权平均法分摊所收取的联运收入。多边比例分摊适用于两个或两个以上外航联运的情况。多边比例分摊的方法非常复杂，一般由国际航协比例分摊局定期组织召开比例分摊大会，并制定适合全球的多边比例分摊协议，多边比例分摊协议一般三年更新一次。

2. 民航收入的清算

当航空公司之间有了联运，即产生了相互之间的交易。航空公司之间交换债权报告和对账单，通过银行对双方的交易账目实施收付款，以结清双方之间的债权债务账目，称为联运收入的清算。联运收入的清算方法有以下两种。

（1）双边清算。

双边清算是航空联运伙伴在双边联运协议基础上清算联运收入的一种方式。其基本程序是债权人或承运人向债务人提交债权报告，债务人审核无误后直接向债权人承付款项。双边清算的特点是一对一的关系。

（2）多边清算。

多边清算是航空联运伙伴在多边联运协议基础上清算联运收入的一种方式。其基本程序是债权人向债务人提交债权报告，同时将所有报告提交中介清算所，由清算所将每一个参加清算成员的应收应付金额实行多边相抵计算，并把结果通知清算成员，作为债务一方的清算成员向清算所汇款结清债务，清算所再向每一个债权成员汇款，由此一个清算成员与多个清算成员的往来关系全部结清。多边清算的特点是一对多的关系。国际航协清算所位于加拿大的蒙特利尔。我国的多边清算一般在中国航空结算中心通过国内票证清算网络进行。

下面分别阐述航空公司之间联运收入的分摊和航空运输企业运输收入的核算方法。

(三)待结算销售款的核算

前面已经阐述，航空票证在出售时，由于航空服务尚未提供，首先应作为待结算销售款处理。为核算待结算销售款，航空公司应设置“票证结算”科目。该科目贷方用于反映根据客票会计联计算出的待结算销售款；借方反映待销售结算款的结算情况，包括转入本公司运输收入及支付联运款的金额。贷方余额反映尚未结算的待结算销售款。下面分别从航站销售、代理人销售、代理手续费及折扣、票证管理等几个角度阐述待结算销售款的核算。

1. 航站销售业务

航站指民航机场(空港)。航空公司的客票可以通过本公司的售票处或机场的航站直接对外销售。根据销售月报制度，每个航站要定期向会计部门报告销售和退票活动。在航站，销售报告的编制可经由联网的计算机处理来完成，也可用手工来完成。销售日报根据客票号码按照现销或赊销予以分类，两种方式都是将存款单和销售日报及客票会计联送交会计部门以供审核。会计部门收到凭证时，即可根据航空公司的会计政策和处理程序进行审核，并根据现销和赊销协议审核销售报告，检查存款单与销售日报以及与会计联金额的一致性。

航站现金销售票证时，其收取的现金应于当天或最迟不超过第二天存入当地的开户银行。为确保资金的安全，航空公司通常在各航站当地银行开设两个银行账户，即A账户和B账户，对资金实行收支两条线管理，所有的收入应及时存入A账户，B账户是支取账户。下面举例说明航站销售的会计处理方法。

【例9-24】 航站销售10张票证，每张票证为1 700元，会计分录为：

借：银行存款　　　　17 000

　　贷：票证结算　　　　17 000

【例9-25】 航站本期赊销客票45 000元，会计分录为：

借：应收账款　　　　45 000

　　贷：票证结算　　　　45 000

【例9-26】 本期信用卡销售客票金额为20 000元，手续费费率为4%，会计分录为：

借：应收账款——信用卡中心　　　　19 200

　　销售费用　　　　800

　　贷：票证结算　　　　20 000

【例9-27】 航站按规定代国家有关部门向旅客收取税款时，根据票证上的税项栏的金额进行会计处理，假设共收取税款1 300元，会计分录为：

借：银行存款　　　　1 300

　　贷：应交税费　　　　1 300

航空公司代表国家、当地政府或机场当局于出售客票时向旅客收取所规定的税款等，不应包括在待结算销售款中，应直接通过有关的负债账户核算。

2. 代理人销售业务

目前航空公司客票的大部分是通过代理人销售的。按照代理范围，代理人可分为一般代理和总代理；按是否加入开账及清算系统(Billing and Settlement Plan，BSP)，代理人又可分为BSP代理和非BSP。BSP代理出售的客票称为BSP中性票，它是由国际航协认可的、由代理人出售的、具有统一规格的票证。

BSP 是国际航协根据国际航空运输代理业发展的需要而建立的，供航空公司和航协指定代理人之间使用的销售清算系统。它是国际航空运输协会在全世界推行的“代理人系统”的一个重要组成部分。BSP 的特点是采用统一规格的中性运输文件进行销售，按照世界统一标准的计算机程序制作销售报告并通过银行集中统一付款，从而简化了出票、报表以及付款的过程，使航空公司和代理人节约了大量的成本和管理费用开支，极大地提高了工作效率和工作质量。我国也有 BSP 系统。在会计核算方面，不论是哪种方式的代理人销售，其会计处理方法都基本相同。

代理人销售的结算应按销售代理协议的规定进行，可以每周或每半月结算一次。航空公司定期收到代理人送交的销售报告、客票会计联以及支票或汇款时，应该按扣除手续费之后的净额借记“银行存款”“应收账款”等账户，贷记“票证结算”账户。

【例 9-28】 某代理人的销售报告中扣除其手续费之后的销售净额为 300 000 元。航空公司收到销售报告和付款单后，应做如下会计分录：

借：银行存款　　300 000

　　贷：票证结算　　300 000

BSP 代理销售的为中性票，代理人每周向地区 BSP 提交客票会计联、信用卡凭证，确认应付给航空公司的金额。地区 BSP 通过指定的数据处理中心处理这些凭证并编制清算所需的账单和报告，BSP 代理根据收到的账单将销售款转入地区 BSP 指定的清算银行，地区 BSP 通过清算银行将销售款汇入各航空公司的账户。

【例 9-29】 航空公司收到地区 BSP 编制的销售报告，待结算销售款为 3 600 000 元。会计分录为：

借：应收账款——地区 BSP　　3 600 000

　　贷：票证结算　　3 600 000

如果是信用卡销售，航空公司在收到地区 BSP 的销售报告和信用卡凭证后直接与信用卡中心结算，手续费由航空公司负担。

【例 9-30】 地区 BSP 转来的销售报告中，其中有 10 000 元为信用卡销售，航空公司与信用卡中心进行结算，假设信用卡手续费费率为 4%。会计分录为：

借：应收账款——信用卡中心　　9 600

　　销售费用　　400

　　贷：票证结算　　10 000

航空公司根据指定的代理人或地区 BSP 提供的销售报告来记录待结算销售款和手续费，并对进入销售系统的票证进行审核，审核中的差异可借记或贷记代理人账户。

【例 9-31】 经审核发现代理人由于出票错误少付了销售款 1 350 元，需向代理人补收差额。根据航空公司发出的借项账单，会计分录为：

借：应收账款——某代理人　　1 350

　　贷：票证结算　　1 350

代理人应在下次的销售报告中补交差额。如果代理人申诉多付了销售款 300 元，经审核无误向代理人退还差额时，根据航空公司发出的贷向账单，会计分录为：

借：票证结算　　300

　　贷：应收账款——某代理人　　300

票证结算科目的管理是航空公司运输收入会计核算的重要环节。在运输收入会计核算中，票证结算科目处在中心的地位，它连接销售与运输两方面的核算，与运输收入会计核算中的其他会计科目有直接的关系。从某种程度上说，票证结算科目的管理水平决定着运输收入会计核算的水平，因此，加强对票证结算科目的管理是至关重要的。

对票证结算科目的管理应当从纵横两方面进行。从纵的方面来看，科学地设置票证结算科目的二级科目或三级科目，分门别类地反映正常的票证销售、销售的调整、退票和换票等业务，此外，还应将票证结算科目中所记入的数据划分时段，一般可将数据分为当期的、超过一年的、超过两年的。航空公司应对票证结算的相关数据及时处理，凡超过两年的数据应定期清理。从横的方面来看，票证结算科目与应收账款、银行存款、运输收入、销售费用等平行科目有着直接的联系，如果这些科目的入账方式不规范，将直接影响票证结算科目的准确性，进而影响航空公司运输收入的真实性。为此，每一笔入账事项都应当有凭据、有检查、可追踪，避免将票证结算科目当做一个筐，什么数据都往里面装。

由于票证结算科目中的数据是由每张客票的会计联及乘机联数据构成的，票证数量较大，数据计算复杂烦琐，为确保每张票证计算的准确，进而确保收入报告的准确，在现行实务中，往往是利用计算机系统来处理这些庞大的数据，为此，软件系统的设计就成为准确核算运输收入的必要条件。

（四）航空运输收入的核算

航空公司的收入主要来自于客货运输业务中产生的收入。航空运输收入确认的基本原则是：在客货运输完成以后再确认运输收入。前面已经阐述，在客票出售的环节，航空公司首先应将销售票款作为待结算销售款处理，当客货运输服务结束以后，再确认为运输收入。在确认航空运输收入时应注意：第一，运输收入应在提供服务的会计期间确认。第二，提供运输服务的成本应与运输收入在同一个会计期间确认，符合配比原则。航空运输收入应根据客票销售人以及承运人的情况分别处理。

1. 承运本公司销售客票的核算

航空公司承运本公司航站销售的机票，应在运输服务完成之后，根据撕收的乘机联总额，确认运输收入。

【例 9-32】 本期航空公司承运本公司航站销售的机票，共计 52 000 元。会计分录为：

借：票证结算　　52 000

　　贷：运输收入　　52 000

2. 承运代理人销售客票的核算

目前航空公司客票的大部分是通过代理人销售的。航空公司通常按公布的票价给予代理人一定百分比的手续费，作为代理人提供代理售票服务的报酬。但在更多的情况下，航空公司是通过给予代理人提供折扣机票的方式，作为其代理售票服务的报酬。按照现行航空运输业会计的惯例，航空公司通常在确认运输收入的同时确认手续费和折扣的成本，即在客票销售时，不确认销售费用或折扣，而是在每期根据收回的运输票证确认收入时，再确认销售费用和折扣。

航空客票代理手续费分为标准手续费和总代理手续费。标准手续费是航空公司对代理人支付的一种正常的劳务支出，一般按某一会计期间运输收入的一定百分比计算，并在确认运输收入的同时将其确认为销售费用，在利润表中作为运输收入的抵减列示。总代理手续费是航空公司对总代理人的一种管理性费用支出，航空公司指定总代理的目的是让其承担航站的部分功能，所以，支付的总代理手续费具有管理费用的性质，在会计核算中应当作为管理费用处理。

【例 9-33】 某航空公司当月确认的与一般代理人确认的运输收入为 3 900 000 元，其中手续费为 350 000 元。会计分录为：

借：票证结算　　3 550 000

　　销售费用　　350 000

　　贷：运输收入　　3 900 000

【例 9-34】 某航空公司按总代理协议应付给某地区总代理附加手续费，共计 18 000 元。会计分录为：

借：管理费用——总代理费　　18 000

　　贷：应付账款　　18 000

航空公司承运其他航空公司销售的机票，也应在双方确认运输收入时，确认手续费。

【例 9-35】 根据联运协议，某航空公司承运了其他航空公司销售的运输票证，运输收入为 12 000 元，扣除 9%的代理手续费 1 080 元后，应收账款为 10 920 元。会计分录为：

借：应收账款　　10 920

　　销售费用　　1 080

　　贷：运输收入　　12 000

折扣是支付给代理人的除代理手续费以外的另一种形式的代理收入，它既是一种手续费，也是一种奖励，目的是刺激销售。在以折扣方式代理的情况下，代理人可以灵活地制定销售价格，从而更易于占领市场，因此，与纯粹代理手续费的代销方式相比，折扣这种代理销售方式更加有利于票证的销售。折扣的会计处理方法是每期按客票的公布价格（即收回客票的票面价格）确认运输取得的毛收入，按折扣后的净运输收入结转待结算销售款，按两者之间的差价确认销售折扣。这样每期的运输净收入应该等于毛收入减去销售折扣。

【例 9-36】 本期航空公司折扣后所产生的运输收入为 50 万元。按其公布票价总金额计算的运输收入为 62.5 万元，销售折扣为 12.5 万元。会计分录如下：

借：票证结算　　500 000

　　销售折扣　　125 000

　　贷：运输收入　　625 000

【例 9-37】 本期航空公司完成的运输收入总计 4 588 022 元，其中，手续费为 356 672 元，折扣为 125 000 元。会计分录为：

借：票证结算　　4 106 350

　　销售费用　　356 672

　　销售折扣　　125 000

　　贷：运输收入　　4 588 022

3. 承运外航销售客票的核算

当本公司为其他航空公司销售的票证提供运输服务时，航空公司应根据撕收的乘机联，按照协议确定的比例或固定收费，确定本公司承运航段的收入，进行应收联运款的开账，同时进行会计处理。

【例 9-38】 本公司根据撕收甲航空公司售出的机票乘机联计算本公司提供的航段运输收入应为 50 000 元，扣除甲公司客票代理手续费 4 500 元后，应收账款为 45 500 元。会计分录为：

借：应收账款——甲公司　　45 500
　　销售费用　　4 500
　　贷：运输收入　　50 000

对于其他航空公司由于承运本公司销售票证进行的开账，会计部门经过审核后，应确认应付账款和代理手续费收入。

【例 9-39】 本公司收到乙航空公司的联运开账，经审核后确认应付账款为 22 500 元，应得客票代理销售手续费 2 225 元。会计分录为：

借：票证结算　　24 725
　　贷：应付账款——乙公司　　22 500
　　　　其他业务收入——手续费收入　　2 225

在运输收入确认中涉及的应收账款和应付账款的计算基础是乘机联，因此，对于乘机联这一运输凭证的收集及传送必须有严格的管理。会计部门应及时掌握并处理某一会计期间本公司撕收的各航空公司销售的机票乘机联，并通过双边清算或多边清算协议，与各航空公司准确地进行票款清算。运输凭证(即乘机联)的延迟传递或丢失都将是航空公司收入的损失。

【例 9-40】 本公司某会计期间在应收账款和应付账款的清算过程中，收到应收运输收入款 45 500 元，支付应付账款 22 500 元。会计处理为：

借：银行存款　　45 500
　　贷：应收账款　　45 500
借：应付账款　　22 500
　　贷：银行存款　　22 500

4. 运输收入中特殊业务的处理

(1)票证结算配比差额的处理。

对于本公司销售的机票，无论是本公司承运还是联运方开账都需从“票证结算”科目中转出，最终使待结算销售款总额等于收回机票乘机联总额，这个过程称为销售票证的配比。在实际结算时，由于各种各样的原因，销售票证配比后，“票证结算”账户可能会出现差额，即待结算销售款总额不等于各乘机联运输收入之和。销售票证配比后出现差额的主要原因包括：①出票错误；②阴阳票；③比例分摊错误；④重复开账或多开账；⑤汇率变动；⑥漏开账或少开账；⑦汇兑损益。

在联运收入清算过程中，每个航空公司都有责任审核所收到的联运费账单。在多边清算的情况下，这种审核通常是在清算所清算后进行的。在多边清算中，通常各个航空公司都是先付款，然后再对联运费账单审核调整。在审核后，如果发现错误，对于限额内的差额，直接调整运输收入即可。对于限额外的差额，航空公司应及时查明原因，对于清算中的错误，应在以后月份向有关航空公司或代理人等调整开账。在调整开账时，一方面应调整与其他航空公司之间的往来款，另一方面要调整相关的损益账户。对于销售票证配比中无法查明原因的差额，一般应于两年后按相关规定进行清理，并调整运输收入。

【例 9-41】 假设清算以后，本公司发现乙公司多收本公司 700 元运输收入，相应的手续费为 69 元，则本公司本期与乙公司进行调整开账。会计分录为：

借：应付账款——乙公司　　700
其他业务收入——手续费收入　　69
贷：票证结算　　769

【例 9-42】 本公司销售票证完全配比后，"票证结算"借方尚有余额 1 460 元，属于定额内差额。会计分录为：

借：运输收入　　1 460
贷：票证结算　　1 460

如果"票证结算"出现定额内贷方差额，则会计分录为：

借：票证结算　　1 460
贷：运输收入　　1 460

【例 9-43】 由于客票代理人计算错误，某航空公司少收其 1 920 元票款(不考虑手续费)，该航空公司向代理人补充开账 1 920 元。会计分录为：

借：应收账款　　1 920
贷：票证结算　　1 920

如果上述金额是航空公司多收客票代理人的款项，则会计分录为：

借：票证结算　　1 920
贷：应付账款　　1 920

【例 9-44】 某航空公司由于比例分摊错误而多计运输收入 7 770 元，相应地多确认手续费 780 元。调整会计分录为：

借：运输收入　　7 770
贷：票证结算　　6 990
销售费用　　780

【例 9-45】 甲联运航空公司多向本公司开账 1 200 元，相应地多确认手续费收入 119 元。调整会计分录为：

借：应付账款——甲航空公司　　1 200
其他业务收入——手续费收入　　119
贷：票证结算　　1 319

【例 9-46】 某航空公司由于汇率波动的原因造成销售票证完全配比后出现了借方差额，金额为 3 210 元。会计分录为：

借：财务费用——汇兑损益　　3 210
贷：票证结算　　3 210

如果上述汇兑差异在贷方，则相应的会计分录为：

借：票证结算　　3 210
贷：财务费用——汇兑损益　　3 210

【例 9-47】 某航空公司票证经全部配比后，出现了贷方余额，金额为 6 922 元，无法查明原因。两年后，该航空公司将其核销。会计分录为：

借：票证结算　　6 922
贷：运输收入　　6 922

【例 9-48】 本公司经审核确认应向丙公司补充开账(应收承运款)，金额为 13 650 元，应付丙公司的客票代理手续费为 1 350 元。会计分录为：

借：应付账款——丙公司　　13 650

　　销售费用——代理手续费　　1 350

　　贷：运输收入　　15 000

(2)无效乘机联的处理。

运输收入是建立在提供运输服务基础之上的，但有时航空公司提供了运输服务却不一定能获得运输收入。在这种情况下，承运航空公司提供的乘机联往往都是无效的乘机联，因而，其运输服务是不被承认的。例如，以下几种情况的运输就是无效的：①承运了列入黑名单的机票；②承运后六个月之内没有及时向出票航空公司开账；③承运了不得签转的机票；④承运了已经倒闭航空公司的票证；⑤承运凭证已经丢失。如果出现了上述情况，即使航空公司已经根据乘机联等运输凭证确认了运输收入，但由于这部分的运输是无效的，所以，必须对已确认的运输收入进行调整开账。

【例 9-49】 本公司承运丁航空公司销售的机票，在确认了运输收入后向丁公司开账。丁公司以所承运的机票已列入黑名单为由拒付，金额为 6 825 元，手续费为 675 元。经确认后，本公司接受丁公司调整开账。会计分录为：

借：运输收入　　7 500

　　贷：应收账款——丁公司　　6 825

　　　　销售费用——代理手续费　　675

(3)未使用乘机联的处理。

由于售出机票的销售条件及票价种类不同，机票所使用的期限也可能不同。一般情况下，机票的有效日期为一年，最长的期限是两年。但根据销售条款的限制，有的机票限定航班并且不可以签转，有的机票不可以退票，因此，有些售出的机票从未被使用或是部分未使用就已经失效了，并应该在失效时确认为运输收入。然而，未使用过的乘机联可能在两年之内都未能显现出来，这是由机票的有效期及旅客推迟旅行所决定的。未使用过的乘机联何时才能被确认为收入，取决于航空公司对历史统计数据的掌控能力。航空公司确认未使用过的乘机联的方法通常为：未使用过的乘机联于销售 24 个月后，如果有充分理由确认其不会被使用，那么这部分乘机联金额确认为收入。

【例 9-50】 根据统计显示，某航空公司票证结算贷方余额中有 4 200 元是超过 24 个月未使用过的乘机联所产生的，因此，可以将其确认为运输收入。会计分录为：

借：票证结算　　4 200

　　贷：运输收入　　4 200

未使用过的乘机联在确认为收入之前是企业的流动负债，应列入资产负债表。将未使用过的乘机联确认为收入时应遵照谨慎性的会计原则，并有乘机联和会计联的配比报告作为凭证进行处理。

5. 货运收入的确认

与客运收入的确认原则一样，航空运输业的货运收入也是以完成承运货物为前提的。由于在货物运输的过程中涉及托运人、代理人、航空公司和收货人等相关部门，因此，货运收入的核算也存在收入的分配问题。与客票代理销售业务一样，货运也可以由代理人代理出具出票航空公司货运单，并由承运公司承运。

货运运输收入的核算方法与旅客运输类似。在货物运输服务结束后，出票航空公司首先应根据承运货物重量及规定运价定期向货运代理人开账，收取全程运费，并确认为待结算销售款。然后，各承运航空公司根据货运单、货运舱单、中转舱单等运输凭据，按照双边分摊协议或多边分摊协议确认各自的运输收入。在多家航空公司参与了承运的情况下，运费应在承运航空公司之间按比例分配。

【例 9-51】 某出票航空公司根据货运单及货运舱单的统计数据，确定本周应向货运代理人开账的金额为 88 000 元。会计分录为：

借：应收账款　　88 000
　　贷：票证结算　　88 000

【例 9-52】 某航空公司代理人销售货运单金额为 5 万元。该公司自行承担了运输任务。根据协议规定，该航空公司应支付代理人 5%的服务费。会计分录为：

借：票证结算　　47 500
　　销售费用　　2 500
　　贷：运输收入　　50 000

【例 9-53】 某航空公司接到其他承运航空公司的开账，金额为 40 500 元。扣除 5%的服务费后，应付账款金额为 38 475 元。会计分录为：

借：票证结算　　40 500
　　贷：应付账款　　38 475
　　　　其他业务收入　　2 025

如果货运的付款方式为货到付款，最终承运航空公司应负责向收货人收取全程运费。在这种情况下，由于前面航段承运人不知道谁是最终承运公司，因此，参加到付运费货物承运的各承运人往往实行“咬尾式”开账，即每个承运人向接运航空公司开账，而最终账单将开给交货航空公司。

【例 9-54】 AA 航空公司销售一“到付”货运单，金额为 25 000 元。该项货运由 BB 航空公司和 CC 航空公司共同承运，并由 CC 航空公司承运至目的地后收取全程运费。有关资料如下：航程为 X—Y—Z，其中 X—Y 航段由 BB 公司承运，航段运费为 10 000 元；Y—Z 航段由 CC 公司承运，航段运费为 15 000 元。按到付运费的处理规则，AA 应向 BB 收取 X—Z 全程运输 5%的服务费 1 250 元；BB 向 CC 收取 X—Y 航段运费 10 000 元和 Y—Z 航段 5%的服务费 750 元；CC 向收货人收取 X—Z 段全程运费 25 000 元。有关会计分录如下。

(1) AA 公司的会计处理如下。

借：应收账款——BB 公司　　1 250
　　贷：票证结算　　1 250
借：票证结算　　1 250
　　贷：其他业务收入——代理手续费　　1 250

一般情况下，虽然出票航空公司并未参与货物运输，只收取代理服务费，但会计处理最好仍通过“票证结算”科目核算，这样可以将航空公司销售的所有货运单纳入销售管理系统。

(2) BB 航空公司的会计处理如下。

① 确认本公司的运输收入及应向 CC 公司收取的代理服务费收入：

借：应收账款——CC 公司　　10 750

贷：运输收入　　　　　　　　　　　　　　　　　　　　　　　　10 000

　　其他业务收入　　　　　　　　　　　　　　　　　　　　　　　750

② 确认本公司应付 AA 公司服务费：

借：销售费用　　　　　　　　　　　　　　　　　　　　　　1 250

　　贷：应付账款——AA 公司　　　　　　　　　　　　　　　　1 250

(3) CC 航空公司的会计处理如下。

① 向收货人收取全程运费：

借：银行存款　　　　　　　　　　　　　　　　　　　　　　25 000

　　贷：票证结算　　　　　　　　　　　　　　　　　　　　　25 000

② 确认运输收入和代理服务费时：

借：票证结算　　　　　　　　　　　　　　　　　　　　　　14 250

　　销售费用　　　　　　　　　　　　　　　　　　　　　　　750

　　贷：运输收入　　　　　　　　　　　　　　　　　　　　　15 000

③ 确认应付 BB 公司运费和代理服务费：

借：票证结算　　　　　　　　　　　　　　　　　　　　　　10 750

　　贷：应付账款　　　　　　　　　　　　　　　　　　　　　10 750

航空公司的营业收入除了客货运输收入之外，还有通用航空收入。通用航空业务所取得的收入应通过“通用航空收入”科目核算，其核算方法与一般企业收入的核算类似，这里不再赘述。

四、航空公司成本费用的核算

航空公司成本与费用的核算和一般企业成本与费用核算的基本原理基本相同，不同之处主要在于成本与费用的构成内容上。

(一) 航空公司成本费用的种类

费用的分类有许多种，比如按照列支的方式不同，可以分为成本和期间费用；按照性态不同，可以分为变动费用和固定费用；按照与特定产品的关系不同，可以分为直接费用和间接费用；按照种类不同，可以分为材料费用、人工费用和制造费用；按照划归的期间不同可以分为本期费用和跨期摊派费用等。这里我们按照种类不同，将航空公司日常发生的费用归纳为以下三类：

1. 与飞机相关的费用

这是指与飞机的购置和执行正常的飞行任务直接或间接相关的各项成本。按照与飞机的利用率有无关系可将此类费用分为固定成本和可变成本。固定成本与飞机的利用率无关，包括初始成本和预备性成本。初始成本也称获取成本，指获取飞机时的购置费用和租赁费用。飞机的购置费用一般较高，每年以折旧的方式转移到运输成本中。财力不足的公司可以通过租赁的方式获取飞机，租赁费用直接计入运输成本中。预备性成本是指公司购进飞机以后，为了使飞机运行而投入的基础设施和培训投资，如飞机和发动机的备件、地面支援设备、人员培训费用和训练设施费用等。可变成本与飞机的利用率成正比，随着利用率的升高而加大。可变成本包括燃油费用、机组人员费用、维修费用、起降费用、导航费用、地面服务费用、保险费等。与飞机相关的费用是航空运输成本的主要组成部分。

2. 与运输业务相关的费用

这是指飞机在运输业务中发生的除与飞机相关的可变成本以外的直接或间接的运输成本，包括旅客服务的费用、食品的费用、付出的销售代理费用、机场费用、行李装卸费用等。此类费用也是运输成本的重要组成部分。

3. 与管理系统相关的费用

这是指航空运输企业各项管理活动中发生的、与运输活动不相关的各种期间费用，包括管理人员的工资、广告费用、公关费用及销售费用等。

（二）涉及的主要会计科目

为核算上述不同种类的费用，航空运输企业应当设置“（航空）运输成本”和“销售费用”“管理费用”“财务费用”等期间费用账户。开展通用运输业务的航空公司，还应该设置“通用航空成本”账户。其中“销售费用”“管理费用”“财务费用”等账户的核算方法与一般企业完全相同，这里只简单介绍一下“运输成本”和“通用航空成本”两个会计科目的核算内容。

1. “运输成本”科目

该科目核算企业在执行航空运输业务过程中所发生的各项费用。其包括：能直接计入机型成本的直接营运费用，如空勤人员、机务人员职工薪酬，取暖降温费，上下班交通补贴，制服费，航空油料消耗，国外加油价差，飞机（含发动机）折旧费，经营性租赁飞机的租赁费，修理费，保险费，高价周转件摊销，飞行训练费，国内外起降服务费，旅客餐宿供应品费，客舱服务费，赔偿费，运营过程货物、行李损失、丢失赔偿净损失以及其他直接飞行费用等；不能直接计入机型成本，需按照一定办法进行分摊的间接营运费用，如折旧费、维修费、办公费、水电费、差旅费、保险费、机物料消耗、劳动保护费、票证印制费、警卫消防费、职工教育经费、环境绿化费、地面运输费、租赁费等。企业发生各项运输成本时，借记本科目。期末，应将本科目的余额转入“本年利润”科目。结转后本科目无余额。本科目应按机型或机号、费用项目设置明细账，进行明细核算。

2. “通用航空成本”科目

该科目核算企业在执行通用航空业务过程中所发生的各项费用。其包括：可以直接计入机型成本的费用，如空勤人员、机务人员职工薪酬，取暖降温费，上下班交通补贴，制服费，航空油料消耗，国外加油价差，飞机（含发动机）折旧费，修理费，保险费，高价周转件摊销，飞行训练费，国内起降服务费，作业准备费，作业赔偿费及其他直接飞行费等；不能直接计入机型成本，需按一定办法进行分摊的间接费用，如折旧费、维修费、办公费、水电费、差旅费、机物料消耗、劳动保护费、票证印制费等。企业发生的通用航空成本，借记本科目。期末，应将本科目的余额转入“本年利润”科目，结转后本科目无余额。本科目应按机型或机号、费用项目设置明细账，进行明细核算。

（三）会计核算的基本模式

航空运输企业发生的各项运输成本和费用，应直接或经分配记入“运输成本”“通用航空成本”“销售费用”“管理费用”“财务费用”等账户。其会计分录模式如下：

借：运输成本

通用航空成本等

贷：航材消耗件

高价周转件

普通器材

应付职工薪酬等

五、机场的运营与核算

(一)机场的种类

机场可分为军用机场和民用机场，一般分类如图 9-7 所示。

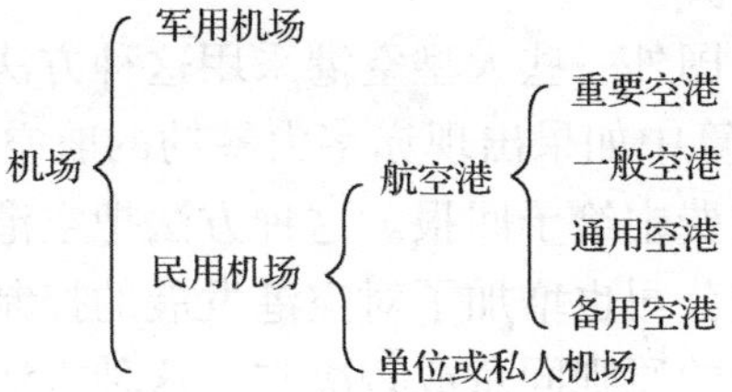

图 9-7　机场的种类

本书只研究航空港。航空港指民用机场中用于商业性航空运输的机场。我国一般称大型的民用机场为航空港，称小型的民用机场为航站，但按照国际民航的惯例，民用机场无论大小一律称为空港。空港分为：重要空港，指一个国家在航空运输中占据核心地位的空港，在我国一般指年客流量在 50 万人次以上的大型机场；一般空港，指重要空港之外的小型空港，在我国一般指规模较小的航站；通用空港，指用于通用航空，为专业航空的小型飞机或直升飞机服务的空港；备用空港，指平时不安排航班，只为通用航空和航空爱好者服务，但一旦交通拥挤时，可以暂时为商业航空服务的空港。

(二)机场的主要业务

空港日常的主要业务有以下几项。

1. 飞机服务业务

这是指为各航空公司提供有偿起降、停航、加油等服务，并保证飞行区、地面运输区的安全运行。

2. 过港旅客服务业务

这包括为旅客提供检票、安检、候机、海关、检疫及各种公共设施服务和商业设施服务等。

3. 设备、地皮出租业务

这是指空港将候机楼内的场地租赁给他人用于办公、经营或将航空设施出租给航空公司等。

4. 安全运营保护业务

这是指为确保空港的安全运营所从事的道面维修、除雪和除冰，防止鸟撞，紧急援救，安全保卫，地面勤务，空港总体安全检查等。

（三）机场的财务管理特点

空港具有公共服务性质，投资较大，在财务运行上，一般都需要政府、航空公司的参与和补贴。空港的财务管理模式主要有以下四种。

1. 政府补贴管理方式

在实行计划经济体制的国家和一些发展中国家大多采用这种形式，我国在体制改革以前也采用这种形式，空港从建设投资起到随后的运行都由政府负责。财务上的亏空都由政府补足，盈余则上缴政府，这种做法的好处是空港不承担任何财务风险。在空港运量不足和经济基础薄弱时，这种方法是必要的。但它的经营效益不高，不能对市场变化作出迅速反应，资源配置不够合理。

2. 航空公司补贴管理方式

这种方法也叫净成本法，国外一些大型空港采用这种方法。空港和使用它的主要航空公司签订长期协议，在每年的结算中如果出现赤字由签约的航空公司予以补平；如果出现盈余，则于下一年在对航空公司的收费中给予回报。这种方法把空港的财务风险变为空港和航空公司共同承担，但与此同时航空公司也增加了对空港发展的控制权，航空公司可以审核空港的财务计划，按照少数服从多数的原则同意或否决它。这种方法的优越性是把空港的经营和发展与航空运输紧密联系在一起，而且有利于空港的稳定运行，不必担心财务上的风险。它的缺点是空港的独立发展常常受到制约，影响空港经营的灵活性。

3. 独立核算补贴管理方式

这种方式也称为补给法。使用这种方式的空港自己承担财务风险，独立核算，对航空公司的收费可以在政府规定的范围内浮动，如果空港亏损，就可以调整各项对航空公司的收费来补足，如果盈余就可以积累资金，扩大规模，参与竞争。这种方式的好处是空港可以独立地决定参与竞争和发展，但经营的风险较大，一旦破产，将会退回到由政府接管的方式。

在西方国家，过去只有中小空港采用这种方式。近年来，由于空运市场的强劲发展，越来越多的大型空港采用这种方式，有些原来采用航空公司补贴方式的空港也把原来签署的长期协议改为一年以内的短期协议，从而向这种方式过渡，我国的大部分空港都采用类似的运行方式。

4. 纯企业运行管理方式

这种方式目前只有在英国的私有化空港中实行。这种空港除受到国家民航当局的条例约束外，运作上和一般企业没有什么不同，它完全按市场经济的规则运行，无论是集资还是经营方向上自由度都增加了，同时也使得竞争变得激烈起来，但纯企业的运行方式往往会忽视公众服务和利益，这种方式的运作还有待进一步的实践来检验。

（四）机场的会计核算方法

尽管空港的财务管理体制比较复杂，但其会计核算并不复杂，除了正常的资产、负债、所有者权益的核算之外，日常最主要的业务就是机场服务收入和机场服务费用的核算。为核算机场服务收入和机场服务费用，机场应该设置“经营收入”和“销售费用”或“机场服务收入”和“机场服务费用”等总分类账户，并按取得的收入和费用的种类设置明细账，进行明细分类核算。下面简单阐述机场服务收入和机场服务费用的核算内容。

1. 机场服务收入核算的内容

机场服务收入分为经营性收入和非经营性收入。其中，非经营性收入主要指政府的补贴、机场费和与空港运行无关的出租或出卖空港的财产等取得的收入。经营性收入主要包括：(1)飞机场地收入，直接和飞机运营相关的收入，主要指起降费、停机费、加油费等，这部分收入占机场总收入的30%左右；(2)候机楼出租收入，包括饮食店、旅行服务设施(包括保险、电信、出租车等)、商店、理发店、娱乐场所、广告、停车场等的出租收入，这部分收入在大空港中大约占收入的40%，在小空港中大约占收入的25%；(3)航空公司租用设施收入，包括租用的柜台、地面设施、货运中心、办公室、机库、维修设备等的租金收入；(4)其他出租收入，包括政府单位租用的房屋、空港工业或商业园区中出租的设施和房屋等的收入；(5)其他经营服务收入，如向租用者供水、供电、供热等的收入。

2. 机场服务费用核算的内容

空港的支出因空港的大小、位置和空港的管理体制不同而差别很大，如有些政府直属的空港的消防、警卫是由政府支出的，南方的空港无须支付除雪、除冰的费用等。机场服务费用也可以分为经营性支出和非经营性支出两类。其中，非经营性支出主要指负债利息和折旧以及其他一些杂项费用。经营性支出主要包括：(1)飞行场地支出，跑道、滑行道、机坪的维护费用，照明、服务车辆、救火设施的使用维护费用；(2)候机楼的支出，候机楼各种设施和建筑的维护，停车场的维护，候机楼的供电、供水、供热、废物的处理，候机楼的环境美化和绿化；(3)机库、货运设施等建筑和空港的地面设施的支出，空港环境保护和美化，机库等建筑的维护、空港进出道路的维护、各种管道(上水、下水、供热、供油)的维护；(4)经常性管理费用，行政人员、后勤人员的职工薪酬及其他管理费用。

本章小结

本章主要介绍了运输企业中最具特色的两大行业：铁路运输企业和航空运输企业的会计核算特点及特色业务的会计核算方法。铁路运输企业会计核算的特色主要在于在铁路总公司领导下的铁路会计分级核算体制。铁路系统的会计核算分为基层站点的会计核算、铁路分局的会计核算和铁路局的会计核算。铁路运输系统运输收入进款实行统收统支制度，客货运输进款收入首先要层层上缴，然后再层层下拨，由此形成了铁路运输独特的运输收入进款的会计核算方法。航空运输企业会计核算的特色主要在于运输票证结算以及民航收入的会计核算上。航空运输企业区别于其他运输业的最大特点就是，独立核算的航空公司之间存在大量的联运业务，因此，所有票证在销售环节都只能先确认为负债，再根据实际的承运情况，通过国际航空业流行的双边或多边清算办法，在承运的航空公司之间进行分配。

第十章

邮政电信企业会计

第一节　邮政企业会计

一、邮政企业会计的特点

邮政企业是经营邮政业务的国有公用企业。在行业划分中属于第三产业。邮政企业提供的是信息流的传递服务，在一般情况下，邮政企业的服务至少涉及两个或两个以上的邮政企业才能完成，属于全程全网、联合作业、各项资源共享的生产方式，各核算单位的营业收入、成本费用一般不互相结转。

（一）邮政企业生产与工业企业生产

邮政企业生产与工业企业生产不同，其特点主要有以下几个。

1. 邮政企业生产提供的是信息流的传递服务

邮政企业是通过信息传递所产生的效用服务于社会的生产、分配、交换、消费各环节，在企业产生效益的同时，更能体现出其对全社会所产生的社会效益。

2. 邮政企业生产是全程全网、联合作业

由于信息、邮件的传递是根据双方在不同地区之间的需求所进行的业务联系，因此，必须由两个或两个以上的邮政企业共同作业才能完成，具有全程全网、联合作业的特点。

3. 邮政企业的生产过程是用户的使用过程，二者不可分离

邮政企业的生产过程与销售过程一并完成，不需要工业产品的生产、加工、储藏、销售等多个环节，因为通信效用是在邮政企业的生产过程中实现的。

4. 邮政业务的服务对象具有不均衡性

邮政企业的服务对象并不是企业自己决定的，而是取决于用户的需求，因此，业务的多少与企业外部的社会需求相关，其生产过程具有被动性和业务的不均衡性。

（二）邮政企业会计与其他企业会计

邮政企业会计与其他企业会计不同，其特点主要有以下几个。

1. 会计科目的设置具有特殊性

由于邮政业务是每当用户需要时才生产，所以没有产品的储备过程，没有实物形态的“在产品”和“产成品”，其生产过程与销售过程同时实现。因此，邮政企业会计科目的设置没有“原材料”等科目。

2. 成本、费用的计算具有专业性

为适应邮政企业生产的特点，其成本采用专业核算的办法，即按业务性质把主营业务划

分为函件、包裹、汇票、特快专递、机要通信、报刊发行、储蓄、集邮、物流、代办业务 10 个专业，每个专业作为一个成本计算对象，分别计算总成本和单位成本。各项费用按专业进行分摊，并按照配比原则把主营业务成本与业务收入挂钩，计算专业的收支差额。

3. 业务收入具有全程全网性

邮政企业的业务收入是企业受理各类业务按规定资费标准收取的劳务收入。由于邮政企业是全程全网、联合作业，所以每一个企业实现的收入都不是它自身企业的收入，而是属于全程全网的资费收入。

4. 会计核算规范的专门性

邮政企业所经营的业务种类多，除了一些函件、包裹、特快专递等传统业务外，还有邮政储蓄、汇兑、报刊发行等业务，由于有些业务有专门的会计核算规范，因此这类业务要单项核算，但最终经营成果仍纳入企业的统一核算。

二、邮政业务收入的核算

(一) 邮政业务收入的内容

1. 函件收入

函件收入包括国内普通函件收入、国内商业函件收入、国际及港澳台函件收入和其他收入等。

(1) 国内普通函件收入：收寄国内普通信函、明信片、印刷品、回音卡的基本资本资费及挂号费收入，普通邮票、纪特邮票、风光邮资封片、邮筒、贺年(有奖)明信片(不包括企业金卡)的销售收入。

(2) 国内商业函件收入：商业信函、企业明信片(含企业金卡)、邮送广告等业务的全部收入。

(3) 国际及港澳台函件收入：收寄国际及港澳台信函、明信片、印刷品的基本资费及挂号费收入，航空邮件、小包、印刷品专袋资费收入及相关的挂号费，以及国际回信券的销售收入。

(4) 其他收入：保险费、回执费、航空附加费、验关费、查询费、确认投递费、答复无法投递通知单费、进出口欠资函件处理费、撤回或修改更正收件人名址申请费、存局候领手续费、信箱租金以及销售混合信函邮资卡的手续费等收入。

2. 包裹收入

包裹收入包括国内普通包裹收入、国内快递包裹收入、国际及港澳台包裹收入和其他收入等。

(1) 国内普通包裹收入：收寄国内普通包裹基本资费及挂号费收入等。

(2) 国内快递包裹收入：收寄国内快递包裹基本资费及挂号费收入等。

(3) 国际及港澳台包裹收入：收寄国际及港澳台包裹基本资费及挂号费收入等。

(4) 其他收入：保价费、查询费、航空附加费、确认投递费、答复无法投递通知单费、脆弱包裹附加费、保价包裹手续费、回执费、海关验关费、撤回或修改更正收件人名址申请费、逾期保管费、存局候领手续费、包裹破损重封费等收入。

3. 汇票收入

汇票收入包括国内汇票收入、国际及港澳台汇票收入和其他收入等。

(1) 国内汇票收入：各类国内汇票的汇费收入、礼仪汇款的汇费收入。

(2) 国际及港澳台汇票收入：国际汇票的汇费收入、钞买汇卖差价收入、国际汇票结算收入、国际特快送款业务收入等。

(3)其他收入：撤回汇款手续费、查询费、退汇费、改汇费、礼仪汇款收取的吉祥卡服务费、兑款回贴费、展期签证费、存局候领手续费等收入。

4. 特快专递收入

特快专递收入包括国内异地特快专递收入、国内同城特快专递收入、国际及港澳台特快专递收入和其他收入等。

(1)国内异地特快专递收入:收寄国内异地特快专递资费收入及国内异地邮政礼仪业务资费收入等。

(2)国内同城特快专递收入:收寄国内同城特快专递资费收入及国内同城邮政礼仪业务资费收入等。

(3)国际及港澳台特快专递收入:收寄国际及港澳台特快专递资费收入及国际礼仪业务资费收入等。

(4)其他收入：撤回特快专递邮件申请费、揽收服务费、超远投递费、保价费、查询费、逾期保管费等收入以及电子信函业务收入、邮政礼仪业务的物品进销差价收入、代收货款业务手续费、收件人付费业务投递服务费、补付收据费等收入。

5. 机要通信收入

其他收入包括机要通信业务收入和其他收入等。

(1)机要通信业务收入：收寄各种机要邮件基本资费及挂号费、代发新华社《内参选编》的资费收入等收入。

(2)其他收入：相关的机要保密费、查询费等收入。

6. 报刊发行收入

报刊发行收入包括报纸收入、杂志收入和其他收入等。

(1)报纸收入：经营报纸发行、订阅及零售业务，按相应费率计算取得的收入。

(2)杂志收入：经营杂志发行、订阅及零售业务，按相应费率计算取得的收入。

(3)其他收入：经营图书等出版物发行、订阅业务，按相应费率计算取得的收入，以及停刊、减价退款手续费收入，退订、改寄和变动手续费收入，赠阅交换发行费收入，报纸增版、杂志增刊补收发行费收入，报纸延期出版损失补偿费收入等。

7. 储蓄收入

储蓄收入包括储蓄业务收入、中间业务收入和其他收入等。

(1)储蓄业务收入：核算储蓄业务的利差收入。

(2)中间业务收入：利用储蓄网代发养老金、代发职工薪酬手续费收入、代办保险业务按规定手续费率计收的代办保险手续费收入和代收水电费、电话费等手续费收入等。

(3)其他收入：异地存取款手续费、查询费、绿卡储蓄卡工本费及手续费、储蓄存折及绿卡储蓄卡办理挂失手续费、办理邮政储蓄异地撤销挂失手续费、异地存取款手续费、查询费等收入。

8. 集邮收入

集邮收入包括集邮收入、集邮品收入和其他收入等。

(1)集邮邮票收入：邮政总局的集邮服务处限量出售的集邮邮票的售价收入。

(2)集邮品收入：邮册和邮折等集邮制品及从市场购进的集邮票品等的售价收入。

(3)其他收入：除集邮邮票、集邮品以外的其他集邮收入。

9. 物流收入

物流收入是指企业经营直递业务、配送业务、仓储业务、货代业务等物流业务取得的收入，包括直接取得的收入和按比例结算分得的收入。

(1)一体化物流收入：企业经营一体化物流业务，即提供全过程物流服务取得的收入。一体化物流收入分营销收入、运输收入和配送收入。

(2)功能性物流收入：企业经营的功能性物流服务业务中运输服务业务和配送服务业务取得的收入，包括物流运输收入和物流配送收入。

(3)其他收入：除上述收入以外的其他收入，如代封装、代收货款、超时仓储等增值业务收入。

10. 代办收入

代办收入是指企业代办电信业务、代销商品、代理票务等手续费收入。

(1)代办电信收入：企业代办电信业务取得的收入，包括用户注册、代卖各类电信有价卡等取得的代理费收入。

(2)代销商品收入：企业代销商品取得的手续费收入。

(3)其他收入：企业代理票务等取得的手续费收入。

(二)邮政业务收入的核算方案

1. 邮政业务收入的总分类核算

邮政业务的总分类核算是指将本期实现的各项邮政业务收入汇集起来，进行总括核算，以便反映出企业的邮政业务收入总额。

市、县财务部门按审核后的“营业收入报告表”记账，也可以将“营业收入报告表”的数据先登入“主营业务收入汇总表”中，待月终时把“主营业务收入汇总表”汇总作转账处理。按汇总表的收方借记“营业款结算”科目，贷记“邮政业务收入”“其他业务收入”“应收账款——用户欠费”(收回)、“预收账款——用户预存款”等科目；按汇总表的贷方，借记“邮政业务收入”(退费)、“其他业务收入”(退费)、“应收账款——用户欠费”“应收账款——其他(应缴国际回信券部分)”“预收账款——用户预存款”(退回)等科目，贷记“营业款结算”科目。

报刊发行收入应按照报刊发行部门提供的当月报刊流转额及发行费率计算出报刊发行费收入。转账时，借记“预收账款——预收报刊发行费”科目，贷记“邮政业务——报刊发行收入”科目。

储蓄业务收入应于每月终了时根据邮政储蓄会计结转“储蓄利差收入通知单”，按照本月应转利差收入栏金额，借记“应收账款”科目，贷记“邮政业务收入——储蓄收入”科目。每季季末收到邮政会计划转储蓄收入时，借记“银行存款”科目，贷记“应收账款”科目。

“邮政业务收入”科目月终不结转，待年度终了时，按年终余额结转“收支差额”科目，结转后“邮政业务收入”科目应无余额。

2. 营业缴款核算

邮政企业各支局、所营业部门的营业缴款和报账，一般不能同步反映到市、县局，因此，市、县局应设置“营业款结算”科目来核算企业所属各营业部门、邮政分支机构应缴和已缴的营业收入款。

【例 10-1】 某市邮政局财务部门收到营业部门缴来的营业款现金 400 元，银行收款回单 1 600 元，会计分录为：

借：库存现金　　　　　　　　　　　　　　　　　　　400

　　贷：营业款结算　　　　　　　　　　　　　　　　　　　400

借：银行存款　　　　　　　　　　　　　　　　　　　1 600

　　贷：营业款结算　　　　　　　　　　　　　　　　　　　1 600

【例 10-2】某市邮政局收到支局缴营业款银行进账单，其中甲支局 2 400 元，乙支局 3 200 元，丙支局 4 800 元，会计分录为：

借：库存现金　　　　　　　　　　　　　　　　　　　10 400

　　贷：营业款结算——甲支局　　　　　　　　　　　　　　2 400

　　　　　　　　　——乙支局　　　　　　　　　　　　　　3 200

　　　　　　　　　——丙支局　　　　　　　　　　　　　　4 800

3. 邮政业务收入的明细分类核算

邮政企业主营业务的种类比较多，而且营业网点分布面广，因此要做好邮政业务收入的明细分类核算。各级邮政营业部门必须认真按邮政业务收入的内容如实填报，财务部门根据邮政业务收入进行明细分类核算。

邮政企业可采用“主营业务收入汇总表”的形式进行明细分类核算。“主营业务收入汇总表”应根据市、县局所属营业单位收支发生的项目内容设置格式。“主营业务收入汇总表”可代表记账凭证，根据汇总表中反映的借、贷方登记明细账，对于汇总表中反映的“应收账款——用户欠费”“预收账款——用户预存款”和“营业款结算”科目，必须按所属营业单位分别设置明细账进行登记，以便核对所属营业单位营业缴款、用户欠费和用户预存款情况。

【例 10-3】 月终，财务部门收到各营业点的营业日报单，经审核无误后，编制“主营业务收入汇总表”，作为登记明细账的依据，“主营业务收入汇总表”如表 10-1 所示。

表 10-1　主营业务收入汇总表

年　月　　　　　　　　　　单位：元　　代记账凭证第　号

项目 \ 单位名称				营业班（组）	集邮柜台	甲支局	乙支局	丙支局	合　计
邮政业务收入（贷）	函件收入	国内普通函件收入	贴票	48 000		800	1 600	2 400	52 800
			不贴票	60 000		80	160	240	60 480
		国内商业函件收入	贴票	2 400		160			2 560
			不贴票	400					400
		国际及港澳台函件收入	贴票	1 600			40	40	1 680
			不贴票						
		其他收入		800		8	16	16	840
	包裹收入	国内普通包裹	贴票						
			不贴票	48 160		240	720	360	49 480
		国内快递函件	贴票						
			不贴票	32 000		160	320	320	32 800
		国际及港澳台包裹收入	贴票			1 600	80	80	1 760
			不贴票						
		其他收入		400			40	40	480
	汇票收入	国内汇票收入		8 640		240	320	400	9 600
		国际及港澳台汇票收入		800		80			880
		其他收入							

续表

项目		单位名称	营业班(组)	集邮柜台	甲支局	乙支局	丙支局	合计
邮政业务收入(贷)	特快专递收入	国内同城特快专递收入	22 400		320	400	480	23 600
		国内异地特快专递收入	11 200		640	720	800	13 360
		国际及港澳台特快专递收入	8 000					8 000
		其他收入	800		80		160	1 040
	机要通信收入	机要通信业务收入						
		其他收入						
	集邮收入	集邮邮票收入		30 400			1 600	32 000
		集邮品收入		36 800			3 200	40 000
		其他收入		80				80
	代办收入	代办电信收入	4 000		400	160	240	4 800
		代销商品收入	7 200		400		400	8 000
		其他收入						
	物流收入	一体化物流收入						
		功能性物流收入						
		其他收入						
	合计		256 800	67 280	5 208	4 576	10 776	344 640
其他业务收入(贷)	出售邮品收入	邮政编码簿收入	1 600		40	16	24	1 680
		信封收入	80		8	12	4	104
		包装物收入	160			16	40	216
		无面值明信片及贺年卡收入	120		8	12	20	160
		其他收入	40					40
	出租收入	出租设备收入	24			8	8	40
		出租音像制品收入	48		8	12	12	80
		其他收入						
	商品购销收入	出售商品收入	5 280		80	80	160	5 600
		出售音像制品收入	2 560		40		40	2 640
		出售图书出版物收入	160		16	40	24	240
	其他劳务作业收入		400					400
	合计		10 472		200	196	332	11 200
应收账款——用户欠费(收回)(贷)			36 000		160	240	400	36 800
预收账款——用户预存款(贷)			1 600					1 600
应收账款——收回国际特快到付款(贷)								
应付账款——应付国际特快到付款(贷)								
应付账款——应付代办业务款(贷)		代办电信业务款	6 400		400	400	800	8 000
		代销商品款	9 600		240	160	400	10 400
收入总计(借：营业款结算)			320 872	67 280	6 208	5 572	12 708	412 640
退还业务(借：邮政业务收入)		保价信函收入						
		国内包裹收入	552		48	52	28	680
		国际包裹收入						
退还用户预存款(借：预收账款)			800					800
应收用户欠费(借：应收账款)			28 000		80	160	160	28 400
兑换国际回信券(借：应收账款)								
支出合计(贷：营业款结算)			29 352		128	212	188	29 880
本月已缴营业结算款			291 520	67 280	4 480	3 200	12 000	378 480
本月欠缴营业结算款					1 600	2 160	520	4 280

根据表 10-1，做如下账务处理：

借：营业款结算——营业班(组)　　　　320 872

——集邮柜台　　67 280
——甲支局　　6 208
——乙支局　　5 572
——丙支局　　12 708
贷：邮政业务收入——函件收入　　118 760
——包裹收入　　84 520
——汇票收入　　10 480
——特快专递收入　　46 000
——集邮收入　　72 080
——代办收入　　12 800
其他业务收入——出售邮品收入　　2 200
——出租收入　　120
——商品购销收入　　8 480
——其他劳务作业收入　　400
应收账款——用户欠费(营业班(组))　　36 600
——用户欠费(甲支局)　　160
——用户欠费(乙支局)　　240
——用户欠费(丙支局)　　400
预收账款——用户预存款(营业班(组))　　1 600
应付账款——代办电信业务款　　8 000
——代销商品款　　10 400

根据“主营业务收入汇总表”支出总计：

借：邮政业务收入——国内包裹收入　　680
预收账款——用户预存款(营业班(组))　　800
应收账款——用户欠费(营业班(组))　　28 000
——用户欠费(甲支局)　　80
——用户欠费(乙支局)　　160
——用户欠费(丙支局)　　160
贷：营业款结算——营业班(组)　　29 352
——甲支局　　128
——乙支局　　212
——丙支局　　188

“主营业务收入汇总表”中“本月已缴营业结算款”是指各营业单位每月按规定事先已上缴入账的营业款，不必再登账；“本月欠缴营业结算款”是指当月应缴营业款减去支出和已缴营业款的差额，应仅限于营业缴款月终未达的在途款，待次月实际收到时再按实际额核对入账。

除上述“主营业务收入汇总表”中所发生的收入外，其他如报刊发行收入和储蓄业务收入的营业缴款和核对另有专用单式，不在“营业收入汇总表”中反映，而由市县局统一计算收入。因为报刊发行收入是根据每月实际的报刊流转额和规定的报刊发行费率计算出来的，而储蓄业务收入则按储蓄业务会计计算出的利差收入核算，银行一般按季度结算利息，但邮政企业执行权责发生制，要按月反映收入，因此每月根据储蓄会计预计的利差反映，季末再按银行确定所付的利息计算结清。

【例 10-4】 某邮政局 2016 年 12 月预收报刊发行费收入 960 000 元，报刊发行会计计算出 2017 年 1 月该局报刊发行收入为 88 000 元，其中：征订报纸收入 48 000 元，零售报纸收入 8 000 元，征订杂志收入 24 000 元，零售杂志收入 4 000 元，由于报纸减价，退款手续费收入为 4 000 元，会计分录如下。

① 2016 年 12 月：

借：银行存款	960 000	
贷：预收账款——预收报刊发行费		960 000

② 2017 年 1 月：

借：预收账款——预收报刊发行费	88 000	
贷：邮政业务收入——报刊发行——报纸（征订报纸）		48 000
——报刊发行——报纸（零售报纸）		8 000
——报刊发行——杂志（征订杂志）		24 000
——报刊发行——杂志（零售杂志）		4 000
——报刊发行——其他收入		4 000

【例 10-5】 某邮政局 2016 年 1 月、2 月由储蓄会计计算出利差收入分别为 336 000 元和 360 000 元。3 月 25 日收到储蓄会计划入第一季度储蓄利差收入 1 040 000 元，会计分录如下。

① 1月：

借：应收账款——应收邮储利差收入	336 000	
贷：邮政业务收入——储蓄收入		336 000

② 2 月：

借：应收账款——应收邮储利差收入	360 000	
贷：邮政业务收入——储蓄收入		360 000

③ 第一季度收到储蓄会计划入的利差收入 1 040 000 元（其中 3 月收入 344 000 元）。

借：银行存款	1 040 000	
贷：应收账款——应收邮储利差收入		696 000
邮政业务收入——储蓄收入		344 000

【例 10-6】 2016 年 12 月某邮政局收取用户预订 2017 年邮票预订款 320 000 元，会计分录为：

借：银行存款	320 000	
贷：预收账款——集邮邮票预订款		320 000

2017 年 1 月收到省局下发集邮预订邮票款 40 000 元。

借：预收账款——集邮邮票预订款	40 000	
贷：通信业务收入——集邮收入（集邮邮票收入）		40 000

【例 10-7】 某邮政局受理本地生日礼仪业务一笔，金额为 96 元，其中资费部分为 56 元，购买生日蛋糕费用为 40 元，会计分录如下。

① 营业缴款时：

借：库存现金　　　　　　　　　　　　　　　　　　　　　　96
　　贷：营业款结算　　　　　　　　　　　　　　　　　　　　　56
　　　　其他应付款——代购礼仪物品　　　　　　　　　　　　　40

② 购生日蛋糕支出：

借：其他应付款——代购礼仪物品　　　　　　　　　　　　　40
　　贷：库存现金　　　　　　　　　　　　　　　　　　　　　40

月终，根据收入汇总，将营业款结算转列“邮政业务收入——特快专递收入”。

【例 10-8】 某邮政局 2016 年发行工商银行企业金卡一套，共 10 000 枚，收入 14 400 元，会计分录为：

借：银行存款　　　　　　　　　　　　　　　　　　　14 400
　　贷：营业款结算　　　　　　　　　　　　　　　　　　14 400

月终，根据收入汇总，将营业款结算转列“邮政业务收入——函件收入”。

三、邮政业务成本的核算

邮政业务成本是指邮政企业在生产经营过程中，为取得邮政通信业务收入而实际发生的与生产有直接关系的各项支出。其具体内容包括邮政企业直接从事生产人员的职工薪酬和再生产过程中发生的固定资产折旧费、修理费、固定资产租赁费（不含融资租赁）、邮件运输费、周转材料摊销以及各种与生产有关的业务费用。

为了准确反映各项邮政业务的成本费用情况，邮政企业按照专业设置了“函件”“包裹”“汇票”“特快专递”“机要通信”“报刊发行”“储蓄”“集邮”“物流”及“代办”等 10 个二级科目。同时又设置了“待转专业成本”二级科目对上述 10 个专业需共同负担的费用进行归集和分配，在各二级科目下，按成本项目分别设置了“职工薪酬”“折旧费”“邮件运输费”（储蓄专业成本不设）“修理费”“周转材料摊销”“业务费”等明细核算科目。

“待转专业成本”科目的借方余额，在每月终了时按各项费用测定比例分摊至各专业，分摊后“待转专业成本”科目应无余额。

（一）职工薪酬的核算

邮政业务成本中的职工薪酬是企业支付给生产人员和辅助生产人员、生产管理人员的劳动报酬。邮政企业划分为实行工效挂钩企业和未实行工效挂钩企业两种，分别按照不同的办法核算。

1. 实行工效挂钩企业的职工薪酬核算

在实行工效挂钩的邮政企业中，由省邮政局按照国家邮政局制定的工效挂钩办法和每年核定的职工薪酬总额基数，计算当年的职工薪酬。在实务中，一般是由各级财务部门每月根据国家邮政局制定的工效挂钩考核办法，预计本月应提取的职工薪酬总额，借记“邮政业务成本”和“管理费用”的相关明细科目，贷记“应付职工薪酬”科目，并于年底进行清算。

工效挂钩企业应计提职工薪酬总额由核定的职工薪酬总额基数和本年可提取的新增效益职工薪酬等两部分组成。计算公式为：

挂钩应提职工薪酬=上级核定的职工薪酬总额基数+新增效益职工薪酬

新增效益职工薪酬=上级核定的职工薪酬总额基数×浮动比例
×根据工效挂钩办法计算得出的挂钩计提比例

【例 10-9】 某邮政局 2016 年核定的职工薪酬总额基数为 1 680 000 元，根据上级制定的工效挂钩办法计算出的挂钩比例为 18.62%，当年挂钩浮动比例为 65%。

现计提该局新增效益职工薪酬：

计提新增效益职工薪酬比例=65%×18.62%=12.10%

由于该比例超过 10%，根据有关规定，超过 10%的部分必须减半计提，因此实际新增效益职工薪酬计提比例=(12.10%–10%)×0.5+10%=11.05%，则：

实际计提新增效益职工薪酬=1 680 000×11.05%=185 640(元)

全年计提职工薪酬总额=1 680 000+185 640=1 865 640(元)

假定该局职工薪酬总额基数在邮政业务成本和管理费用之间的分配比例为 8∶2，则邮政业务成本中应计列职工薪酬总额基数为 1 344 000 元；管理费用应计列职工薪酬总额基数为 336 000 元。会计分录如下。

① 计提职工薪酬总额基数时：

借：邮政业务成本——待转专业成本(职工薪酬)　　1 344 000
　　管理费用——职工薪酬　　336 000
　　贷：应付职工薪酬——计提职工薪酬　　1 680 000

② 计提新增效益职工薪酬时：

借：邮政业务成本——待转专业成本(职工薪酬)　　148 512
　　管理费用——职工薪酬增长费　　37 128
　　贷：应付职工薪酬——计提职工薪酬　　185 640

2. 未实行工效挂钩企业的职工薪酬核算

未实行工效挂钩的企业，其职工薪酬根据核定的职工薪酬总额按月发放，月末根据当月应发数按照有关规定分摊计入相关专业成本、费用。

【例 10-10】 某省邮政局直属单位未实行工效挂钩。该单位 2017 年 1 月按照核定的职工薪酬总额发放职工薪酬 80 000 元，代扣养老保险 1 600 元。职工薪酬全部在管理费用中列支，会计分录如下。

① 发放职工薪酬时：

借：应付职工薪酬　　80 000
　　贷：库存现金(银行存款)　　78 400
　　　　其他应付款　　1 600

② 月末转账，将本月所发放的职工薪酬列入成本：

借：管理费用　　80 000
　　贷：应付职工薪酬　　80 000

3. 职工薪酬的分摊

月末，列入“邮政业务成本——待转专业成本”中职工薪酬总额应按照测定的专业分摊比例进行分摊。分摊时，借记“邮政业务成本——××专业成本(职工薪酬)”，贷记“邮政业务成本——待转专业成本(职工薪酬)”。

【例 10-11】某邮政局 12 月发放的职工薪酬总额为 800 000 元，职工薪酬分摊比例如表 10-2 所示。

会计分录为：

借：邮政业务成本——函件专业成本（职工薪酬）　　120 000
　　——包裹专业成本（职工薪酬）　　40 000
　　——汇票专业成本（职工薪酬）　　40 000
　　——特快专递专业成本（职工薪酬）　　80 000
　　——机要通信专业成本（职工薪酬）　　16 000
　　——报刊发行专业成本（职工薪酬）　　80 000
　　——储蓄专业成本（职工薪酬）　　304 000
　　——集邮专业成本（职工薪酬）　　120 000
　贷：邮政业务成本——待转专业成本（职工薪酬）　　800 000

表 10-2　某邮政局 12 月职工薪酬分摊计算表

金额单位：元

专　业	分摊比例（%）	分　摊　额
合计	100	800 000
函件	15	120 000
包裹	5	40 000
汇票	5	40 000
特快专递	10	80 000
机要通信	2	16 000
报刊发行	10	80 000
储蓄	38	304 000
集邮	15	120 000

（二）折旧费的核算

邮政企业按照各项在用固定资产月初原值乘以月分类折旧率计算并按月计提折旧，计入相关专业成本。如果某一固定资产由几个专业共同使用，其折旧费应通过“待转专业成本”中的折旧费科目分摊计入各相关专业成本。计提折旧时，借记“邮政业务成本——××专业成本（折旧费）”“管理费用——折旧费”科目，贷记“累计折旧”科目。由几个专业共同使用的固定资产，在计提折旧时，借记“邮政业务成本——待转专业成本（折旧费）”，贷记“累计折旧”科目；分摊时，借记“邮政业务成本——××专业成本（折旧费）”科目，贷记“邮政业务成本——待转专业成本（折旧费）”科目。

【例 10-12】某邮政局 9 月计提折旧费共 29 200 元，其中共用房屋折旧费 4 960 元，综合机械设备折旧费 1 440 元，综合运输设备折旧费 4 480 元，邮政营业用计算机折旧 7 360 元，储蓄营业用计算机折旧费 3 680 元，储蓄运输设备折旧费 2 320 元，报刊发行机械设备折旧费 2 080 元，其他设备折旧费 2 880 元。经测定的邮政业务成本和管理费用分摊比例为 94∶6。

① 计提折旧：

借：邮政业务成本——储蓄专业成本（折旧费）　　6 000
　　——报刊专业成本（折旧费）　　2 080

——待转专业成本(折旧费)　　20 822.40

管理费用——(折旧费)　　297.60

贷：累计折旧　　29 200

② 月终分摊折旧费如表 10-3 所示。

表 10-3　折旧费分摊计算表

金额单位：元

专业		房屋及建筑物	机械设备	运输设备	计算机	其他设备	合计
合计	比例	100%	100%	100%	100%	100%	20 822.40
	折旧费	4 662.40	1 440	4 480	7 360	2 880	
函件	比例	37%	22%	22%	29%	37%	6 227.49
	折旧费	1 725.09	316.80	985.60	2 134.40	1 065.60	
包裹	比例	12%	30%	30%	17%	12%	3 932.29
	折旧费	559.49	432	1 344	1 254.20	345.60	
汇票	比例	20%	16%	16%	29%	21%	4 618.88
	折旧费	932.48	230.40	716.80	2 134.40	604.80	
特快专递	比例	2%	12%	12%	3%	2%	1 082.05
	折旧费	93.25	172.80	537.60	220.80	57.60	
机要通信	比例	1%					46.40
	折旧费	46.62					
报刊发行	比例	7%	19%	19%	6%	7%	2 094.37
	折旧费	326.37	273.60	851.20	441.60	201.60	
储蓄	比例	19%			16%	19%	2 610.66
	折旧费	885.86			1 177.60	547.20	
集邮	比例	2%	1%	1%		2%	210.05
	折旧费	93.25	14.40	44.80		57.60	

会计分录为：

借：邮政业务成本——函件专业成本(折旧费)　　6 227.49

——包裹专业成本(折旧费)　　3 932.29

——汇票专业成本(折旧费)　　4 618.88

——特快专递专业成本(折旧费)　　1 082.05

——机要通信专业成本(折旧费)　　46.40

——报刊发行专业成本(折旧费)　　2 094.37

——储蓄专业成本(折旧费)　　2 610.66

——集邮专业成本(折旧费)　　210.05

贷：邮政业务成本——待转专业成本(折旧费)　　20 822.40

(三)邮件运输费的核算

邮件运输费是指企业支付的通过自办和委办形式运输邮件所发生的费用,包括铁路运费、航空运费、自办汽车运费、委办汽车运费、自办或委办水运运费、其他运费以及国际联邮运费等。其中列入邮件运输费的汽车运费是指干线邮路的邮运汽车耗用的润料和燃料费、车辆保险费、养路费、过路过桥费等。

企业支付邮件运输费时，借记“邮政业务成本——待转专业成本(邮件运输费)”科目，贷记“银行存款”“库存现金”“库存材料”等科目。月终根据测定的比例进行分摊。分摊时，借记“邮政业务成本——××专业成本(邮件运输费)”科目，贷记“邮政业务成本——待转专业成本(邮件运输费)”科目。

【例 10-13】 某市邮政局支付 12 月铁路运费 400 000 元，会计分录为：

借：邮政业务成本——待转专业成本(邮件运输费)　　400 000

　　贷：银行存款　　400 000

月末，对本月发生的“邮政业务成本——待转专业成本(邮件运输费)”按照测定的专业核算分摊比例进行分摊，如表 10-4 所示。

表 10-4　某市邮政局 12 月邮件运输费分摊计算表

金额单位：元

专业	分摊比例(%)	分摊额
合计	100	400 000
函件	20	80 000
包裹	30	120 000
汇票	10	40 000
特快专递	20	80 000
机要通信	2	8 000
报刊发行	18	72 000

会计分录如下：

借：邮政业务成本——函件专业成本(邮件运输费)　　80 000

　　　　　　　　——包裹专业成本(邮件运输费)　　120 000

　　　　　　　　——汇票专业成本(邮件运输费)　　40 000

　　　　　　　　——特快专递专业成本(邮件运输费)　　80 000

　　　　　　　　——机要通信专业成本(邮件运输费)　　8 000

　　　　　　　　——报刊发行专业成本(邮件运输费)　　72 000

　　贷：邮政业务成本——待转专业成本(邮件运输费)　　400 000

(四)修理费的核算

修理费是指企业对各项固定资产，如机械设备、运输设备和房屋等进行小修、中修、大修所发生的支出，以及为维修固定资产而支付的维修材料费、运杂费，机动车辆耗用的燃料、油料、轮胎及蓄电池更换等费用。发生时，借记“邮政业务成本——××专业成本(修理费)”科目，贷记“银行存款”“库存现金”“库存材料”等科目。如果所发生的修理费需要在两个或两个以上的专业之间进行分摊，需通过“邮政业务成本——待转专业成本(修理费)”科目进行归集，并于月末按照测定的专业分摊比例，摊入各相关专业。

为加强对修理费的管理，企业对日常维修费应制定费用定额，对中修或大修费用必须编制修理费用预算进行监控，中修或大修以上固定资产修理工程完工后，要按照规定进行工程决算和审计。对各项修理费用特别是汽车的修理费用要进行定额管理和总量控制，并与相关资产管理和使用人员职工薪酬挂钩考核。

【例 10-14】 某邮政局 9 月发生各项修理费用如下：生产用汽车更换轮胎修理费 2 400 元，

报刊发行用计算机维修费240元，储蓄运钞车修理费400元，从共同费用分摊至“待转专业成本”的房屋维修费1 200元，会计分录如下：

借：邮政业务成本——待转专业成本(修理费)　　2 400

——报刊发行专业成本(修理费)　　240

——储蓄专业成本(修理费)　　400

贷：银行存款　　3 040

借：邮政业务成本——待转专业成本(修理费)　　1 200

贷：共同费用——修理费　　1 200

上述各项修理费分摊计算表如表10-5所示。

表10-5　修理费分摊计算表

金额单位：元

专业		房屋及建筑物	机械设备	运输设备	计算机	其他设备	合计
合计	比例 修理费	100% 1 200	100%	100% 2 400	100%	100%	3 600
函件	比例 修理费	37% 444	22%	22% 528	29%	37%	972
包裹	比例 修理费	12% 144	30%	30% 720	17%	12%	864
汇票	比例 修理费	20% 240	16%	16% 384	29%	21%	624
特快专递	比例 修理费	2% 24	12%	12% 288	3%	2%	312
机要通信	比例 修理费	1% 12					12
报刊发行	比例 修理费	7% 84	19%	19% 456	6%	7%	540
储蓄	比例 修理费	19% 228			16%	19%	228
集邮	比例 修理费	2% 24	1%	1% 24		2%	48

会计分录如下：

借：邮政业务成本——函件专业成本(修理费)　　972

——包裹专业成本(修理费)　　864

——汇票专业成本(修理费)　　624

——特快专递专业成本(修理费)　　312

——机要通信专业成本(修理费)　　12

——报刊发行专业成本(修理费)　　540

——储蓄专业成本(修理费)　　228

——集邮专业成本(修理费)　　48

贷：邮政业务成本——待转专业成本(修理费)　　3 600

(五)周转材料摊销的核算

周转材料摊销是指各专业用的各种周转材料的购置费、摊销额和修理费。周转材料费用一般采用一次摊销法列入成本，数额大且有必要的也可采用分次摊销的方法，摊销期在一年以上的通过“长期待摊费用”科目核算。属于某一特定专业使用的周转材料直接计入该专业成本，由两个或两个以上专业共同使用的周转材料则通过“待转专业成本”科目分摊计入各相关专业。企业领用或摊销周转材料时，借记“邮政业务成本——待转专业成本(周转材料摊销)”科目，贷记“周转材料”科目。

【例 10-15】 某邮政局 9 月邮政营业窗口领用铁皮柜 1 个，价值 320 元，分支机构领用电话机 3 部，共计 240 元，投递员领用自行车 1 辆，价值 240 元。会计分录为：

借：邮政业务成本——待转专业成本(周转材料摊销)　　800

　　贷：周转材料　　800

将本月发生的上述费用分摊至各专业，如表 10-6 所示。

表 10-6　费用分摊表

金额单位：元

专业	分摊比例(%)	分摊金额
合计	100	800
函件	15	120
包裹	10	80
汇票	5	40
特快专递	20	160
机要通信	40	320
储蓄	5	40
集邮	5	40

会计分录如下：

借：邮政业务成本——函件专业成本(周转材料摊销)　　120

　　——包裹专业成本(周转材料摊销)　　80

　　——汇票专业成本(周转材料摊销)　　40

　　——特快专递专业成本(周转材料摊销)　　160

　　——机要通信专业成本(周转材料摊销)　　320

　　——储蓄专业成本(周转材料摊销)　　40

　　——集邮专业成本(周转材料摊销)　　40

　　贷：邮政业务成本——待转专业成本(周转材料摊销)　　800

(六)业务费的核算

业务费包括代办手续费、业务宣传费、业务材料和用品费、邮袋(容器)购置费、邮袋(容器)修理及改制费、邮票印制费、非干线邮运邮政生产用机动车辆耗用的润料和燃料费、过路过桥费、车辆保险费、养路费、生产用通信费用、业务损失补偿费、差旅费、劳动保护费、水电取暖费、生产用图书资料费以及由“待转专业成本”科目按比例分摊到各专业的其他业务费。

企业发生的业务费用，如明确为某专业所耗用时，借记“邮政业务——××专业成本(业务费)”科目，贷记相应科目。月终，将其按比例分摊至各专业。分摊时，借记“邮政业务成本——待转专业成本(业务费)”科目。

【例 10-16】 某邮政局 9 月支付通信费用共计 4 000 元，其中行政管理各部门电话费 1 600 元，绿卡机房通信费 400 元，报刊发行数据通信费 160 元，营业窗口及分支机构电话费 1 840 元，会计分录为：

借：管理费用——通信费　　1 600
　　邮政业务成本——储蓄专业成本(业务费)　　400
　　　　　　　　——报刊发行专业成本(业务费)　　160
　　　　　　　　——待转专业成本(业务费)　　1 840
　贷：银行存款　　4 000

【例 10-17】 某邮政局 9 月各部门向仓库领用材料及业务用品如下：营业窗口领用打印纸 160 元，分支机构领用业务材料用品 400 元，共计 560 元，会计分录为：

借：邮政业务成本——待转专业成本(业务费)　　560
　贷：库存材料　　560

月末，将本月所发生的待转专业成本中的业务费进行分摊，如表 10-7 所示。

表 10-7　业务费分摊计算表

金额单位：元

专业		业务材料用品	通信费	合计
合计	比例	100%	100%	2 400
	业务费	560	1 840	
函件	比例	24%	20%	502.40
	业务费	134.40	368	
包裹	比例	18%	12%	321.60
	业务费	100.80	220.80	
汇票	比例	2%	10%	195.20
	业务费	11.20	184	
特快专递	比例	10%	15%	332
	业务费	56	276	
机要通信	比例	1%	5%	97.60
	业务费	5.60	92	
报刊发行	比例	10%	10%	240
	业务费	56	184	
储蓄	比例	30%	18%	499.20
	业务费	168	331.20	
集邮	比例	5%	10%	212
	业务费	28	184	

会计分录如下：

借：邮政业务成本——函件专业成本(业务费)　　502.40
　　　　　　　　——包裹专业成本(业务费)　　321.60
　　　　　　　　——汇票专业成本(业务费)　　195.20
　　　　　　　　——特快专递专业成本(修理费)　　332
　　　　　　　　——机要通信专业成本(业务费)　　97.60
　　　　　　　　——报刊发行专业成本(业务费)　　240
　　　　　　　　——储蓄专业成本(业务费)　　499.20

——集邮专业成本(业务费)　　　212

贷：邮政业务成本——待转专业成本(业务费)　　　2 400

(七)年终结转

企业发生的“邮政业务成本”平时不必结转。在年终时,将总账余额结转到“收支差额”科目。结转后，“邮政业务成本”科目应无余额。

【例 10-18】 某邮政局全年发生的邮政业务成本共计 1 200 000 元，年终结转收支差额，会计分录为:

借：收支差额　　　1 200 000

贷：邮政业务成本　　　1 200 000

四、收支差额的核算

邮政企业在一定时期内，生产经营活动所取得的全部收入用于补偿全部支出和上缴税费后的差额，称为收支差额。收大于支，简称为收差；支大于收，简称为支差。由于邮政企业具有全程全网、联合作业的生产特点，每个企业的业务收入都是全程全网收入。因此，各个企业的收支差额并不是该企业的利润(或亏损)，只有国家邮政局汇总的全国邮政企业所实现的收支差额总额，才是全国邮政企业的利润或亏损。

(一)收支差额的构成

收支差额的构成包括邮政业务收入、邮政业务成本、税金及附加、其他业务收入、其他业务成本、管理费用、财务费用、投资收益、补贴收入、营业外收入、营业外支出等项目。

邮政企业收支差额的计算公式如下：

收支差额净额=收支差额总额-所得税

收支差额总额=邮政营业收支差额+投资收益+补贴收入+营业外收入-营业外支出+附属企业利润

邮政营业收支差额=邮政业务收支差额+其他业务收入-其他业务成本-管理费用-财务费用

邮政业务收支差额=邮政业务收入-邮政业务成本-营业税金及附加

(二)收支差额的核算

根据收支差额构成中的“邮政业务收入”“邮政业务成本”“税金及附加”“其他业务收入”“其他业务成本”“投资收益”“营业外收入”“营业外支出”“管理费用”“财务费用”等科目结算企业全年的收支差额。

年终结转企业收支差额时，借记“邮政业务收入”“其他业务收入”“营业外收入”科目，贷记“收支差额”科目；同时借记“收支差额”科目，贷记“邮政业务成本”“税金及附加”“其他业务成本”“管理费用”“财务费用”“营业外支出”科目；并将“投资收益”科目的净收益转入“收支差额”科目,借记“投资收益”科目,贷记“收支差额”科目,如为投资损失，则作相反分录。

年度终了时，应将“收支差额”科目的余额全部转入“收支差额分配——未分配收支差额”科目，结转时，如为收差，借记“收支差额”科目，贷记“收支差额分配——未分配收支差额”科目；如为支差，则借记“收支差额分配——未分配收支差额”科目，贷记“收支差额”科目。年终结转后，“收支差额”科目应无余额。

各省附属企业的利润(或亏损)由省局汇入全省利润表；国家邮政局附属企业由国家邮政局汇入全国利润表。

【例 10-19】 某市邮政局 2016 年实现邮政业务收入 40 000 000 元，邮政业务成本 30 400 000 元，税金及附加 1 320 000 元，其他业务收入 6 400 000 元，其他业务成本 2 400 000 元，管理费用 6 000 000 元，财务费用 80 000 元，投资收益 640 000 元，营业外收入 240000 元，营业外支出 160 000 元，年终分别计算企业的“邮政业务收支差额”“邮政营业收支差额”和“收支差额总额”。

邮政业务收支差额=40 000 000–30 400 000–1 320 000=8 280 000(元)

邮政营业收支差额=8 280 000+6 400 000–2 400 000–6 000 000–80 000 = 6 200 000(元)

收支差额总额=6 200 000+640 000+240 000–160 000=6 920 000(元)

年终结转“收支差额”科目的分录如下。

① 结转邮政业务收入。

借：邮政业务收入　　40 000 000

　　贷：收支差额　　40 000 000

② 结转其他业务收入。

借：其他业务收入　　6 400 000

　　贷：收支差额　　6 400 000

③ 结转营业外收入。

借：营业外收入　　240 000

　　贷：收支差额　　240 000

④ 结转邮政业务成本。

借：收支差额　　30 400 000

　　贷：邮政业务成本　　30 400 000

⑤ 结转税金及附加。

借：收支差额　　1 320 000

　　贷：税金及附加　　1 320 000

⑥ 结转其他业务成本。

借：收支差额　　2 400 000

　　贷：其他业务成本　　2 400 000

⑦ 结转管理费用。

借：收支差额　　6 000 000

　　贷：管理费用　　6 000 000

⑧ 结转财务费用。

借：收支差额　　80 000

　　贷：财务费用　　80 000

⑨ 结转营业外支出。

借：收支差额　　160 000

　　贷：营业外支出　　160 000

⑩ 结转投资收益。

借：投资收益　　640 000

　　贷：收支差额　　640 000

第二节　电信企业会计

电信企业的会计核算内容在收入和成本方面较为特殊，在利润及利润分配的核算上则与其他企业大同小异。因此，本节着重介绍电信企业业务收入和业务成本的核算。

一、电信业务收入的核算

(一) 电信业务收入的内容

电信业务收入的内容主要包括以下方面。

1. 本地固定电话网业务收入

本地固定电话网业务收入包括本地电话业务收入、企业内网间结算收入、企业间网间结算收入、出租电路及网元业务收入、出租设备业务收入、装移机收入和其他收入等。

(1) 本地电话业务收入：本地电话及用户中继线月租费收入，一线通补充业务功能收入，本企业固定电话用户主叫的区内、区间通话费收入(含公用电话通话费收入)，电视会议、电话会议通话费收入，电话卡、被叫集中付费 800 业务、虚拟专用网 600 业务通话费收入，程控电话新服务项目使用费收入，特服号通话费收入，各项信息业务收入等。

(2) 企业内网间结算收入：由企业内部其他通信网结入的结算收入。

(3) 企业间网间结算收入：由其他电信企业结入的结算收入。

(4) 出租电路及网元业务收入：出租本地网(含出租专线)、音频电路、数字电路、出租光纤、光芯、波长、管道以及租杆挂线等租费收入。

(5) 出租设备业务收入：出租本地网电话交换机、电源设备等租费收入。

(6) 装移机收入：装移机工料费收入和手续费收入。

(7) 其他收入：不属于以上各项的业务收入，如开户费收入，用户改名和过户手续费收入，电视会议、电话会议公用会议室使用费、服务费收入，各种代维费收入以及售卡预收沉淀资金转入等。

2. 长途电话网业务收入

长途电话网业务收入包括国内长途电话业务收入、国际电话业务收入、港澳台电话业务收入、企业内网间结算收入、企业间网间结算收入、出租电路及网元业务收入、出租设备业务收入和其他收入等。

(1) 国内长途电话业务收入：本企业固定和移动用户拨打国内长途电话的通话费收入，电话卡、被叫集中付费 800 业务、一线通(N-ISDN)业务收入，公用电话通话费收入，电视会议、电话会议通话费收入，广播电视传送业务收入等。

(2) 国际电话业务收入：国际电话的通话费收入(含国际被叫集中付费 800 业务通话费收

入和一线通业务收入)，国际公众船舶电话通话费、陆线费收入，国际海事卫星电话通话费、国际电视会议资费收入，国际电视节目传送费、多址传送附加费收入，公用电话、电话卡通话费收入，电视会议、电话会议的通话费收入以及国际电话账务结算收入等。

(3)港澳台电话业务收入：港澳台电话的通话费收入，被叫集中付费800业务、一线通业务收入，公用电话、电话卡通话费收入以及电视会议、电话会议业务收入等。

(4)企业内网间结算收入：由企业内部其他通信网结入的结算收入。

(5)企业间网间结算收入：由其他电信企业结入的结算收入。

(6)出租电路及网元业务收入：出租长途电话网音频电路租费收入，出租长途数字电路租费收入，出租长途光纤租费收入，出租长途波长租费收入，出租交换机端口、拨号服务器端口、信令网端口、同步网端口、管道管孔以及长途租杆挂线等租费收入。

(7)出租设备业务收入：出租交换机、无线电台收入，无线短波、发话机收入，话务员坐席等租费收入。

(8)其他收入：不属于以上各项的业务收入，如通信设备代维费收入，查询费、开户费、补开用户遗失长话收据证明的手续费收入，电视会议、电话会议公用会议室使用费、服务费收入以及售卡预收沉淀资金转入等。

3. 数据通信网业务收入

数据通信网业务收入包括国内数据业务收入、国际及港澳台数据业务收入、企业内网间结算收入、企业间网间结算收入、出租电路及网元业务收入、出租设备业务收入和其他收入等。

(1)国内数据业务收入：国内分组交换业务收入、因特网接入业务收入、因特网平台业务收入、多媒体网上新开展的应用业务收入、电子数据交换(EDI)收入、传真存储转发业务收入、电子信箱等增值业务收入、电报业务收入等。

(2)国际及港澳台数据业务收入：国际及港澳台分组交换业务收入、因特网接入业务收入、因特网平台业务收入、多媒体网上开展的其他应用业务收入、电子数据交换收入、传真存储转发业务收入、电子信箱业务收入等。

(3)企业内网间结算收入：由企业内部其他通信网结入的结算收入。

(4)企业间网间结算收入：由其他电信企业结入的结算收入。

(5)出租电路及网元业务收入：出租本地网、国内长途、国际及港澳台数字数据电路(DDN)专线业务收入，出租本地网、国内长途、国际及港澳台帧中继/ATM人业务收入，出租ATM端口费收入及出租网元租费收入等。

(6)出租设备业务收入：出租数据通信网各种设备的租费收入，如出租调制解调器等各种用户终端设备等租费收入。

(7)其他收入：不属于以上各项的业务收入，包括各项数据业务的一次性费用(包括开户费、安装调测费、工料费)收入、电报业务收入、设备代维费收入以及售卡预收沉淀资金转入等。

4. 移动通信网业务收入

移动通信网业务收入包括基本通话业务收入、月租费收入、移动数据业务收入、企业内网间结算收入、企业间网间结算收入、出租电路及网元业务收入、出租设备业务收入和其他收入等。

(1)基本通话业务收入：移动本地电话通话费收入和漫游通话费收入，新功能服务项目(包括呼叫转移、主叫显示、呼叫限制、呼叫等待、多方通话、语音信箱等)的基本使用费收入。

(2)月租费收入：移动电话用户按月交纳的固定费用收入。

(3)移动数据业务收入：信息服务业务收入、短消息服务收入、手机上网通信费收入、通用分组无线业务(GPRS)收入、因特网业务收入等。

(4)企业内网间结算收入：由企业内部其他通信网结入的结算收入。

(5)企业间网间结算收入：由其他电信企业结入的结算收入。

(6)出租电路及网元业务收入：出租电路、出租网元业务的收入。

(7)出租设备业务收入：出租移动电信网各种设备租费收入。

(8)其他收入：不属于以上各项的业务收入，包括设备代维费收入，代收、过户、停开机手续费收入以及售卡预收沉淀资金转入等。

5. 卫星通信网业务收入

卫星通信网业务收入包括出租电路及网元业务收入、卫星固定通信业务收入、卫星移动通信业务收入、企业内网间结算收入、企业间网间结算收入、出租设备业务收入和其他收入等。

(1)出租电路及网元业务收入：出租卫星转发器租费收入等。

(2)卫星固定通信业务收入：甚小地球站(VSAT)通信收入，包括数据业务收入、语音业务收入、广播业务收入以及国际专线通信费收入等。

(3)卫星移动通信业务收入：卫星移动电话用户系统接入费收入、月租费收入、通话费收入(包括国内、国际长途电话通话费收入)、漫游通信费收入等。

(4)企业内网间结算收入：由企业内部其他通信网结入的结算收入。

(5)企业间网间结算收入：由其他电信企业结入的结算收入。

(6)出租设备业务收入：出租端站等各种设备租费收入。

(7)其他收入：不属于以上各项的业务收入，包括设备代维费收入、服务费收入等。

6. 无线寻呼网业务收入

无线寻呼网业务收入包括无线寻呼收入、电话信息收入、计算机信息收入和其他收入等。

(1)无线寻呼收入：服务费收入，指向无线寻呼用户按月收取的服务费收入，包括本地服务费收入、联播服务费收入、漫游服务费收入、增值业务收入等。

(2)电话信息收入：按规定收取的电话信息费收入等。

(3)计算机信息收入：按规定收取的计算机信息费收入等。

(4)其他收入：不属于以上各项的业务收入，如秘书服务等。

7. 专用通信网业务收入

专用通信网业务收入包括党政等专用通信网的各项业务收入，其他企业内部使用的通信网不在此项内。

(1)本地电话业务收入：本地电话及用户中继线的月租费收入、通话费收入及一线通补充业务功能收入等。

(2)国内长途电话业务收入：国内长途电话通话费收入，一线通业务收入，电视会议、电话会议通话费收入等。

(3)国际及港澳台电话收入：国际及港澳台长途电话的通话费收入，一线通业务收入、电视会议、电话会议的通话费收入及视图传送费收入等。

(4)数据业务收入：本地数据业务收入，国内、国际及港澳台数据业务收入。

(5)其他收入：不属于以上各项的业务收入。

(二)电信业务收入的核算方法

为了核算电信企业经营的基础电信业务和增值电信业务所取得的资费收入，以及电信企业之间网间互联电信业务的结算收入，应设置“主营业务收入”科目。

根据企业主营业务收入核算流程，账务处理可分为以下几种情况。

1. 营业厅收取现金的通信费收入的账务处理

(1)收到营业窗口的“银行进账单”时：

借：银行存款

　　贷：营业款结算——××营业单位

(2)月末，根据“营业报告单”：

借：营业款结算——××营业单位

　　贷：主营业务收入——××通信网业务收入

如有退费事项作相反会计分录：

借：主营业务收入——××通信网业务收入

　　贷：营业款结算——××营业单位

2. 普通签约记账用户通信费收入(包括先使用后交钱的欠费用户及预付费的记账用户)的账务处理

(1)月末，根据当月计费系统(账务中心)出具的“主营业务收入汇总表”或“营业报告单”：

借：应收账款——用户欠费

　　预收账款——用户预存款

　　贷：主营业务收入——××通信网业务收入

(2)根据收费网点(包括自营网点、银行网点)收取的上月记账用户通信费收入的“银行进账单”：

借：银行存款

　　贷：营业款结算——××营业单位

(3)月末，根据各营业单位的“主营业务收入汇总表”或“营业报告单”收方项目和金额：

借：营业款结算——××营业单位

　　贷：主营业务收入——××通信网业务收入(收现费的)

　　　　应收账款——用户欠费

　　　　预收账款——用户预存款

按付方项目和金额：

借：主营业务收入——××通信网业务收入(业务退费等)

　　贷：营业款结算——××营业单位

3. 预付费卡实现通信收入的账务处理

(1)营业单位售出预付费卡(电话卡、上网卡等)时，收到营业单位上缴的营业收入款时：

借：银行存款

　　贷：营业款结算——××营业单位

(2)月末，根据“营业报告单”转账，按收方售卡金额：

借：营业款结算——××营业单位

预收账款——预付费卡款——××类卡(销售折扣)

贷：预收账款——预付费卡款——××类卡(面值)

(3)持卡用户使用了通信服务后,根据计费账务中心出具的账单和按综合折扣率应结转的折扣金额转账：

借：预收账款——预付费卡款——××类卡(面值)

贷：预收账款——预付费卡款——××类卡(销售折扣)

主营业务收入——××通信网业务收入

4. 企业内网间结算收支的账务处理

根据“企业内网间结算明细表”所列数据：

借：主营业务收入——××通信网业务收入(企业内网间结算收入)(结出方)

贷：主营业务收入——××通信网业务收入(企业内网间结算收入)(结入方)

对于国际电话网从其他电信业务经营者结入的国际电话结算收入，按规定需要分割给国内长途电话网的长途电话使用费和本地固定电话网的接续费，应从国际电话网“企业间网间结算收入”科目冲转。按应结转金额合计：

借：主营业务收入——国际电话网业务收入(企业间网间结算收入)

贷：主营业务收入——国内长途电话网业务收入(企业间网间结算收入)

——本地固定电话网业务收入(企业间网间结算收入)

对于国内长途电话网结入的“企业间网间结算收入”需分割给本地固定电话网的接续费，也同样从国内长途电话网的“企业间网间结算收入”科目中冲转，按应结转的金额：

借：主营业务收入——国内长途电话网业务收入(企业间网间结算收入)

贷：主营业务收入——本地固定电话网业务收入(企业间网间结算收入)

5. 企业间网间结算收支的账务处理

一般企业间互联互通协议的周期为每月末结算一次。

(1)根据“账务中心”出具的经双方确认的“企业间网间结算收入、支出明细表”收方项目及金额：

借：应收账款——企业间网间结算款(××电信公司)

贷：主营业务收入——××通信网业务收入(企业间网间结算收入)

根据“企业间网间结算收入、支出明细表”付方项目及金额：

借：主营业务收入——××通信网业务收入(企业间网间结算收入)

贷：应付账款——企业间网间结算款(××电信公司)

(2)收到对方电信公司汇来结算收入款项时，根据“银行进账单”：

借：银行存款

贷：应收账款——企业间网间结算款(××电信公司)

支付给对方电信公司网间结算款时：

借：应付账款——企业间网间结算款(××电信公司)

贷：银行存款

期末，应将“主营业收入”科目余额转入“本年利润”；地、市分公司应将“主营业务收入”余额转入“应交上级资金——年度损益划转”科目，结转后“主营业收入”科目应无余额。

现举例说明电信业务收入的核算。

【例 10-20】 某电信企业月末收到营业部门上报的“电信营业窗口报告单”，如表 10-8 所示。

表 10-8 电信营业窗口报告单

2016 年 9 月 30 日　　　　单位：元

<table>
<tr><td colspan="3">收入</td><td colspan="3">支出</td></tr>
<tr><td colspan="2">项目</td><td>金额</td><td colspan="2">项目</td><td>金额</td></tr>
<tr><td rowspan="2">专用基金</td><td rowspan="2">市初装电话</td><td rowspan="2">567 200</td><td rowspan="9">收入退还</td><td>退市话初装费</td><td></td></tr>
<tr><td>退月租费</td><td></td></tr>
<tr><td rowspan="3">代收款</td><td>省局移动电话</td><td></td><td>退国内长话费</td><td>10 400</td></tr>
<tr><td rowspan="2">计费费</td><td rowspan="2"></td><td>退国际长话费</td><td></td></tr>
<tr><td rowspan="5">退话机费</td><td rowspan="5"></td></tr>
<tr><td rowspan="7">通信业务收入</td><td>市内通话费收入</td><td>551 200</td></tr>
<tr><td>国内长话收入</td><td>360 000</td></tr>
<tr><td>国际长话收入</td><td>190 400</td></tr>
<tr><td>磁卡收入</td><td>53 600</td></tr>
<tr><td rowspan="3">电报收入</td><td rowspan="3">9 520</td><td rowspan="3">缴费</td><td>现金</td><td>460 000</td></tr>
<tr><td>银行支票</td><td>1 261 520</td></tr>
<tr><td>银行存款回单</td><td></td></tr>
<tr><td colspan="2">收入合计</td><td>1 731 920</td><td colspan="2">支出合计</td><td>1 731 920</td></tr>
</table>

根据表 10-8 中资料，做如下会计处理：

借：营业款结算　　1 731 920

　　贷：主营业务收入——本地固定电话网业务收入(市话初装基金收入)　　567 200

　　　　——本地固定电话网业务收入(市话收入)　　551 200

　　　　——国内长途电话网业务收入(国内长途通信收入)　　360 000

　　　　——国际长途电话网业务收入(国际通信收入)　　190 400

　　　　——国内长途电话网业务收入(电报收入)　　9 520

　　　　——本地固定电话网业务收入(磁卡收入)　　53 600

根据表 10-8“电信营业窗口报告单”的付方，做如下会计处理：

借：主营业务收入——长途电话网业务收入(国内长途通信收入)　　10 400

　　贷：营业款结算　　10 400

企业本月收到营业部门缴款 1 721 520 元，做如下会计处理：

借：库存现金　　460 000

　　银行存款　　1 261 520

　　贷：营业款结算　　1 721 520

年终，将“主营业务收入”科目贷方余额 284 800 000 元转入“本年利润”科目，做如下会计处理：

借：主营业务收入　　284 800 00

　　贷：本年利润　　284 800 00

计算应交营业税为 8 544 000 元(284 800 000×3%)，做如下会计处理：

借：营业税金及附加　　8 544 000

　　贷：应交税费——应交营业税　　8 544 000

二、电信业务成本的核算

(一) 电信业务的成本项目

电信业务成本是指电信通信的各项支出，包括本地固定电话网业务成本、长途电话网业务成本、数据通信网业务成本、移动通信网业务成本、卫星通信网业务成本、无线寻呼网业务成本和专用通信网业务成本。其成本项目包括以下方面。

(1) 职工薪酬：生产人员职工薪酬和按规定支付的职工福利费。

(2) 折旧费：固定资产按规定计提的折旧费。

(3) 修理费：企业在用的固定资产(包括租入固定资产)发生的各种维护费、修理费，以及对固定资产进行大修理发生的支出。

(4) 周转材料摊销：在用的各种周转材料的购置、摊销额和修理费等。

(5) 业务费：支付通信生产的各种业务费用，包括频率占用费，卫星测控费，安全保卫费，号码资源费，设备耗用的外购电力费，自有电源设备耗用的燃料和润料费，水电取暖费，劳动保护费，保险费，交换机用电池费，业务材料、单式和用品费，因公使用名章刻制费，差旅费，图书资料费，委托代办手续费，物业管理费，车辆的养路费、燃料油料费、保险费、停车费、过桥费、过路费以及由“共同费用”科目按比例分摊到主营业务成本中的业务费。

(6) 电路及网元租赁费：支付给其他电信企业的电路及网元等传输系统及设备的租赁费用。

(二) 电信企业成本的核算方法

电信企业计提职工薪酬时，应按照“职工薪酬计算表”所列数据，做如下会计处理：

借：主营业务成本——××网业务成本(职工薪酬)

　　贷：应付职工薪酬

企业每月按照“折旧费计算表”所列各通信网应计提折旧额提取固定资产的折旧费，做如下会计处理：

借：主营业务成本——××网业务成本(折旧费)

　　贷：累计折旧

企业发生的与固定资产有关的后续支出，如果不能使流入企业的经济利益超过原先的估计，应当确认为费用，做如下会计处理：

借：主营业务成本——××网业务成本

　　管理费用

　　贷：银行存款

企业发生的修理费、周转材料摊销、业务费、电路及网元租赁费等项开支，凡能直接计入各通信网业务成本的，应直接计入：

借：主营业务成本——××网业务成本

　　贷：库存材料

周转材料摊销

库存现金

银行存款

其中不能直接计入相关通信网业务成本的修理费和业务费，先归集计入“共同费用”科目，月份终了时再按确定的分摊标准，分摊计入相关通信网业务成本：

借：主营业务成本——××网业务成本

贷：共同费用

期末，应将“主营业务成本”科目的余额转入“本年利润”科目，结转后“主营业务成本”科目应无余额。

【例 10-21】 某电信公司 9 月的主营业务成本明细表如表 10-9 所示。

表 10-9 主营业务成本明细表

2016 年 9 月　　　　单位：元

主营业务成本项目	本地固定电话网	长途电话网	数据通信网	无线寻呼网	合计
职工薪酬	161 300	184 100	223 400	—	568 800
折旧费	261 000	342 000	453 000	—	1 056 000
修理费	32 400	46 100	40 800	—	119 300
周转材料摊销	16 000	18 300	22 400	—	56 700
业务费	28 000	32 500	38 400	—	98 900
电路及网元租赁费	—	—	68 300	—	68 300
合计	498 700	623 000	846 300	—	1 968 000

根据“主营业务成本明细表”(表 10-9)和“职工薪酬计算表”(略)、“折旧费计算表”(略)所列数据，做如下会计处理：

① 计提职工薪酬时：

借：主营业务成本——本地固定电话网业务成本(职工薪酬)　161 300

——国内长途电话网业务成本(职工薪酬)　184 100

——数据通信网业务成本(职工薪酬)　223 400

贷：应付职工薪酬　568 800

② 企业提取固定资产的折旧费时：

借：主营业务成本——本地固定电话网业务成本(折旧费)　261 000

——国内长途电话网业务成本(折旧费)　342 000

——数据通信网业务成本(折旧费)　453 000

贷：累计折旧　1 056 000

③ 企业发生修理费(其中领用材料 89 600 元)、周转材料摊销、业务费、电路及网元租赁费等项开支时：

借：主营业务成本——本地固定电话网业务成本　76 400

——国内长途电话网业务成本　96 900

——数据通信网业务成本　169 900

贷：库存材料　89 600

周转材料——周转材料摊销　　56 700
银行存款　　196 900

本章小结

邮政企业会计的特点主要体现在成本核算的特殊性和业务收入的全程全网性两个方面。

邮政业务收入主要包括函件收入、包裹收入、汇票收入、特快专递收入、机要通信收入、报刊发行收入、储蓄收入、集邮收入、物流收入和代办收入。

邮政业务成本是指邮政企业在生产经营过程中，为取得邮政通信业务收入而实际发生的与生产直接有关的各项支出。具体内容包括邮政企业直接从事生产人员的职工薪酬和再生产过程中发生的固定资产折旧费、修理费、固定资产租赁费(不含融资租赁)、邮件运输费、周转材料摊销及各种与生产有关的业务费用。

邮政企业在一定时期内，生产经营活动所取得的全部收入用于补偿全部支出和上缴税金后的差额，称为收支差额。

电信业务收入主要包括七大项，根据企业主营业务收入核算流程，账务处理可分为五种情况。电信业务成本是指电信通信的各项支出，包括本地固定电话网业务成本、长途电话网业务成本、数据通信网业务成本、移动通信网业务成本、卫星通信网业务成本、无线寻呼网业务成本和专用通信网业务成本。

第十一章

旅游餐饮服务企业会计

第一节　旅游餐饮服务企业会计的特点

一、旅游餐饮服务企业的特点

(一)旅游业的业务特点

旅游业是指组织旅游者外出远行，并为之提供食、宿、交通、导游等业务的行业。与其他行业相比，旅游业在服务对象、经营范围、经营内容等方面都具有不同的特点。

1. 服务对象复杂多样

由于旅游者的消费水平差异较大，而且他们对旅游业的要求也会随时间的变化而变化，从而使旅游业的服务对象层次不一、复杂多样。因此，旅游业应不断改善服务质量，增加服务项目，提高服务档次，以满足旅游者不断变化的游览需求。

2. 部分业务人员具有不确定性

旅游业的每条旅游线、每个景点，都需要为旅客配备导游以及提供名胜古迹的讲解员。为了减少旅行社的支出，目前旅行社的导游除少数专职的外，很大部分是业余兼职。所以，旅游业的部分业务人员具有不确定性。

3. 无须固定、完备的服务设施

旅游业组织出游所需的交通设施及交通工具大多依靠民航、铁路和出租汽车，食宿大多依靠饭店、餐厅，参观游览则依靠各地的名胜古迹。所以，旅游业一般无须固定、完备的服务设施。

4. 收付业务以现金交易为主

旅游业的顾客有自行组团、集体报名参加的，也有散客及由旅行社组团的，除了自行组团外，旅游者缴纳的旅游费大多是现金；而交付各个景点的费用，一般也由导游随身携带现金付款。所以，旅游业的收付业务大多是现金交易。

(二)餐饮业的业务特点

餐饮业是指从事加工烹制饮食品，当即将饮食品供应给顾客食用的行业，如各种类型的酒家、餐厅、饭馆、小吃店等。餐饮业集饮食品制作、销售于一体，但其与工业、商业相比却具有独特的经营特点。

(1)从饮食制品的生产阶段看，餐饮业具有与工业企业不同的特点。首先，工业企业生产的产品一般不直接与消费者见面，而饮食制品则是产销直接见面；其次，工业企业的生产机械化、电气化程度高，而餐饮业大多是手工操作，对制作者有较高的技艺要求；最后，工业企业的经营规模一般比较大，经营方式相对固定，而餐饮业的经营规模则比较小，经营方式比较灵活。

(2)从饮食制品的销售来看，餐饮业又具有与零售商业企业不同的特点。首先，餐饮业当场制作销售的是能直接食用的商品，对饮食制品质量标准的技艺要求复杂；其次，餐饮业既要提供商品又要提供顾客消费的场所；最后，随着消费层次的提高，服务规格逐步走向高档化、规范化，餐饮业需要根据顾客的需求提供各种必要的服务项目。

(三)服务业的业务特点

服务业是指利用一定的场所、设备和工具提供服务性劳动的行业，如住宿、美容、沐浴、照相、洗染、娱乐、修理、保管等服务行业。作为第三产业的一个重要组成部分，服务业在其经营业务上有其特点。

(1)服务业的服务过程就是消费者的消费过程。服务业的经营业务主要是直接为消费者提供服务，而且所提供的往往是带有一定技艺的服务性劳动，并辅以相适应的服务性设备来满足消费者的需要。服务过程就是消费过程，服务结束，消费也就随之终止。

(2)有些服务业兼有加工生产和销售的职能。照相、洗染、修理等服务行业除了具有服务的职能外，还有加工生产、销售的职能，而且是边生产边销售，其生产经营过程短且生产直接与消费者见面。

二、旅游、餐饮、服务业会计核算的特点

由于旅游、餐饮、服务业具有其独特的经营特点，相应地，在会计核算上也具有与别的会计核算不同的特点。

(一)收入、成本和费用种类繁多，核算较复杂

旅游餐饮服务业一般均有系统配套的经营业务展开的特点。如旅游业，除了经营旅游业务外，还可开展客房、餐饮、售货、娱乐等其他经营业务；餐饮业除了经营餐饮业务外，还可开展娱乐、售货及其他经营业务；服务业也能兼营客房、餐饮、娱乐、美容、售货、洗染、照相等多种经营业务。为了分别考核各项经营业务的经营成果，要求分别核算和监督各项经营业务的收入、成本和费用。

(二)核算方法较为特殊

旅游餐饮服务业除了以服务为中心外，还从事商品的生产加工和销售，从而具有生产、销售和服务3种职能；因此，其具有多行业会计核算的特点。会计核算格外要求准确、快捷、灵活，在进行会计核算时，企业就需要根据经营业务的特点，采用不同的核算方法。如餐饮业、加工饮食制品，具有工业企业的性质；将饮食制品直接供应给消费者，又具有商品流通企业的性质；同时，为消费者提供消费设施、场所和服务，又具有服务企业的性质。然而，生产、销售和服务要在很短的时间内完成，并且饮食制品花色繁多、数量零星，不可能像工业企业那样区分产品种类并分别计算其总成本和单位成本，而只能计算饮食制品的总成本。因此，根据不同的业务性质，采用特殊的核算方法，是旅游餐饮服务业会计核算的显著特点之一。

(三) 自制商品与外购商品分别核算

有的旅游餐饮服务业既经营自制商品，又经营外购商品。为了分别考核自制商品与外购商品的经营成果，加强对自制商品的管理与核算，需要对自制商品和外购商品分别进行核算。

(四) 涉及外币业务核算

涉外的旅游餐饮服务企业在会计核算时，对涉及外币的收支应按照《外汇管理条例》和外汇兑换管理办法，办理外汇存入、转出和结算等业务，而且还应采用复币记账，核算原币和人民币以及汇兑损益。

(五) 旅游、餐饮、服务业适用增值税政策的特殊性

旅游、餐饮、服务业属于生活服务的征税范围，适用的增值税政策有其特殊性，主要表现在以下几点：

(1) 适用税率。旅游、餐饮、服务业一般纳税人(通常为年应税销售额超过 500 万元的纳税人)的税率为 6%，采用简易征收方式的征收率为 3%；小规模纳税人(通常为年应税销售额未超过 500 万元的纳税人)的征收率为 3%。

(2) 旅游、餐饮、服务业里存在大量混业经营的情况，如大型酒店，其除了提供住宿服务以外，还可能会取得餐饮、其他服务和停车费收入等。根据现行的增值税规定，这些服务项目归属不同税目的收入，并分别适用相应的增值税税率或者征收率，在计算增值税应纳税额时，未分别核算的，将从高适用税率，这将加大会计核算和税务管理的复杂程度。

(3) 旅游、餐饮、服务业的客户在很大程度上为交际应酬或者是个人消费者，而税法规定纳税人的交际应酬消费属于个人消费，其进项税不得抵扣。

(4) 旅游企业可以选择差额计税方式，以取得的全部价款和价外费用，扣除向旅游服务购买方收取并支付给其他单位或者个人的住宿费、餐饮费、交通费、签证费、门票费，以及支付给其他接团旅游企业的旅游费用后的余额为销售额进行计税；但需要注意的是，选择上述办法计算销售额的旅游企业，向旅游服务购买方收取并支付的上述费用，不得开具增值税专用发票，但可以开具普通发票。

第二节　旅游经营业务的核算

一、旅游经营业务营业收入的核算

旅游经营业务收入是旅游企业为旅游者提供服务所取得的收入。由于旅游的景点、旅游的天数、提供的食宿标准、交通工具的不同，其收费标准也不相同。

(一) 旅游费标准的确定和收款方式

旅游费标准的确定方法一般有两种：一种是事先确定。即按旅游团人数计算交通、住宿、用餐、门票、导游等开支总和，计算出每位旅游者应承担的开支，并乘以外加毛利率(一般为 10%～15%)，事先确定收费标准。采用这种确定方法的，实际支出由于价格波动等因素而发生增减时，收费标准一般不得变更，因此，这种事先确定收费标准的方法也称为包账。另一种是事后计算。

即按旅游的实际支出费用，外加一定的毛利来收取旅游费。采用这种方法收费的，如果价格波动，收费标准也随之波动，这种按实际支出外加毛利计算收费标准的方法也称为开账。

旅游费的收款方式一般有两种：一种是按团体收费。即当自行组团或团体报名参加旅游时，由组团单位联系人向旅行社办理登记手续，填写团体旅游登记表，旅行社按登记表上的人数、收费标准向组团单位计收旅游费。另一种是个别登记收费（俗称散客）。即旅游者个人报名参加旅游，向旅行社办理报名手续，填写报名单，旅行社按收费标准收取旅游费。无论是按团体收费还是个别登记收费，旅行社业务部门都必须在收取旅游费时开具一式数联发票，一联交旅游者收执，一联交财会部门入账，一联留存业务部门备查。

旅行社业务部门每日营业终了时，应按收取凭证分类计算，并根据当天的旅游费收入及收款情况编制一式两联的旅游业务收入日报表，连同收入款项及收款原始凭证一同交财会部门。

（二）旅游费收入的确认

旅行社取得旅游业务收入，按照权责发生制原则处理，即按下列方法确认旅游收入；

（1）组织境外旅游者到境内旅游的，应以旅行团体离境（或离开本地）时确认收入。

（2）组织境内旅游者到境内旅游的，接团社应以旅行团体离开本地时，组团社应以旅行团行程结束返回时确认收入。

（3）组织境内旅游者到境外旅游的，应以旅行团体旅游结束返回时确认收入。

（三）旅游费收入的核算

旅行社的营业收入是指旅行社通过各项经营业务所得的全部收入，包括旅行社按照规定的旅游服务收费标准，以及在一定时期内提供各种劳务获得的全部收入。其具体包括综合服务收入、组团外联收入、零星服务收入、劳务收入、票务收入、地游及加项收入和其他服务收入等。

（1）综合服务收入，是指旅行社为旅行者提供综合服务而取得的收入，包括房费收入、餐费收入、车费收入、文杂费收入（即文娱、宣传、行李托运、门票等杂项收入）、陪同费收入、其他收入。

（2）组团外联收入，是指由组团社自组外联，向旅行者收取的住宿、用餐、旅游交通、翻译导游、文娱活动费等收入。其收入内容与综合服务收入相同，只不过是组团方法和渠道不同。

（3）零星服务收入，是指旅行社接待零星旅客和接受代办事项所得的服务收入。其收入内容也与综合服务收入一致，只不过是接待零散客人以及受托代办事项所得的收入。

（4）劳务收入，是指旅行社派翻译导游人员参加组团社全程陪同所取得的劳务收入。

（5）票务收入，是指旅行社向游客代售汽车票、火车票、飞机票等的手续费收入。

（6）地游及加项收入，是指旅行社接待旅行者某地一日游、二日游的小包价及增加游览项目和风味小吃等所取得的收入。

（7）其他服务收入，是指不属于上述各项的其他服务收入。

2016 年 5 月 1 日全面推开营改增试点后，旅行社核算营业收入需要注意以下事项。

（1）旅行社的营业收入应通过“主营业务收入”账户进行核算，旅行社平时取得的各项不含增值税的经营业务收入[不含税销售额=含税销售额÷(1+6%)]，计入该账户的贷方。月末，将其贷方余额通过借方转入“本年利润”账户，该账户月末应无余额。

(2)旅行社预收客户款项开出增值税专用发票，即使没有确认为收入也要计算缴纳增值税销项税额。

具体核算如下。

1. 组团社的核算

财会部门根据业务部门报来的旅游业务收入日报表，借记“库存现金”或“银行存款”等账户，贷记“应收账款”账户；待旅游活动结束时，才确认收入的实现，借记“应收账款”账户，贷记“主营业务收入”“应交税费——应交增值税(销项税额)”账户。具体会计分录如下。

(1)收款(旅游业务收入日报表、收款单)：

借：库存现金/银行存款

　　贷：应收账款

　　　　应交税费——应交增值税(销项税额)

(2)确认收入(待旅游活动结束时的结算账单)：

借：应收账款

　　贷：主营业务收入

【例 11-1】 万里旅行社财会部门收到业务部门报来的旅游业务收入日报表，收到散客现金 1 060 元，团体旅游的转账支票 10 600 元，开出普通发票。会计分录如下：

营业收入=(1 060+10 600)/(1+6%)=11 000(元)

借：库存现金	1 060	
银行存款	10 600	
贷：应收账款		11 000
应交税费——应交增值税(销项税额)		660

该项旅游活动结束时，做会计分录如下：

借：应收账款	11 000	
贷：主营业务收入——综合服务收入		11 000

如果预收旅游费后发生游客退票业务，则收取的退票手续费也作为营业收入处理。

【例 11-2】 接【例 11-1】，假设由于特殊原因，团体游客不能如约参加旅游，予以办理退票手续。根据规定，按旅游费的 5%扣除退票手续费 530 元，余款签发转账支票退还。会计分录如下：

借：应收账款	9 500	
应交税费——应交增值税(销项税额)	570	
贷：银行存款		10 070
主营业务收入		500

2. 接团社的核算

接团社的营业收入是由组团社按拨款标准及规定，拨付的综合服务费、城市间交通费、加项服务费、全程陪同费等。拨付的款项对组团社来说是构成营业成本的一部分，对接团社来说则是营业收入。

接团社在旅游团离开本地后及时向组团社报送“旅游团(者)费用拨款结算通知单”，此“拨款单”一式三联，配有全程陪同的由全程陪同携带并填写，没有全程陪同的由地方陪同携带并填写。每到一地要将旅游团(者)名称、总社计划号码、旅行等级、旅行社名称、提供项目等填写清楚，交接团社接待部再转财务部门，财务部门按照拨款标准计算出应拨费用后，自留一联，将其余两联寄给组团社财务部门。组团社财务部门经审核无误后及时拨款。接团收入计算如下：

旅行社接团收入=Σ(某等级旅行团人数×日综合服务费收费标准×停留天数)

因为接团社是先接待客人旅游，然后再与组团社进行结算，所以是先做确认收入的会计处理，后面再做收款的会计处理。

(1)接待旅客旅游活动结束时，做会计分录如下：

借：应收账款

　　贷：主营业务收入

　　　　应交税费——应交增值税(销项税额)

(2)与组团社结算时，做会计分录如下：

借：库存现金/银行存款

　　贷：应收账款

【例 11-3】 春晖旅行社(接团社)为万里旅行社接团一批，于5月8日将旅客送离本地。春晖旅行社5月10日向万里旅行社(组团社)发出拨款结算通知单，金额为5 300元。该笔款项于5月12日收到，并收到增值税专用发票。根据有关凭证，春晖旅行社(接团社)会计处理如下。

5月8日确认收入：

借：应收账款——应收国内结算款(万里旅行社)	5 300	
贷：主营业务收入		5 000
应交税费——应交增值税(销项税额)		300

5月12日，收到款项时：

借：银行存款	5 300	
贷：应收账款——应收国内结算款(万里旅行社)		5 300

二、旅游经营业务营业成本的核算

旅游经营业务营业成本是指直接用于接待旅游者并为其提供各项服务所发生的全部支出。其主要包括旅游者的膳食费、住宿费、游览车船票、门票、交通费、行李托运费、票务费、文娱费、专业活动费、签证费、导游费、劳务费、宣传费、保险费、机场建设费等。如果是由旅行社自行安排旅游车辆的，则还包括其耗用的汽油费、桥路费、车辆折旧费、司机工资等。

(一)组团社的会计分录

1. 既组团又接团的(一条龙服务)

(1)旅游经营业务营业成本的预支。旅游经营业务发生时，由导游携带现金支付门票费等，因此导游应填写“预领旅游费凭单”向财会部门预领现金。财会部门根据预领凭单预支旅游费时，做会计分录如下：

借：应付账款

　　贷：库存现金或银行存款

【例 11-4】 万里旅行社导游张丽向财会部门预领旅游费 20 000 元，财会部门开出现金支票预付。会计分录如下：

借：应付账款　　　　　　　　　　　　　　　　　　20 000

　　贷：银行存款　　　　　　　　　　　　　　　　　　20 000

对于旅行社自备客车耗用的汽油等，财会部门应根据库房领料单的实际领用数，借记“应付账款”账户，贷记“原材料”账户。

【例 11-5】 万里旅行社组织龙虎山风光一日游，由旅行社自备大客车往返，领用汽油合计 650 元。财会部门根据领料单，做会计分录如下：

借：应付账款　　　　　　　　　　　　　　　　　　650

　　贷：原材料——汽油　　　　　　　　　　　　　　　　650

(2)旅游经营业务营业成本的结转。旅行社组织旅游结束后，财会部门应根据导游报销的各项游览费用，将旅行社代付的房费、餐费、车费、游览费、导游工资等结转营业成本，如取得合法的增值税抵扣凭证，可做会计分录如下：

借：主营业务成本

　　应交税费——应交增值税(进项税额)

　　贷：应付账款

【例 11-6】 万里旅行社导游张丽带团游览结束，报销各项游览费用价税合计 16 000 元(假设均取得合法的增值税抵扣凭证，进项税为 960 元)，另付导游工资 340 元，财会部门收回剩余现金 2 700 元，结清张丽的预领款。做会计分录如下：

借：主营业务成本——××　　　　　　　　　　　　16 340

　　应交税费——应交增值税(进项税额)　　　　　　　960

　　库存现金　　　　　　　　　　　　　　　　　　2 700

　　贷：应付账款　　　　　　　　　　　　　　　　　　20 000

借：主营业务成本　　　　　　　　　　　　　　　　650

　　贷：应付账款　　　　　　　　　　　　　　　　　　650

2. 只组团不接团的

组团社拨付给接团社的款项即为其成本，做会计分录如下。

收到拨款通知单和增值税专用时：

借：主营业务成本

　　应交税费——应交增值税(进项税额)

　　贷：应付账款

实际支付时：

借：应付账款

　　贷：银行存款

(二)接团社的会计分录

接团社按照其实际发生的成本费用进行结转主营业务成本(与组团社自己接团的成本结转相同)，做会计分录如下：

借：主营业务成本

应交税费——应交增值税(进项税额)

贷：应付账款

【例 11-7】 春晖旅行社(接团社)为万里旅行社接团一批，于 5 月 8 日将旅客送离本地。春晖旅行社 5 月 10 日向万里旅行社(组团社)发出拨款结算通知单，金额为 5 300 元。该笔款项于 5 月 12 日收到。春晖旅行社接团实际支出为 4 000 元，由导游预支出现金开支，假设均未收到增值税专用发票。做会计分录如下：

借：主营业务成本　　4 000

　　贷：应付账款　　4 000

(三) 差额计税方式的会计分录

根据《营业税改征增值税试点有关事项的规定》，旅行社可选择以取得的全部价款和价外费用，扣除向旅游服务购买方收取并支付给其他单位或者个人的住宿费、餐饮费、交通费、签证费、门票费和支付给其他接团旅游企业的旅游费用后的余额为应纳税销售额；选择此办法计算销售额的试点纳税人，向旅游服务购买方收取并支付的上述费用，不得开具增值税专用发票，但可以开具普通发票。旅行社选择这种方式计税有其优势，主要是因为旅行社在取得进项税票时，上游供应商很难开出增值税专用发票，而选择了这种差额纳税，则可以接受非增值税专用发票来抵扣销售额。

根据税法规定，实行差额征收计税方式的企业接受应税服务时，按规定允许扣减销售额而减少的销项税额，借记“应交税费——应交增值税(营改增抵减的销项税额)”账户；按实际支付或应付的金额与上述增值税额的差额，借记“主营业务成本”等账户；按实际支付或应付的金额，贷记“银行存款”“应付账款”等账户。

对于期末一次性进行会计分录的企业，期末按规定当期允许扣减销售额而减少的销项税额，借记“应交税费——应交增值税(营改增抵减的销项税额)”账户，贷记“主营业务成本”等账户。

【例 11-8】 桂林漓江旅游公司为一般纳税人，提供旅游等服务，2016 年 6 月组织开展桂林三日游，取得含税收入 53 万元，当月支付旅游当地地接旅行社 42.4 万元，取得对方增值税普通发票。当月购买办公用品 1 000 元，取得对方开来的专用发票注明金额 170 元，用转账支票支付。

(1) 桂林漓江旅游公司提供应税服务：

借：应收账款　　530 000

　　贷：主营业务收入　　500 000

　　　　应交税费——应交增值税(销项税额)　　30 000

(2) 桂林漓江旅游公司支付地接旅游费：

借：主营业务成本　　400 000

　　应交税费——应交增值税(营改增抵减的销项税额)　　24 000

　　贷：应付账款　　424 000

(3) 借：管理费用——办公费　　1 000

　　　　应交税费——应交增值税(进项税额)　　170

　　　　贷：银行存款　　1 170

(4) 当月月底计算出应纳税额=(30 000–24 000)–170=5 830(元)

借：应交税费——应交增值税(转出未交增值税)　　5 830

　　贷：应交税费——未交增值税　　5 830

(5) 7月申报缴纳时：

借：应交税费——未交增值税　　5 830

　　贷：银行存款　　5 830

第三节　餐饮经营业务的核算

一、饮食制品原材料的核算

(一) 原材料的分类与计价

1．原材料的分类

餐饮业的原材料可以按在餐饮产品中所起的作用分类，也可以按其存放地点分类。

(1) 按作用分类，餐饮业的原材料可分为：

① 粮食类。指制作主食品的粳米、糯米、面粉等原材料；

② 副食类。指鸡、鸭、鱼、肉、蛋，各种蔬菜，以及木耳等干菜；

③ 调味品类。指调料、油、盐、酱、醋等。

(2) 按存放地点分类，餐饮业的原材料可分为：

① 入库管理的原材料。指购进量大、能较长时间储存的材料，如粮油、干货、调味品等；

② 不入库管理的原材料。指购进量少且不能长时间储存的材料，如肉、鱼、蔬菜等鲜活材料。

2．原材料的计价

为了正确计算原材料的成本，必须对原材料进行合理的计价。原材料的计价分外购原材料的计价和自制原材料的计价两种。

(1) 外购原材料的计价。对于外购原材料，应以采购过程中实际发生的成本、费用为依据进行计价。其实际成本应由以下两部分内容组成。

① 买价。指供货方的销售价格。

② 进货费用。指能够直接认定受益对象或容易分摊的运输费、装卸费、保管费用及不能抵扣的税金等费用。对分不清受益对象，或品种较多而分摊困难的进货费用，可在“销售费用”账户列支。

(2) 自制原材料的计价。自制原材料的成本包括耗用的材料、制作人员工资及其他费用，一般不包括管理费用。

至于委托外部加工材料的实际成本，应由被加工材料成本、加工费和往返运费构成。

3．原材料进项税的抵扣

餐饮企业在采购时，应尽可能选择可以取得进项税发票的渠道并按规定进行正确的增值税进项税的抵扣。

(1) 根据增值税专用发票和农副产品销售发票抵扣。一般来讲，能够开具增值税专用发票和农副产品销售发票的，都是比较大型的或正规的企业或单位，要么是工厂，要么是经销商，要么是农副产品生产销售合作社等。选择大型或正规的渠道，对于餐饮行业的食品安全也是有保障的。

(2)购买农业生产者自产的农产品，凭收购发票按 13%计算抵扣进项税。餐饮企业可以向国税部门申请领取农副产品收购发票，在收购农副产品时由餐饮企业自行开具。对于农副产品收购发票，各地管理都比较严格。对农户资格、产品范围等有较严格限制，餐饮行业企业初次领取使用时需要特别注意。

(3)从事农产品批发、零售的纳税人销售的蔬菜、部分鲜活肉蛋产品免征增值税，批发零售纳税人享受免税后开具的普通发票不得作为计算进项税额的凭证。

(4)一般的餐饮行业对员工都是要包吃的，员工吃饭也是要消耗原材料的。员工吃饭无论属于个人消费还是集体福利，或者说是无偿提供的餐饮服务，该部分都是不能抵扣的，因此应做进项税转出。

(二)原材料的核算

1. 原材料购入的核算

原材料购入时按买价和进货费用作为入账成本，若取得合法抵扣凭证的，支付的增值税进项税不用计入其入账成本。

原材料购入时，若为入库管理的，则借记“原材料”“应交税费——应交增值税(进项税额)”账户，贷记“银行存款”或“库存现金”等账户；若直接交厨房使用的，则借记“主营业务成本”账户，贷记“银行存款”或“库存现金”等账户。

2. 仓库原材料发出的核算

餐饮企业发出原材料时，借记“主营业务成本”账户，贷记“原材料” 账户。

【例 11-9】 某饮食企业第一厨房领用原材料 2 400 元，第二厨房领用原材料 1 800 元。财会部门根据出库单，做会计分录如下：

借：主营业务成本——第一厨房　　2 400
　　　　　　　　——第二厨房　　1 800
贷：原材料　　4 200

由于各种材料一般都是多批购进，每批购进的单价常会因季节、调价等原因而各不相同；因此，在发出原材料时，通常可采用个别计价法、加权平均法、先进先出法等方法确定其单价。

3. 原材料调拨的核算

原材料调拨是指所属内部不独立核算单位之间调拨。

餐饮企业内部不独立核算单位之间的原材料调拨属于内部移库，即在会计核算上原材料(或主营业务成本)总金额不发生变动，仅在明细账上反映为此增彼减。

【例 11-10】 某饮食企业由中餐厅仓库调拨给快餐厅仓库一批原材料，实际成本 1 500 元。财会部门根据内部调拨单，做会计分录如下：

借：原材料——快餐厅　　1 500
　　贷：原材料——中餐厅　　1 500

如果是内部厨房之间的调拨，由于厨房领料时已从“原材料”账户转入“主营业务成本”账户，因而仅调整“主营业务成本”账户的所属明细账即可。

【例 11-11】 某饮食企业由第一厨房调拨给第二厨房原材料一批，实际成本 380 元，财会部门根据内部调拨单，做会计分录如下：

借：主营业务成本——第二厨房　　380

　　贷：主营业务成本——第一厨房　　380

4. 员工用餐所耗原材料的核算

很多餐饮企业平时对员工是包吃的，对此类经常性转出事项，每个月可根据出库单领料单或核定一个具体的标准数额，月底统一转出处理。

【例 11-12】 某饮食企业(一般纳税人)有 100 名员工，单位每天提供两顿免费工作餐，每人每天的伙食支出成本标准是 10 元。该企业 7 月采购金额合计 40 万元，合计取得进项税发票 3 万元。

由于工作餐同样消耗原材料等支出，其进项税不可抵扣。该单位可按当月采购材料金额与核定消耗支出比例进行测算。则计算转出的进项税如下。

员工消耗材料支出金额：

$$100 \times 10 \times 31 = 31\,000(\text{元})$$

员工消耗材料的进项税：

$$30\,000 \times 31\,000 \div 400\,000 = 2\,325(\text{元})$$

会计分录如下：

借：应付职工薪酬——福利费　　33 325

　　贷：原材料　　31 000

　　　　应交税费——应交增值税(进项税额转出)　　2 325

二、饮食制品成本的核算

饮食制品的成本包括所耗用的原材料，其现行核算方法主要有永续盘存制和实地盘存制两种。

1. 永续盘存制

永续盘存制适用于实行领料制的餐饮企业。原材料的耗用实行领料制，每月所领用的原材料月末不一定全部被耗用，而是还会有一些在制品和未出售的制成品；相应地，月初也会有已领未用的原材料、在制品及尚未出售的制成品。为了准确地反映饮食制品的实际成本，采用永续盘存制的餐饮企业，应于月末对未耗用的原材料、在制品和未出售的制成品进行盘点，做假退料处理。在此基础上计算出耗用原材料成本，做会计分录如下。

(1)月初结存领用原材料时的会计分录如下。

借：主营业务成本

　　贷：原材料

(2)本月平时购入、领用原材料时的会计分录如下。

① 入库管理的：

购入时：

借：原材料

　　贷：银行存款或库存现金

仓库发出原材料时：

借：主营业务成本

　　贷：原材料

② 购入直接交厨房的：

借：主营业务成本

　　贷：库存现金/银行存款

(3)月末，盘点厨房，对剩余原材料、半成品和待售制成品盘存额做假退料处理：

借：原材料

　　贷：主营业务成本

(4)月末计算本月耗用材料总成本：

本月耗用原材料成本=厨房月初结存额+本月厨房领用额−厨房月末盘存额

【例 11-13】 某快餐厅采用永续盘存制核算饮食制品成本，快餐厅厨房 2016 年 5 月共领用原材料 85 000 元，4 月末剩余原材料 2 600 元，5 月末盘存原材料 3 100 元。

5 月初，根据 4 月“月末剩余原材料、半成品和待售制成品盘存表”填制领料单，做会计分录如下：

借：主营业务成本	2 600	
贷：原材料		2 600

5 月平时领料做会计分录如下：

借：主营业务成本	85 000	
贷：原材料		85 000

5 月末，用“月末剩余原材料、半成品和待售制成品盘存表”代替“退料单”做假退料处理。做会计分录如下：

借：原材料	3 100	
贷：主营业务成本		3 100

该企业 5 月的饮食制品实际成本为 84 500 元(2 600+85 000−3 100)。

2. 实地盘存制

实地盘存制适用于没有条件实行领料制的餐饮企业。采用实地盘存制的饮食企业平时领用原材料时，不填写领料单，不进行会计处理，月末根据实地盘点得出的仓库原材料和厨房原材料盘存金额，倒挤出本月耗用的原材料成本。

做会计处理如下。

(1)购入时，只做入库的原材料的会计分录如下：

借：原材料

　　贷：银行存款或库存现金

(2)平时从仓库领用和购入直接交厨房的原材料不做会计分录，月末盘点后计算出发出材料总成本时再做会计分录。

(3)月末盘点仓库和厨房后计算出发出材料总成本时，结转本月耗用原材料成本：

本月耗用原材料成本=月初仓库和厨房结存额+本月购进总额−月末仓库和厨房盘存总额

借：主营业务成本

贷：原材料(从仓库领用原材料的总额)

银行存款或库存现金(直接交厨房原材料的总额)

【例 11-14】 某餐馆采用实地盘存制核算饮食制品成本，本月初仓库和厨房共结存原材料 1 500 元，本月购进原材料总额 49 000 元。月末通过实地盘点，计算出仓库和厨房结存总额 1 700 元。有关耗用原材料成本的计算和会计分录如下：

本月耗用原材料成本=1 500+49 000−1 700=48 800(元)

借：主营业务成本　　48 800

　贷：原材料　　48 800

三、饮食制品销售的核算

(一)饮食制品售价的制定

1. 销售毛利率法

销售毛利率法是根据所耗原材料成本和饮食制品的销售毛利率，以内扣方式确定饮食制品售价的一种计算方法。其计算公式如下：

$$售价=\frac{原材料成本}{1-销售毛利率}$$

【例 11-15】 某餐厅所售的爆炒腰花每碟耗用原材料成本为 5.5 元，销售毛利率为 45%。求每碟爆炒腰花的售价。

$$每碟爆炒腰花售价=\frac{5.5}{1-45\%}10.00\ (元)$$

2. 成本毛利率法

成本毛利率法是根据所耗原材料成本和饮食制品的成本毛利率，以外加方式确定饮食制品售价的一种计算方法。其计算公式如下：

$$成本毛利率=\frac{毛利}{成本价}\times 100\%$$

$$饮食制品售价=成本价\times(1+成本毛利率)$$

【例 11-16】 某餐厅所售的清蒸鲇鱼每盘耗用原材料成本为 20 元，成本毛利率 50%。求每盘清蒸鲇鱼的售价。

$$每盘清蒸鲇鱼售价=20\times(1+50\%)=30.00(元)$$

(二)餐饮企业销售货款的结算方式

1. 柜台统一售票

顾客在用餐前先到账台购买专用定额小票或购买固定品名筹码，然后凭小票或筹码领取食品，也可由服务员根据小票的编号和顾客手中的副联票签对号后将食品送至桌上。

2. 服务员开票收款

服务员到桌边，先由顾客点菜付款，然后由服务员开票、收款并负责到账台结算。收款员在小票上签章后，一联由服务员送至厨房领菜，另一联留存。每天营业结束后，服务员和收款员分别统计所收金额，核对无误后，由服务员在收款员的“收款核对表”上签字证明。

3. 先就餐后结算

顾客入座点菜后，由服务员填写小票一式两联，顾客不立即付款。小票的第一联交厨房作为取菜凭证留存，顾客进餐后，服务员凭第二联向顾客算账收款。

4. 一手钱一手货

顾客直接以货币到柜台购买饮食制品。饮食制品交服务员销售时，由产销双方登记数量，每天业务终了时，由服务员进行盘存核对，用应收销售金额与实收金额进行对比，编制“产销核对表”。

(三)餐饮企业销售收入的核算

1. 一般销售收入的核算

饮食企业每天营业结束后，由收款员根据“收款核对表”“收款登记表”和“产销核对表”等凭证，汇总编制“营业收入日报表”，与所收现金一并交财会部门，或由收款员自行填写现金解款单将所收现金存入银行，凭银行解款单回单向财会部门报账。销售收入的现金，不得用于坐支，如有长、短款，应在“营业收入日报表”中分别填列，不得以长补短。

财会部门根据营业部门收款员交来的“营业收入日报表”，借记“库存现金”(或“银行存款”)账户，贷记“主营业务收入”“应交税费——应交增值税(销项税额)”等账户。若有长、短款，则通过“待处理财产损溢”账户处理。

【例 11-17】 某饮食企业财会部门收到营业部门转来“营业收入日报表”，列明应收金额 10 600 元，实收现金 10 600 元，现金已同时交来。

根据“营业收入日报表”做会计分录如下：

借：库存现金	10 600	
贷：主营业务收入		10 000
应交税费——应交增值税(销项税额)		600

2. 宴会销售收入的核算

餐饮企业承办宴席，要先填制订单，注明宴席时间、人数、桌数及消费标准，并附上菜单。订单一式两份，餐厅与顾客双方签字后各执一份。预订宴席一般要预收定金，以免顾客取消宴席时，企业遭受不必要的损失。

宴席的销售价格以桌为单位，烟、酒、饮料等按实用数量另行收费。

【例 11-18】 某对新婚佳人到宏发大酒店预订婚宴20桌，每桌收费标准2 500元，计50 000元，当天大酒店预收定金1 000元。

(1)收到定金(现金)时，做会计分录如下：

借：库存现金	1 000	
贷：应收账款——宴席定金(××)		1 000

(2)宴席结束，20 桌宴席按预订消费，外加酒水 2 000 元，扣除定金后，收到现金 51 000 元。会计分录如下：

借：库存现金	51 000	
应收账款——宴席定金(××)	1 000	
贷：主营业务收入——宴席收入		47 169.8
——小卖部收入		1 709.4

应交税费——应交增值税(销项税额)　　3 120.8

(3)将所收现金 51 000 元存入银行。做会计分录如下:

借: 银行存款　　51 000

贷: 库存现金　　51 000

第四节　服务经营业务的核算

服务业是指利用一定的场所、设备和工具提供服务性劳动的行业。它与前述的旅游业、餐饮业一样，都属于第三产业。服务业的经营方式多种多样，服务项目名目繁多，包括住宿、沐浴、洗染、美容、娱乐、照相、修理等。在此，本节主要介绍旅馆经营业务与娱乐业经营业务的核算。

一、旅馆经营业务的核算

(一)旅馆经营业务核算的内容

旅馆经营业务是以提供住房、生活设施的使用权和用服务人员的劳动服务来满足旅客需要而收取一定费用的服务业务。

旅馆的客房是一种特殊的商品，出售的只是其使用权，而不是所有权，即客人买到的仅是某一时期的使用客房的住宿权。客房可出租但不能储存，如果在规定的时间内不出租，其效用就自然消失，价值就无法收回。另外，旅馆业务的服务过程和消费过程在时间上和空间上都是一致的。

旅馆经营业务除了客户经营外，还附设有餐厅、小卖部、理发室、美容室、洗衣部、办理长途电话及其他出租业务等，因此，旅馆经营业务收入的核算包括客房业务收入和附设业务收入的核算。

客房经营情况的好坏主要是看其出租和收入情况，反映这一信息的是客房出租率和租金收入率两个指标。

客房出租率，又称客房利用率，是指已出租客房占可以出租客房的比例。

$$客房出租率=\frac{计算期客房实际出租间天数}{可出租客房间数\times计算期天数}\times100\%$$

【例 11-19】 悦来宾馆现有可供出租的客房 200 间，3 月共出租 4 650 间 · 天，则该宾馆 3 月客房出租率为:

$$客房出租率=\frac{4\,650}{200\times31}\times100\%=75\%$$

租金收入率，是指在一定时期内客房的实收房租总额占应收房租总额的比例。

$$租金收入率=\frac{报告期内实收房总额}{\Sigma(某类可出租客房数量\times该类客房日租金)\times报告天数}\times100\%$$

【例 11-20】 悦来宾馆现有可供出租的总统套间 1 间，每天租金 1 580 元；豪华套间 19 间，每间每天租金 880 元；豪华标准间 80 间，每间每天租金 580 元；普通标准间 70 间，每间每天租金 480 元；单人间 30 间，每间每天租金 380 元。3 月实收房租总额 2 448 504 元，则该宾馆 3 月的租金收入率为：

$$租金收入率=\frac{2\,448\,504}{(1\times1\,580+19\times880+80\times580+70\times480+30\times380)\times31}\times100\%=72\%$$

（二）客房业务收入的核算

客房业务收入是通过出租客房而取得的收入。客房一经出租，不论房租收入与否，都作为收入实现处理。客房出租收入的入账价值以客房出租的实际价格为准。

宾馆的总服务台负责接待前来入住的客人，并负责与客人办理宿费结算。一般情况下，客人入住时，办完登记手续后，要根据预计住宿的时间先预交一定的押金，客人退房时，再到总服务台办理结算，多退少补。每日营业终了，总服务台应编制“营业收入日报表”和“内部交款单”，连同当日收到的现金及宿费发票记账联一并送交宾馆财务部，财务部对总服务台送交的报表、发票及款项审核无误后，据以入账。

客房出租的收款方式有先收款后住店和先住店后结算两种方式。

1. 先收款后住店方式的核算

采用先收款后住店的结算方式核算客房收入，财会部门应在每日业务终了时，根据总服务台交来的“营业收入日报表”做相应的会计处理。

【例 11-21】 某旅店采用先收款后住店的结算方式核算客房收入，当日收到总服务台交来的“营业收入日报表”及本日收到的现金，本日预收房金 530 元，本日营业收款 1 500 元。

(1)根据“营业收入日报表”的“预收房金”栏中“本日交付”的数额，做会计分录如下：

借：库存现金	530	
贷：应收账款——预收房金		500
应交税费——应交增值税(销项税额)		30

(2)根据“营业收入日报表”的“营业收款”栏的数额，做会计分录如下：

借：应收账款——预收房金	1 500	
贷：主营业务收入		1 500

(该收入已于前一天预收。每日如此，依次类推。)

2. 先住店后结算方式的核算

采用先住店后结算的方式核算客房收入，财会部门的会计处理除了顺序不同外，其内容及最终结果与前一种方式基本相同。

【例 11-22】 某旅店采用先住店后结算的方式核算客房收入，当日收到总服务台交来的“营业收入日报表”及本日收到的现金，本日应收营业款 21 200 元，本日住客交来所欠房金 16 000 元。

(1)根据“营业收入日报表”中“营业收款”栏的数额，做会计分录如下：

借：应收账款——应收房金	21 200	
贷：主营业务收入		20 000
应交税费——应交增值税(销项税额)		1 200

(2)根据“营业收入日报表”中“住客结欠房金”栏中“本日支付”的数额，做会计分录如下：

借：库存现金　　　　　　　　　　　　　　　　　　　　16 000
　　贷：应收账款——应收房金　　　　　　　　　　　　　　16 000

(三)附设业务收入的核算

附设业务收入是指旅馆除客房收入以外所取得的其他服务性收入，如附设文印、出租物品收入等。取得附设业务收入时，财会部门根据服务部门报来的日报表及现金，借记"库存现金"账户，贷记"其他业务收入""应交税费——应交增值税(销项税额)"账户。

【例 11-23】 某旅店附设服务部经营租赁业务，某日共收到出租自行车、相机等租金收入 800 元。财会部门根据服务部交来的日报表及现金，假设该项目采用简易征收方式。做会计分录如下：

借：库存现金　　　　　　　　　　　　　　　　　　　　800
　　贷：其他业务收入——出租业务收入　　　　　　　　　　776.7
　　　　应交税费——应交增值税(销项税额)　　　　　　　　　23.3

二、娱乐业经营业务的核算

(一)娱乐业经营业务

娱乐业经营业务是指利用拥有的固定资产、低值易耗品等劳动资料为消费者提供娱乐场所及相应服务的服务性业务。其包括经营音乐茶座、保龄球场、网球场、歌舞厅、游泳池、乒乓球室、滑冰场、游戏机房、计算机室、制陶室等业务。娱乐业的经营特点是为丰富消费者的精神文化生活提供服务，在满足消费者娱乐需求的同时，又要有适当的盈利，还要注意精神文明；所以，必须加强对娱乐业经营业务的管理与核算。

(二)娱乐业经营业务的核算方法

娱乐业的经营方式一般是消费者凭票入场，出售门票时一手给票，一手收钱。每天营业终了，营业员应根据售出门票数及收取的现金填制一式两份营业日报表，并于当晚以前将其中一联连同现金送交财会部门。

财会部门将营业日报表与交来的现金核对无误后，借记"库存现金"账户，贷记"主营业收入""应交税费——应交增值税(销项税额)"账户。

服务企业的营业成本核算较少，如舞厅、电影院为顾客提供免费的饮料等，发给顾客后可以作为营业成本入账。

本章小结

旅游、餐饮和服务企业会计具有核算对象多样性、成本核算特殊性和货币结算涉外性等特点。旅游业经营业务中旅行社可充当组团社与接团社等不同的角色。旅游企业的旅游收入和旅游成本较为特殊。餐饮业饮食制品成本的核算有"领料制"和"以存计耗"两种核算方法。饮食制品定价可采用销售毛利率法或成本毛利率法。服务业的宾馆、理发、美容、浴池、照相、洗染、修理及娱乐业营业收入，根据每日的"主营业务收入日报表"记账。

第十二章

事业单位会计与企业会计比较

以前各章的比较是以企业会计为基础的，本章及下一章的着眼点将从企业会计转到以非营利为主要目标的事业单位会计与行政单位会计。从世界各国的情况来看，企业会计与事业单位会计既有相似之处，又有较大的区别。因此，会计专业的学生应既熟知企业会计，又能对非企业会计有所了解。

第一节　事业单位及其会计概述

一、事业单位及其范围

将事业单位会计与企业会计进行比较，无论如何也不能回避事业单位的概念。而研究事业单位的概念就不能不研究营利组织与非营利组织的概念。营利组织与非营利组织的概念是从美国的会计理论中借鉴过来的。所谓“营利”与“非营利”的区分不是按照某个单位组织活动的结果，而是按照其活动的目的划分。在此基础上，我们一般把以营利为目的的单位组织称为企业，把不以营利为目的的单位组织称为非营利组织。按照某个单位组织活动的目的而不是结果来划分营利组织和非营利组织，是研究非营利组织会计的根本出发点。

国外的非营利组织主要有以下几方面的特征。

(1)非营利组织业务运作的目的不是追求利润,虽然其业务运作的结果可能会有盈利或结余，但是它不是其存在和发展的目的。

(2)非营利组织存在和发展所需要的资财可以来自政府的财政预算拨款,也可以来自捐赠者和自身的收支结余，但是政府及捐赠者并不期望因所提供的资财获得某种经济上的利益回报，也不期望收回所提供的资财。

(3)非营利组织拥有资财的全部权益，但是它对于拥有的资财权益不能转让、出售，并且在某种情况下必须按照资财提供者的要求运作、管理和处置。

(4)非营利组织在其业务运作过程中，必须按照资财提供者的要求遵循某种约束、限制，以便运用其拥有的资财去完成某种社会公益事业、福利事业，达到成立之目的。

(5)非营利组织可以不进行损益的计算，也可以不进行利润分配。

尽管我国的情况比较特殊，但从总的情况来看，我国大多数事业单位与美国的非营利组织有很大的相同之处，但也存在着区别。其联系和区别主要表现在以下几个方面。

(1)我国的事业单位对收入有特殊要求。我国的事业单位尽管也不以营利为目的，但是其中有相当多的单位还是实行有偿服务，有些单位实行的是以收抵支，对于收入的依赖性很强。

这是因为我国的多数事业单位资金供应严重不足，没有稳定资财供给，只能依靠自身的业务活动所取得的收入来维持其运作。但事业单位对于一个社会是十分重要的，即使没有足够的资财供给，国家也不允许其倒闭，因此事业单位为了生存不得不千方百计地追求能够足以弥补支出的收入。不以营利为目的但要追求足够的收入是我国事业单位的一个特点。西方的非营利组织一般都有足够的资财供给，不以营利为目的是其成立的宗旨，如果某一非营利组织的资财供给发生严重困难，它可以倒闭，国家一般不去干预。

(2)我国的事业单位包容范围很大。从某种意义上说，我国的事业单位是一个包容量很大的、含义模糊的概念。而国外的非营利组织主要集中于一些社会公益性、社会福利性的机构，其外延没有我国事业单位的范围大。

(3)我国的事业单位主要由国家包办，几乎全部属于全民所有制。无论从人们的意识形态观念还是从法律法规来看，事业单位几乎可以与全民所有制画等号。虽然经过长期的改革开放过程，但事业单位与政府之间的依存关系仍然十分密切。西方的非营利组织可以由政府兴办，也可以由私人兴办，还可以由社会慈善机构兴办，总之政府与非营利组织之间不存在控制与被控制的关系。

通过上述非营利组织与企业组织的比较，国外非营利组织与我国事业单位的比较，可以概括出：事业单位是不具有社会生产职能和国家管理职能的、不以营利为主要目的的、直接或间接为上层建筑和经济基础及人民生活服务的社会组织或机构。

在我国无论是实行计划经济还是实行市场经济，事业单位都是社会不可或缺的重要组成部分，它大致可以分为科研、文化、教育、卫生以及经济建设等类别。科学研究的事业单位包括研究自然科学、社会科学等方面的科研单位，它所包括的范围极其广泛，从事经济建设的各个部委的科研所都在其中；文化事业单位包括博物馆、文物保管研究单位、广播电视单位、文艺团体、文艺活动场所、体育训练机构及场所；教育事业单位包括各式各样的高等学校、中小学校、职业学校、幼儿保育教育单位；卫生事业单位包括医院、防疫站、药品检验、妇幼保健、计划生育等单位；经济建设方面的事业单位包括农业服务的种子推广站、技术推广站、气象服务单位、地质、勘探、地震、水文、计量、环境保护等单位。除此以外，还应该包括福利院、孤儿院、社会救济机构等社会福利事业单位和各种社会团体。

二、事业单位的特点

在预算会计改革过程中，国家鼓励事业单位从全额预算管理向差额预算管理过渡，差额预算管理向自收自支过渡，自收自支向企业化管理过渡。在完成这三个过渡后，大多数事业单位都应实行企业化管理，与企业基本相同，成为市场的直接参与者。因此企业与事业单位有许多相同的地方，但二者的目的不同，又导致了二者之间的差别。将企业与事业单位进行比较，可以找出会计核算差别的根源。企业和事业单位都是社会的基层组织，而企业主要从事各种经营活动，以营利为目的；事业单位从事各种业务活动，以公益服务为目的。二者的不同主要表现为以下几方面。

1. 获取资财的方式不同

企业主要从所有者和债权人等投资者获得资财，通过市场交换、支付款项或许诺将来付款而取得或使用劳动力、原材料、机器设备等。但在销售商品时，商品的销售价格一定大于耗费并取得盈利，这是他们获取资财能力的关键。事业单位可以从财政获得拨款，可以接受捐赠等，也可以通过市场交换取得或使用劳动力、原材料、机器设备而支付款项或许诺将来付款。但销售商品时，销售价格经常会等于或低于成本，甚至免费供应亦属常见。资财的供给者并不期望通过销售来弥补其全部耗费。

2. 资财供给者的要求不同

企业的资财供给者要求取得回报；事业单位的资财供给者出资并不冀求经济利益，也不期望所得利益与其出资额相称，其出资的目的主要是出于社会公益的、社会服务的，乃至与社会精神生活相关的活动，总之是出于非经济原因。因此出资时通常要求事业单位实现某项公益服务，而不要求取得经济利益的回报。

3. 资财供给者参与管理的程度和目的不同

企业的资财供给者要求控制其生产经营活动，在重大问题上具有决策权；事业单位的资财供给者一般不干预单位的事务，如果需要干预，也是采用间接的方式。两者参与管理的目的和方式不同。

4. 资财供给者与接受者的关系不同

企业与其资财供给者之间存在着明确的经济利益关系，企业的资财供给者提供资财后，一般都期望通过股利或分配利润获得与其投资风险相应的利益；事业单位的资财供给者与单位之间不存在明确的经济利益关系，对事业单位投入资财后，并不要求获得相应的经济利益，只是限制或规定所获得资财的用途。

5. 参与市场或承受市场影响的程度不同

企业是市场的主体，其活动主要在活跃的市场上以交换价格进行，从而市场机制构成了企业购销商品和劳务的效能和满意程度，并成为衡量企业总体业绩的尺度；事业单位的主要业务活动则不以市场规律为转移，而是按照社会分工原则，有各自的业务活动宗旨，在市场交易以外供应货品和劳务，收受资财，并受特定的社会责任和职业道德所制约。

6. 组织业务活动所遵循的基本原则不同

企业作为一种营利组织，经济效益是其生存和发展的关键，因此，其所有的生产经营活动要以讲求企业经济效益最大为准绳；而作为社会公益性组织的事业单位，则要把社会效益和长远效益放在主导位置。

7. 财务管理制度不同

企业作为独立的经济实体采用的是自主理财的体制，即自主筹资、自主分配、自行管理、自缴税金；事业单位所处的环境决定了“预算管理”特别重要，事业单位通常依靠预算来分配资财，通过预算控制资财的使用。因此，事业单位的财务管理体制采用“核定收支、定额(定项)补助、超支不补、结余留用”的办法。

8. 费用补偿和业务活动成果的处理不同

企业在市场经营过程中发生的各种耗费是通过对社会的有偿服务进行补偿，同时还要取得盈利，作为对资财供给者的回报；事业单位为社会提供的服务绝大部分是“低偿”服务，其扩大业务活动以及“低偿”不足部分的费用则由国家拨款或其他渠道解决。总之，事业单位为社会提供的服务可以是有偿服务，但目的是维护本单位的生存和发展，而不是为了回报资财供给者。

三、事业单位会计

通过上述分析可以看出，我国的事业单位有着较为明显的自身特点。对应地，事业单位会计也有其自身的特征。我们认为，我国的事业单位会计是以各项经济业务为对象，核算和控制事业单位的各项业务活动，旨在提高宏观经济效益、社会效益的一种非营利性质的专业会计。这样的事业单位会计定义可以揭示以下几个方面的内容。

1. 事业单位会计的任务

事业单位会计的任务主要是反映非物质生产领域的业务收支，具体可归纳为：

(1)核算和反映事业单位经费来源及收入取得的情况,为国家宏观经济管理和有关方面提供信息资料。鉴于我国目前事业单位经费来源和收入形成范围广泛，事业单位会计的一个重要任务就是将经费来源的各个渠道和收入形成的各个途径给予全面、正确的反映，对于国家财政提供的经费收入、单位自行筹集的经费收入、负债形成的经费收入，以及它们在总资产中的结构分别进行记录和反映，并且将这些信息及时提供给有关方面的管理部门。

(2)核算和反映事业单位的经费支出以及成本费用情况,为宏观经济管理部门和有关方面提供信息资料。事业单位的支出在不同的财务管理制度下，有着不同的管理办法，但总的来说应该严格控制，以便保证事业单位的正常运转。事业单位会计的一个重要任务是全面、正确地反映费用支出的类别、用途，对于各项支出进行正确记录、计算，对于需要计算成本费用的单位还需要根据权责发生制原则和配比原则计算成本，并且将这些信息提供给有关方面的管理部门。

(3)控制事业单位的经济活动,提高经费使用的经济效益。事业单位的经费紧张是我国的普遍现象，事业单位会计的重要任务之一就是量入为出，严格控制费用支出，合理安排资金计划，调节资金供求关系。保证事业单位的预算计划顺利完成，也就充分发挥了会计的监督职能；控制了事业单位的经济活动，才能在保证很好地完成事业单位社会职能的基础上，努力提高经费使用的经济效益。

2. 事业单位会计核算的主要内容

从事业单位的特点以及会计核算的任务分析，事业单位会计核算的主要内容包括取得业务活动所需的收入，使用经费从事业务活动，对比收支确定经费的使用效果，对经费使用结果进行分配等四个方面。具体的核算内容如下。

(1)核算和监督所取得的业务活动收入。收入是指事业单位为开展业务活动,依法取得的非偿还性资金。目前事业单位的收入来源主要有：第一，国家财政拨款，有些事业单位的业务活动主要是公益性的服务，其业务活动本身难以取得收入或所取得的收入不足以弥补其支出，则业务活动所需的经费依靠国家财政全额或部分拨款。第二，业务活动的收入。有些事业单位的业务活动属于经营性质的服务，其业务活动本身可以取得收入，这些业务活动的收入可以成为经费的一个来源。第三，接受捐赠。有些事业单位可通过接受捐赠取得收入。从事业单位的收入来源渠道来看，其收入来源呈现多样化的特征，因此会计核算时应适应这一特征，分别运用不同的会计账户对各种来源渠道的收入进行核算。

(2)核算和监督发生的支出。支出是指事业单位为开展业务活动和其他活动所发生的各项资金耗费及损失以及用于基本建设项目的开支。各事业单位的支出主要表现为按照国家规定的各项收支项目、规定用途、开支标准支付经费，或拨付下属单位所需经费。由于事业单位业务活动的性质不同，其经费支出可分为事业支出和经营支出。事业支出是指事业单位开展各项专业业务活动及其辅助活动发生的支出。这类支出发生时，会计核算主要按照取得收入时规定的支出项目与范围、有关财务制度的规定和开支标准，办理支出的报销或款项的拨付手续，并依据会计核算的规定对各项支出进行核算。经营支出是指事业单位在专业活动及其辅助活动之外开展非独立核算经营活动发生的支出。这类支出的发生目的是取得经营收入，因此会计核算时，不仅要严格按照国家的有关制度进行业务处理，及时、准确地记录各种耗费，而且应将经营支出与经营收入相配比确定经营净收益。

(3)对比收支，确定业务活动的业绩。不同的事业单位，业务活动业绩的考核方式不同，但各事业单位最基本的考核方式是将收入与支出对比，通过其差异额说明业务活动的业绩。这就要求各事业单位应正确记录收入、支出，并在此基础上将收入与支出进行对比，考核业务活动的业绩。当然事业单位不能像企业那样，以利润作为最主要考核业绩的标准。但事业单位通过收支对比，至少可以说明资金使用的效果，并对各项收入能否满足支出的需要而做出评价。

(4)对结余进行分配。将收入与支出进行对比，如果收入大于支出即形成结余；如果收入小于支出则构成超支。事业单位形成的结余通常应按规定进行分配，如缴纳所得税、上交上级款项等，结余分配后的余额按照“结余留用”的原则增加事业单位的净资产。事业单位形成的超支按照“超支不补”的原则应由事业单位的基金自行弥补。因此，会计核算一方面应设置相应的会计账户对结余的形成与分配进行核算；另一方面应按照有关财务制度的规定监督结余形成与分配的合理、合法性。

3. 事业单位会计的特征

从事业单位会计核算的主要内容，我们可以概括事业单位会计具有如下特征。

(1)事业单位会计在很大程度上仍与财政预算相连。事业单位存在的目的是发展社会公益事业。绝大多数单位在过去或者现在都与财政预算或多或少地发生过联系，都是全民所有制单位，事业单位会计核算及账务处理方法都采用预算会计的方法，不计算盈亏，不实行完全的成本核算。

(2)会计核算及会计管理的内容复杂。从一个事业单位来看，既有预算资金的收支活动，又有非预算资金的收支活动，甚至还有经营性的收支活动。针对不同情况进行的管理要求不同，会计信息的处理和会计管理控制的方式也不同，这就导致了事业单位业务活动的复杂性和管理方式的复杂性。如果一个医院除了医疗部门外，还有制药厂、门市部、科研机构，其会计核算就构成了事业单位与工业、商业会计的信息处理同时并存的局面。

(3)事业单位会计体系容纳多种不同行业，不同行业间的核算存在较大的差异。事业单位会计实际上包括了高等学校、医疗机构、科研单位、文化艺术团体等各个行业的会计，而各行业的业务活动不同，其会计核算的差异也就较大。

(4)事业单位的会计原则、会计方法实行双轨制。也就是，说不能按照会计主体而是按照业务和经济事项来规定会计原则、会计方法。当在一个事业单位中既有营利活动，又有非营利活动时，对于属于营利活动的业务采取权责发生制计算费用成本、盈亏等一系列企业会计的做法；对于非营利活动的业务，采用收付实现制不计算费用成本、盈亏的做法。

第二节 会计核算基本理论的比较

一、事业单位会计核算的基本前提及其比较

我国曾于1997年颁布过《事业单位会计准则(试行)》，也于2009年8月颁布过《高等学

校会计制度(征求意见稿)》和《医院会计制度(征求意见稿)》。这几个文件的颁布，对我国的事业单位会计改革起到过很大的推动作用。

1. 事业单位会计核算的基本前提

事业单位会计核算的基本前提是指实施会计工作应具备的前提条件，其内容包括：会计主体、持续运作、会计分期、货币计量、合法性等。

(1)会计主体。会计主体是指会计为之服务的特定单位。《事业单位会计准则(试行)》第三条第三款规定："事业单位的各项资金和财产均应纳入单位的会计核算。"第四条规定："会计核算应当以事业单位自身发生的各项经济业务为对象，记录和反映事业单位自身的各项经济活动。"

(2)持续运作。持续运作是指在正常情况下，事业单位按照既定的方针和一直运作下去，而不会停业清算。《事业单位会计准则(试行)》第五条规定："会计核算应当以事业单位各项业务活动的持续正常地进行为前提"。(请注意，我们在此提及的是持续运作而非持续经营，这也应是企业与事业单位在实质内容上区别的表述。)

(3)会计分期。会计分期是指人为地把持续不断的单位业务活动划分为一个个首尾相接、等距离期间，即会计期间，以便分期地确定支出、收入、结余，分期地确定各个期初、期末的资产、负债和净资产，进行结账和编制财务报表。《事业单位会计准则(试行)》第六条规定："会计核算应当划分会计期间，分期结算账目和编制财务报表。会计期间分为年度、季度和月份。会计年度、季度和月份的起讫日期采用公历日期。"

(4)货币计量。货币计量是指会计主体的业务管理活动及其结果可以而且必须通过货币予以综合反映。《事业单位会计准则(试行)》第七条规定："会计核算以人民币为记账本位币。发生外币收支的，应当折算为人民币核算。"

(5)合法性。合法性是指会计核算必须符合国家有关法律、法规和政策制度。合法性包括：第一，会计核算形式的设计、会计核算程序的安排、会计核算方法的选择，都必须符合会计准则；第二，会计核算过程中，对财务收支和经济业务实行监督。《事业单位会计准则(试行)》第三条第二款规定："事业单位的会计核算工作必须遵守国家有关法律、法规及本准则的规定。"

2. 会计核算基本前提的比较

事业单位会计核算基本前提与企业会计核算基本前提相比，既有相同的方面，如会计主体、持续运作、会计分期、货币计量等的表述、内容；也有相差异的方面。其差异主要表现为合法性前提的设立。相对于事业单位来说，合法性前提表现为：对于取得财政预算拨款的单位，在取得拨款时要特别强调合法性，要严格遵守各项法律、法规，严格执行各项开支标准和开支范围；对于从社会取得收入的单位，要将取得的收入及收支对比确定的净收益正确反映，并严格按国家法律规定上缴税金、分配净收益。

3. 会计核算基本前提异同的根源分析

会计核算基本前提的设立，一方面为研究会计学科发展规律提供了必要的理论基础，另一方面也是现实中从事会计工作的基本条件。会计核算基本前提的产生和具体内容，从根本上说取决于会计所处的经济环境。现代会计所面临经济环境的核心是市场经济及其国际化趋势。在这一环境下，会计要确定为之服务的对象和范围，采用货币为统一的计量尺度，在持续运作的条件下选择适当的会计方法对日常经济业务进行计算、记录和反映，并定期编制出公允、完整、及时、准确的财务报表。这构成了会计核算工作的一般内容，并由此抽象出会计核算的基本前提为：会计主体、持续运作、会计分期、货币计量等。事业单位是广义会计的组成部分，其基本前提应与广义会计的基本前提保持一致。

由于事业单位本身固有的特点，它除具有广义会计的基本前提外，还应具有适应其特点的基本前提，即合法性前提。事业单位本身的特点对基本前提的影响主要表现为：①业务活动的目的。事业单位进行业务活动的目的是实现社会效益或宏观效益。②资金的供给渠道。由于业务活动目的的限制，其资金供应渠道具有多样化的特点，接受了投资者提供的资金，就会受其预先条件的制约。③业务活动的内容。市场经济条件下，事业单位不仅资金来源多样化，而且业务活动也呈现多样化的特点，既有为实现社会效益开展的业务活动，也有为实现经济效益开展的经营活动。事业单位的上述特点，决定了事业单位取得的各项收入以及各项支出要执行有关的法律、法规，要正确地反映各项收入、支出及收支对比的净收益，并按规定缴纳税金、分配净收益。

综上所述，事业单位会计应根据会计共性的要求，遵循会计主体、持续运作、会计分期、货币计量等基本前提；同时根据其特点，也要遵循一种特殊的前提，即合法性前提。

二、事业单位会计核算的一般原则及其比较

1. 事业单位会计核算的一般原则

事业单位会计核算的一般原则主要有以下几个。

(1)真实性原则。会计核算应当以实际发生的经济业务为依据，客观真实地记录、反映各项收支情况和结果。

(2)有用性原则。会计信息应当符合国家宏观经济管理的要求，适应预算管理和有关方面了解事业单位财务状况及收支情况的需要，并有利于事业单位加强内部经营管理。

(3)可比性原则。会计核算应当按照规定的会计处理方法进行。同类单位会计指标应当口径一致，相互可比。

(4)一致性原则。会计处理方法应当前后各期一致，不得随意变更。如确有必要变更，应将变更的情况、原因和对单位财务收支情况及结果的影响在会计报告中说明。

(5)及时性原则。会计核算应当及时进行。

(6)清晰性原则。会计记录和财务报表应当清晰明了，便于理解和运用。

(7)收付实现制与权责发生制原则。会计核算一般采用收付实现制，但经营性收支业务核算可采用权责发生制。具体来说，我国颁布的《医院会计制度》采用的是权责发生制，而《高等学校会计制度》则采用修正的权责发生制。

(8)配比原则。有经营活动的事业单位，其经营支出与相关的收入应当配比。

(9)专门使用原则。对于国家规定用途的资金，应当按规定的用途使用，并单独核算反映。

(10)历史成本原则。各项财产物资应当按照取得或购建时的实际成本计价。除国家另有规定者外，不得自行调整其账面价值。

(11)重要性原则。财务报表应当全面反映事业单位的财务收支情况及结果。对于重要的业务事项，应当单独反映。

2. 会计核算一般原则的比较

应当说明的是，会计规范应当与时俱进，随着社会经济活动的发展而不断变化。我国企

业领域的会计规范已发生了重大变化，2006 年新颁布的《企业会计准则》在明确了财务报告的目标(即决策有用性)的基础上，将原来的会计核算的一般原则改为会计信息的质量要求，但从内容上看，我们仍可以从会计一般原则的角度进行解释；以此为基础，我们也就仍从会计核算一般原则的角度进行企业与事业单位的比较。

事业单位会计核算一般原则与企业会计核算一般原则相比，既有相同的方面，如真实性原则、有用性原则、可比性原则、一致性原则、及时性原则、清晰性原则、配比原则、历史成本原则、重要性原则等的表述、内容都是相同的，但也有相差异的方面。其差异表现为：

(1)有的一般原则企业会计有，事业单位会计没有。如我国原《企业会计准则》中包括谨慎性原则、划分收益性支出与资本性支出原则，事业单位会计的一般原则中不包括这两个原则。

(2)有的一般原则企业会计没有，事业单位会计有。如事业单位会计核算一般原则中包括专门使用原则，企业会计的一般原则中不包括这一原则。

(3)事业单位会计同时存在两种相互对立的原则，而企业会计的一般原则中不存在。如事业单位会计可以按不同的单位类型选用权责发生制和收付实现制原则。

3. 会计核算一般原则异同的根源

(1)会计核算的目的相同。会计核算的目的是为了满足会计信息使用者进行决策的需要。会计信息是对单位经济管理活动进行科学预测或实际记录下来的，反映已经发生、正在发生和将要发生的资金特征及资金运动状态的数据、资料和符号。会计信息具体到会计实际工作中，就是各单位输出的财务报表。会计信息使用者是与单位输出会计信息有利益关系的部门、单位或个人，如投资者、债权人、政府各管理机构、社会公众和本单位的管理部门等。无论是企业，还是事业单位会计，为满足会计信息使用者的需要，都必须保证会计信息的质量，进而规范会计信息的质量。这就产生了真实性原则、相关性原则、可比性原则、一致性原则、及时性原则、清晰性原则、重要性原则等。

(2)事业单位与企业业务活动的目的不同。企业进行经营活动的目的是最大限度地实现盈利，因此企业会计要以取得收入为前提，年末确定净收益。这是对外报告的核心内容，为了避免在确定、报告净收益过程中高估收入、低估费用对本期净收益造成的影响，必须将谨慎性原则作为会计处理的指导思想。正是由于要正确地确定净收益，才应该正确地划分收益性支出和资本性支出，否则正确地确定净收益就是无稽之谈。事业单位进行业务活动的目的是实现社会效益。实现社会效益的过程会发生各种耗费，因此事业单位会计要以收入能否满足业务活动正常进行的耗费为前提，并作为对外报告的核心内容。在这种情况下不必划分收益性支出与资本性支出的界限，也不必采用谨慎性原则。

(3)事业单位与企业的资金来源渠道不同。在市场经济条件下，作为以营利为直接目的和存在前提的企业，难以取得其他单位、个人投入的具有专门用途、需要专款专用的资金，因此也就没有必要设置“指定用途资金专门使用原则”。事业单位的大部分资金来源于国家财政的拨款、其他单位的捐赠。资财供给者在提供资财的同时也提出了一些限制、制约条件，因此会计核算时必须设置“指定用途资金专门使用原则”,以便会计核算能够提供资金使用方面的信息。此外，事业单位的资金也可以来自于其经营活动的收入，这些具有营利性质的收入应完全按照市场经济的规律组织核算，因此也就有了 “会计核算一般采用收付实现制，但经营性收支业务核算可采用权责发生制”的原则。

综上所述，事业单位会计为保证会计信息的质量，应遵循真实性原则、相关性原则、可比性原则、一致性原则、及时性原则、清晰性原则、重要性原则等；除此之外，为适应事业单位的特点，还应确定收付实现制和权责发生制原则、配比原则、专门使用原则。

三、会计等式、会计要素及其比较

1. 事业单位会计等式及会计要素

会计要素是会计确认、计量及披露内容的具体化，也是根据特定会计主体交易等事项的经济特性进行分类的结果，还是财务报表的最基本项目。事业单位的会计要素有以下几方面。

(1)资产。它是事业单位占有或者使用的能以货币计量的经济资源，包括各种财产、债权和其他权利。

(2)负债。它是事业单位所承担的能以货币计量，需要以资产或劳务偿还的债务，包括借入款项、应付账款、预收款项等。

(3)净资产。它是资产减去负债的差额，主要包括累积盈余、专用基金和本期盈余等。

(4)收入。它是事业单位为开展业务活动，依法取得的非偿还性资金，包括财政拨款或财政补助收入、上级补助收入、各事业专门收入、其他收入和基本建设拨款等。

(5)费用。它是事业单位为开展业务活动和其他活动所发生的各项资金耗费及损失以及用于基本建设项目的开支，包括各事业专门支出、管理费用、财务费用、其他费用等。

上述各要素之间的关系可用会计等式表示为：

资产=负债+净资产

收入-费用=盈余

2. 会计等式及会计要素的比较

事业单位会计要素与企业会计要素比较，可以归纳为以下几个方面：

(1)相同的会计要素，如资产、负债的内涵、表述都基本一致。

(2)名称相同，含义不同的会计要素，如收入要素在企业和事业单位的名称相同，但内涵与表述有明显的区别。事业单位的收入是广义的收入概念，企业的收入是狭义的收入概念。

(3)名称不同、含义也不同的会计要素，如净资产和支出。

3. 会计等式及会计要素异同的根源

会计要素具有以下几个特点。①会计要素与会计目标具有一致性。即会计要素的划分与组合，应有助于揭示或披露特定会计主体的有用会计信息。②会计要素具有独立性。即每一会计要素之间是相互独立的。资产在被耗用之前是资产，被耗用后就转化为费用。③会计要素具有完整性。即各会计要素之间不应相互包含或交叉，而应完整地包容单位的所有交易和其他事项。

由于事业单位所处的经济环境具有特殊性，其会计要素除具有上述特点外，还应具有以下特点。①非营利性。即事业单位会计要素作为单位业务内容的具体化，应体现出事业单位非营利性的业务运作目标，以有别于企业会计要素。②预算性。即按照市场经济运行体制的要求，依据事业单位资金来源渠道的特点，事业单位会计要素应体现其预算管理的性质，并将所反映的收支活动纳入单位预算，进行统一核算和管理。③全面性。即按照“充分揭示”的要求，设计和选用会计要素，充分揭示事业单位的各项交易和其他事项。这不仅是事业单位业务发展对会计提出的要求，也是事业单位会计走向国际化的必然要求。

综上所述，事业单位会计要素的划分与组合应有助于描述该事业单位的每一交易或其他交易事项的财务影响，披露有助于信息使用者进行合理决策的会计信息；每类会计要素仅反映特定内涵的方面或层面，但它们又相互联系，共同反映事业单位财务状况和收支情况。

第三节　会计核算方法的比较

一、事业单位的资产核算及其比较

1. 事业单位资产核算的特殊之处

事业单位的资产核算虽然与企业总体上相似，但从具体内容上来看，也存在明显差别。事业单位资产核算的特殊之处表现如下。

(1)在货币资金核算部分，设置“零余额账户用款额度”账户，核算实行国库集中支付的事业单位(高等学校、医院等)根据财政部门批复的用款计划收到的、尚未动用的货币资金。在财政授权支付方式下，收到代理银行盖章的“授权支付到账通知书”时，根据通知书所列数额，借记本账户，贷记“财政拨款”等账户。年度终了，依据代理银行提供的对账单作注销额度的相关账务处理，借记“财政应返还额度”账户，贷记本账户。除此之外，本账户在提取现金、零星支付等方面，均与一般银行存款账户无异。

(2)直接设置“存货”(如高等学校)或“库存物资”(如医院除药品之外的各种物资等)账户，核算库存的各种材料、物品、低值易耗品及达不到固定资产标准的工具、器具等的实际成本。存货在取得时，应当按照成本进行初始计量。存货成本包括采购成本、加工成本和其他成本。存货在发出时，应当根据实际情况采用先进先出法、加权平均法或者个别计价法确定发出存货的实际成本。计价方法一经确定，不得随意变更。开展业务活动等领用存货时，按照存货的实际成本，借记“教学支出”“科研支出”等账户(如高等学校)，或者是“医疗成本”“生产成本”“委托加工物资”等账户(如医院)，或者是“其他业务支出”“行政支出”“管理费用”等账户，贷记“存货”或“库存物资”账户。

(3)固定资产、无形资产等长期资产账户，若是预算内的项目，要在进行会计处理时同时作出一般账户与预算账户的双重记录。比如，购入无须安装的固定资产(无形资产)账户，在借记“固定资产(无形资产)”账户，贷记“财政拨款”“零余额账户用款额度”“银行存款”“应付账款”等账户的同时，还要作相应的预算会计分录，借记“预算支出”账户，贷记“预算结余”账户。另外，我国颁布的《高等学校会计制度》规定，高等学校用于展览等目的的历史文物、艺术品以及其他具有文化或者历史价值并作长期或者永久保存典藏的物品，设置“文物文化资产”账户记录。文物文化资产不计提折旧。

(4)财产盘存的损益数额，如盘盈、盘亏的货币资金，盘盈、盘亏的存货，在经过了“待处理财产损溢”账户的记录与调整后的最后损益数额贷记“其他收入”账户或借记“其他费用”账户。如果在进行期末固定资产盘存时发现盘盈或盘亏的固定资产，也要进行这样的会计处理。这也是事业单位会计不划分营业收支与营业外收支的重要表现之一。

2. 事业单位资产核算的特点及其根源分析

与我国新颁布的企业会计准则的具体内容相比，事业单位资产的核算内容要简单得多，处于我国前一阶段《企业会计制度》的状态。比如，计量属性主要还是历史成本，较少有可供选择的会计政策。具体来说，事业单位会计没有设置专门的采用公允价值进行处理的金融资产（即交易性金融资产、可供出售金融资产）和投资性房地产等账户；会计处理方法较为单一，缺少可选择性，如长期股权投资的会计处理只采用成本法，没有要求采用权益法等。我们从这种状态的根源分析可以看到，企业会计处理的最大难点是多种资产计量方式的选择性使用和期末按照公允价值与可变现净值孰低计提资产减值准备。相对应而言，即使是我国在2009 年颁布的《高等学校会计制度》和《医院会计制度》，也都没有提出公允价值的计量要求，没有要求在会计期末根据市价等计提资产减值准备。应当说，这种不强调多种计量属性、不采取稳健性原则，以及不要求特殊资产类别的会计处理要求，是企业会计与事业单位会计之间不同的关键之处。

还要看到，高等学校会计制度与医院会计制度，二者趋近于企业会计准则的程度是不同的。换句话说，高等学校与医院，也是两个不同的行业，即使都是事业单位，但它们的会计制度之间也存鲜明的差别。具体而言表现以下几方面。

(1) 高等学校会计制度没有对应收款项计提坏账准备提出要求；而医院会计制度则允许对应收医疗款和其他应收款计提坏账准备，并将确认的数额计入当期费用。

(2) 高等学校会计制度对固定资产折旧只采用直线法的年限平均法；而医院会计制度则允许在多种折旧计提方法之间进行选择，允许采用加速折旧法。

(3) 高等学校会计制度对各种涉及预算的事项处理有着更为严格的要求，即存在多项涉及预算收支的业务，从而要登记双重分录；而医院会计制度的内容在这方面的内容则要少，也简单得多。

二、事业单位的负债核算及其比较

1. 事业单位负债核算的特殊之处

事业单位的负债核算与企业不同的特殊之处主要体现在以下几点。

(1) 由于受国家预算的约束，事业单位一般都将应缴预算收入作为重要的流动负债。在我国的《高等学校会计制度》和《医院会计制度》中，就分别设有“应缴非税收入”账户和“应缴款项”账户，用来核算按规定应缴入国库、财政专户或应上缴行政主管部门的款项。在实际账务处理中，本账户与企业的应付款项账户基本一致。

(2) 对于事业单位内部涉及财务收支的事项，也作为负债处理。此类事项表现为高等学校会计制度中包括党费、团费、学生会会费等款项，以及医院会计制度中与医院自身业务无关，接受委托代为管理收支的各类款项。这样的负债项目与一般的应付款项账户的账务处理也是一样的。

由于一般的医院比高等学校具有更多的市场化因素，因此，医院会计制度中既有类似原企业会计制度中的“预提费用”，又有计入非流动负债中的“预计负债”，且在具体的处理要求上也基本上与原企业会计制度相同。反过来再看，由于高等学校比医院具有较少的市场化因素，所以高等学校会计制度中较少有类似“预提费用”“预计负债”这样的需要按照一定的方式估计、推算才能确认为财务会计数据的业务事项。

2. 事业单位负债特点的原因分析

事业单位负债与企业的负债核算相比，有其共性，也有其特性，我们可将其异同的根源归纳为以下两点。

(1)资金供应渠道不同。事业单位进行日常业务活动所需资金中，一部分是财政或上级拨入的款项或资财供给者的捐赠，一部分是事业单位在进行业务活动时取得的事业收入。事业单位以这些收入为依托进行业务活动时，由于结算方面的原因，可能会暂时占用其他单位一部分资金，形成负债。但这些负债的偿还时间较短，主要是流动负债。事业单位进行业务活动的目的不是营利，即使有收益，数量也不大，不可能通过发行长期债券筹集资金，因此一般的事业单位长期负债较少且负债的偿还方向鲜明。

(2)业务活动的内容不同。事业单位在进行业务活动的过程中，可能会将代收纳入预算管理的基金、行政性收费收入、罚没收入、无主财物变价收入等款项。按照规定，这些款项应纳入国家的预算管理，形成预算基金，因此应上缴国家。此外，还可能代收一些预算外资金，预算外资金也应上缴财政。所有这些都有别于企业的业务活动，这决定了事业单位应设置“应缴非税收入”、“应缴款项”等账户专门核算代收的款项。

三、事业单位的净资产核算及其比较

1. 事业单位净资产的核算

仔细分析我国颁布的《高等学校会计制度》和《医院会计制度》可知，相对于资产、负债的内容而言，事业单位的净资产账户与企业会计体系中的所有者权益账户之间的差别最大。从具体内容来看，事业单位的净产主要为累积盈余、专用基金和本期盈余三个主要部分。

(1)累积盈余。本账户核算的内容是事业单位(高等学校或医院等)历年收入减去费用后的滚存盈余。其账务处理的主要过程如下：首先，在会计期末，将本期盈余转入累积盈余时，如果“本期盈余”账户为贷方余额，借记“本期盈余”账户，贷记本账户；如果“本期盈余”账户为借方余额，借记本账户，贷记“本期盈余”账户。其次，按规定向有关部门上缴结余时，借记本账户，贷记“银行存款”“零余额账户用款额度”“财政应返还额度”等账户。若事业单位存在以前年度盈余调整的，借记或贷记“以前年度盈余调整”账户，贷记或借记本账户。本账户期末贷方余额，反映事业单位(高等学校或医院等)历年滚存的盈余。

(2)专用基金。本账户核算的内容是事业单位(高等学校或医院等)按规定提取、设置的具有专门用途的净资产，主要包括住房基金、留本基金等。本账户应按照专用基金类别设置明细账，进行明细核算：收到各项住房基金来源时，借记“银行存款”等账户，贷记本账户(住房基金)，使用住房基金时，借记本账户(住房基金)，贷记“银行存款”等账户；收到各项留本基金时，借记“银行存款”等账户，贷记本账户(留本基金)，使用留本基金时，借记本账户(留本基金)，贷记“银行存款”等账户。本账户期末贷方余额，反映各事业单位(高等学校或医院等)有专门用途资金的金额。

(3)本期盈余。本账户核算的内容是各事业单位(高等学校或医院等)当期收入减去费用后的余额。本期盈余的主要账务处理如下：首先，在会计期末，按照各类收入类账户的当期发生额，借记“财政拨款”“基建拨款”“财政调剂收入”“上级补助收入”“财政返还教育收入”“科研业务收入”“其他业务收入”“后勤收入”“其他收入”等账户，贷记本账户；

同时，按照各项费用类账户的当期发生额，借记本账户，贷记“教学支出”“科研支出”“其他业务支出”“后勤支出”“行政支出”“资产折耗”“财务费用”“其他费用”等账户。经过上述结转后，还应将本期盈余的期末余额结转入累积盈余。如本账户为贷方余额，借记本账户，贷记“累积盈余”账户；如本账户为借方余额，借记“累积盈余”账户，贷记本账户。本账户期末结转后应无余额。

2. 事业单位净资产核算的特点

与企业相比，事业单位净资产核算具有以下特点。

(1)将净资产基本上按照取得的不同来源进行了分类。即按照收入与费用之差形成的累积盈余和按照取得时就有明确用途的专用基金(即住房基金、留本基金等)。

(2)“本期盈余”只是一个类似于企业会计中“本年利润”的具有计价对比性质的年度内结平账户。即其借方登记的是本期发生的所有各类支出，贷方登记的是本期所有各类收入；由于该账户会计期末没有余额，因此没有会计期末的实质性内容。

(3)事业单位在出售、转让、赎买或清算资产时，不存在明确的投资人权益，因此核算时将被清算资产与其对应的净资产对冲，清算的净损益作为专用基金处理。

3. 净资产核算异同的根源分析

事业单位净资产核算与企业所有者权益核算异同的根源主要有以下几点。

(1)受基金理论的影响。如前所述，基金被定义为一个因法规、规定及限定而引起，并按其特定目的设置账户来记录资产、负债、余额及收支的自相平衡的会计个体。按照此定义，所有的权益都表示法律、合同、管理上及财务上对资产使用所施加的种种限制。基金理论所关注的是特定服务的履行情况。

(2)资金供给渠道的差别。事业单位首先按照其预期的目的，确定为实现预期目的需要的经费支出数额，然后分析单位本身进行业务活动可以取得的事业收入数额，将支出与收入相比较，确定财政或上级的拨款数，并且执行“结余留用，超支不补”的财务管理原则。

(3)资财供给者的目的。事业单位资财供给者提供资财后，并不期望按其所出资产的比例收回资产或取得经济利益，但十分关心资财的使用情况，从而对其所出资财在使用方面施加一定的限制。这使得净资产在很大程度上具有特定用途的性质。

四、事业单位的收入核算及其比较

1. 事业单位收入的核算

依据各类事业单位的具体情况，对收入进行了不同的划分，或者是说，不同的事业单位对收入有着不同的称谓。

(1)事业单位的收入账户比较。

比如，对于高等学校会计，收入有“财政拨款”“基建拨款”“财政调剂收入”“上级补助收入”“财政返还教育收入”“科研业务收入”“其他业务收入”“后勤收入”和“其他收入”等账户。

对于医院会计，收入则有“财政补助收入”“基建拨款”“财政调剂收入”“上级补助收入”“医疗收入”“科教收入”“其他业务收入”和“其他收入”等账户。

将上述两大事业单位的收入账户进行简单比较即可看出，两大事业单位中的“财政拨款”(或者是“财政补助收入”)“基建拨款”“财政调剂收入”“上级补助收入”账户的内容，以及“其他业务收入”和“其他收入”账户的内容基本上是一致的，本书将这部分合并讲解；而高等学校会计中的“财政返还教育收入”“科研业务收入”“后勤收入”账户，医院会计中的“医疗收入”“科教收入”账户则有其相对特殊的、体现某一事业类型特征的内容。

(2)事业单位收入账户核算的具体内容。

如前所述，着眼于高等学校和医院会计，有的收入项目在名称上是基本一致的；有的则有些许差别。

首先，对收入名称基本一致的各账户核算的内容进行比较。可将各账户核算的内容说明如下。

“财政拨款”或“财政补助收入”账户，核算高等学校按照核定的预算和经费领报关系收到的由财政部门拨入的各类事业经费；或者是医院按照核定的预算和经费领报关系收到的由财政部门拨入的财政性补助经费。

“基建拨款”账户，核算各类事业单位收到的中央和地方财政的基本建设拨款。

“财政调剂收入”账户，核算各类事业单位收到主管部门拨付的统筹使用的财政拨款结余资金、收到财政部门下达的结余资金额度等。

“其他业务收入”账户，核算高等学校取得的投资收益、附属单位缴款、固定资产出租收入、未纳入收支两条线管理的培训收入、合作办学收入等非主要业务收入；或者是医院实现或取得的培训收入、救护车收入、固定资产出租收入、投资收益等非主要业务收入。

“其他收入”账户，核算各事业单位除财政拨款、基建拨款、财政调剂收入、上级补助收入、其他业务收入，高等学校的财政返还教育收入、科研业务收入、后勤收入，医院的医疗收入、科教收入等收入以外的其他收入。其内容主要为捐赠收入、资产盘盈利得、确实无法支付的应付款项等。

其次，对收入项目有差别的各账户核算的内容进行比较。也可将各账户核算的内容说明如下：

高等学校的“财政返还教育收入”、“科研业务收入”、“后勤收入”账户。这类账户核算的内容为实行非税收入收支两条线管理的高等学校收到的从国库或财政专户返还的教育收入；高等学校开展科研及其辅助活动所取得的收入和高等学校后勤部门提供后勤保障服务取得的各项收入。

医院的“医疗收入”和“科教收入”账户。其中的“医疗收入”账户反映的是有着医院特色的医院开展医疗活动取得的挂号收入、床位收入、诊察收入、检查收入、药品收入、治疗收入、手术收入、化验收入、护理收入等；“科教收入”账户则核算医院因承担科研、教学任务取得的除财政补助收入、财政调剂收入、上级补助收入以外的科研、教学经费收入。

(3)事业单位收入账户核算的具体要求。

上述各账户在进行会计处理时，都是按照对应账户的具体内容来登记各收入账户的借方，或者是贷方；会计期末，将各收入账户的余额转入本期盈余，借记各收入账户，贷记“本期盈余”账户；期末结账后，各收入账户均应无余额。

2. 收入核算异同的根源分析

事业单位收入核算与企业相比，有相同的方面，也有相差异的方面。其异同的根源主要有以下几点。

(1)定义收入所依据理论的差别。定义收入的理论有：第一，流入量理论。这一理论认为定义收入时，应从经济组织所有经济活动出发，凡是经济活动产生的资产流入都作为收入（不包括负债和基金引起的资产流动）。在流入量理论的指导下，把所有流入经济组织，并且不需偿还的资产都作为收入。事业单位收入正是依据流入量理论来定义的，是广义的收入概念。与这一广义收入概念相适应，会计核算时设置了多个收入类账户。第二，流转过程理论。这一理论认为定义收入时，应从经济组织的业务活动出发，将由业务活动产生的资产流入定义为收入。在流转过程理论指导下，把经济组织的经济活动分为生产经营活动和非生产经营活动，并将生产经营活动产生的资产流入定义为营业收入，将非生产经营活动产生的资产流入定义为溢余。我国的《企业会计准则》是依据流转过程理论定义收入的，是狭义的收入概念。与这种狭义收入概念相适应，会计核算时仅设置较少几个收入类账户。

（2）所处经济环境的差别。由于事业单位在市场中所处的地位，进行业务活动的目的等，决定了事业单位绝大部分资产来自于资产供给者，这些资产供给者不期望按照其所提供的资产比例收回资产或取得相应的经济利益，而且在每个会计期间还会不断地供给资产，以满足事业单位进行业务活动的需要。在这种环境下，应采用广义的收入概念，并按照修正的权责发生制等原则进行收入的核算。企业是市场的直接参与者，其资产的供给者要求按照提供资产的比例取得相应的回报，企业为维持其生存和发展，必须通过生产经营活动取得收入，并且收入应大于支出取得盈利，以保证所有者得到相应的回报，并满足企业生存和发展的需要。在这种环境下，只能采用狭义的收入概念，并按照严格的权责发生制原则组织收入的核算。

（3）业务活动的差别。事业单位的业务活动中引起收入发生变化的业务有：第一，交易或提供劳务的业务所取得的收入；第二，资产供给者提供资产所取得的收入。这些是事业单位持续的收入，为此应采用广义的收入概念，并对广义的收入进行核算。企业的持续收入是生产经营活动产生的营业收入，而且生产经营活动是企业业务活动的核心，为此应采用狭义的收入概念，并对狭义的收入进行核算。

五、事业单位的费用核算及其比较

1. 事业单位费用的核算

在《高等学校会计制度》和《医院会计制度》中，依据各类事业单位的具体情况，对费用也进行了不同的命名。

（1）事业单位的费用类账户比较。

比如，对于高等学校会计，费用有“教学费用”“科研费用”“其他业务费用”“后勤费用”“行政费用”“资产折耗”“管理费用”“离退休保障费用”财务费用”和“其他费用”账户。

对于医院会计，则有“医疗业务成本”“科教项目支出”“其他业务支出”“财政项目补助支出”“管理费用”“财务费用”和“其他支出”账户。

我们再将两大事业单位的费用账户进行比较，两大事业单位中的“其他业务支出”“财务费用”“其他费用”账户的内容基本上是一致的；而高等学校会计中的“教学费用”“科研费用”“后勤费用”“行政费用”和“资产折耗”账户，与医院会计中的“医疗业务成本”“科教项目支出”“财政项目补助支出”和“管理费用”账户则有其相对特殊的、体现某一事业类型特征的内容。由于医院一般还有药品制作的事项，因此，在医院会计制度中，也就有了核算医院自制药品、卫生材料等所发生的各项生产费用的“生产成本”账户。

(2)事业单位费用账户核算的具体内容。

高等学校和医院会计的费用项目有的基本一致，有的则有些许差别。

首先，对费用项目基本一致的各账户核算的内容进行比较。

在高等学校，“其他业务费用”账户核算高等学校开展除教学、科研之外的其他业务所发生的各项费用，包括对附属单位补助、出租固定资产维修费用、未纳入收支两条线管理的培训费用、合作办学费用等。在医院，核算医院开展医疗、教学、科研之外的其他业务所发生的费用，如救护车折旧及维修费，培训费用，出租固定资产的折旧及维修费等。医院后勤部门提供服务对外取得收入的，为取得收入所发生的相关支出能够独立辨认计算的，也在本账户核算。

“财务费用”账户无论在高等学校还是在医院，核算的内容都是一样的，即核算高等学校或者医院为筹集业务活动所需资金而发生的费用，包括应计入当期费用的借款费用(利息支出减利息收入)、汇兑损益等。

“其他费用”账户也是一样，无论在高等学校还是在医院，核算的内容都是一致的，即高等学校或者是医院无法归属到各类支出项目之外的费用，包括资产盘亏损失、捐赠支出、所得税费用等。

其次，对高等学校有特殊性的费用项目进行说明。

高等学校的“教学费用”账户核算高等学校开展教学活动及其辅助活动发生的各项支出，包括发生的各项人员经费、公用经费等。高等学校的“科研费用”账户则核算高等学校开展科研活动及其辅助活动发生的各项支出，包括发生的各项人员经费、公用经费等。高等学校的“后勤费用”账户核算高等学校后勤部门完成后勤保障任务发生的各项费用。而“行政费用”账户则核算高等学校行政管理部门为组织和管理业务活动所发生的各项费用，包括高等学校行政管理人员工资福利费、离退休人员经费、行政管理部门发生的日常公务经费，以及工会经费、诉讼费、聘请中介机构费、印花税、房产税、车船税等。

这几个账户的一致之处还在于：都设置“基本支出”和“项目支出”二级明细账户，并在二级明细账户下按照《政府收支分类账户》中“支出功能分类账户”项级账户与“支出经济分类账户”款级账户设置明细账;同时,应当区分“财政拨款支出”与“非财政拨款支出”进行明细核算。

高等学校的“资产折耗”账户核算高等学校计提的固定资产折旧和无形资产摊销。该账户应当设置“教学资产折耗”“科研资产折耗”“其他业务资产折耗”“后勤资产折耗”“行政资产折耗”等明细账户，进行明细分类核算。

最后，对医院有特殊性的费用项目内容进行说明。

医院的“医疗业务成本”账户核算医院开展医疗活动发生的各项费用，包括发生的各项人员经费、公用经费、耗用的药品及材料的成本、计提的医疗用固定资产的折旧额和医疗用无形资产的摊销额等；医院采购药品、卫生材料发生的相关运杂费、装卸费、保险费等，直接计入“医疗业务成本”账户。“科教项目支出”账户核算医院从事科研、教学活动发生的各项费用。“财政项目补助支出”账户核算医院从事社会公共事故抢救、自然灾害抢救、其他免费救治等社会公益性救助业务所发生的支出。“管理费用”账户则如同于企业，相似于高等学校会计的行政支出和后勤支出，核算医院行政管理和后勤部门为组织、管理业务活动及提供后勤服务所发生的各项费用，包括医院行政管理人员和后勤人员的工资福利费用、离退休人员的经费支出、行政管理部门和后勤部门发生的公务经费、固定资产折旧费、无形资产摊销费，以及应由医院总体负担的开办费摊销、坏账损失、预计负债损失、工会经费、诉讼费、聘请中介机构费、印花税、房产税、车船税等。

2. 事业单位费用核算的特点

事业单位费用的核算与企业相比具有以下特点。

(1)支出是广义的费用。事业单位的费用既包括单位持续的、主要的业务活动和经营活动所引起的资产耗费或负债承担引起的净资产减少，如事业费用、经营费用等；也包括事业单位偶发性或非主要业务活动等引起的损失，如罚款、投资损益等。企业将当期的全部支出分为费用和损失，费用是指生产经营过程中发生的各项耗费，损失是指与生产经营过程没有直接关系的支出。

(2)费用通常要受到一定的限制。事业单位取得收入的目的是满足业务活动所需费用的需要；而且在取得收入时，资产的供给者往往会提出一定的约束条件，对费用的开支标准、开支范围等进行控制。因此事业单位发生费用时，应按照预算或规定的资金用途使用，不得挪作他用。企业直接受生产竞争的影响，根据所实现的收入配比确定费用的开支标准和开支范围。

(3)费用核算的依据有收付实现制、修正的权责发生制和权责发生制。事业单位的费用是广义的费用概念，一般包括拨出费用、业务费用、其他费用等。不同的费用具有不同的特点，应根据其特点分别采用收付实现制、修正的权责发生制和权责发生制等记账基础，组织各项费用的核算。如拨出费用主要是拨付所属单位的日常经费或专项支出的款项，事业费用也是为开展业务活动发生的费用，这些费用的目的具有非营利性质，宜按收付实现制和修正的权责发生制原则核算；经营费用是事业单位开展经营活动取得的费用，发生费用的目的完全是取得收入，正确地核算各期的损益情况，应采用权责发生制原则核算。企业取得费用的目的是收入，应采用权责发生制原则组织费用的核算。

(4)费用按照业务活动的性质分别核算。事业单位为开展业务活动发生的费用作为事业支出，通过各类事业费用账户归集，并于期末时转入“累积盈余”账户。为进行经营活动发生的费用作为经营费用，按照与经营收入配比原则，通过各类经营支出账户归集，并于期末时转入“本期盈余”账户。

3. 费用核算异同的根源分析

事业单位费用核算与企业费用核算相比存在异同，其根源主要有以下两点。

(1)基金理论的影响。基金理论所关注的是特定服务的履行情况，收益的确定被置于次要地位，因此不采用严格的权责发生制来进行每期收入与费用的恰当配比。计量收入与费用的目的是反映所取得的收入是否在特定的期间按特定的目的被使用。相反，如果某项资产在所要求的特定期间未被使用，不但不能说明单位理财有方，反而说明单位可能未能按预期的目标完成应提供的服务。

(2)业务活动的差别。在事业单位的业务活动中引起费用的业务有两种：一是交易或提供劳务的业务所发生的费用；二是进行经营活动所发生的支出。这些是事业单位持续的费用，为此应采用广义的费用概念，并对广义的费用进行核算。企业的持续收入是生产经营活动产生的营业收入，与此相适应产生了持续营业费用，而且生产经营活动是企业业务活动的核心，为此应采用狭义的收入和费用概念，并对狭义的收入和费用进行核算。

第四节 财务报表的比较

事业单位的财务报表是反映事业单位财务状况和收支情况的书面文件。它与企业的财务报表相同，也是根据日常核算资料定期编制，用以反映单位的财务状况和收支情况，并为会计信息使用者提供有助于其决策的依据。事业单位的财务报表体系与企业基本相同，由主表、附表、预算收支表、财务报表附注组成，但事业单位的主表包括资产负债表、收入费用表、基本投资表等。编制财务报表的要求也是数字真实、计算准确、内容完整、报送及时。但事业单位与企业的财务报表相比较，无论在主表的内容，还是编制方法方面都存在较大的差别。

一、资产负债表的比较

1. 事业单位的资产负债表

事业单位的资产负债表是反映事业单位在某一特定日期财务状况的报表。它是根据资产、负债、净资产之间的相互关系，按照一定分类标准和顺序，把事业单位在一定日期的资产、负债、净资产各项目予以适当排列后编制而成的。资产负债表的格式采用账户式，其左方为资产项目，右方为负债项目和净资产项目，根据“资产=负债+净资产”这一会计等式为依据编制而成。资产负债表的各项目都设有“年初余额”“期末余额”两栏。其中“年初余额”应按上年决算后结转本年的各总账科目年初数填列。“期末余额” 一般应根据各总账科目的期末余额分别填列，对于各合计数和总计数应通过计算后填列。

事业单位资产负债表的格式如表 12-1 所示。

表 12-1 资产负债表

编制单位： 年 月 日 单位：元

资产	期末余额	年初余额	负债和净资产	期末余额	年初余额
一、资产			二、负债		
流动资产：			流动负债：		
货币资金			短期借款		
财政应返还额度			应缴非税收入		
应收票据			应付职工薪酬		
应收账款			应交税费		
预付账款			应付票据		
其他应收款			预收账款		
存货			预收账款		
流动资产合计			其他应付款		
对外投资：			流动负债合计		
长期股权投资			非流动负债：		
长期债权投资			长期借款		
对外投资合计			长期应付款		
固定资产：			非流动负债合计		
固定资产原价			代管经费		
减：累计折旧			负债合计		

续表

资产	期末余额	年初余额	负债和净资产	期末余额	年初余额
固定资产净值					
文物文化资产			三、净资产		
在建工程			累计盈余		
基建工程			专业基金		
固定资产清理			净资产合计		
固定资产合计					
无形资产：					
无形资产					
待处理资产损溢					
资产总计			负债和净资产总计		

2. 事业单位资产负债表的特点

此处的资产负债表的特点要进行企业单位的资产负债表与事业单位(高等学校)的比较，以及事业单位内部，即高等学校与医院的资产负债表之间的比较。

(1)事业单位(高等学校)资产负债表与企业资产负债表的比较。

事业单位(高等学校)的资产负债表与我国企业会计准则中提供的资产负债表的区别可表示为以下两个方面。

第一，事业单位的资产负债表有着较为鲜明的事业单位的特色。比如，资产项目的“财政应返还额度”“文化文物资产”；负债项目的“应缴非税收入”，以及净资产与企业所有者权益相比的简单内容。

第二，由于事业单位不采用公允价值的计量方式，因此在日常会计处理中也就没有公允价值变动及其与之相关的、在成本与可变现净值孰低基础上的资产价值变动；进一步，事业单位会计也就没有相关的对递延所得税资产、递延所得税负债的会计处理事项。

除上述两点之外，我们可以看到，经过几次改革后的事业单位的资产负债表已经基本上与企业的资产负债表在形式上、内容上趋于一致。

(2)事业单位之间资产负债表的比较。

此处只是进行高等学校与医院资产负债表之间的比较。这样做的原因是，相较于各行业的企业，各事业单位之间的“行业”特色更加鲜明。我们可以通过对比高等学校和医院的资产负债表予以说明。由于这两大事业单位的资产负债表之间的区别主要表现在报表项目的构成上，而在报表的格式及其排列顺序上并无差别，因此，此处只是用文字叙述的方式说明。

首先，二者在资产项目的构成上存有差异。具体来说，医院资产负债表的资产项目的构成内容要比高等学校复杂得多。比如，在医院的资产项目中，就要求列示关于“应收医疗款”和“其他应收款”的计提坏账准备的内容，还有着如同原企业会计的“待摊费用”和企业会计准则中要求的“长期待摊费用”项目；在医院的负债项目中，医院的资产负债表还有着如同原企业会计的“预提费用”和企业会计准则中要求的“预计负债”项目；二者在资产负债表中的相同之处只在于净资产部分。

其次，由于医院会计比高等学校会计更富有市场性，因此在会计处理方面也更趋近于企业会计。具体来说，由于医院会计在部分流动资产中实施全面的权责发生制基础和成本与可变现净值孰低的会计原则，因此与此相关的“递延所得税资产”项目也就在医院的资产负债表中占有了一席之地。

3. 资产负债表异同的根源分析

事业单位资产负债表与企业在编制期间、编制目的等方面相同，但在以下各方面也存在差异，其产生差异的根源可归纳为以下几点。

(1) 会计信息使用者的要求。事业单位的资财供给者在提供资财后，并不要求获得相应的回报，但要考核和评价单位的服务水平和履行职能的能力，即单位财务状况及其变动情况的信息；单位实物资源和其他财物资源及其尚可使用寿命的信息；对资源施加限制的执行情况等。为满足会计信息使用者上述各方面的要求，事业单位应编制资产负债表详细反映资产的取得、使用情况；负债和净资产的形成、变动情况。

(2) 预算管理方式的要求。有些事业单位的收入来源于财政拨款，财政部门按照单位完成业务活动所需的年支出数及自身业务活动所取得的年收入数，确定年拨款数额，并且按年进行预算管理。因此，以事业单位的财务构成及其取得来源为主要内容的资产负债表也就发挥了事业单位与预算管理相连接的重要信息渠道，全面反映单位资财的来源、运用情况。

(3) 编制资产负债表的目的。事业单位和企业编制资产负债表的目的是相同的，其主要目的有：第一，为会计信息使用者提供反映资产的规模、构成、流动性，负债的规模、构成、偿债能力，净资产的规模、构成及其变动情况等方面的信息，用以评价财务状况。第二，向资财供给者提供净资产及其变动情况、资财使用情况的专门信息，有助于供给者做出是否继续供给的决策和评价净资产的保全情况，持续服务的能力以及经管责任的履行情况。正是这两方面的目的，决定了事业单位应与企业一样向会计信息使用者提供反映单位财务状况的资产负债表。

二、收入费用表的比较

1. 事业单位的收入费用表

事业单位的收入费用表是反映事业单位在一定期间的收入、费用及其分配情况的报表。它是根据收入、费用、盈余分配之间的相互关系，按照一定分类标准和顺序，把事业单位在一定期间的收入、费用、盈余分配各项目予以适当排列后编制而成的。收入费用表依据“收入-费用=盈余”会计等式设计，采用单步式的报表格式。收入栏下分为各类收入；费用栏下分为各类费用；本期的全部收入减去全部费用后即为本期盈余。

企业利润表与事业单位收入费用表的比较如表 12-2 所示。

表 12-2 利润表与收入费用表的比较

企业利润表项目	高等学校项目	本年金额	上年金额
一、营业收入	一、收入		
减：营业成本	1. 财政拨款		
税金及附加	2. 基建拨款		
销售费用	3. 财政调剂收入		
管理费用	4. 上级补助收入		
财务费用	5. 财政返还教育收入		
资产减值损失	6. 科研业务收入		

续表

企业利润表项目	高等学校项目	本年金额	上年金额
加：公允价值变动收益(损失以"-"号填列)	7. 其他业务收入		
投资收益(损失以"-"号填列)	8. 后勤收入		
其中：对联营合营企业投资收益	9. 其他收入		
	收入合计		
二、营业利润(亏损以"-"号填列)	二、费用		
加：营业外收入	1. 教学费用		
减：营业外支出	2. 科研费用		
其中：非流动资产处置损失	3. 其他业务费用		
	4. 后勤费用		
	5. 管理费用		
	6. 财务费用		
	7. 其他费用		
	费用合计		
三、利润总额(损失以"-"号填列)	三、本期盈余		
减：所得税费用			
四、净利润(亏损以"-"号填列)			
五、每股收益			
(一)基本每股收益			
(二)稀释每股收益			
六、其他综合收益			

2. 事业单位收入费用表的特点

此处的收入费用表的特点也是先进行企业单位的利润表与事业单位(高等学校)收入费用表的比较(见表12-2)。

(1)收入费用表格式上的特点。事业单位的收入费用表采用单步式的报表格式，报表上可以直接反映单位本期的收入总额、费用总额以及本期盈余。企业的利润表采用多步式的报表格式，从报表上不能直接反映企业的收入总额、费用总额，但可以反映出利润的构成及各项业务收支在利润中所占的比重。

(2)报表编制方法上的特点。事业单位收入费用表中的某些项目，如财政补助支出、预算外资金支出等，可以采用统计方法填列。企业的利润表都是根据损益类账户结账前的余额填列。事业单位的收入费用表中某些项目可以不予填列，如拨入专款、拨出专款、专款支出等项目，如果有当年未完工程或业务，当年可以不予结转。

3. 收入费用表异同的根源分析

事业单位收入费用表与企业利润表在编制期间、编制目的等方面相同，但在以下各方面也存在差异，其产生差异的根源可归纳为：

(1)会计信息使用者的要求。如前所述，事业单位的资财供给者在提供资财后，并不要求获得相应的回报，但要考核评价当年的运作成果，即资财来源和运用的信息，单位筹措的资金和满足业务活动需要程度的信息。为满足会计信息使用者的需要，事业单位的收入费用表必须采用单步式的报表格式，详细反映收入的来源、费用的方向、收支相抵的盈余情况。

(2)财务管理体制的要求。事业单位财务管理体制的主要内容是"超支不补，结余留用"。为了在收入费用表中反映超支的数额以及由事业基金弥补情况；反映盈余的数额以及补偿事业基金的情况，应在收入费用表中专门反映盈余的数额。

(3)编制收入费用表的目的。事业单位编制收入费用表与企业编制利润表的目的是相同的。其目的主要有：第一，向会计信息使用者提供单位的收入和费用及收支差额的形成、数额方面的信息，用以评价收支情况及业务活动的效率与效果。第二，提供有助于会计信息使用者评价服务业绩、成本和效果的信息。正是由于上述两方面的原因，事业单位应与企业一样，定期编制收入费用表。

三、其他报表的比较

事业单位的财务报表还包括预算收支表、基建投资表，需要医院会计(高等学校不要求)编制的现金流量表和财务报表附注。此处对这几种财务报表一一列示并对其内容进行简单说明。

1. 预算收支表

这是高等学校和医院都需要在年度报出的财务报表。其具体格式如表 12-3 所示。

表 12-3　预算收支表

编制单位：　　　　　　　　　　　　　　年　　月　　日　　　　　　　　　　　　　　单位：元

高等学校项目	医院项目	本年余额	上年金额
一、上年结转	一、年初结余		
	1. 财政拨款结余		
	其中：基本支出结余		
	项目支出综合		
	其中：基建拨款结余		
	2. 其他资金结余		
二、本期预算收入	二、本年预算收入		
(一)财政拨款	1. 当年财政拨款		
	其中：基本支出拨款		
	项目支出拨款		
	其中：基建拨款		
(二)基建拨款			
(三)财政调剂收入	2. 财政调剂收入		
	其中：调剂基本支出		
	调剂项目支出		
	其中：调剂基建项目		
(四)上级补助收入	3. 上级补助收入		
(五)财政返还教育收入	4. 医疗收入		
	(1)门诊收入		
	(2)住院收入		
(六)科研业务收入	5. 科教收入		
(七)企业业务收入	6. 其他业务收入		
(八)后勤收入			
(九)其他收入	7. 其他收入		
三、本期预算支出	三、本年预算支出		
(一)财政拨款支出	1.财政拨款支出		
1. 基本支出	其中：基本支出		
2. 项目支出	项目支出		
	其中：基建拨款支出		

续表

高等学校项目	医院项目	本年余额	上年金额
(二)基本建设支出	2. 其他基本支出		
(三)预算外资金支出	3. 其他项目支出		
(四)其他资金支出	4. 其他支出		
四、本期预算结余	四、本年结余		
(一)财政拨款结余	1. 财政拨款结余		
1. 基本支出结余	其中：基本支出结余		
2. 项目支出结余	项目支出结余		
	其中：基建拨款结余		
(二)基本建设结余			
(三)预算外资金结余			
(四)其他资金结余	2. 其他资金结余		
五、结余上缴	五、上交财政拨款结余		
六、结转下年	六、结转下年结余		
	1. 财政拨款累计结余		
	其中：基本支出结余		
	项目支出结余		
	其中：基建拨款结余		
	2. 其他资金结余		

从这样的表格设计可以看出，高等学校和医院在报表上的差异也是事业单位中行业差异的表现。高等学校运用预算资金的业务事项多一些，其需要编报的事项也就较为集中；医院相对来说收入多一些，对其报表的编制也就更加严格、仔细一些。但从总的方面来看，二者之间相差不大。

2. 基建投资表

这也是高等学校和医院在年度需要报出的报表。其具体格式如表 12-4 所示。

表 12-4　基建投资表

编制单位：　　　　　　　　　　　　　年度　　　　　　　　　　　　　金额单位：元

项目编号	建设项目名称	开工日期	概算数	基建投资拨款及借款						基本建设支出				备注
				累计	基建拨款	单位自有资金	基建投资借款	其他	累计	已移交资产			基本建设在建工程	
										固定资产	流动资产	无形资产		

事业单位若有基本建设事项，就应当编制基建投资表，以反映投入、借入的基本建设资金及其使用情况。受事业单位资金来源渠道的限制，其基本建设所需资金可以是财政拨款，也可以是向银行的借款。不论是拨款，还是借款，都需向出资者提供反映投入、借入的基本建设资金及其使用情况的报表。相对而言，企业主要依靠自身积累或举债进行基本建设，但举债的款项也是企业生产经营活动形成的利润，因此如何还债，由企业灵活调度，无须向投资者报告。

3. 现金流量表

与前述的预算收支表和基建投资表不同，事业单位中只有医院需要编制现金流量表，高等学校不需要。就现金流量表的具体内容而言，医院的现金流量表也存在较多的个性。其具体格式如表 12-5 所示。

表 12-5 现金流量表

编制单位： 年度 金额单位：元

项目	行次	金额
一、业务活动产生的现金流量：		
开展医疗活动收到的现金		
财政补助收到的现金		
上级补助收到的现金		
开展科教活动收到的现金		
收到的其他与业务活动有关的现金		
现金流入小计		
购买药品支付的现金		
购买库存物资支付的现金		
支付给员工以及员工支付的现金		
开展科教活动支付的现金		
支付的各项税费		
支付的其他与业务活动有关的现金		
现金流出小计		
业务活动产生的现金流量净额		
二、投资活动产生的现金流量：		
收回投资收到的现金		
取得投资收益收到的现金		
处置固定资产、无形资产和其他长期资产收回的现金净额		
收到的其他与投资活动有关的现金		
现金流出小计		
购建固定资产、无形资产和其他长期资产支付的现金		
对外投资支付的现金		
支付的其他与投资活动有关的现金		
现金流出小计		
投资活动产生的现金流量净额		
三、筹资活动产生的现金流量：		
收到的基建拨款		
借款收到的现金		
收到的其他与筹资活动有关的现金		
现金流入小计		
偿还借款支付的现金		
偿付利息支付的现金		
支付的其他与筹资活动有关的现金		
现金流入小计		
筹资活动产生的现金流量净额		
四、汇率变动对现金及现金等价物的影响		
五、现金及现金等价物净增加额		

与企业的现金流量表相比，医院的现金流量表虽然保持了业务活动的现金流量、投资活动的现金流量和筹资活动的现金流量三大组成部分，但是无论在项目构成上，还是数据的取得来源上看，医院的现金流量表都要比企业的简单得多。

高等学校等事业单位在现金流量表的要求上也有较大的区别。这样的单位虽然也需向会计信息使用者提供有关现金流入、流出及其增减变动方面的信息，但并不需要编制现金流量表。这是因为，类似高等学校等事业单位日常核算多采用如同收付实现制的修正的权责发生制，无论是资产负债表，还是收入费用表，有很多是以实际的收付为编制基础的，通过这些报表即可以反映单位的现金流入和流出情况。可是，企业会计的日常核算都是采用权责发生制，以权责发生制为基础的资产负债表和利润表不能准确地反映现金流入和流出情况，因此需要编制现金流量表。我们按照这样的道理分析可知：我国的事业单位会计制度采取着不同的会计核算基础，高等学校会计不同于企业，采用的是修正的权责发生制；而医院会计则同于企业，采用权责发生制。所以，二者间会计理论的差异在财务报表的编制与报出方面得到了具体的反映。

4. 财务报表附注

在 2006 年新《企业会计准则》颁布以后，财务报表附注就在财务会计报告体系中占据了越来越重要的地位，发挥了越来越重要的作用。可是，由于事业单位与企业之间的差别、各事业单位之间的差别明显存在，对财务报表附注的要求也有所不同。我们也采用列表的方式将企业、高等学校和医院的财务报表附注列示出来。具体格式如表 12-6 所示。

表 12-6 财务报表附注的披露顺序及其比较

企业会计准则	高等学校会计制度	医院会计制度
财务报表的编制基础		
遵循企业会计准则的声明	遵循《事业单位会计准则》《高等学校会计制度》的声明	遵循《事业单位会计准则》《医院会计制度》的声明
	单位整体财务状况、业务活动等情况的说明	单位整体财务状况、业务活动等情况的说明
重要会计正常的说明，包括财务报表项目的计量基础和会计政策的确定依据等	重要会计政策的说明	重要会计政策（如折旧政策）的说明
重要会计估计的说明，包括下一会计期间内很可能导致资产和负债账面价值重大调整的会计估计的确定依据等	重要会计估计的说明	重要会计估计的说明
会计政策和会计估计变更以及差错更正的说明	会计政策、会计估计变更以及差错更正的说明	会计政策、会计估计变更以及差错更正的说明
对已在资产负债表、利润表、所有者权益变动表和现金流量表中列示的重要项目的进一步说明，包括终止经营税后利润的金额及其构成情况等	财务报表重要项目及其增减变动情况的说明	财务报表重要项目及其增减变动情况的说明
		计提坏账准备情况的说明
或有和承诺事项、资产负债表日后非调整事项、关联方关系及交易等需要说明的事项		或有事项的说明
	本期财务口径收入、费用和盈余与预算口径收入、支出和结余的差异及产生的原因	本期财务口径收入、费用和盈余与预算口径收入、支出和结余的差异及产生的原因
		本期预算批复数及其调整数与预算实际执行数之间的差异及产生的原因，以及本期预算执行进度的简要说明

续表

企业会计准则	高等学校会计制度	医院会计制度
企业应当在附注中披露在资产负债表日后、财务报表批准报出日前提议或宣布发放的股利总额和每股股利金额（或分配给投资者的利润总额）		
企业的注册地、业务性质和主要经营活动等		
	以前年度盈余调整情况	以前年度盈余调整情况
	有助于理解和分析财务会计报表需要说明的其他事项	有助于理解和分析财务会计报表需要说明的其他事项

从上面财务报表附注的内容可以看出：由于事业单位没有对会计基础的选择余地，因此其财务报表披露也就不用披露财务报表的编制基础；由于企业的经营目标就是实现利润，因此利润表的数据就对此进行了明确说明，但是事业单位的经营目标不见得就只是利润，因此也就需要对单位整体财务状况、业务活动等情况进行说明；由于高等学校采用修正的权责发生制基础，没有计提坏账准备、说明或有事项的必要，自然不需要像医院会计那样披露坏账准备的情况；与此相同，以营利为目的的企业不会披露本期财务口径收入、费用和盈余与预算口径收入、支出和结余的差异及产生的原因，以及本期预算批复数及其调整数与预算实际执行数之间的差异及产生的原因等内容。

第五节　总结与归纳

根据上述各表，我们可将事业单位会计与企业会计的异同及其原因归纳为以下几点。

1. 事业单位和企业在市场中的地位

企业作为市场的直接参与者，其经济活动直接受市场规律的影响。事业单位作为市场的参与者，其经济活动不完全受市场规律的影响。由于事业单位和企业在市场中的地位不同，因而事业单位和企业获得资财的方式不同，资财供给者提供资财后的要求不同，资财供给者对事业单位或企业的管理不同。与此相适应，事业单位会计和企业会计存在下列差别：①事业单位的会计核算需设立合法性前提；②事业单位会计核算应遵循专门使用原则；③事业单位和企业的会计要素有净资产和所有者权益之分，有盈余和利润之分；④事业单位对净资产的会计核算需采用基金理论；⑤事业单位的负债核算具有简化性的特点；⑥事业单位实行“超支不补，结余留用”的财务管理原则。

2. 事业单位和企业进行经济活动的目的

事业单位进行经济活动的目的是实现社会效益，事业单位进行一切经济活动都是围绕这一目的展开的。企业进行经济活动的目的是最大限度地获得盈利，企业进行一切经济活动都是围绕这一目的展开的。由于事业单位和企业进行经济活动的目的不同，因而事业单位和企业费用或支出的补偿方式不同，资财供给者与接受者的关系不同，组织经济活动所遵循的原则不同。与此相适应，事业单位会计和企业会计存在下列差别：①事业单位会计需根据经济活动的性质分别采用修正的权责发生制和权责发生制的核算原则；②事业单位负债核算的会计账户较少；③事业单位对业务活动和经营活动的收支分别设置会计账户、分别核算、分别结转。

3. 会计核算的继承性

任何工作都具有继承性，会计核算也不例外。无论进行何种改革，在核算方法、核算理论等方面都或多或少带有原有会计核算方法、核算理论的痕迹。在会计改革前，我国的会计分为企业会计和预算会计两大分支，而且这两大会计分支在会计核算理论、会计核算方法、财务管理等方面都存在差异。会计改革后，将预算会计改为事业单位会计、行政单位会计和各级政府的财政总预算会计，但事业单位会计仍然带有原预算会计的痕迹。其主要表现在：①会计账户的名称和内容多与原预算会计相同；②收入、费用的结转原理与原预算会计基本相同。这些都与企业会计存在较大的差别。

4. 事业单位会计和企业会计都是会计的分支

事业单位会计和企业会计作为广义会计的组成部分，在会计核算理论和会计核算方法等方面基本相同。因此事业单位会计和企业会计的基本前提、会计核算一般原则、会计要素及其会计等式、记账方法、各会计要素的核算、财务报表编制等方面虽有一些差别，但相同之处是其主流。

本章小结

本书至此，已由不同行业之间会计业务的比较转入企业会计业务与事业单位会计业务的比较。着眼于企业会计与事业单位会计之间的关系，本章在对事业单位会计进行简单介绍后，主要从基本理论、会计核算方法、财务报表三个方面对企业会计与事业单位会计进行了较为深入、全面的比较。按照笔者的观点，由于事业单位在其本身的地位与作用方面与企业大相径庭，因此，事业单位会计与企业会计无论是在理论体系的构成内容上，还是在具体的会计核算方法上都有较大的区别；总括地看，上述区别都会在会计工作的最终产品——财务报表上有所体现。为了方便读者在理解企业会计的基础上尽快、且全面地掌握事业单位会计，本章对二者进行了较为详细的直观式对照，并在结尾时又进行了简略的文字总结。

第十三章

行政单位会计与事业单位会计比较

第十二章主要针对事业单位会计的特征，将其与企业会计进行了比较。需要进一步说明的是，虽然行政单位会计与事业单位会计最为接近，但也存在较大的区别。进行事业单位会计与行政单位会计之间异同的比较，可以使我们深入了解二者的特性，为进一步做好这样的会计工作打好基础。

第一节　行政单位及其会计概述

一、行政单位及其范围

将行政单位会计与事业单位会计进行比较，必须探讨行政单位的概念。而研究行政单位的概念不能不研究行政单位的职能。我国经济体制改革的一个主要内容是：在实行政企分开、政府转变经济管理职能的条件下，政府主要从事行政管理和宏观调控工作，不直接从事经营活动。在这种情况下，行政单位的主要特征为：①行政单位不直接创造财富，然而社会经济的持续发展却离不开国家政权机关的组织、领导；②行政单位的资金来源于国家集中的预算资金，国家在提供资金时，并不期望按照其提供资金的比例收回资财；③行政单位进行业务活动的目的，不是为了获得一笔利润或利润的等同物而提供劳务；④当行政单位出售、转让资产或一旦发生清算时，不存在可以分享剩余净资产的明确所有者。

通过对上述行政单位特征的说明，可以概括出：行政单位是指进行国家行政管理，组织经济建设和文化建设，维护社会公共秩序的单位。行政单位的组建和执行的主体是代表政权的国家，即行政单位主要是国家的权力机关、行政机关、司法机关、检察机关等，不是执行国家权力的机构不是行政单位；行政单位进行业务活动的主要内容是进行国家行政管理，组织经济建设和文化建设，维护社会公共秩序。

行政单位包括国家权力机关、行政机关、司法机关、检察机关。党派和人民团体实质上不属于行政单位，但在预算管理上比照行政单位处理；军队按其性质属于行政单位，但在预算管理上设有单独的军队财务系统，不包括在行政单位内。具体来说，我国的行政单位分为中央政府、地方政府和基层政府。中央政府是指国务院，管辖全国的政治、经济、文化、社会等事务；在国务院下设各部、委、办等职能部门，主管某一专业的行政事务。地方政府是指省、自治区、直辖市、计划单列市政府，市、自治州、盟政府，县、自治县、旗政府等，管辖各行政区域内的政治、经济、文化、社会等事务；在地方政府下设置厅、局等职能部门，主管本地区某一专业的行政事务。基层政府是指乡（民族乡）、镇政府，其下可设少量的办事机构，管辖本乡、镇的具体行政事务。

行政单位按其从事的业务活动来看，可分为：①领导机关，指各级政府统辖全局的决策核心，如党、政机关总部；②职能部门，指国务院所属的部、委、办，省、市、县政府所属的厅、局、处、科等；③辅助部门，指为了行政机关顺利进行管理活动，在机关内部承担辅助性工作的部门，如政策调研室、机关事务管理局等；④派出机构，指上级领导机构按管辖地区或事务划分的授权委派的代表机构。

二、行政单位的特点

在预算会计改革前，事业单位与行政单位除所进行的业务活动不同外，在资财供应、财务管理体制、业务活动所遵循的原则等方面都基本相同，因此事业单位和行政单位可以用一个会计制度规范其会计工作。在经济体制改革过程中，国家要求行政单位政企分开，严格执行政府的管理职能；而事业单位最终则应成为市场的直接参与者。经济体制改革后，事业单位与行政单位之间存在着诸多的差别，主要表现在以下几方面。

1. 获取资财的方式不同

事业单位可以从国家财政获得拨款，可以接受捐赠等，也要通过市场交换取得或使用劳动力、原材料、设备而支付款项，或许诺将来付款。行政单位所进行业务活动的性质决定了从国家财政获得拨款是其获得资财的主要来源，或者说是唯一的来源。

2. 资财供给者参与管理的程度和目的不同

事业单位的资财供给者一般不干预单位的事务，如果需要干预，也是采用间接的方式。行政单位的资财供给者一般要干预单位的事务，至少是要求单位执行政府的管理职能。

3. 参与市场或承受市场影响的程度不同

事业单位的主要业务活动不以市场规律为转移，而是按照社会分工原则，有各自的业务活动宗旨，有时要在市场交易之外供应货品和劳务，收受资财，并受特定的社会责任和职业道德所制约。行政单位可以说不是市场的参与者，但可以通过其业务活动服务于市场，使各参与者按照市场规律进行业务活动。

4. 组织业务活动所遵循的基本原则不同

作为社会公益性组织的事业单位，把社会效益和长远效益放在主导地位。作为执行政府管理职能的行政单位，把进行行政管理，组织经济建设和文化建设，维护社会公共秩序放在主导地位上。

5. 财务管理制度不同

事业单位通常依靠预算来分配资财，通过预算控制资财的使用。因此事业单位的财务管理体制采用“核定收支、定额(定项)补助、超支不补、结余留用”的办法。行政单位通常也是依靠预算来分配资财，通过预算控制资财的使用，但行政单位资财的供应特点决定了其财务管理体制为“经费包干、超支不补、结余留用”。

6. 费用补偿和业务活动成果的处理不同

事业单位为社会提供的服务可以是有偿服务，但目的是维护本单位的生存和发展，而不是为了回报资财供给者。行政单位为社会提供的服务一般是无偿的。

三、行政单位会计

通过上述分析，可以看出我国的行政单位会计是以各项经济业务为对象，核算和监督行政单位的各项业务活动，旨在提高社会效益的一种非营利性质的专业会计。

1. 行政单位会计的任务

行政单位会计的主要任务是反映非物质生产领域的业务收支，具体可归纳为以下几点。

(1)核算和反映行政单位经费来源及收入取得的情况，为国家宏观经济管理和有关方面提供信息资料。鉴于我国目前行政单位经费来源和收入形式单一，行政单位会计的一个重要任务就是将经费来源给予全面的、正确的反映，并且将这些信息及时提供给有关方面的管理部门。

(2)核算和反映事业单位的经费支出情况，为宏观经济管理部门和有关方面提供信息资料。行政单位的支出应该严格控制，以便在保证行政单位业务活动正常运转的情况下，尽量节约经费。行政单位会计的一个重要任务是全面、正确地反映经费支出的类别、用途；对于各项支出进行正确记录、计算；严格要求单位按照规定的范围和标准开支。

(3)控制行政单位的经济活动，提高经费使用的经济效益。行政单位的经费紧张在我国也很普遍，行政单位会计的重要任务之一就是量入为出，严格控制费用支出，保证行政单位的预算计划完成，保证行政机构管理活动的正常进行，使有限的经费发挥最大的效益。这就充分发挥了会计的监督职能。

2. 行政单位会计核算的主要内容

行政单位会计核算的主要内容包括取得经费、使用经费、经费使用结果的考核三个方面，具体核算内容如下。

(1)核算和监督所取得的经费收入。收入是指行政单位为了开展业务活动，依法取得的非偿还性资金。目前行政单位的收入主要包括拨入经费、预算外资金收入、其他收入等，其中拨入经费数额最多。一般情况下，行政单位应根据上级主管部门或财政部门核定的季度(分月)用款计划，按经费领报关系向上级主管部门或财政部门申请拨款，并按实际发生数入账。因此行政单位会计核算的一个主要内容是及时取得经费并正确入账，合理安排预算。

(2)核算和监督发生的经费支出。支出是指行政单位为了完成业务活动而发生的各项资金耗费及损失，包括经常性支出和专项支出。经常性支出是指行政单位为维持正常运转和完成日常工作任务发生的支出；专项支出是行政单位为完成专项或特定工作任务发生的支出。经常性支出和专项支出具体包括基本工资、补助工资、其他工资、职工福利费、社会保障费、公务费、业务费、修缮费、设备购置费、其他费用等。发生各项支出时，行政单位的会计应按照预算确定的用途，依据财务制度规定和开支标准办理报销或拨补款项的处理手续。因此行政单位会计核算的一个主要内容是健全财务管理制度，加强财务监督，按照有关规定的开支范围和开支标准控制经费支出。政府机构建制的特点决定了行政单位的支出包括本单位的支出，也包括拨付所属会计单位的支出，并且有权控制所属会计单位的支出。因此行政单位支出的会计处理要划分本单位的支出和所属会计单位的支出，并分别进行核算。

(3)对比收支，考核业务活动的业绩。行政单位会计除了及时、正确核算收入、支出的形成外，还需定期将收入与支出进行比较，确定各期的盈余，以及各期净资产的变动情况。通过收支相抵后的盈余情况说明单位取得的收入满足正常业务活动所需支出的程度；通过收支的对比说明单位业务活动的业绩；通过会计核算资料，分析单位的财务活动及其规律，发现业务活动中存在的问题。因此行政单位会计核算的一个主要内容是对比收支，考核业务活动的业绩。

3. 行政单位会计的特征

行政单位会计具有如下特征。

(1)会计核算及会计管理的内容简单。行政单位业务活动的目的决定了其会计核算及会计管理都较为简单，具体表现为：收入的来源渠道单一；支出的范围较小；财务关系简单。因此会计核算所涉及的会计账户少，会计信息的处理方法和会计管理控制的方式单一。

(2)会计核算受法规的制约。行政单位主要执行政府的管理职能，其经费来源于财政拨款，并依据所拨的经费安排支出。因此行政单位经费的取得、经费的使用，都要受财政以及相关法规的约束，相应地，会计核算要严格遵守财经法规的各项规定。在行政单位会计中，财务监督是非常重要的内容。

(3)会计核算以经费支出为核心。行政单位的业务活动决定了支出的规模，支出的规模又决定了收入的数额；财政部门根据单位支出规模拨款后，要求单位严格按照规定的开支范围和开支标准控制支出的发生。这说明行政单位会计工作的重点在于对经费支出的控制和管理。

(4)会计组织系统分为三级。与政府建制和经费领报关系相适应，行政单位会计的组织系统，分为主管会计单位、二级会计单位和基层会计单位。向财政部门领报经费，并与之发生预算管理关系的单位，是主管会计单位；向主管会计单位或上一级会计单位领报经费，并与之发生预算管理关系，且下面有所属会计单位的单位，是二级会计单位；向主管会计单位或上一级会计单位领报经费，并与之发生预算管理关系，且下面没有所属会计单位的单位，是基层会计单位。各级会计单位均为独立会计核算单位，负责组织管理本单位的会计工作。

第二节　会计核算基本理论的比较

一、行政单位会计核算基本前提的比较

1. 行政单位会计核算的基本前提

行政单位会计核算的基本前提是指实施会计工作应具备的前提条件，其内容包括：会计主体、会计分期、货币计价、合法性等。

(1)会计主体。会计主体是指会计为之服务的特定单位。《行政单位会计制度》第六条规定：“会计核算应当以行政单位发生的各项经济业务为对象，记录和反映行政单位自身的各项经济活动”行政单位的各项资金和财产，均应纳入单位的会计核算。。

(2)会计分期。会计分期是指人为地把持续不断的单位业务活动划分为一个个首尾相接、等距期间，即会计期间，以便分期地确定支出、收入、结余，分期地确定各期初、期末的资产、负债和净资产，进行结账和编制会计报表。《行政单位会计制度》第七条规定：“会计核算应当划分会计期间，分期结算账目和编制会计报表。会计期间分为年度、季度和月份。会计年度、季度和月份采用公历日期。”

(3)货币计量。货币计量是指会计主体的业务管理活动及其结果可以而且必须通过货币予以综合反映。《行政单位会计制度》第八条规定：“会计核算以人民币为记账本位币。发生外币收支的，应当按照中国人民银行公布的当日人民币外汇汇率折算为人民币核算。”

(4)合法性。合法性是指会计核算必须符合国家有关法律、法规和政策制度。它包含：①会计核算形式的设计、会计核算程序的安排、会计核算方法的选择，都必须符合会计制度

的要求。②会计核算过程中，对财务收支和经济业务实行监督。《行政单位会计制度》第三条规定："行政单位会计是预算会计的组成部分。其会计核算工作必须遵守国家有关法律、法规及本制度的规定。"

2. 会计核算基本前提的比较

行政单位会计核算基本前提与事业单位会计核算基本前提相比，既有相同的方面，如会计分期、货币计量、合法性等的表述、内容是相同的；也有相差异的方面。其差异主要表现为会计主体前提的层次和持续运作前提的设立等方面。即：(1)会计主体前提层次的划分。根据机构建制和经费领报关系划分，行政单位的会计主体有诸多层次，即主管会计单位、二级会计单位和基层会计单位。(2)持续运作前提的设立。行政单位会计核算的基本前提中没有持续运作前提。

3. 会计核算基本前提异同的根源分析

会计核算基本前提的产生和具体内容，从根本上说取决于会计所处的经济环境。事业单位会计与行政单位会计所处的经济环境基本相同，因此抽象出会计核算的基本前提为：会计主体、会计分期、货币计量等。行政单位比事业单位的资金来源渠道单一，利用经费进行的开支更需要按照有关规定的开支标准和开支范围组织核算，因此也需遵循合法性前提。

由于行政单位本身固有的特点，其会计核算的基本前提也具有相应的特点。行政单位本身的特点对基本前提的影响主要表现为：①业务活动的目的。行政单位进行业务活动的目的是执行政府的管理职能，一般情况下不涉及持续运作的问题，不必建立"持续运作"的前提。②国家机构建制和经费领报关系的制约。国家机构建制分为中央政府、地方政府和基层政府，每一级政府与财政形成一定的经费领报关系，与此相适应行政，单位会计主体分为主管会计单位、二级会计单位和基层会计单位三级。

综上所述，行政单位会计应根据会计共性的要求，遵循会计主体、会计分期、货币计量、合法性等基本前提；同时根据其特点，不包括持续运作前提。

二、行政单位会计核算一般原则的比较

1. 行政单位会计核算的一般原则

行政单位会计核算的一般原则如下。

(1)真实性原则。会计核算应当以行政单位实际发生的经济业务为依据，客观真实地记录、反映各项收支情况和结果。

(2)有用性原则。会计信息应当符合国家宏观经济管理的要求，适应预算管理和有关方面了解行政单位财务状况及收支结果的需要，并有利于行政单位加强内部经营管理。

(3)可比性原则。会计核算应当按照规定的会计处理方法进行。同类单位会计指标应当口径一致，相互可比。

(4)一致性原则。会计处理方法应当前后各期一致，不得随意变更。如确有必要变更，应将变更的情况、原因和对单位财务收支情况及结果的影响在财务报表中说明。

(5)及时性原则。会计核算应当及时进行。

(6)清晰性原则。会计记录和财务报表应当清晰明了，便于理解和运用。

(7)收付实现制原则。会计核算以收付实现制为基础。

(8)专门使用原则。凡是指定用途的资金应按规定的用途使用，并单独核算反映。

(9)历史成本原则。各项财产物资应当按照取得或购建时的实际成本计价。除国家另有规定者外，一律不得自行调整其账面价值。

(10)重要性原则。财务报表应当全面反映行政单位的财务收支情况及结果。对于重要的业务事项，应当单独反映。

2. 会计核算一般原则的比较

行政单位会计核算一般原则与事业单位会计核算一般原则相比，相同的方面有真实性原则、有用性原则、可比性原则、一致性原则、及时性原则、清晰性原则、历史成本原则、重要性原则，相差异的方面表现为：①有的一般原则事业单位会计有，行政单位会计没有。如事业单位会计核算的一般原则中包括配比原则,行政单位会计的一般原则中不包括这个原则。②行政单位会计不存在两种相互对立的原则，如事业单位会计可以按不同的单位类型以及不同性质的经济活动选用权责发生制和收付实现制原则；行政单位会计不存在两种相互对立的原则，只有一种，即以收付实现制原则为会计核算的基础。

3. 会计核算一般原则异同的根源分析

行政单位会计核算一般原则与事业单位相比，其异同的根源主要有以下两点。

(1)会计核算的目的相同。会计核算的目的是满足会计信息使用者进行决策的需要。会计信息具体到会计实际工作中，就是各单位输出的财务报表。会计信息使用者是与单位输出会计信息有利益关系的部门、单位或个人，如投资者、债权人、政府各管理机构、社会公众和本单位的管理部门等。无论是事业单位会计，还是行政单位会计，为满足会计信息使用者的需要，都必须保证会计信息的质量，进而也一定要规范会计信息的质量。因此，行政单位会计要求在会计核算中遵循真实性原则、相关性原则、可比性原则、一致性原则、及时性原则、清晰性原则、重要性原则等。

(2)行政单位与事业单位业务活动的内容不同。事业单位所进行的业务活动中有些是为了实现社会效益，有些是为了实现经济效益。实现社会、经济效益的过程会发生各种耗费，同时也会产生各项收入,而且事业单位会计要以收入能否满足业务活动正常进行的耗费为前提,因此需要根据业务活动的性质分别采用权责发生制和收付实现制原则。行政单位进行业务活动的目的主要是实现政府的管理职能，进行业务活动所需的资金由财政拨款解决。依据这一特点，会计核算适用于收付实现制原则，没有必要采用权责发生制原则。

与事业单位会计相同，行政单位会计为保证会计信息的质量，应遵循真实性原则、相关性原则、可比性原则、一致性原则、及时性原则、清晰性原则、重要性原则等；为规范会计要素的确认计量应遵循历史成本原则；为适应行政单位的特点，应确定收付实现制、专门使用原则。

三、会计等式及会计要素的比较

1. 行政单位会计等式及会计要素

行政单位的会计要素有以下几方面。

(1)资产。资产是行政单位占有或者使用的，能以货币计量的经济资源，包括各种流动资产和固定资产。

(2)负债。负债是行政单位所承担的，能以货币计量，需要以资产偿付的债务,包括应交预算款、应交财政专户款、暂存款等。

(3) 净资产。净资产是资产减去负债和收入减支出的差额，包括固定基金、结余等。

(4) 收入。收入是行政单位为开展业务活动，依法取得的非偿还性资金，包括拨入经费、预算外资金收入、其他收入等。

(5) 支出。支出是行政单位为开展业务活动所发生的各项资金耗费及损失，包括经常性支出和专项支出等。

上述各会计要素之间的关系可用会计等式表示：

资产=负债+净资产

收入-支出=结余

2. 会计等式及会计要素的比较

行政单位会计要素与事业单位会计要素比较，可以归纳为：二者会计要素的名称、内涵、表述基本相同，但包括的具体内容不同。如事业单位的净资产包括累计盈余、专用基金和本期盈余等；行政单位的净资产仅包括固定基金和结余。事业单位的负债包括应付账款、借入款项、预收款项等；行政单位的负债多为应交财政专户款、应交预算款等应交款项。

3. 会计等式及会计要素异同的根源

事业单位与行政单位的会计要素基本相同，其主要原因是二者在以下方面存在共同点。①非营利性。事业单位和行政单位会计要素作为单位业务内容的具体化，应体现出单位非营利性的业务活动目标，体现在净资产方面即为收支相抵后形成基金或结余。②预算性。依据单位资金来源渠道的特点，单位会计要素应体现其预算管理的性质，并将所反映的收支活动纳入单位预算，进行统一核算和管理，因此事业单位和行政单位的收入与支出都是广义的概念。③全面性。按照"充分揭示"的要求，设计和选用会计要素应充分揭示单位的各项交易和其他事项。资产、负债、净资产、收入、支出等会计要素完全能够反映事业单位和行政单位的全部交易事项和其他事项。④继承性。行政单位会计和事业单位会计在改革前均属于单位预算会计的范畴，改革后不免会留有原单位预算会计的痕迹，体现在会计要素上，就是二者的要素名称和内容基本相同。行政单位和事业单位的会计要素存在差异的原因是：行政单位的业务活动简单，资金来源单一，致使行政单位在各会计要素所包含的内容方面也较为简单。

第三节　会计核算方法的比较

一、行政单位的资产核算及其比较

1. 行政单位资产的核算

行政单位资产核算的内容主要有以下几方面。

(1) 行政单位应严格银行存款的开户管理，禁止多头开户。预算经费由财务部门统一在财政部门或上级主管部门指定的国家银行开户，不得自行转移资金。

(2) 存货是指行政单位大宗购入进入库存，并陆续耗用的行政用物资材料。随买随用的零星办公用品，在购进时直接列作支出，不作为存货入账。对于盘盈、盘亏和毁损存货，增减当期支出。

(3) 一般情况下，增加的固定资产，应同时增加固定基金；减少的固定资产，应同时减少固定基金。固定资产不计提折旧。固定资产对外转让取得的收入，应增加其他收入，固定资产在清理过程中发生的费用，作为当期支出。单价虽然未达到标准，但使用时间在一年以上的大批同类物资，也作为固定资产核算。

2. 行政单位资产核算的特点

行政单位资产核算与事业单位资产核算相比，具有以下特点。

(1)银行存款核算的特点。事业单位可以在多个银行开多个账户，只需确定一个基本账户，对日常的收支进行转账。行政单位被禁止多头开户，而且预算经费由财务部门统一在财政部门或上级主管部门指定的国家银行开户。

(2)存货核算的特点。存货主要是指购入大宗的进入库存，并陆续耗用的行政用物资材料。对于存货盘点发生的盘盈或盘亏，不用根据存货的用途，分别增减“事业支出”或“经营支出”账户，而是直接增减当期的经费支出。

(3)对外投资核算的特点。行政单位对外投资单一，主要是用单位结余的资金购买国债。国债的利息和转让的差额，一律通过“其他收入”核算。事业单位对外投资的核算需在“事业基金”总账下设置“一般基金”“投资基金”两个明细账户，发生投资或收回投资时，应在“事业基金”账户下的明细账户中结转。

(4)固定资产核算的特点。与事业单位固定资产核算相同的是在对增减固定资产核算的同时，也需要对其对应的固定基金进行增减的核算，其结果是：“固定资产”账户的借方余额等于“固定基金”账户的贷方余额。不同的是行政单位转让固定资产的收入作为“其他收入”核算，转让的费用作为“经费支出”核算。

(5)行政单位不存在无形资产的核算。

3. 资产核算异同的根源

行政单位资产与事业单位资产的核算相比，有其共性，也有其特性，异同的根源主要有以下两点。

(1)受基金理论的影响。行政单位与事业单位一样受基金理论的影响。所有的权益都表示法律、合同、管理上及财务上对资产使用所施加的种种限制。“固定资产=固定基金”。这一结论体现在会计核算上，就是增减固定资产的同时，也需要增减固定基金，如增加固定资产时，借记“固定资产”账户，贷记“固定基金”账户；减少固定资产时，借记“固定基金”账户，贷记“固定资产”账户。

(2)受业务活动内容的影响。会计主要是对单位发生的经济业务进行核算，行政单位业务活动的目的决定了其业务活动中没有生产经营过程：仅为执行管理发生的经费支出，因此其核算也相对简化，体现为会计账户的数量少，会计处理方法简单。如行政单位的资产账户仅有“库存现金”“银行存款”“有价证券”“暂付款”“材料”“固定资产”六个会计账户。对资产的会计处理方法简单体现在：① 材料的核算。只有购入大宗、入库，并陆续耗用的行政用物资材料才作为材料核算，而且不考虑其增值税的问题。②有价证券的核算。购入或转让有价证券时，仅通过“有价证券”和“银行存款”两个会计账户；有价证券的收益一律通过“其他收入” 账户进行核算。③盘盈、盘亏固定资产的核算。盘盈、盘亏固定资产时，一律作为增减“固定资产”和“固定基金”处理。

二、行政单位的负债核算及其比较

1. 行政单位负债的核算

行政单位负债核算的主要内容有以下方面。

(1)应交的各种款项作为负债入账。如按规定取得的应交财政预算的各种款项，代收的应交财政专户的预算外资金，在实际收到但尚未上交时，作为负债入账；待上交时作为负债减少核算。

(2)暂存款具有应付款的性质，作为负债入账。

2. 行政单位负债核算的特点

行政单位负债核算的特点可以归纳为以下两点。

(1)行政单位的负债全部为流动负债。行政单位的负债主要是由于与其他单位或个人发生的待结算款项，一旦结算期满，就需偿还债务。这一债务形成原因导致行政单位的负债与事业单位的负债一样主要是流动负债。

(2)行政单位须对应交预算款、应交财政专户款进行核算。行政单位收取的有些款项，应上交国家预算或财政，构成与国家预算或财政之间的结算关系，因此应设置专门的账户对其进行核算。

3. 负债核算异同的根源分析

行政单位负债与事业单位负债核算相比，有其共性，也有其特性，其异同的根源主要有以下几点。

(1)资金供应渠道比事业单位更为单一。行政单位业务活动所需资金主要是财政或上级拨入的款项。行政单位以这些收入为依托进行业务活动时，由于结算方面的原因，可能会暂时占用其他单位一部分资金，形成负债。但这些负债的偿还时间较短，构成流动负债。行政单位进行业务活动不是以营利为目的，不可能通过发行长期债券或长期借款筹集资金，因此行政单位与事业单位一样几乎没有长期负债。

(2)行政单位执行管理职能的业务活动形成应交款项。行政单位在进行业务活动的过程中，可能会收取纳入预算管理的政府性基金、行政性收费罚款、没收财物变价款、无主财物变价款、赃款和赃物变价款等款项。行政单位应按照同级财政部门规定的交款方式、交款期限和其他交款要求及时办理缴库手续，形成应上缴国家的预算款。此外还可能代收一些预算外资金，预算外资金应上缴财政。这些业务活动与事业单位基本相同，应与事业单位一样设置“应交预算款”“应交财政专户款”等账户专门核算应交的款项。

(3)业务活动的内容决定了负债账户的数量。行政单位进行业务活动所需的资金由财政或上级拨款解决，不必向银行与其他金融机构贷款或通过其他融资手段融资；行政单位没有生产经营过程，与其他单位发生的往来款项较少；行政单位会计核算采用收付实现制，不必设置调整支出归属期的会计账户；行政单位没有生产经营过程，一般情况下不是纳税人，不会与税务部门形成应缴税款的关系。行政单位上述业务活动的特点决定了其负债的会计账户只有“应交预算款”“应交财政专户款”“暂存款”三个账户。

三、行政单位的净资产核算及其比较

1. 行政单位净资产的核算

行政单位净资产核算的内容主要有以下两方面。

(1)固定基金。固定基金是指行政单位固定资产占用的基金。一般情况下，在设置“固定资产”账户的同时应设置“固定基金”账户，并且两个账户的数额应相等。

(2)结余。结余是指行政单位各项收入与各项支出相抵后的余额，包括经常经费结余和专项资金结余。经常经费结余是指行政单位在一定期间除专项收支外各项收支相抵后的余额。行政单位应设置“结余——经常性结余”账户，核算结余的形成情况。专项结余是指行政单位在一定期间专项拨款与专项支出相抵后的余额。行政单位应设置“结余——专项结余”账户，核算专项结余情况。

2. 行政单位净资产核算的特点

行政单位净资产核算与事业单位净资产核算相比，具有以下特点。

(1)净资产按其性质分类核算。事业单位会计通过“本期盈余”“专用基金”等账户对净资产进行核算。行政单位的净资产可以按性质分类，分为永久限定用途基金、暂时限定用途基金和未限定用途基金，但行政单位资金来源渠道的特点及财务管理制度的特点决定了其净资产核算内容更为单一，不存在永久限定用途基金，仅通过“固定基金”账户对暂时限定用途的基金进行核算，通过“结余”账户对未限定用途的基金进行核算。

(2)固定基金与固定资产之间存在对应关系。行政单位对增减固定资产核算的同时，也需要对其对应的固定基金进行增减的核算，其结果是：“固定资产”账户的借方余额等于“固定基金”账户的贷方余额。由于融资租赁固定资产不适应行政单位，因此行政单位中“固定资产”与“固定基金”之间数量相等的对应关系更为明显。

(3)年末“结余”账户有余额。年末，将本年的各项收入和支出转入“结余”账户后，确定结余或超支，无论是结余，还是超支，全部保留在“结余”账户中。因此“结余”账户的贷方余额表示滚存的结余数；借方余额表示滚存的超支数。

(4)行政单位清算净资产时，不存在明确的投资人权益。行政单位在出售、转让、赎买或清算净资产时，不存在明确的投资人权益，因此核算时将被清算资产与其对应的净资产对冲，清算的净收益作为其他收入处理，净损失作为当期支出处理。

3. 净资产核算异同的根源

行政单位净资产核算与事业单位净资产核算异同的根源主要有以下几点。

(1)基金理论的影响。基金理论下的会计等式：“资产=对资产使用的限制”。基金理论所关注的是特定服务的履行情况。因此行政单位将净资产划分为永久限定用途基金、暂时限定用途基金、未限定用途基金。同时由于行政单位基金较少，仅通过“固定基金”账户即可反映单位的全部暂时限定用途的基金，通过“结余”账户反映未限定用途资金。

(2)资金供给渠道的影响。与事业单位相同，行政单位也是首先按照其预期的目的，确定为实现预期目的需要的经费支出数额，然后确定财政或上级的拨款数。并且执行“结余留用、超支不补”的财务管理原则，如果出现结余应作为单位的基金由单位自主运用；如果形成超支只能由以前的结余弥补。因此应设置“结余”账户反映行政单位的结余或超支数。行政单位相对事业单位来说，自主权限更小，结余主要用于弥补超支，因此不必设置与“事业基金”类似的基金账户核算结余。

(3)资财供给者的目的。行政单位资财供给者与事业单位的资财提供者一样，在提供资财后，并不期望按其所出资产的比例收回资产或取得经济利益，但十分关心资产的使用情况，从而对其所出资财在使用方面施加一定的限制，这使得净资产在很大程度上具有特定用途的性质，即固定基金等。但行政单位业务活动的特点决定了具有特定用途的基金较少，只有固定基金，不会像事业单位那样有专门的修购基金、医疗基金等专用基金。

(4)基金按限定用途的分类。与事业单位一样，行政单位的净资产按限定用途分类，可以分为永久限定用途基金、暂时限定用途基金和未限定用途基金。为了分别反映资财供给者所提供基金的使用情况，会计上应分别对其进行核算。

四、行政单位的收入核算及其比较

1. 行政单位收入的核算

行政单位收入是指行政单位为开展业务活动，依法取得的非偿还性资金，包括拨入经费、预算外资金收入、其他收入等。行政单位对上述收入分别设置"拨入经费""预算外资金收入""其他收入"等账户，核算各项收入的发生、结转情况。期末将上述账户的余额转入"结余"账户后，一般没有余额。

2. 行政单位收入核算的特点

行政单位收入的核算与事业单位收入相比，其异同表现为以下几方面。

(1) 收入来源渠道单一。行政单位收入与事业单位收入相比，最显著的一个特点是，行政单位收入来源单一，主要是拨入经费，此外还有少量的预算外资金收入和其他收入，与此相适应，行政单位会计对收入核算时仅设置 3 个收入类的会计账户。事业单位收入的来源包括单位自身业务活动所取得的业务收入，从财政或上级取得的拨款收入，进行业务活动时具有偶发性、边缘性的收入。这一特点决定了事业单位对收入进行核算时，设置了多达 7 个收入性质的账户。

(2) 与事业单位一样取得收入的目的都具有非营利性质。资产供给者向单位提供资产后，不要求偿还或不要求取得与其所提供资产等比的经济利益，而是要求单位向社会提供某类劳务或服务，所以单位进行业务活动不是以营利为目的，相应地，在业务活动中取得的收入也就具有非营利性质。行政单位收入的单一性决定了其收入的非营利性质比事业单位更为明显。

(3) 收入核算的依据主要是收付实现制。事业单位的收入是广义的收入概念，一般包括拨入收入、业务收入、其他收入等。不同的收入具有不同的特点，应根据其特点分别采用收付实现制和权责发生制的记账基础，组织各项收入的核算。行政单位的收入也是广义的收入，但各项收入的性质基本相同，没有经营性质的收入，依据这类收入的特点，行政单位宜采用收付实现制的核算基础。

3. 收入核算异同的根源

行政单位收入核算与事业单位收入核算相比，有相同的方面，也有相差异的方面。其异同的根源主要有以下几点。

(1) 定义收入所依据理论的差别。如前所述，定义收入的理论有流入量理论和流转过程理论。行政单位和事业单位的收入都主要是依据流入量理论来定义的，但由于事业单位存在经营活动的收入，因此在主要依据流入量理论定义收入的同时，也适当地采用了流转过程理论，把单位的经济活动分为经营活动和非经营活动，并将经营活动产生的资产流入定义为经营收入，将非经营活动产生的资产流入定义为事业收入。而行政单位几乎没有经营活动，因此仅依据流入量理论定义收入。

(2) 所处经济环境的差别。事业单位在市场中所处的地位、进行业务活动的目的等决定了事业单位绝大部分资产来自于资产供给者和业务活动所取得的收入。这些资产供给者不期望按照其所提供的资产比例收回资产或取得相应的经济利益，而且在每个会计期间还会不断地供给资产，以满足事业单位进行业务活动的需要。在这种环境下，应采用广义的收入概念，并按照收付实现制和权责发生制组织收入的核算。行政单位进行业务活动的资金主要来源于国家这一资财提供者，资产供给者更不期望按照其所提供的资产比例收回资产或取得相应的经济利益，而且在每个会计期间还会不断地供给资产，以满足行政单位进行业务活动的需要。在这种环境下，行政单位采用广义的收入概念，并严格按照收付实现制进行收入的核算。

(3)业务活动的差别。事业单位的业务活动中引起收入发生变化的业务有：第一，交易或提供劳务的业务所取得的收入。第二，资产供给者提供资产所取得的收入。这些是事业单位持续的收入，为此应采用广义的收入概念，并对广义的收入进行核算。行政单位的业务活动所引起收入发生变化的业务主要是财政或上级的拨款和少量的其他收入，这些收入是行政单位持续的收入，为此应与事业单位一样采用广义的收入概念，并对广义的收入进行核算。由于收入业务的不同，据此核算的账户也就不同。

五、行政单位的支出核算及其比较

1. 行政单位支出的核算

行政单位支出是指行政单位为开展业务活动所发生的各项资金耗费及损失等，包括专项支出、经常性支出等。行政单位应对上述支出分别设置“经费支出”“拨出经费”“结转自筹基建”等账户，核算各项支出的发生、结转情况。期末将上述账户的余额转入“结余”账户后，一般没有余额。

2. 行政单位支出核算的特点

行政单位支出的核算与事业单位费用核算相比，其异同表现在以下几方面。

(1)支出是广义的费用。与事业单位的费用一样，行政单位的支出也有广义的费用概念，主要是指开展业务活动所引起的资金耗费及损失，如经费支出等。但行政单位的支出是根据资金管理的要求分为经常性支出和专项支出。经常性支出是指行政单位为维持正常运转和完成日常工作任务发生的正常；专项支出是行政单位为完成专项与特定工作任务发生的支出。经常性支出和专项支出的具体项目包括基本工资、补助工资、其他工资、职工福利费、社会保障费、公务费、业务费、修缮费、设备购置费、其他费用等。

(2)支出通常要受到一定的限制。与事业单位的费用一样，行政单位取得收入的目的是满足业务活动所需支出的需要；而且在取得收入时，资产的供给者往往会提出一定的约束条件，对支出的开支标准、开支范围等进行控制。因此行政单位发生支出时，应按照预算或规定的资金用途使用，不得挪用。

(3)支出核算的依据为收付实现制。事业单位的支出是广义的费用概念，一般包括拨出支出、业务支出、其他支出等。不同的支出具有不同的特点，应根据其特点分别采用收付实现制和权责发生制等记账基础，组织各项支出的核算。行政单位的支出虽也是广义的费用概念，但各项支出的性质基本相同，可以统一按照收付实现制原则进行支出的核算。

3. 支出核算异同的根源

行政单位支出核算与事业单位支出核算相比存在异同，其根源主要有以下几点。

(1)基金理论的影响。与事业单位的情况一样，基金理论所关注的是特定服务的履行情况，收益的确定被置于次要地位。在这种理论指导下，一般不采用权责发生制来进行每期收入与费用的配比。因此计量收入与支出的目的是反映所取得的收入是否在特定的期间内按特定的目的被使用，该期间的收入能否满足支出的需要。如果某项资产在所规定的特定期间未被支用，不但不能说明单位理财有方，反而说明可能单位未能按预期的目标完成应提供的服务。

(2)业务活动的差别。事业单位的业务活动中引起支出的业务有：第一，交易或提供劳务的业务所发生的支出；第二，进行经营活动所发生的支出。这些是事业单位持续的支出，因此应采用广义的支出概念，并根据支出的性质分别采用收付实现制和权责发生制对广义的费用进行核算。行政单位的支出主要是进行业务活动发生的经费支出，由于支出的性质单一，因此可以采用收付实现制对广义的费用进行核算，而没有采用权责发生制的必要。

(3)配比原则应用的差别。事业单位有为实现其社会效益的业务活动，也有为实现其自身经济效益的经营活动，不同性质的业务活动应分别采用收付实现制和权责发生制原则进行核算，与此相适应还需采用配比原则将收入与支出配比，以正确地核算不同性质活动的结余。行政单位的业务活动性质单一，且不实行配比原则，因此应一律按照收付实现制原则将支出直接计入当期。

第四节　财务报表的比较

行政单位的财务报表是反映行政单位财务状况和预算执行结果的书面文件。与事业单位财务报表一样，根据日常核算资料定期编制，用以反映单位的财务状况和预算执行情况，为会计信息使用者提供有助于其决策的依据。行政单位的财务报表体系与事业单位也基本相同，由主表、附表、财务报表附注和报表说明书组成，但行政单位的主表包括资产负债表、收入支出表、支出明细表。编制财务报表的要求也是数字真实、计算准确、内容完整、报送及时。

一、资产负债表的比较

1．行政单位的资产负债表

行政单位的资产负债表是反映行政单位在某一特定日期财务状况的报表。它是根据资产、负债、收入、支出、净资产之间的相互关系，按照一定分类标准和顺序，把行政单位在一定日期的资产、负债、收入、支出、净资产各项目予以适当排列后编制而成的。资产负债表的格式采用账户式，其左方为资产部类，包括资产和支出两大类，右方为负债部类，包括负债、净资产、收入三大类。根据“资产+支出=负债+净资产+收入”这一会计等式，资产部类总计=负债部类总计。资产负债表的各项目都设有“年初数”“期末数”两栏。其中“年初数”应按上年决算后结转本年的各总账账户年初数填列。“期末数”一般应根据各总账账户的期末余额分别填列，对于各合计数和总计数应通过计算后填列。

2．行政单位资产负债表的特点

行政单位的资产负债表与事业单位相比较，在资产负债表设计的依据、资产负债表内容、资产负债表编制等方面基本相同。仅在报表项目上，行政单位的资产负债表具有报表项目较少的特点。

3．资产负债表异同的根源

行政单位资产负债表与事业单位资产负债表在编制期间、编制目的等方面相同，但也存在一些小的差异，其异同的根源主要有以下几点。

(1)会计信息使用者的要求。与事业单位一样，行政单位的资财供给者在提供资财后，仅要求考核和评价单位的服务水平和履行职能的能力。为满足会计信息使用者上述方面的要求，行政单位应编制资产负债表详细反映资产的取得、使用情况；负债和净资产的形成、变动情况。

(2)预算管理方式的要求。行政单位的收入主要来源于财政拨款，财政部分按照单位完成业务活动所需的年支出数及自身业务活动所取得的年收入数，确定年拨款数额，并且按年进行预算管理。但年内收入没能弥补支出时，支出可以理解为瞬间资产，收入可以理解为资产的来源，因此年内资产负债表中应包含支出和收入，以全面反映单位资财的来源、运用情况。

(3)业务活动的内容。相对于事业单位来说，行政单位的业务活动较为单一，为核算业务活动的会计科目较少，这一特点体现在资产负债表项目上，就是报表项目较少。

行政单位资产负债表的一般格式如表13-1所示。

表13-1 资产负债表

编制单位： 年 月 日 单位：元

科目编码	资产部类	年初数	年末数	科目编码	资产部类	年初数	年末数
	一、资产类				二、负债类		
101	库存现金			201	应缴预算款		
102	银行存款			202	应缴财政专户款		
103	有价证券			203	暂存款		
104	暂付款						
105	库存材料				三、净资产类		
106	固定资产			301	固定基金		
				302	结余		
					其中：经常性结余		
					专项结余		
	五、支出类				四、收入类		
501	经费支出			401	拨入经费		
502	拨出经费			402	预算外资金收入		
				407	其他收入		
	资产部类总计				负债部类总计		

二、收入支出表的比较

1. 行政单位的收入支出表

行政单位的收入支出表是反映行政单位年度收支总规模的报表。它是根据收入、支出、结余之间的相互关系，按照一定分类标准和顺序，把行政单位在一定期间的收入、支出、结余各项目予以适当排列后编制而成的。收入支出总表依据“收入-支出=结余”会计等式设计，采用单步式的报表格式。收入栏下分为拨入经费、预算外资金收入、其他收入；支出栏下分为经费支出、拨出经费、结转自筹基建；结余栏下分为经常性结余、专项结余。

2. 行政单位收入支出表的特点

行政单位的收入支出表与事业单位的相比，在收入支出表的格式、内容、编制方法上等都存在很大的不同。行政单位的业务活动单一，收入支出表中仅按项目反映全部收入、支出和结余情况，即能够全面反映行政单位的收支情况；而且行政单位不存在结余分配、结转等业务，因此收入支出表中不反映结余分配、结转的情况。

3. 收入支出表异同的根源

行政单位收入支出表与事业单位的报表在编制期间、编制目的等方面相同，但也存在差异，其产生差异的根源主要有以下几点。

(1)会计信息使用者的要求。与事业单位一样，行政单位的资财供给者在提供资财后，并不要求获得相应的回报，但要考核评价当年的运作成果，即单位筹措的资金和满足业务活动需要程度的信息。为满足会计信息使用者的需要，行政单位的收入支出表必须采用单步式的报表格式，详细反映收入的来源、支出的运用以及收支相抵的结余情况，亦即资财来源和运用的信息。

(2)财务管理体制的要求。与事业单位一样，行政单位财务管理体制的主要内容是“超支不补、结余留用”。为了在收入支出表中反映超支的数额以及结余的数额，应在收入支出表中专门反映结余的数额。此外，行政单位形成的结余一般情况下不分配，留待以后弥补超支，并通过“结余”项目反映滚存的结余和超支数，因此报表中只反映结余的金额。

(3)业务活动的内容。相对于事业单位来说，行政单位的业务活动产生的收入和支出较为单一，为核算业务活动的会计账户较少，而且收入支出的性质基本相同，这一特点体现在收入支出表上，就是报表中的各项目不必按照业务活动的性质分别列示，而是列示全部收入、支出和结余。

行政单位收入支出表的一般格式如表 13-2 所示。

表 13-2 收入支出表

编制单位： 年 月 日 单位：元

收入			支出			结余
项目	本月数	本年累计	项目	本月数	本年累计	
拨入经费			拨出经费			结转当年结余
其中：专项经费			经费支出			
预算外资金收入			其中：经常性支出			其中：经常性结余
其中：专项经费			专项支出			专项结余
其他收入						
			结转自筹基建			
收入总计			支出总计			累计结余

三、支出明细表的比较

行政单位的主表中包括支出明细表。支出明细表是反映行政单位在一定时期内预算执行情况的报表。支出明细表的项目，应当按照“国家预算支出科目”列示，对于财政拨款和预算外资金收入安排的支出应按支出的用途分别列示。

在事业单位会计中，支出明细表只是收入支出表的附表。但是，由于支出是行政单位经济活动的主要内容，支出核算是行政单位会计核算的核心，支出是考核行政单位业绩的主要指标，是财政、上级等有关部门监督单位的标准，因此，行政单位应编制支出明细表，并作为一个主要报表，按期编制。

行政单位支出明细表的一般格式如表 13-3 所示。

表 13-3 支出明细表

编制单位： 年 月 日 单位：元

项目	合计	基本工资	补助工资	其他工资	职工福利费	社会保障金	助学金	公务费	设备购置费	修缮费	业务费	其他费用	备注
列次													
经费性支出													

续表

项目	合计	基本工资	补助工资	其他工资	职工福利费	社会保障金	助学金	公务费	设备购置费	修缮费	业务费	其他费用	备注
经常支出													
其中：财政拨款支出													
预算外支出													
专项支出													
其中：财政拨款支出													
预算外支出													

编表说明：

1. 财政拨款支出是指行政单位用财政拨款安排的支出；预算外资金支出是指行政单位用预算外资金收入安排的支出。
2. 行政单位在填列上述两项内容时应根据核定的预算和实际使用情况采用统计方法填列。

第五节 总结与归纳

我们可将行政单位会计与事业单位会计的异同及其原因归纳如下。

1. 事业单位和行政单位在市场中的地位不同

事业单位要在一定程度上参与市场，其经济活动在一定程度上受市场规律的影响；相对而言，行政单位不是市场的参与者，市场规律几乎对行政单位的经济活动不产生影响。由于事业单位和行政单位在市场中的地位不同，因此事业单位和行政单位获得资财的方式不完全相同，但资财供给者提供资财后的要求却是相同的。与此相适应，事业单位会计和行政单位会计存在下列差别：①事业单位的会计核算须设立持续运作前提，行政单位会计无须设立持续运作前提；②行政单位会计核算仅以收付实现制为基础，不采用配比原则；③行政单位经济活动简单，导致了其资产、负债、收入、支出类会计账户的数量较少，收入支出表项目排列简化；④行政单位净资产的核算仅涉及“固定基金”和“结余”账户。

2. 事业单位和行政单位进行经济活动的目的不同

事业单位进行经济活动的目的是实现社会效益，事业单位进行一切经济活动都是围绕这一目的展开的。行政单位进行经济活动的目的是执行政府的管理职能，而且行政单位的一切经济活动都是围绕这一目的展开的。由于事业单位和行政单位进行经济活动的目的不同，因此事业单位和行政单位的资财来源渠道不同，业务活动所遵循的基本原则不同，支出的补偿方式不同。与此相适应，事业单位和行政单位会计存在下列差别：事业单位对业务活动和经营活动的收支分别设置会计账户、分别核算、分别结转；行政单位对业务活动仅按会计要素分类组织核算。

3. 会计核算的继承性不同

在会计改革前，国家从资金管理的角度出发，将事业单位会计和行政单位会计归为单位预算会计；作为单位预算会计的组成部分，二者在会计核算理论、会计核算方法、财务管理等方面都相同。会计改革后，将预算会计改为事业单位会计、行政单位会计和财政总预算会计。这样，事业单位会计和行政单位会计仍然带有原预算会计的痕迹，主要表现在：①会计账户的名称和内容多与原预算会计相同；②收入、支出的结转原理与原预算会计基本相同；③资产负债表各组成要素的设计原理与原预算会计基本相同。这些都导致了事业单位会计和行政单位会计在许多方面具有共性。

本章小结

本章以前述的事业单位会计与企业会计的比较为基本线索，将事业单位会计与其最相似的行政单位会计进行了比较。这样的比较也是在对行政单位进行简单介绍后，从基本理论、会计核算方法、财务报表三个方面展开的。通过比较可以看到，由于行政单位与事业单位既有相同之处，又有较大的区别，因此，二者虽存在与企业会计相比的共同特征，但仍有各自的特征，即二者在会计理论、会计核算方法，乃至财务报表方面都存在一定程度的差别。为了方便读者在理解事业单位会计的基础上尽快且全面地掌握行政单位单位会计，本章参照上一章的写作方式，对事业单位会计和行政单位会计进行了较为详细的比较，并在结尾时又进行了简略的文字总结。

参考文献

[1] 财政部. 企业会计准则——应用指南[M]. 北京：立信会计出版社，2006.

[2] 财政部. 企业会计准则[M]. 北京：经济科学出版社，2006.

[3] 财政部，国家税务总局. 关于将铁路运输和邮政业纳入营业税改征增值税试点的通知[S]. 财税[2013]106 号，2013.

[4] 杨洪. 政府与非营利组织会计[M]. 北京：机械工业出版社，2014.

[5] 武玉荣. 房地产会计(第 5 版)[M]. 北京：首都经济贸易大学出版社，2011.

[6] 魏永宏. 金融会计学[M]. 北京：电子工业出版社，2017.

[7] 魏永宏. 商品流通会计学[M]. 北京：电子工业出版社，2017.

[8] 傅胜. 行业会计比较(第 5 版)[M]. 大连：东北财经大学出版社，2014.

[9] 耿建新. 行业会计比较(第 2 版)[M]. 大连：东北财经大学出版社，2011.

[10] 蒋晓凤. 行业会计比较(第 2 版)[M]. 北京：人民邮电出版社，2017.